18

世界で一番やさしい

木造3階建て

改訂版

齊藤年男・安井昇・望陀佐和子＝著

はじめに

建築基準法では、木造2階建てまでの小規模な建物なら、構造や防火に関する規定と確認申請図書の内容が緩和されている。構造面の規定については、安全性の確認が構造計算に代わる仕様規定（いわゆる壁量計算等）でよく、梁のサイズなども勘と経験で決めることができる。防火面についても、防火地域での面積制限はあるものの、外壁や開口部等の防耐火性能や避難規定などの要求性能は、比較的緩いのが特徴である。確認申請も、構造伏図や壁量計算書の添付が必要ないなどの緩和がある。そうしたことを背景に、日本の戸建住宅の多くは木造2階建てとしてつくられてきたのが現状ではないだろうか。

しかし近年、都市部を中心に狭小な敷地に木造3階建てを求める需要が増加傾向にある。だが、主に木造2階建てを設計施工してきた大工・工務店には、3階建てに関する構造や防火、確認申請図書についての知識が乏しいところもある。また、主にRC造や鉄骨造の設計を行ってきた設計事務所は、木材に関する知識が少ないことや、住宅の設計そのものを手掛けていないことなどから、木造3階建ての設計を苦手としているところも少なくない。

本書は、これから木造3階建ての設計・施工・申請を始めようとする工務店や意匠設計者の方を対象に、設計の際に知っておいてほしい基本的な考え方を、防火・構造・申請を中心に分かりやすく解説したものである。実際の設計では、構造設計事務所などに専門的な計算や図面作成を依頼するものと思われるが、その時点で計画変更などの手戻りが発生しないよう、設計者にあらかじめ知っておいてほしい内容に特化している。また、各項目では数字や計算式などは最低限にとどめ、考え方や仕組みなどの解説を中心に構成した。

本書が、木造3階建ての設計を志す人々のお役に立てば幸いである。

齊藤　年男

目次

1 木造3階建てとは何か

2 防火設計

3

構造設計（仕様規定）

4

構造設計（許容応力度）

5 建築計画

6 確認申請

カバー・表紙デザイン：刈谷悠三（neucitora）
本文組版：ユーホーワークス　印刷・製本：シナノ書籍印刷

※本書は建築知識創刊60周年を記念し、ご好評いただいたエクスナレッジムック「110のキーワードで学ぶ　世界で一番やさしい木造3階建て」（2010年1月刊）を加筆・修正のうえ、再編集したものです。

1

木造3階建てとは何か

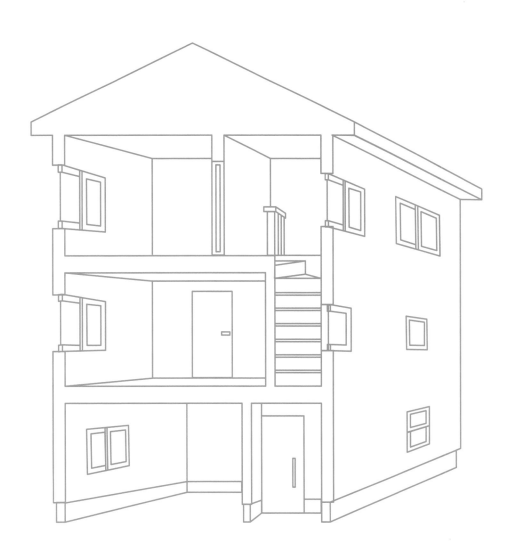

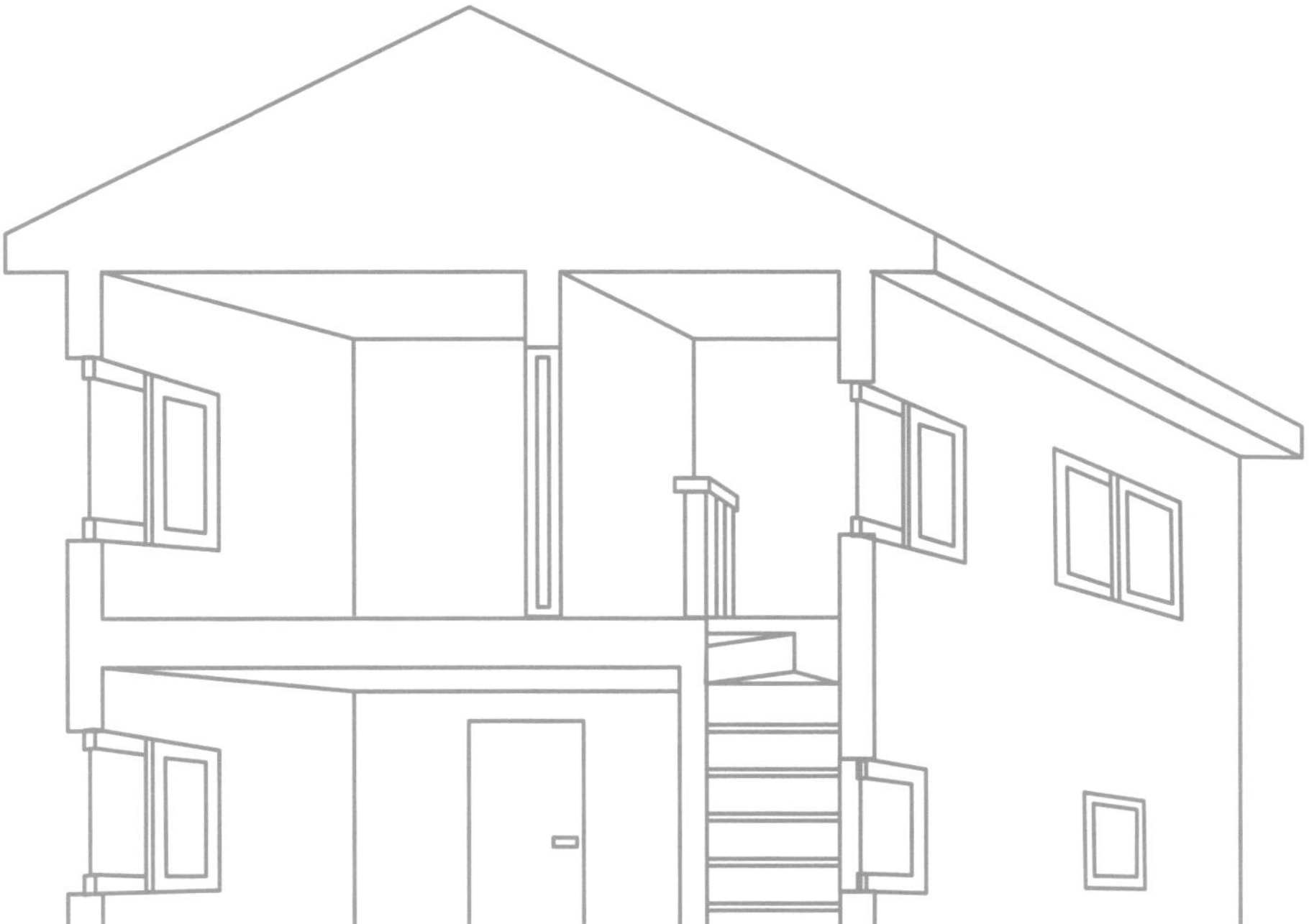

木造3階建ての魅力

Point
- 都市部の狭い敷地などを有効利用できる
- 比較的軽微な地盤補強で済み、広い室内面積を確保できる

3階建て住宅を建てる意味

比較的敷地の狭い都市部では、2階建ての住宅を建てようとしても1階部分の日照や通風がよくなかったり、1階に車庫を設けるとほかの居室が取れなくなったりするなどの問題が起きやすい。

そこで、住宅を3階建てにすると、通風や日照の悪い1階を車庫とし、2階3階を居室とすることができる。限られた敷地面積を有効に利用できると共に、健康的な生活を送ることも可能となる。

木造3階建てのメリット

3階建ての建物や住宅はこれまでも特に珍しいものではなく、多くは鉄骨造や鉄筋コンクリート造で建てられてきた。木造で3階建てとするのは比較的最近のことだが、その場合、たとえば以下のメリットが考えられる。

- 部材が軽量なので、運搬や組み立てに大型重機が必要なく、道路条件の悪い敷地でも建築が可能である。また、建物全体の重量も軽いので、地盤補強も比較的軽微で済む場合がある
- 住宅に求められることが多い木の質感を躯体から出すことができる
- 柱や壁のサイズが小さくて済むため、室内面積を有効に活用できる
- 間取りを自由に設計しやすい

3階建ての計画で注意すること

3階建て住宅については、いくつかの要件がある。計画を始めるにあたっては、以下の点に留意する必要がある。

- 建物用途が用途地域における規制の範囲内か
- 敷地は防火地域か、準防火地域か、法22条指定地域か、指定なしか（防火地域内で木造3階建てを建築する場合は、1時間耐火仕様の告示または大臣認定が必要となる）
- 1階に居室を計画する場合は、採光計画に注意が必要
- 敷地の地盤の強度は大丈夫か。前面道路幅員による斜線制限は大丈夫か

図 木造3階建て住宅の例

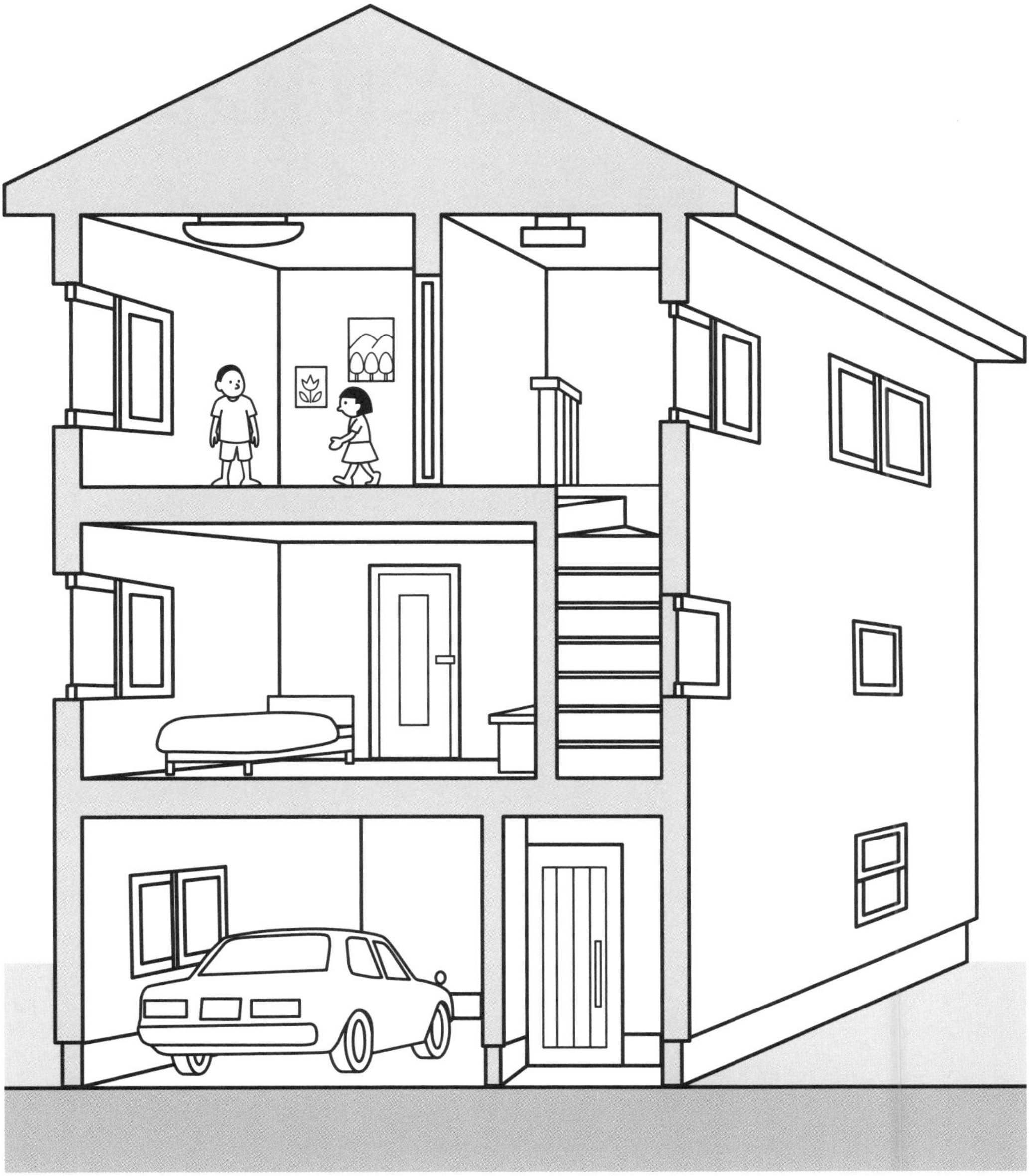

木造3階建ては、採光、通風に配慮した設計で、都会の狭い敷地でも
居住性を豊かにする可能性を持っている

木3＝S、RCと同じ区分

Point
- 2号建築物と呼ばれ、構造計算が必要になる
- 木造2階建てに比べ防火制限が大きく変わる

構造上の分類

建築基準法では、構造の種類・規模・階数・高さなどによって安全に関する規定が異なる。

一般に、木造で2階建て以下、高さ13m以下、軒の高さ9m以下、床面積500㎡以下の建物は、建築基準法6条1項4号に分類されることから、いわゆる「4号建築物」と呼ばれ、建築確認申請における提出図書の一部省略が認められている。

また、構造安全性の確認は仕様規定のみでよかったり、防火や避難に関する規定も比較的簡易で済むように定められている。

これに対し、高さや床面積は同じでも階数が3になると、基準法6条1項では2号に分類され「2号建築物」とも呼ばれる。こちらには確認申請図書の省略はなく、構造の安全性確認についても、鉄骨造や鉄筋コンクリート造などと同じ扱いになることから、仕様規定に加えて構造計算が必要となる。

さらに高さ13m、軒の高さ9mを超える木造3階建ては、構造計算を構造設計一級建築士が行うか、(他の建築士が行った)計算書をチェック(関与)しなければならない。また、申請においても、構造計算適合性判定(ピアチェック)を受けなければならなくなる。

防火に関する制限

防火関係規定については、3階建てになると高さによる規制が加わることが多いため、準防火地域においては、準耐火建築物にしなければならないなど、防火制限が大きく変わる。防火地域では耐火構造が要求されるため、これまで木造3階建ては建築できなかったが、最近では大臣認定を取得した木造耐火構造も出現している。

このように木造2階建てと比較すると、確認の特例や簡易な確認方法が使えないことから、木造3階建ての経験がない設計者や施工者にとっては、これまでとは比較にならないくらい多くの作業が発生することになる。

図1 構造規定上の分類

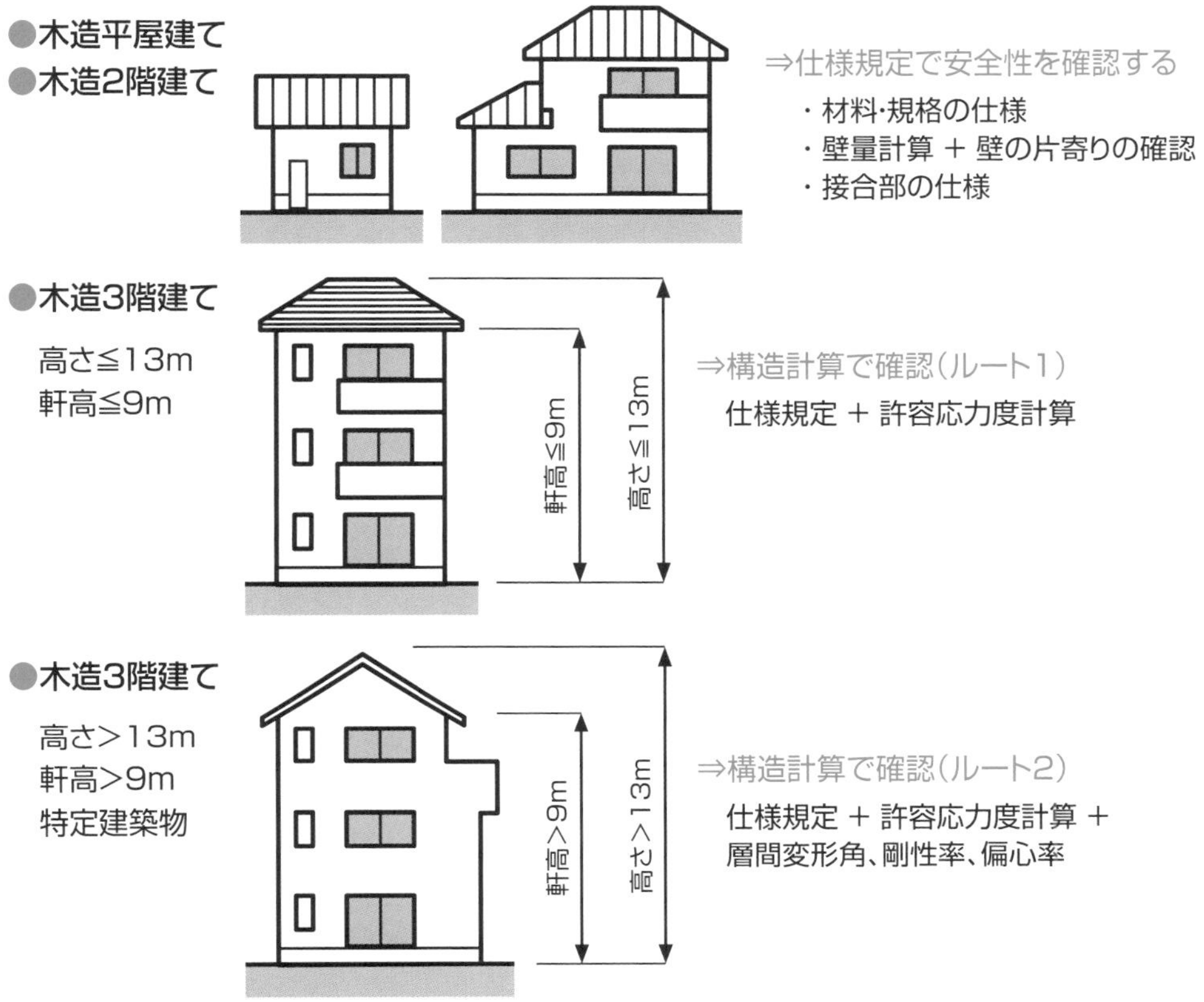
●木造平屋建て
●木造2階建て
⇒仕様規定で安全性を確認する
・材料･規格の仕様
・壁量計算 ＋ 壁の片寄りの確認
・接合部の仕様
●木造3階建て
高さ≦13m
軒高≦9m
軒高≦9m
高さ≦13m
⇒構造計算で確認（ルート1）
仕様規定 ＋ 許容応力度計算
●木造3階建て
高さ＞13m
軒高＞9m
特定建築物
軒高＞9m
高さ＞13m
⇒構造計算で確認（ルート2）
仕様規定 ＋ 許容応力度計算 ＋
層間変形角、剛性率、偏心率

図2 防火規定上の構造制限

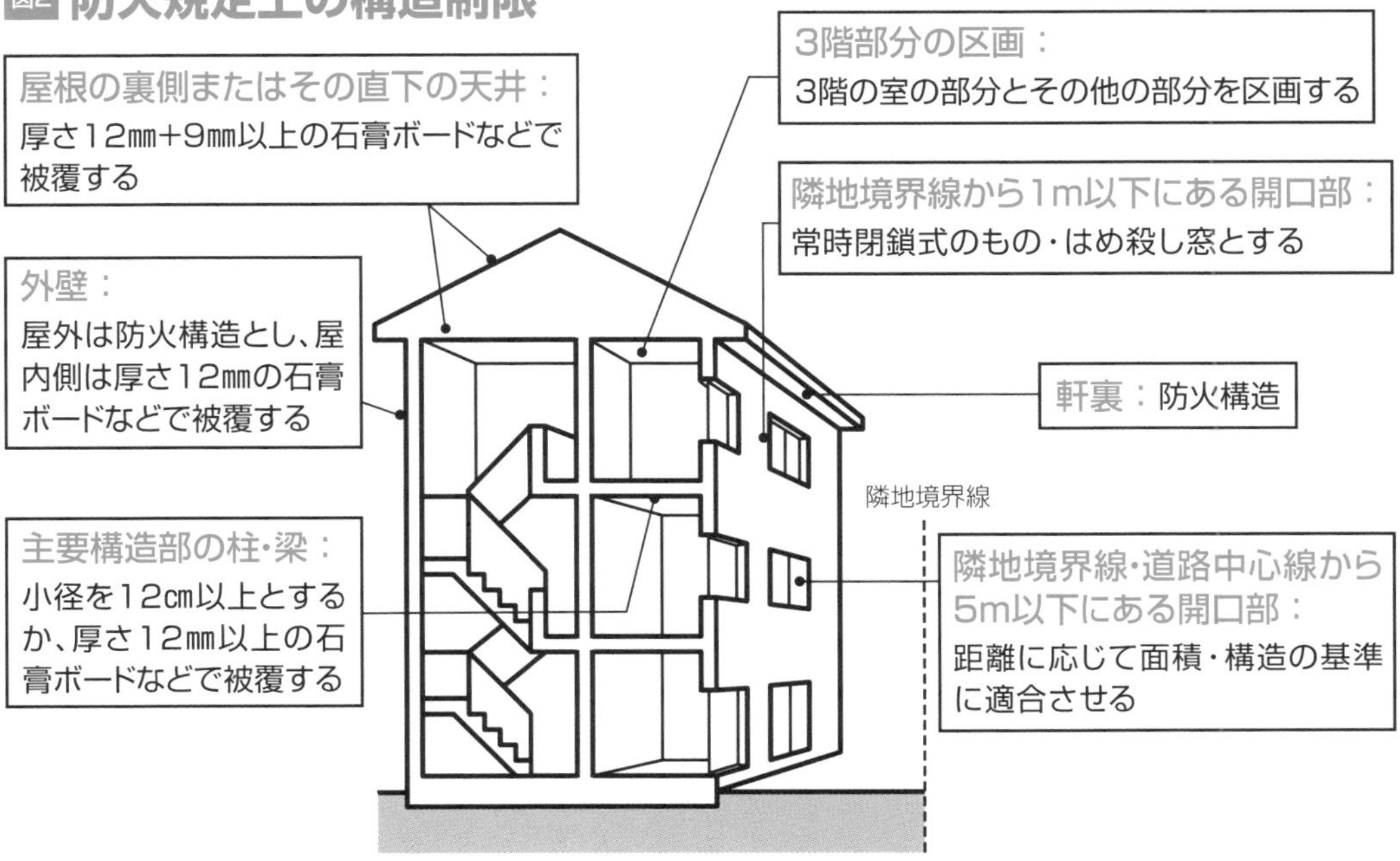
屋根の裏側またはその直下の天井：
厚さ12㎜+9㎜以上の石膏ボードなどで被覆する
3階部分の区画：
3階の室の部分とその他の部分を区画する
隣地境界線から1m以下にある開口部：
常時閉鎖式のもの・はめ殺し窓とする
外壁：
屋外は防火構造とし、屋内側は厚さ12㎜の石膏ボードなどで被覆する
軒裏：防火構造
隣地境界線
主要構造部の柱･梁：
小径を12㎝以上とするか、厚さ12㎜以上の石膏ボードなどで被覆する
隣地境界線･道路中心線から5m以下にある開口部：
距離に応じて面積・構造の基準に適合させる

「3階」になる場合

Point
- 小屋組空間、天井裏空間は階数に含まない
- 地階を含めた規制と地階のみの規制がある

基準法上の階数

建築基準法における建物の階数は、上下の床が何層重なっているかが基本的な数え方になる。

階数に含まれるものとしては、一般の居室、押入れや納戸などの収納、廊下や洗面所、便所などの設備室、階段室などが該当する。また、建物内に設ける自動車車庫は、容積率などの算定用床面積には緩和規定があるものの、階数には必ず含まれる。

これに対し、小屋組空間を利用した小屋裏収納や階間の天井裏空間を利用した中間階収納などは、最高天井高さが1.4m以下かつ直下階の床面積の2分の1未満であれば階数には含まれない(床面積にも含まれない)。

地階の定義と地盤面

天井高の3分の1以上が地盤面より下にあり、かつ地上に突出した部分が1m以下の場合は地階となる。

このときの地盤面とは、建物の外周部が地面と接している部分の平均の地盤であるので、宅地が道路面より高い場合、地下室が道路に面することで、そこを車庫として利用することができるなどの利点がある。

法律上の対応

基準法や施行令などは、地上階の階数をもとに規制する場合と、地階も含めた建物全体の階数から規制する場合に分かれるので注意が必要である。一般に、地上階のみを対象とする場合は、「地階を除く階数が……」と表され、建物全体の階数を対象とする場合は「階数が……」と表現される。

このほか「階」については、階、地階、地上階、最上階、各階、上階、直上階、直下階、避難階、階数など、さまざまな用語が用いられる。このなかで、地階、避難階、階数については定義がなされているが、「階」そのものに定義はない。一般には人が立ち入れる空間で、原則として床や屋根があるものとされている。

図1 住宅の階数が3となる例

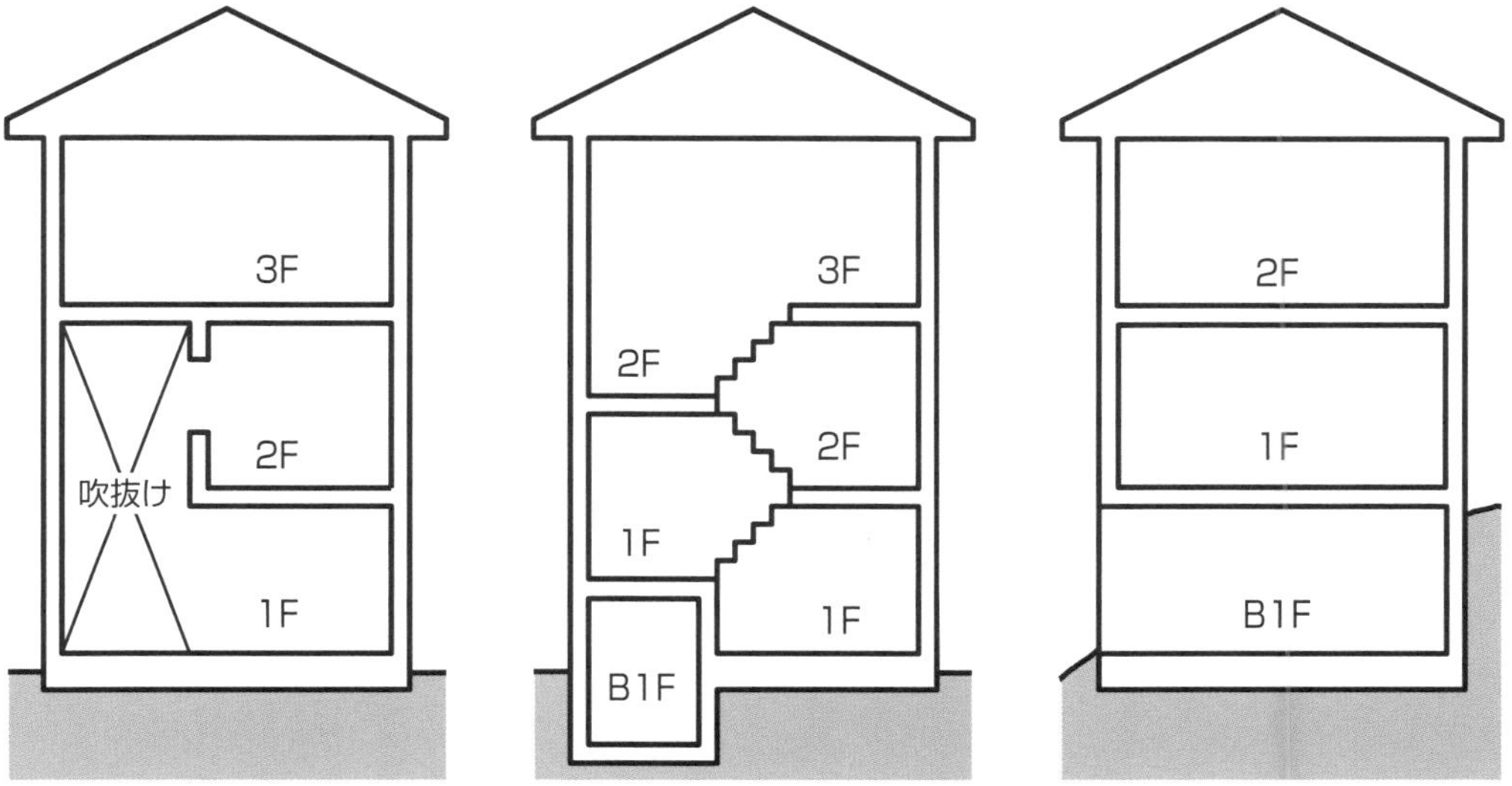

図2 地下階の考え方

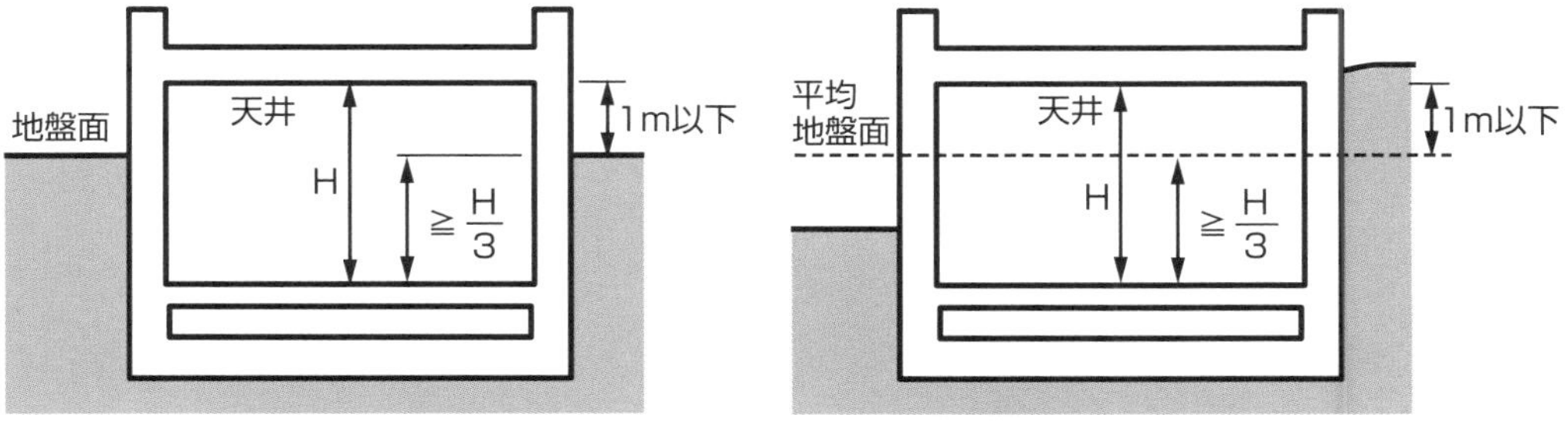

図3 避難階の考え方

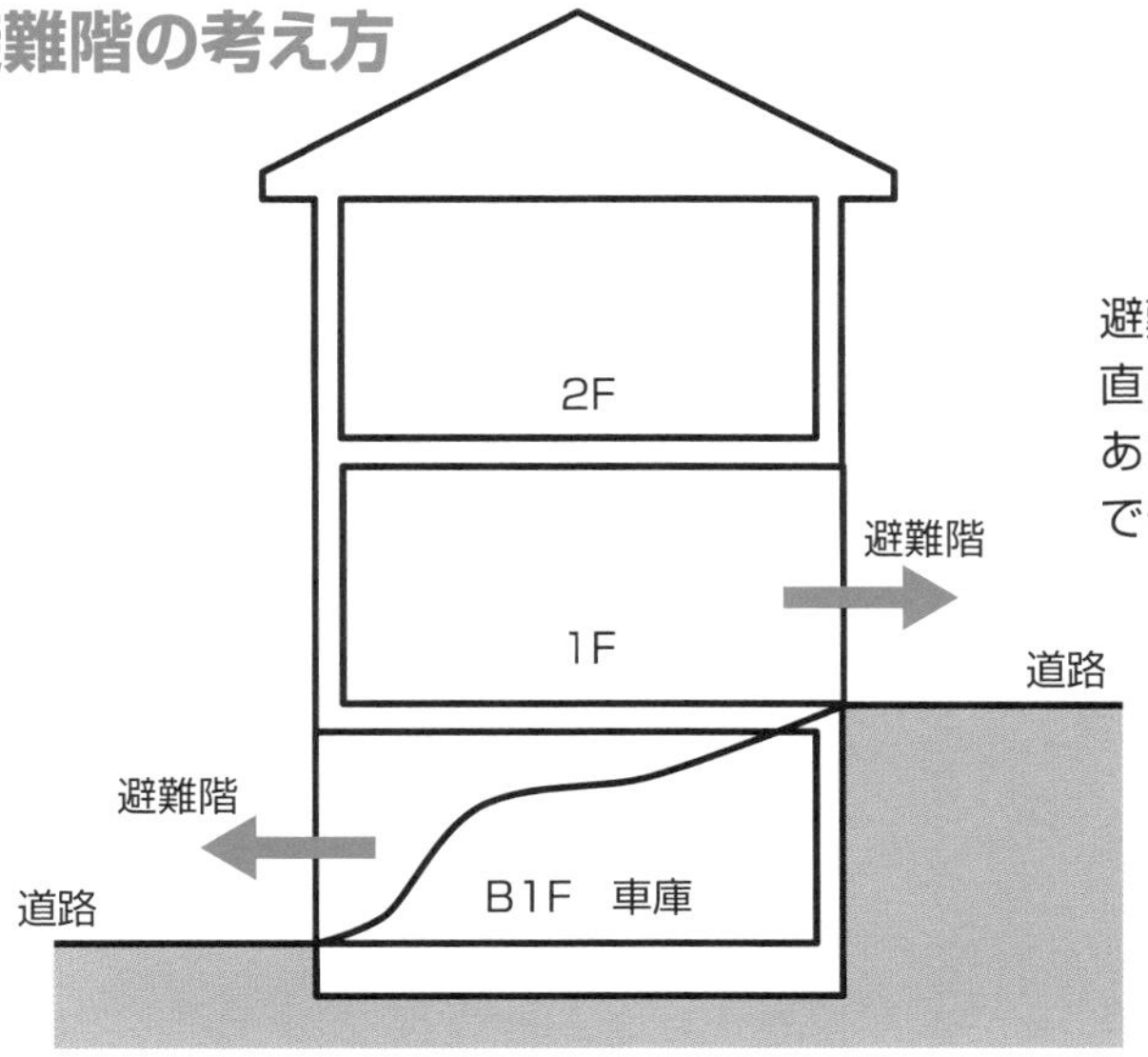

避難階は1階とは限らない。直接地上へ通じる出入口があれば避難階とすることができる

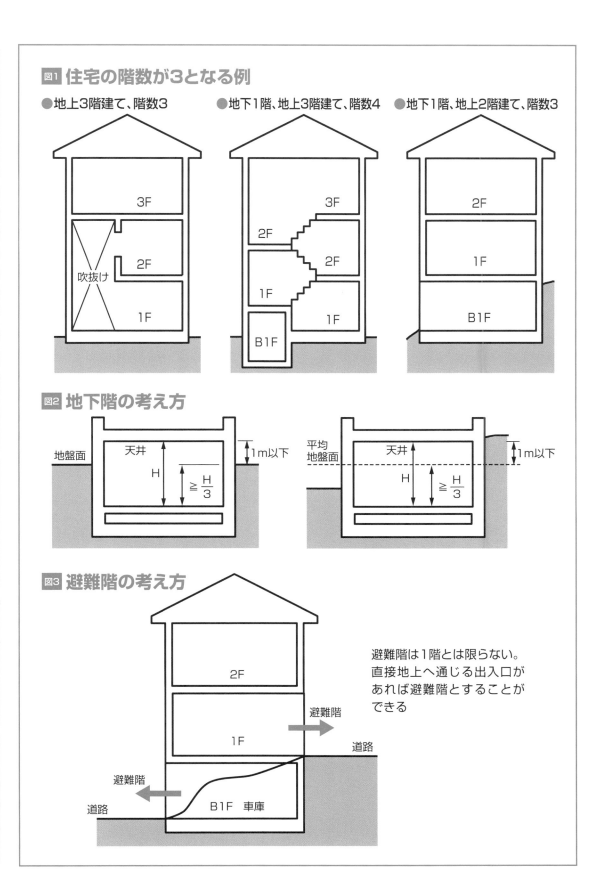

最高高さと軒の高さ

Point

- 地盤面から建物の最も高い部分までが建物高さとなる
- 軒の高さは、小屋組を支持する敷桁の上端まで

建物の高さを決めるもの

建物の高さとは、原則として地盤面から建物の最も高い部分までの高さをいう。

ただし、敷地内で地盤面が傾斜している場合には、建物に接している地盤の高低差3m以内ごとに地盤面を平均した位置（平均地盤面という）が高さの基点となる。

建物の最も高い部分については、原則として建物の最上部までと規定されている。ただし、階段室やエレベータ機械室などの屋上部分については、その水平投影面積が建築面積の8分の1以内の場合に限り、一定の範囲まで建物高さには算入しなくてもよいとされている。

その範囲については、以下のような規定がある。

まず、日影規制や第1種・第2種低層住居専用地域、田園住居地域内の高さの限度の制限を確認する場合は、高さ5mまでである。また、道路斜線制限や隣地斜線制限などを確認する場合は、高さ12mまでである。

一方、避雷設備や北側斜線などを確認する場合には、緩和規定がなく、屋上部分のすべてを高さに算入しなければならないので注意が必要である。

なお、棟飾り、防火壁、煙突等の屋上突出物は、その内部が屋内的な空間にならないことから、建物の高さには算入されない。

軒の高さを決める位置

建物の軒の高さは、地盤面から小屋組やこれに代わる横架材《おうかざい》を支持する壁まで、あるいは敷桁または柱の上端までの高さを指す。

ただし、道路斜線の後退距離による制限を適用する際の軒の高さについては、地盤面からではなく、前面道路の路面の中心の高さからとなる。

木造においては、小屋組を支持する敷桁の上端が軒の高さとなる。小屋組がなく片流れ屋根の場合は、高いほうの敷桁の上端を軒の高さとする。

図1 高さの考え方

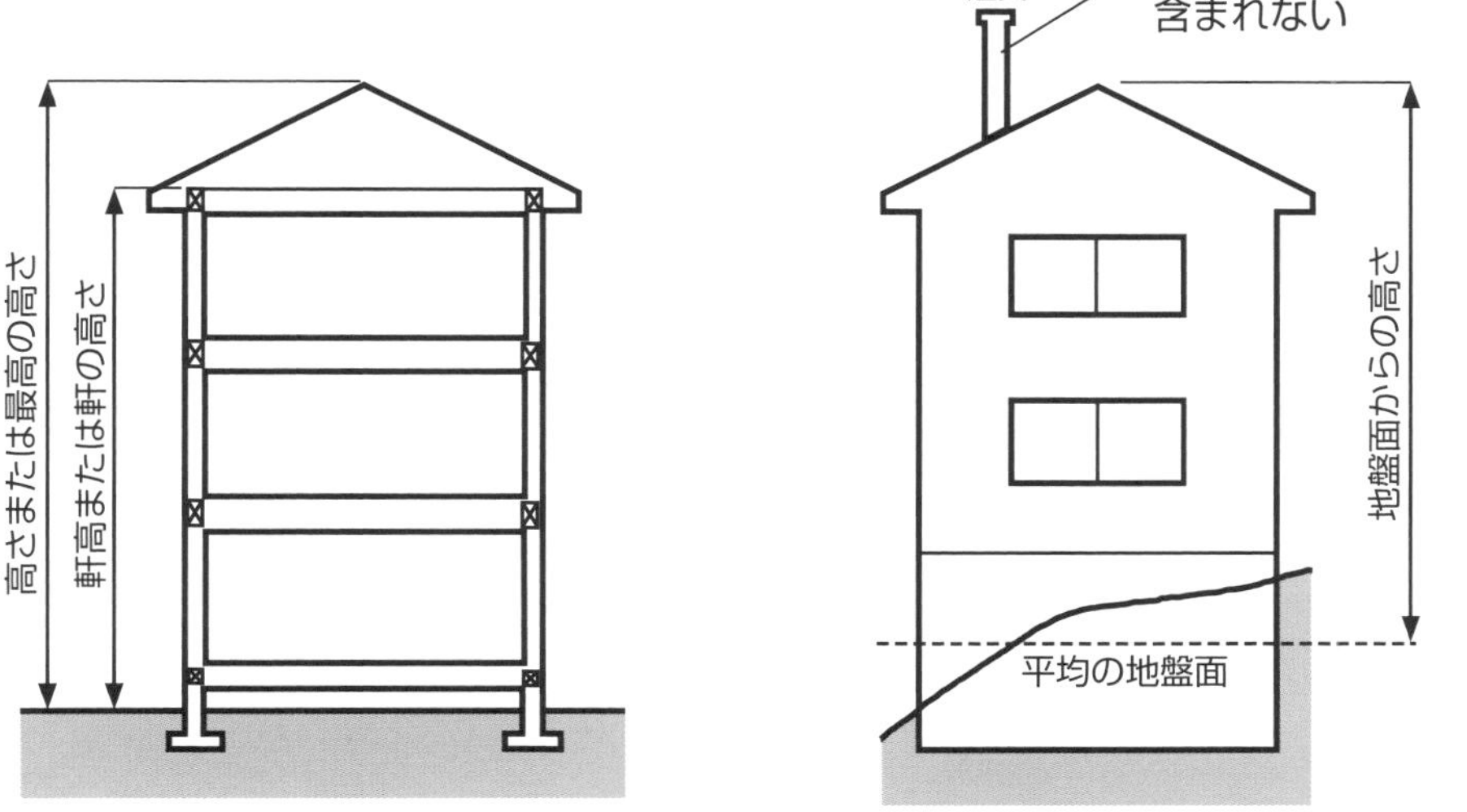
煙突
煙突は建物高さに含まれない

図2 小屋組ごとの軒の高さの位置

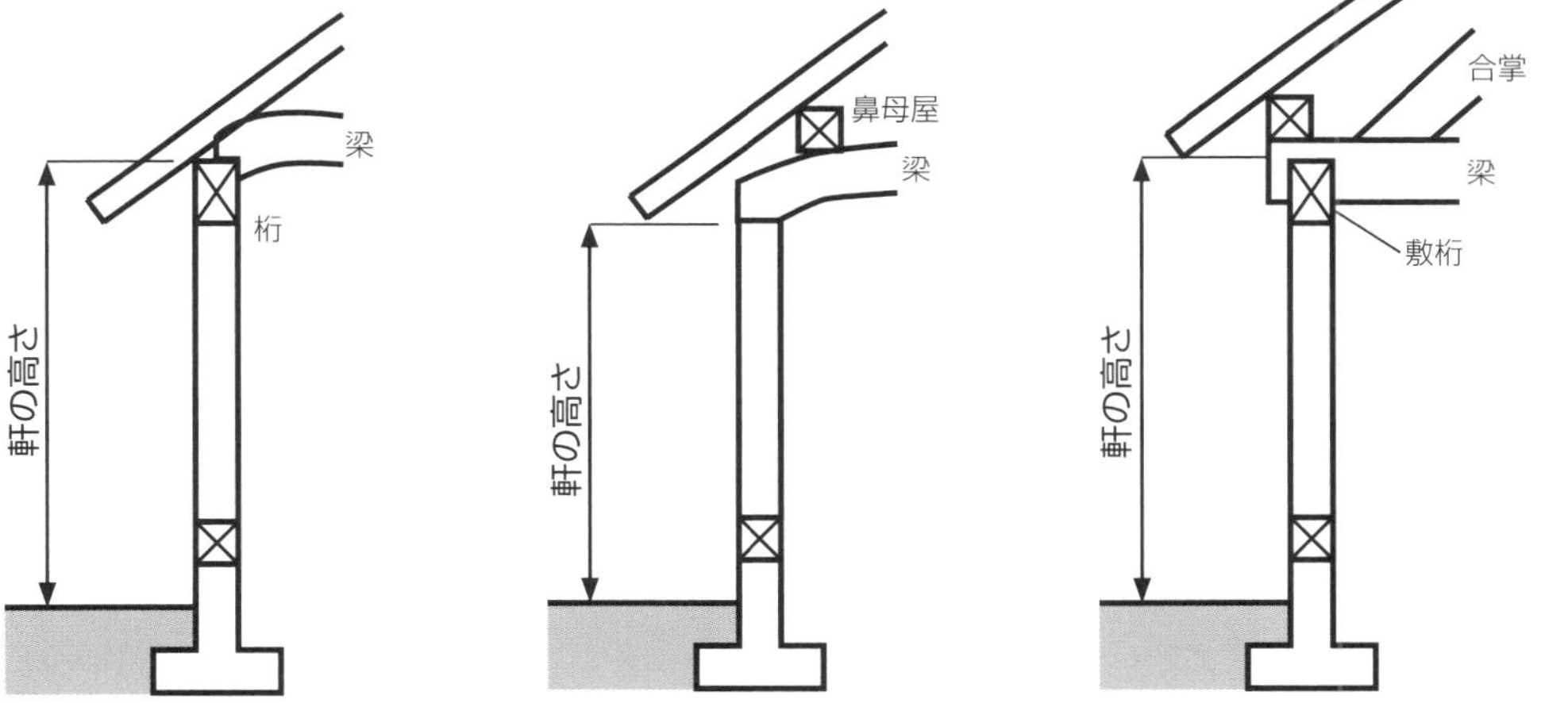

図3 片流れ屋根の場合

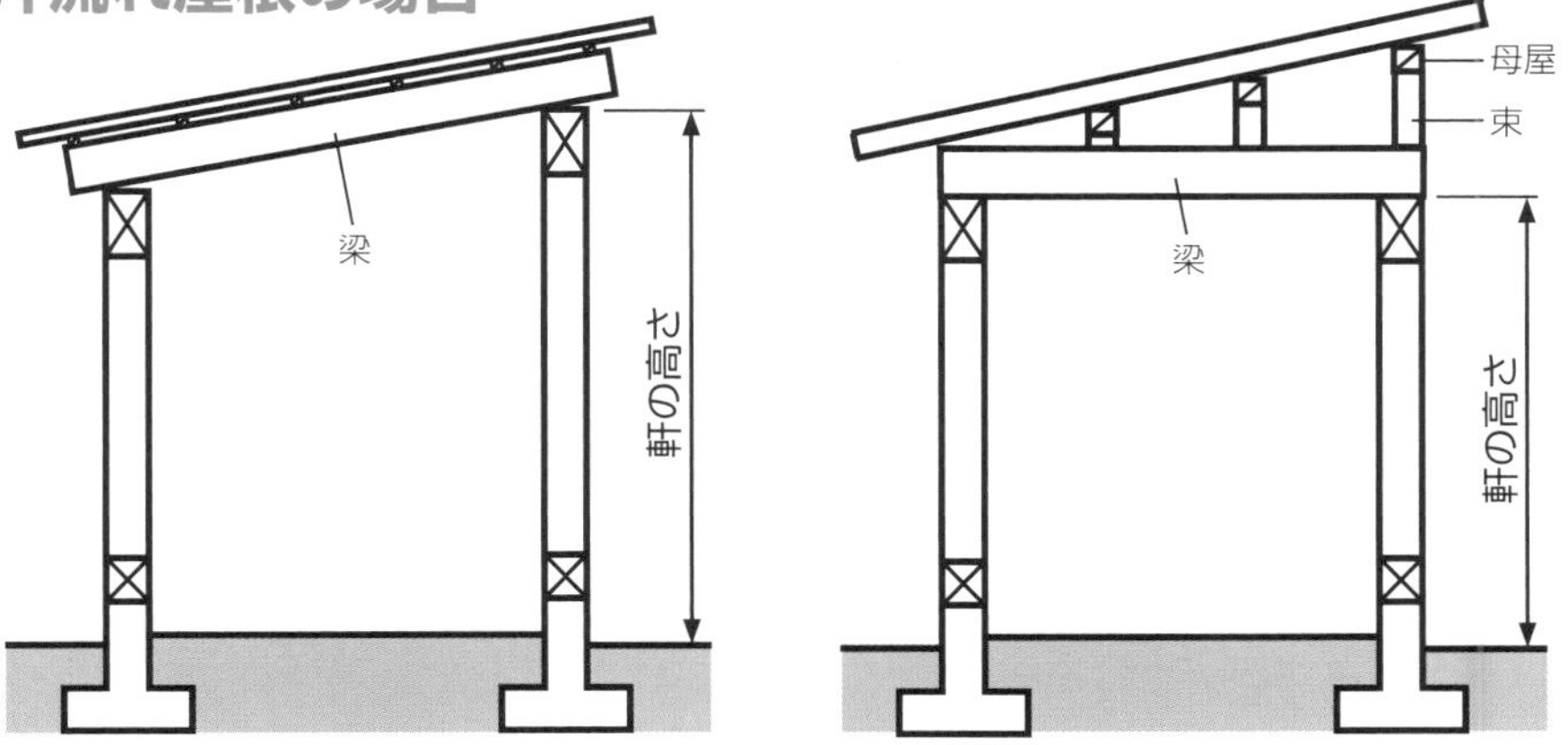

建築可能な地域

Point
- 住宅は「工業専用地域」を除いて建築可能である
- 防火地域指定により木造3階建てには構造制限がある

用途地域による建物の制限

用途地域とは、①第1種低層住居専用地域、②第2種低層住居専用地域、③第1種中高層住居専用地域、④第2種中高層住居専用地域、⑤第1種住居地域、⑥第2種住居地域、⑦準住居地域、⑧田園住居地域、⑨近隣商業地域、⑩商業地域、⑪準工業地域、⑫工業地域、⑬工業専用地域の13地域をいう。建築基準法別表第2の「用途地域等内の建築物の制限」で、各用途地域ごとに建築可能な建物用途が定められている。

これによると、住宅・併用住宅・共同住宅は、⑫工業専業地域内のみ建築できない。また、第1種低層住居専用地域に建築可能な店舗等併用住宅は、建物全体の床面積の2分の1以上を住宅として使用する場合で、かつ店舗等の床面積が50㎡以下とされている。

防火地域指定による構造制限

防火地域指定は、①防火地域、②準防火地域、③無指定（法22条区域）、④無指定の4地域に分けられる。

①防火地域は、駅前などの商業地域で建ぺい率・容積率を大きく設定して高層化を誘導する地域や、幹線道路沿いなどで、市街地火災時に建物群を延焼遮断帯として機能させたい地域。

②準防火地域は、防火地域の周辺に広がる商業地域・居住地域で、比較的密集して住宅等が建設される地域。

③無指定（法22条区域）は、防火地域・準防火地域以外に、屋根の不燃化等により市街地火災を抑制するために特定行政庁（市町村など）が指定する地域。

以上を踏まえ、3階建ての規定は以下の通りとなる。①防火地域＝住宅・併用住宅・共同住宅は耐火建築物とする。②準防火地域＝住宅・併用住宅（床面積1500㎡以下）は準耐火建築物とする。共同住宅は1時間準耐火建築物または耐火建築物とする。③無指定（法22条区域）＝住宅・併用住宅は外壁のみ準防火性能とした木造、共同住宅は1時間準耐火建築物または耐火建築物とする。

表 用途地域の内容(都市計画法9条)と住宅建築の可否

用途地域		地域の説明	建築の可否		
			住宅	併用住宅	共同住宅
①	第1種低層住居専用地域	低層住宅にかかわる良好な住居の環境を保護するために定める地域	○	△*	○
②	第2種低層住居専用地域	主として低層住宅にかかわる良好な住居の環境を保護するために定める地域	○	○	○
③	第1種中高層住居専用地域	中高層住宅にかかわる良好な住居の環境を保護するために定める地域	○	○	○
④	第2種中高層住居専用地域	主として中高層住宅にかかわる良好な住居の環境を保護するために定める地域	○	○	○
⑤	第1種住居地域	住居の環境を保護するために定める地域	○	○	○
⑥	第2種住居地域	主として住居の環境を保護するために定める地域	○	○	○
⑦	準住居地域	道路沿道としての地域の特性にふさわしい業務の利便の増進を図りつつ、これと調和した住居の環境を保護するため定める地域	○	○	○
⑧	田園住居地域	農業と調和した低層住宅の環境を守るための地域	○	○	○
⑨	近隣商業地域	近隣の住宅地の住民に対する日用品の供給を行うことを主たる内容とする商業その他の業務の利便を増進するため定める地域	○	○	○
⑩	商業地域	主として商業その他の業務の利便を増進するため定める地域	○	○	○
⑪	準工業地域	主として環境の悪化をもたらすおそれのない工業の利便を増進するため定める地域	○	○	○
⑫	工業地域	主として工業の利便を増進するため定める地域	○	○	○
⑬	工業専用地域	工業の利便を増進するため定める地域	×	×	×

＊ 住宅部分が総床面積の1/2以上で、店舗等の併用用途部分が50㎡以下の場合に限る

図 防火地域の概念

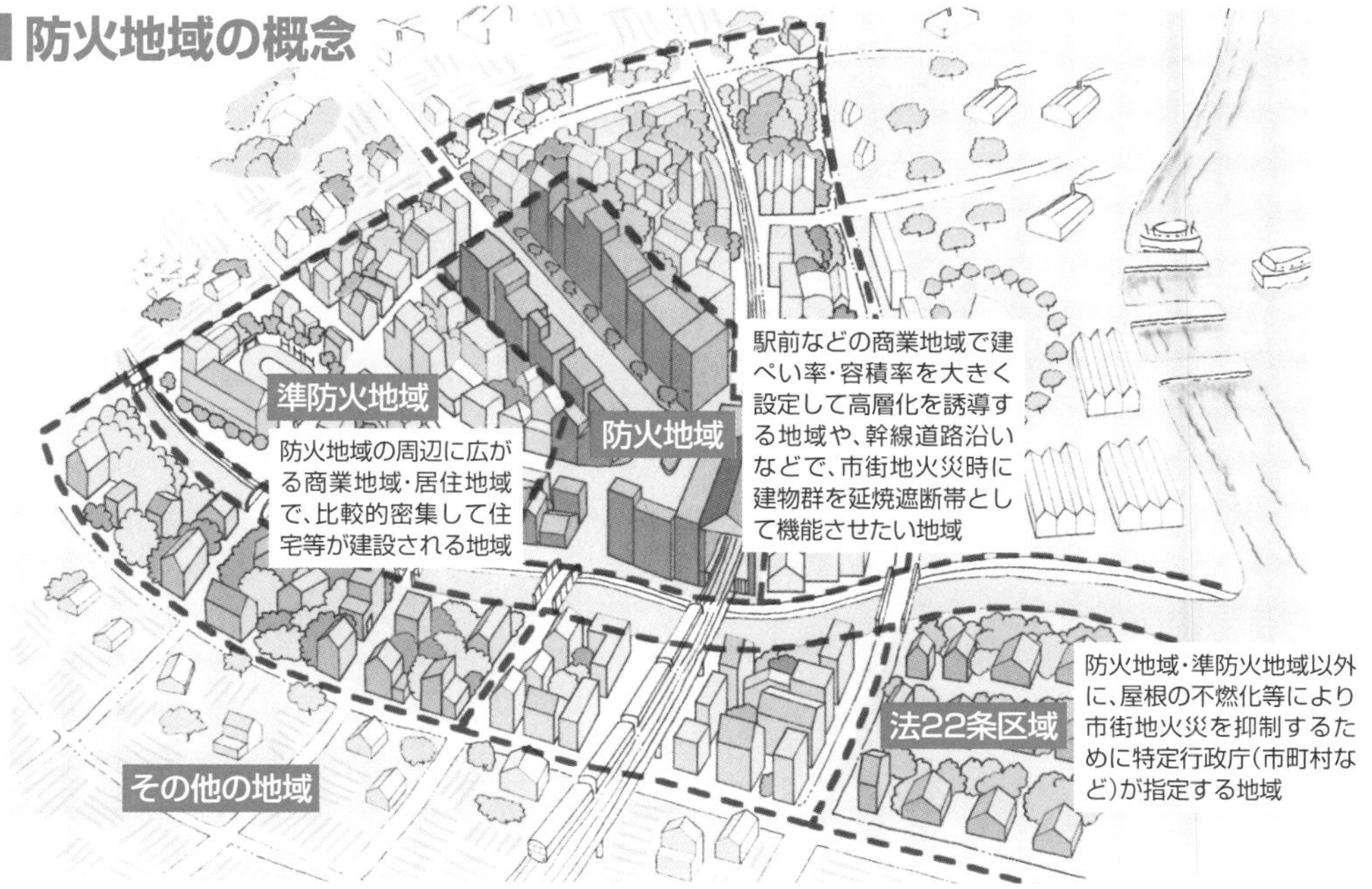
準防火地域
防火地域の周辺に広がる商業地域・居住地域で、比較的密集して住宅等が建設される地域
防火地域
駅前などの商業地域で建ぺい率・容積率を大きく設定して高層化を誘導する地域や、幹線道路沿いなどで、市街地火災時に建物群を延焼遮断帯として機能させたい地域
法22条区域
防火地域・準防火地域以外に、屋根の不燃化等により市街地火災を抑制するために特定行政庁(市町村など)が指定する地域
その他の地域

出典:「ここまで使える木材」((財)日本住宅・木材技術センター)

イ準耐・ロ準耐

Point
- 準耐火建築物は、主要構造部の防火性能で3通りに分けられる
- イ準耐火建築物とすれば、準防火地域に木造3階建てができる

準耐火建築物とは

準耐火建築物とは、耐火建築物以外の建物で、耐火建築物に準じる性能をもつ建物として後述の3通りの方法が建築基準法に位置づけられている。

準防火地域内の3階建て住宅や、地域によらず2階建ての特殊建築物で大規模のものは、準耐火建築物とする必要がある。

また、4階建て以上の建物や3階建ての特殊建築物（不特定多数の人が利用する学校、百貨店、病院など）は、耐火建築物とする必要がある。

準耐火建築物とする3つの方法

準耐火建築物とするには、①イ準耐火建築物（主要構造部が準耐火構造）、②ロ準耐火建築物1号（外壁が耐火構造）、③ロ準耐火建築物2号（主要構造部が不燃材）の3通りの方法がある［図1〜3］。

①イ準耐火建築物は、主要構造部（壁、柱、床、梁、屋根、階段）を準耐火構造とし、外壁開口部の延焼のおそれのある部分に防火戸等を設置したもの。木造で準耐火建築物とする場合は、この方法とすることがほとんどである。

また、イ準耐火建築物には、主要構造部を45分準耐火構造とするものと、60分準耐火構造とするものがある。準防火地域の木造3階建て住宅は前者、防火地域以外の木造3階建て共同住宅は後者の防耐火時間に耐える部材を使う必要がある（図1は45分の場合）。

②ロ準耐火建築物1号は、外壁を自立する鉄筋コンクリートなどでつくれば、内部は特に防火性能は問わないというもので、鉄筋コンクリート造（外壁）と木造（外壁以外）の混構造とする場合などに用いる。

③ロ準耐火建築物2号は、鉄骨造で建物をつくる場合に用いる。その際、柱・梁に耐火被覆する必要はない。

なお、②および③のロ準耐火建築物も外壁開口部の延焼のおそれのある部分には、防火戸等を設置することが求められる。

図1 イ準耐火建築物に必要な防耐火性能（主要構造部準耐火構造）［法2条9号の3イ］

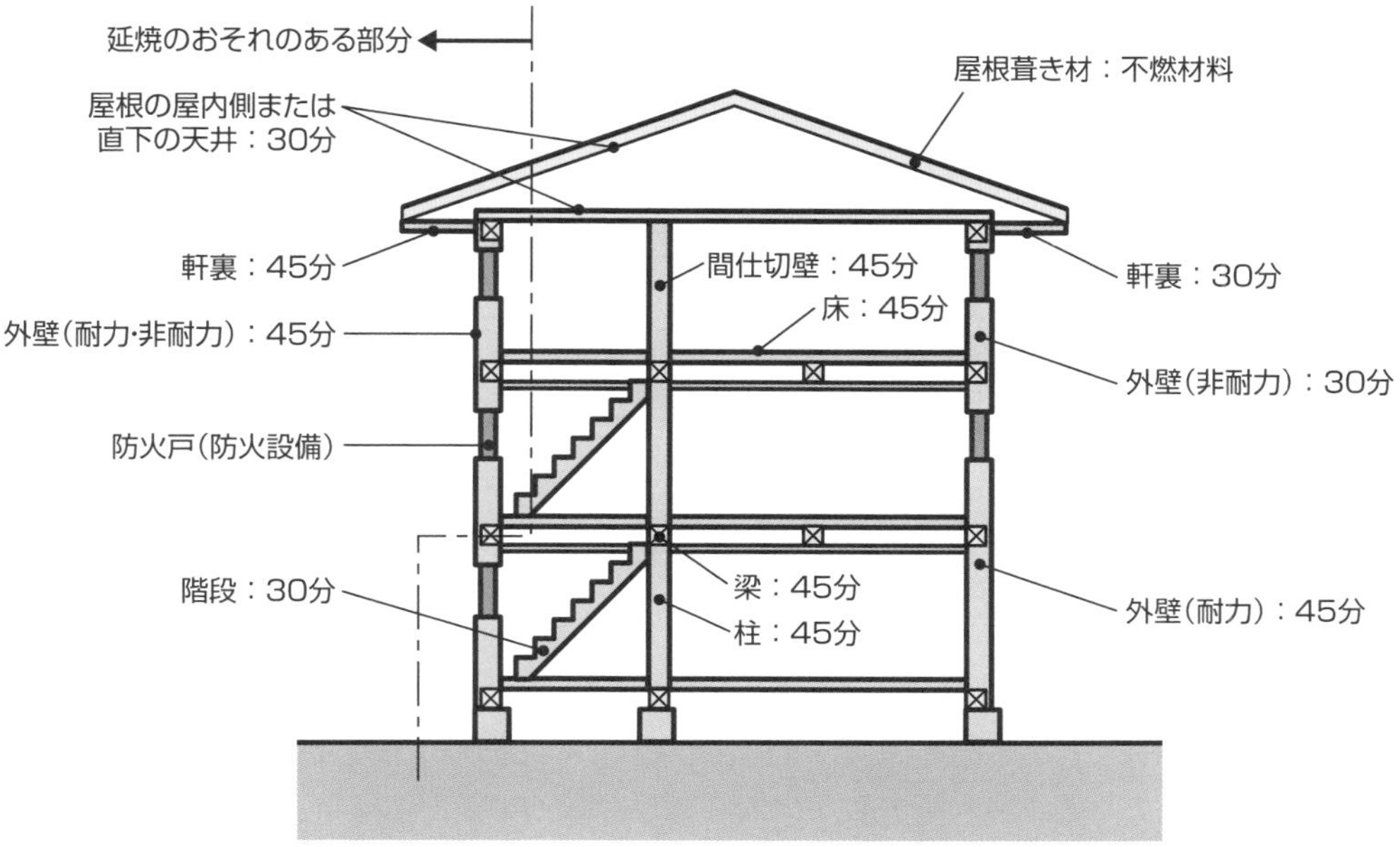

＊ 上記の時間は準耐火性能の要求時間

図2 ロ準耐火建築物1号に必要な防耐火性能（外壁耐火構造）［令109条の3第1号］

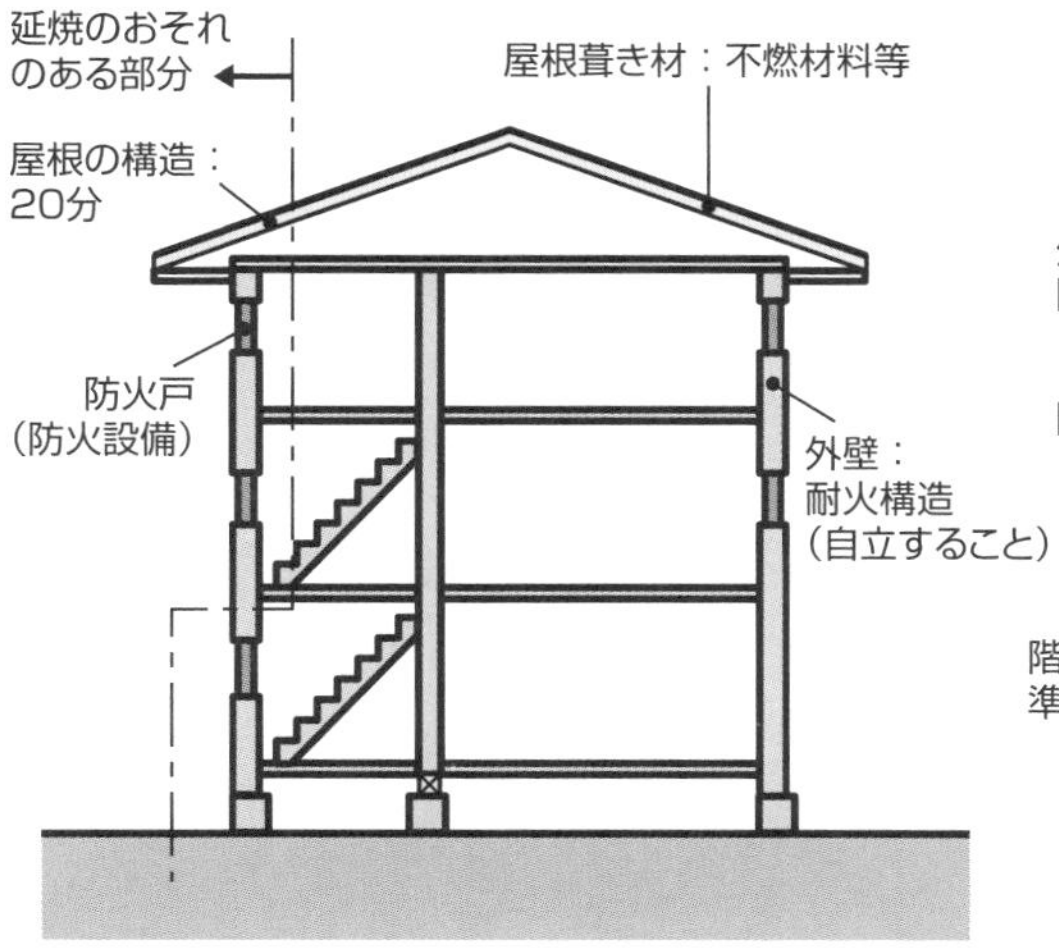

図3 ロ準耐火建築物2号に必要な防耐火性能（主要構造部不燃材）［令109条の3第2号］

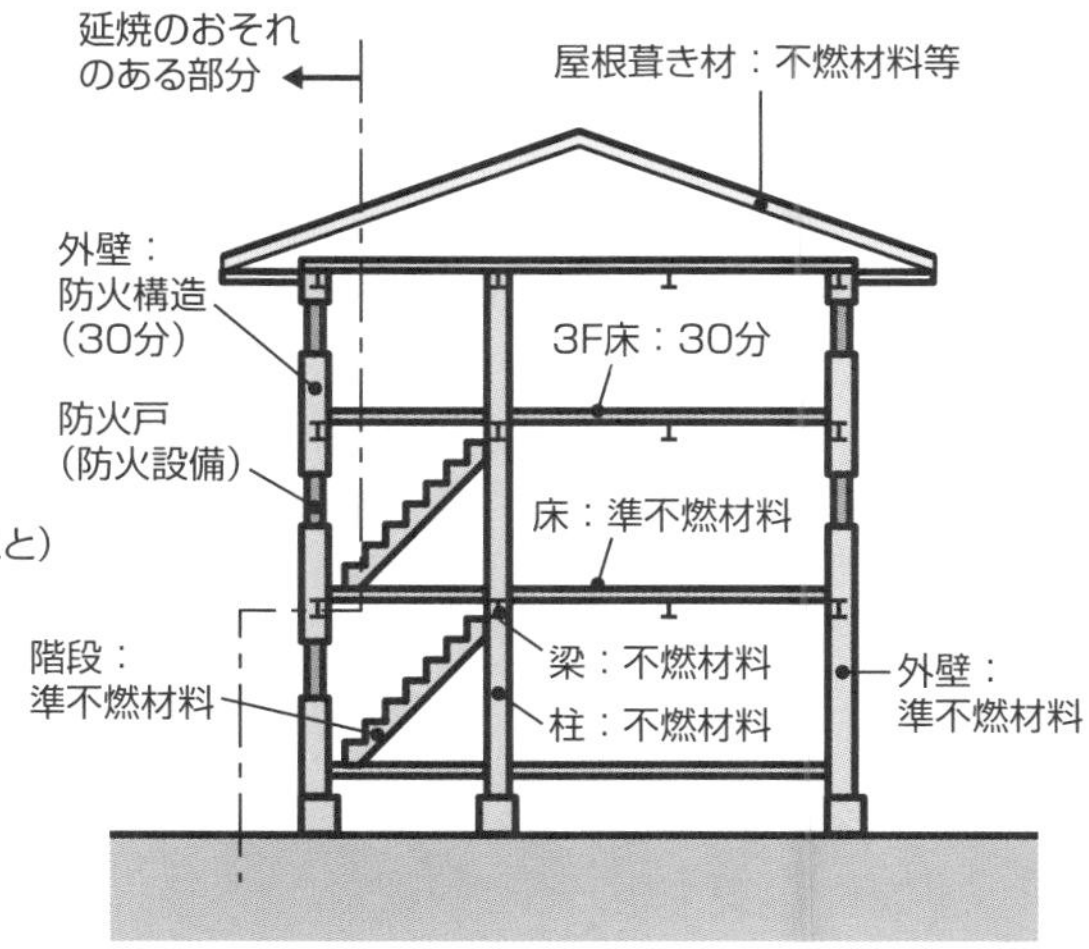

木造3階建ての工法

Point
- 一般的な工法は軸組工法と枠組壁工法
- 構造上と防火上の観点から工法を選択する

工法の選択

木造3階建てを設計するにあたっては、まず工法を選択する必要がある。一般的には、軸組《じくぐみ》工法、枠組壁工法（ツーバイフォー工法とも）が挙げられる。

耐力壁という構造上の選択

軸組工法、枠組壁工法共に法規上の規定は異なるものの、構造上はどちらも耐力壁《たいりょくへき》によって水平力に抵抗する構造である。耐力壁の要素としては、軸組工法は筋《すじ》かいが主流になっているのに対し、枠組壁工法は合板などを用いた面材耐力壁であるが、どちらも耐力壁という「壁」を単位とした水平力抵抗要素である。そのため、水平力を受けたときの耐力壁の長さや耐力壁両端に発生する引抜力などの基本の考え方は同じである。なお、近年は軸組工法でも面材を併用する場合が増えている。

防火上からの選択

防火に関しては、上階への延焼防止や延焼のおそれのある範囲などが2階建てより3階建てのほうが厳しくなる。

ただし、軸組工法・枠組壁工法共に工法は違っても法規上の要求性能は同じである。また、どちらの構造材料も木材であるので、防火対策としては、通常は柱や梁を石膏ボードなどで覆う大壁形式になることもあり、工法による差はほとんどないといってよいだろう。

その他の工法

軸組工法と枠組壁工法以外に、大断面集成材《しゅうせいざい》を使ったヘビーティンバー工法などもある。構造的には耐力壁形式ではないこともあり、詳細な構造計算が求められる。

また、防火上も木部を石膏ボードで覆うような大壁形式では納まらないことから、燃えしろ設計法を適用するなどの工夫が必要になる。

そのほか、丸太組工法（ログハウスと呼ばれている）などもあるが、一般的な3階建ての設計にはなじまない。

図1 軸組工法（在来工法）

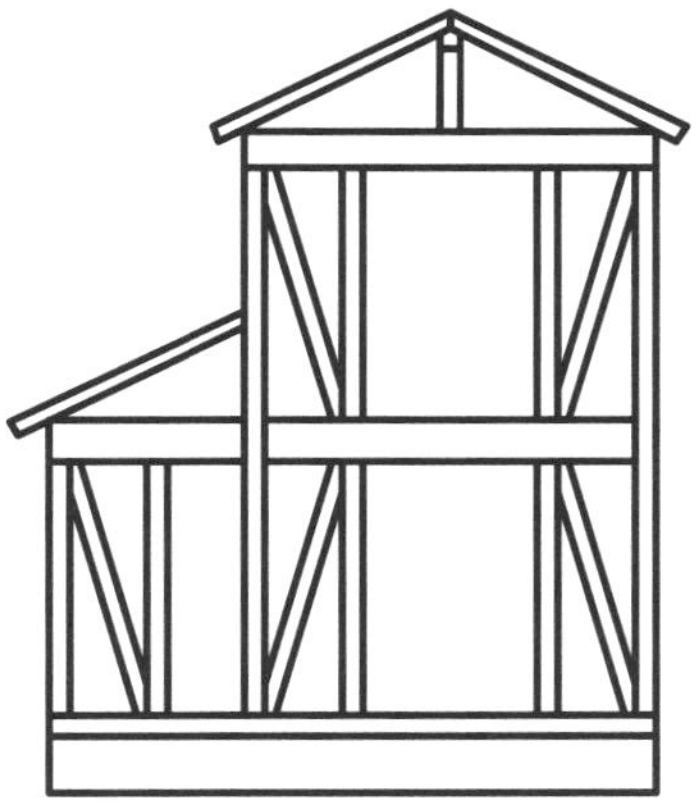

主に筋かいを用いた耐力壁とする

●軸組工法による3階建てのイメージ

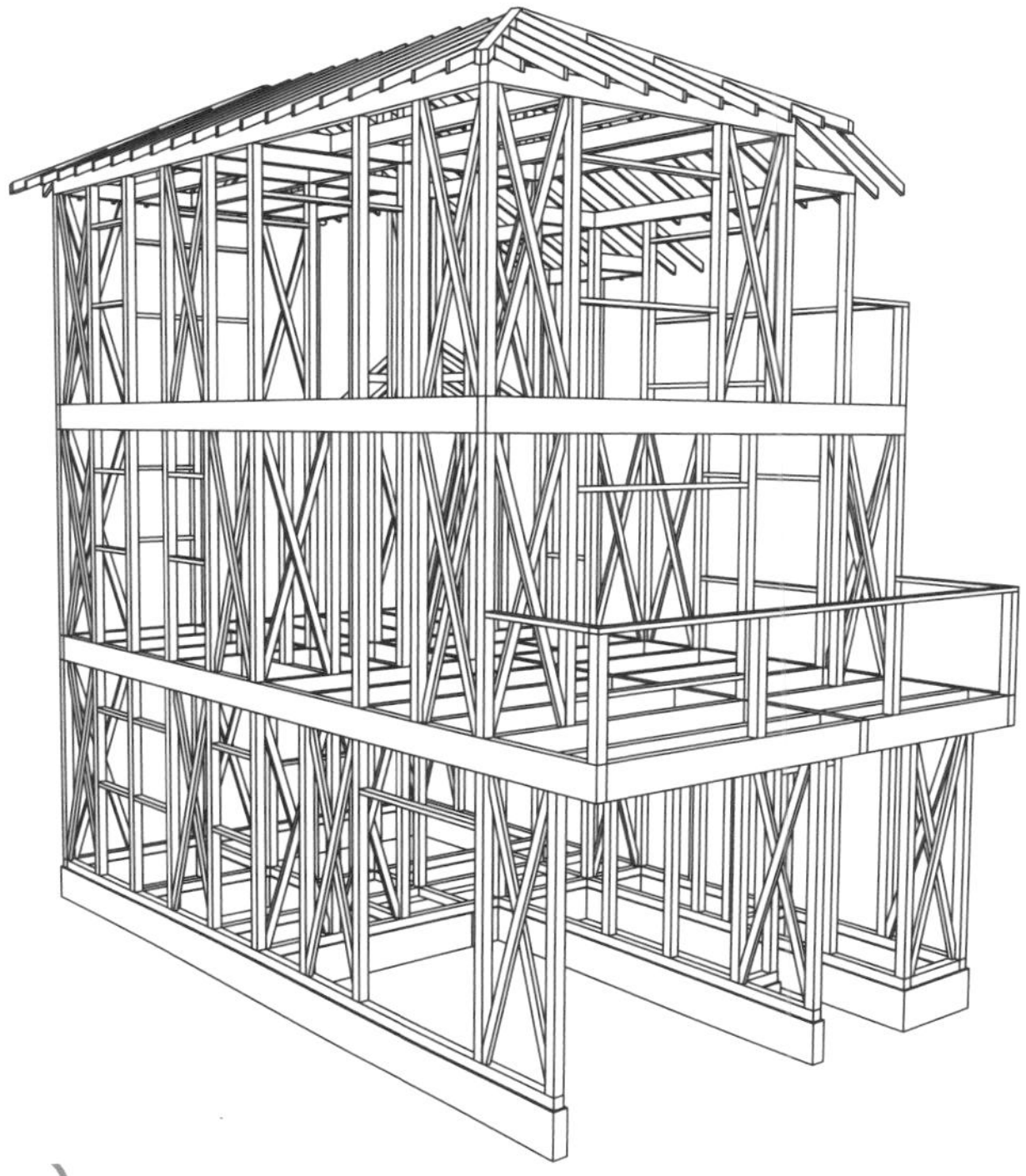

図2 枠組壁工法（ツーバイフォー）

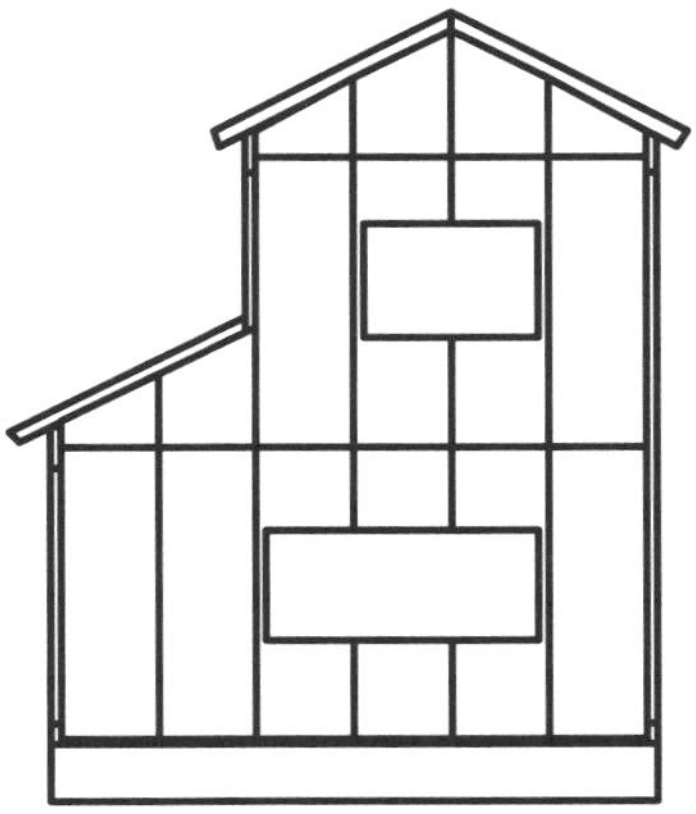

合板などを用いた面材耐力壁とする

●枠組壁工法による3階建てのイメージ

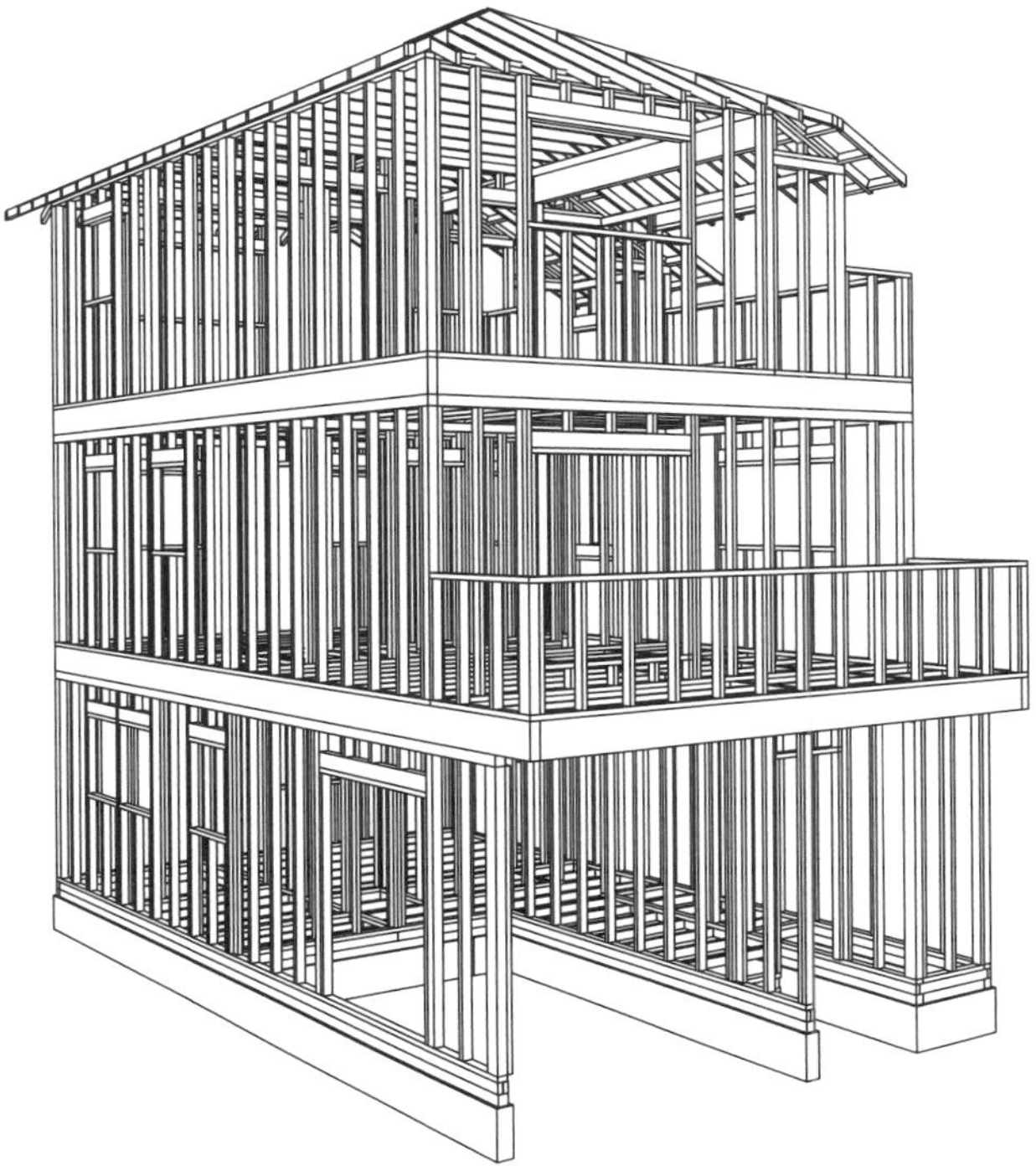

Keyword

008

建物重量

木造3階建ての重量

Point

- 木造3階建ての重量は、2階建ての3割増
- 建物の重量は地震力と地盤の支持力に影響を与える

建物の重量を知る

建物の重量は一体どれくらいあるのだろうか。建物に使われている部材の重さを合計すれば、建物全体の重さを求めることができる。しかしながら、取り付けられている部品類は数万点にも及ぶため、すべてをもれなく合計するのは合理的ではない。

建築基準法では構造計算する際の部材重量を部位ごとに例示しており、この値を用いることができる。

たとえば図1のようなモデルを想定すると、木造2階建て（延べ面積105・99㎡）の建物総重量は約700kNになる[図2]。これに対して木造3階建て（延べ面積158・99㎡）の場合は、中間階が1層分増えるので約1000kNになり[図3]、2階建ての1・45倍の増加となる。また、このモデルを鉄筋コンクリート造2階建てとした場合は約1420kN、3階建てでは1920kNとなり[図4]、木造の2倍程度の重さになることが分かる。

重量の違いによる影響

建物の重量は、建物に作用する地震力と、地盤の支持力にも影響を与える。地震力については後述するので、ここでは地盤の支持力について説明する。前述のモデルをベタ基礎とした場合、耐圧盤1㎡当たりに加わる建物重量（接地圧）は2階建てで13kN／㎡（1.3t／㎡）、3階建てでは19kN／㎡（1.9t／㎡）となる。

ところで、ここで示した接地圧とはどのような数値だろうか。たとえば、体重65kg、足の接地面積が25cm×20cm程度の一般的な人が立っている状態[図5]と比べると、この人の接地圧は13kN／㎡（1.3t／㎡）となり、木造2階建てとほぼ同じになる。また、接地面積が同じで体重95kgの人では19kN／㎡（1.9t／㎡）となり、木造3階建ての重量とほぼ同じになる。

このように、接地圧で比べると、木造の建物と人はだいたい同じになることが分かる。

図1 想定した建物平面図

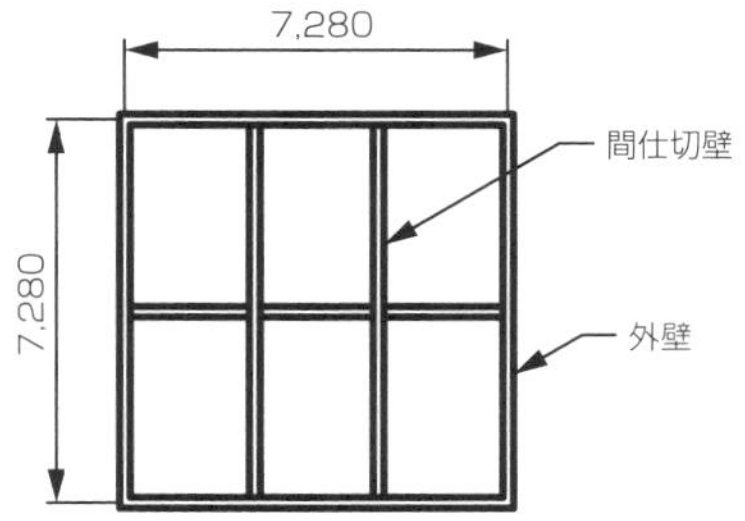

基礎底盤面積＝53[㎡]

図5 一般的な人の接地圧例

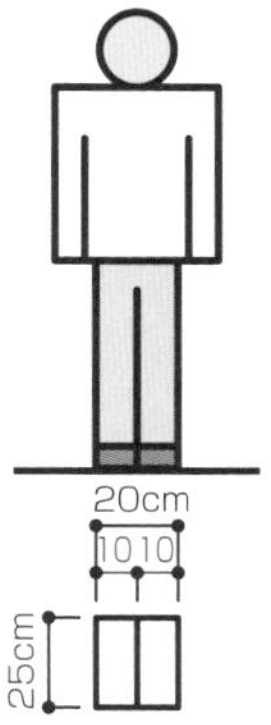

体重 65kg
両足 25×20cm

$$\frac{65}{0.25\times0.2}=1{,}300[kg/m^2]$$
$$=1.3[t/m^2]$$
$$(13[kN/m^2])$$

図2 木造2階建て

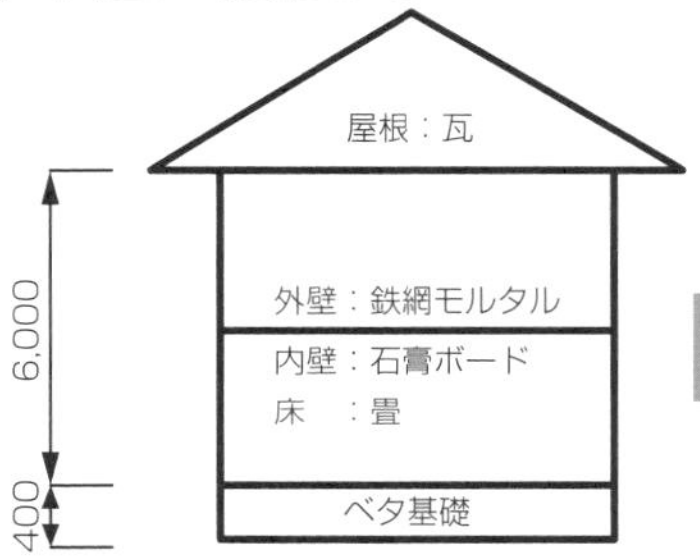

建物総重量＝702,190[N]≒702[kN]
基礎底盤面積あたり
702,190÷53＝13,248[N/㎡]≒13[kN/㎡]

図3 木造3階建て

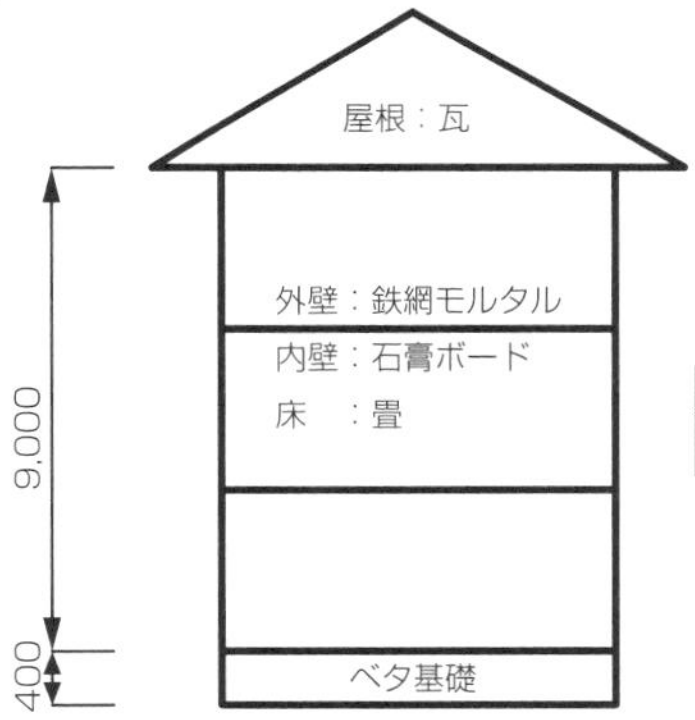

建物総重量＝1,017,950[N]≒1,018[kN]
基礎底盤面積あたり
1,017,950÷53＝19,206[N/㎡]≒19[kN/㎡]

図4 鉄筋コンクリート造3階建て

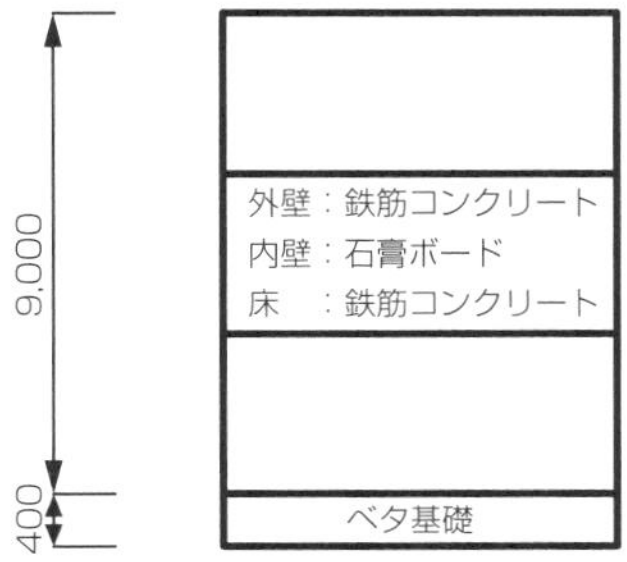

2階建ての場合

建物総重量＝1,423,000[N]≒1,423[kN]
基礎底盤面積あたり
1,423,000÷53=26,849[N/㎡]≒27[kN/㎡]

3階建ての場合

建物総重量＝1,924,700[N]≒1,925[kN]
基礎底盤面積あたり
1,924,700÷53=36,315[N/㎡]≒36[kN/㎡]

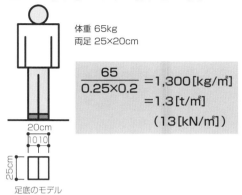

木造3階建ての地震力

Point
- 木造3階建てには、2階建ての約1.5倍の水平力が加わる
- 地震力は建物重量に比例する

重量の違いによる影響

建物に加わる地震力は、建物重量に比例するため、重量が重いほど建物に加わる地震力も大きくなる。

木造2階建てと3階建ての建物で、1階部分に作用する地震力をモデルを使って比較してみる。

1階に作用する地震力は、その階が支えている重量で決まることから、2階建てでは2階部分と小屋組の合計重量、3階建てでは2階と3階部分に小屋組を加えた合計重量を求める。これに、層せん断力係数を0.2として1階の柱や壁に加わる地震力を概算で求めると、2階建てでは約68kN、3階建てでは約104kNとなることから、3階建てには約1.5倍の水平力が加わると分かる。

したがって、1階部分に必要となる耐力壁量は、木造3階建ての1階には、2階建ての1階の約1.5倍多くなることが分かる。

これは、令46条4項に定められた壁量計算における、必要壁量の増加割合とも一致している。

これに対し鉄筋コンクリート造の場合は、2階建ての1階に作用する地震力が390kN程度になる。これは木造の6倍弱。木造は重量が軽い分、耐震性の確保も容易であるといえる。

高さの違いによる影響

3階建て程度の高さであれば、地震力は同じ建物重量なら高い位置ほど大きいことが分かっている。

この影響を考慮する係数が、層せん断力分布係数（通称「Ai分布」という）である。Ai分布は建物の高い位置ほど大きな値となる。

この内容を分かりやすく表しているのが、基準法の仕様規定における壁量計算の「床面積に乗ずる値」である。

令46条4項に定められている壁量計算の必要壁量のうち、同じ屋根材で比較しても、2階建ての2階の計算で用いる値より、3階建ての3階の計算で用いる値が大きいのは、このためである。

図 建物に作用する地震力

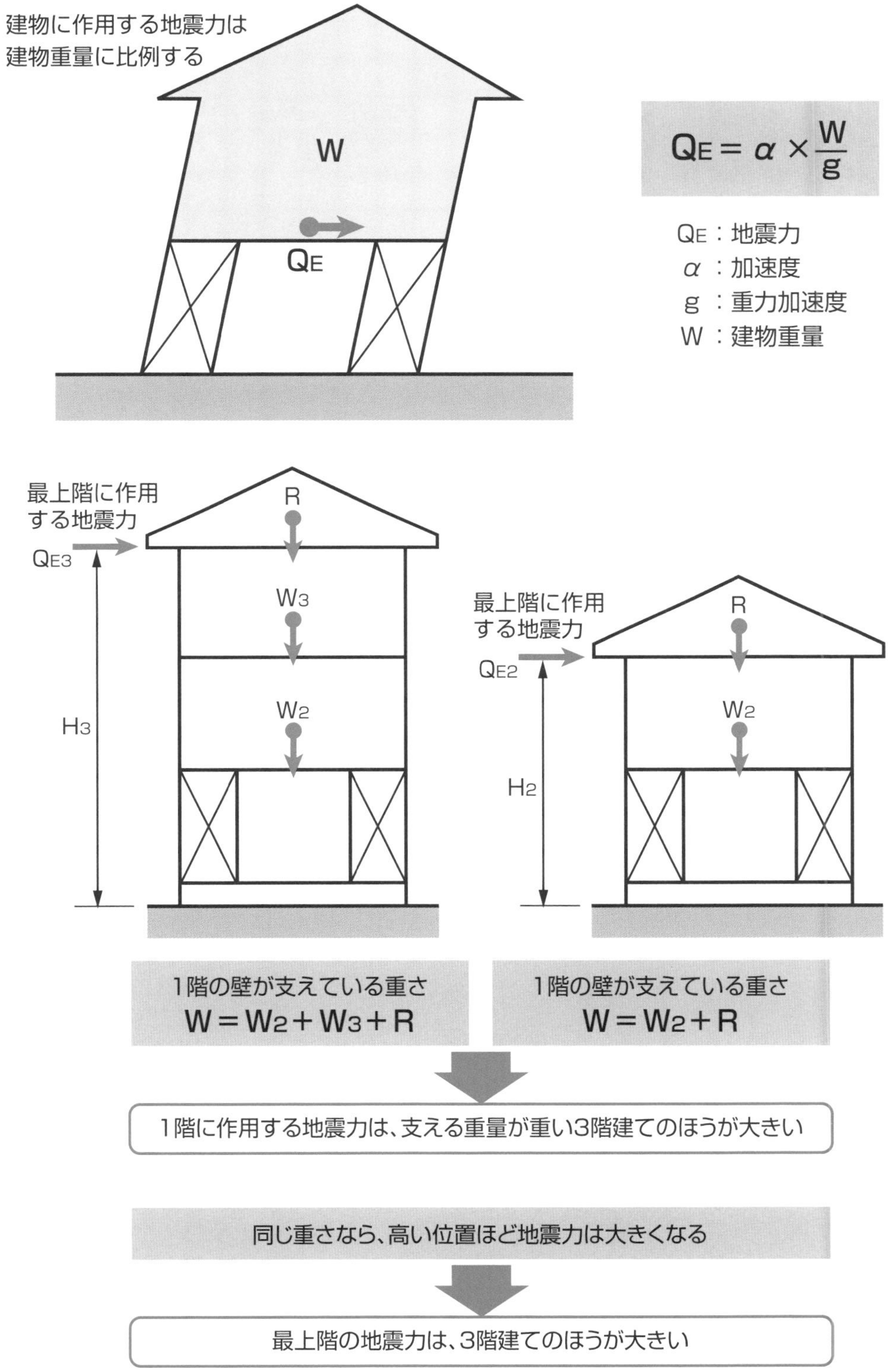
建物に作用する地震力は
建物重量に比例する
W
QE
QE＝α×W/g
QE：地震力
α：加速度
g：重力加速度
W：建物重量
最上階に作用
する地震力
QE3
R
W3
W2
H3
最上階に作用
する地震力
QE2
R
W2
H2
1階の壁が支えている重さ
W＝W2＋W3＋R
1階の壁が支えている重さ
W＝W2＋R
1階に作用する地震力は、支える重量が重い3階建てのほうが大きい
同じ重さなら、高い位置ほど地震力は大きくなる
最上階の地震力は、3階建てのほうが大きい

採光、排煙、竪穴区画

Point
- 採光、排煙、竪穴区画の規定は、2階建てとはかなり異なる
- 敷地条件を見極めた建築計画が必要となる

3階建てを左右する建築計画

3階建ての住宅・併用住宅・共同住宅は、2階建てと比較すると建物の階数が1つ増えることで、日当たりが悪くなったり、火災時に避難時間がかかったり、建物からの脱出方法が変わったりする。

たとえば日当たりに関しては、自分の家が3階建てということは、周辺の家も3階建てになる可能性が大きい。2階建ての1階と3階建ての1階では、後者のほうが日当たりの条件が悪くなることは容易に想像できる。

また、火災の早期発見や避難に要する時間も、2階建てよりは長くなることが予想される。そのため建築基準法では、2階建てと比較して、火災時の排煙設備、階段室など縦に延びる空間と他の室との防火区画など、3階建て特有の規制がかかる。

さらに居室の有効な採光など、2階建てと比較して確保しにくいものも出てくるので、計画の初期段階からこれらを頭に入れて設計する必要がある。

居住性、安全性を考える

居室の有効な採光では、建物と隣地境界線までの距離を50cm程度、建ぺい率60%程度で敷地一杯に建物を計画した場合、1階の奥の部屋では、床面積の7分の1以上の有効な採光面積が思うようにとれず、居室扱いにできないことが多い。

また、火災時に天井付近にたまった有害な煙を排除するために、居室ごとに床面積の50分の1以上の排煙上有効な面積（天井から80cm以内の開口部）を確保する必要がある。だが、天井が高い部屋や垂れ壁が大きい部屋では、天井付近に窓が設置できないため、排煙上有効な面積が確保できないこともあるので、天井と窓高さの関係をよく考慮して計画したい。

さらに、階段室などは煙の拡大経路になるため、延床面積が200㎡を超えると、階段室等とその他の室を防火戸等で防火区画する必要がある。

図1 下階の採光は取りづらい

自分の家が3階建てということは、
周辺の家も3階建てになることが
予想される

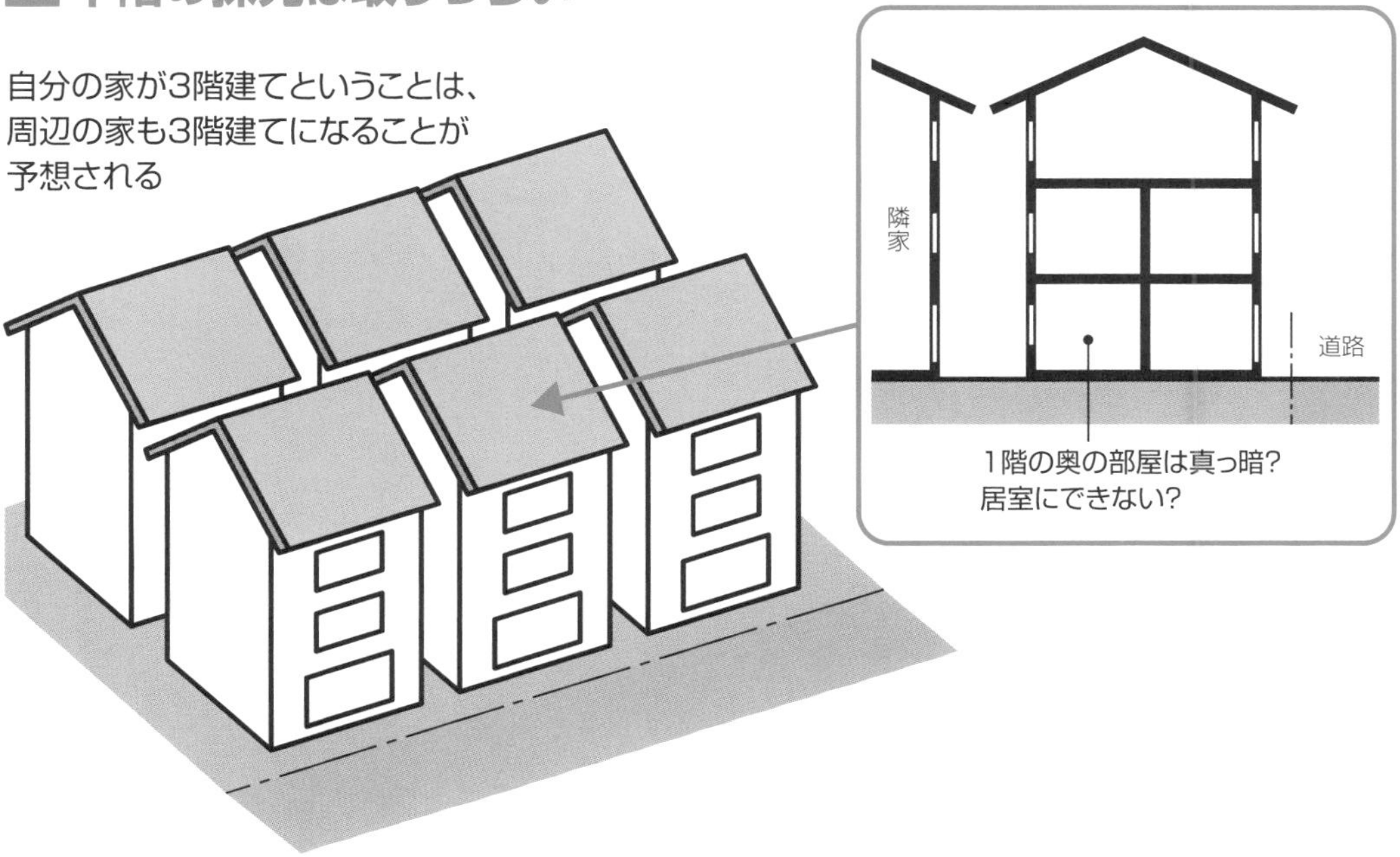

図2 避難も大変。煙を排出する窓を設置

●3階建て
救助を待つこともある

●2階建て
火災時に飛び降りられるか？

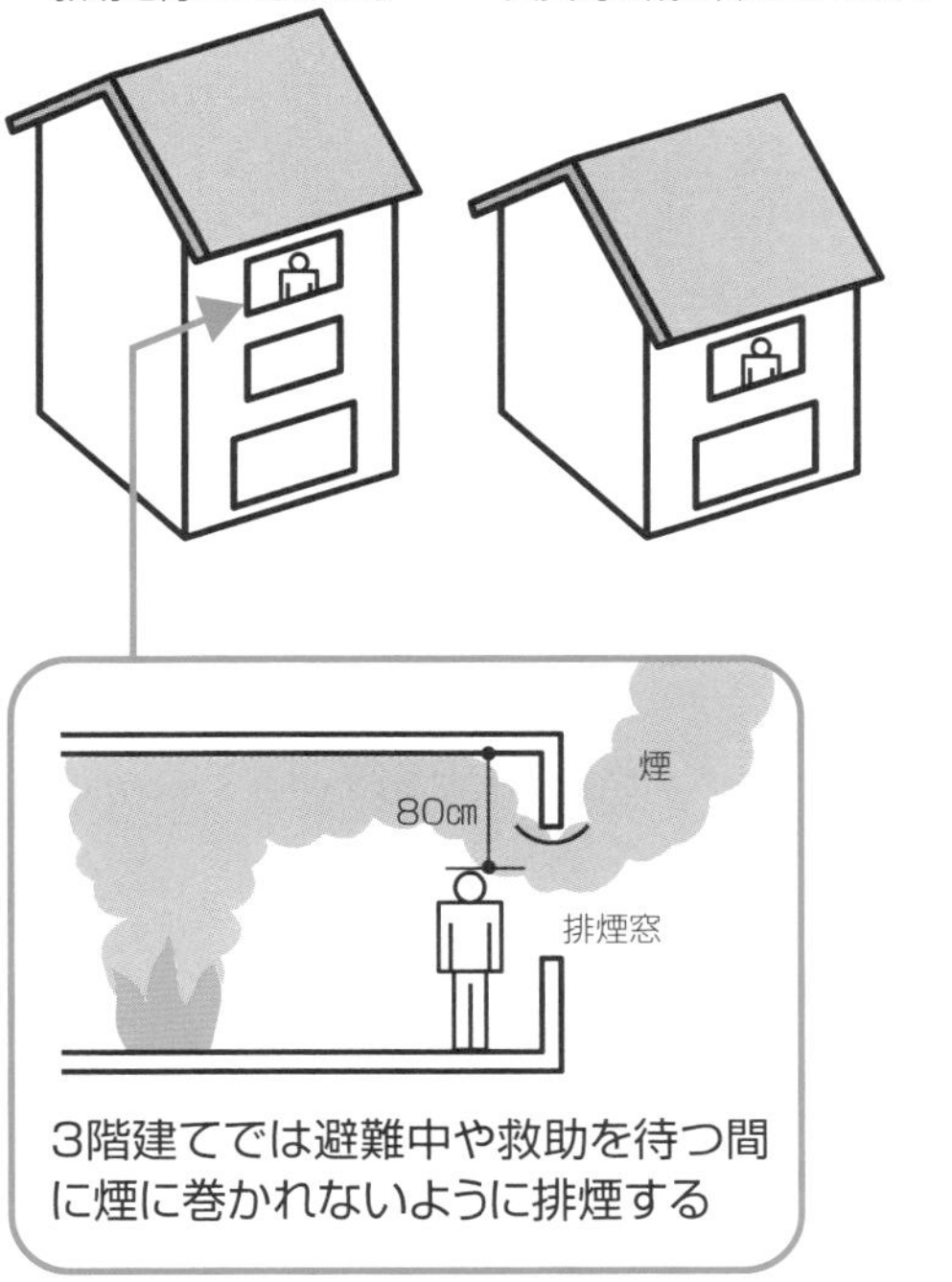

図3 階段室などの縦方向の空間と他の室を区画（竪穴区画）

（住宅・共同住宅では床面積200㎡超の場合）

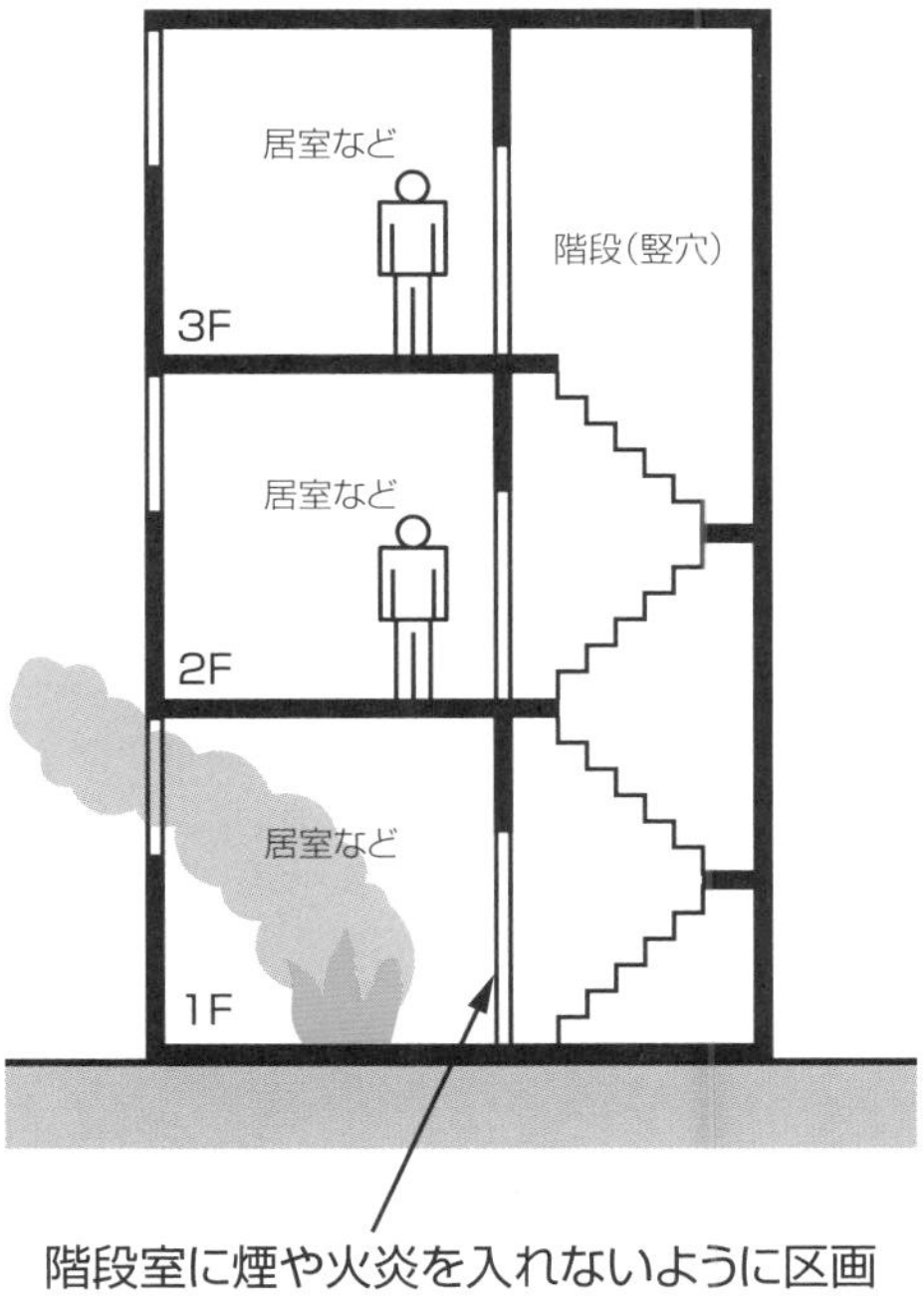

施工計画

Point
- 計画前の事前調査は、工事期間と工事費の節約につながる
- 仮設計画、運搬・揚重計画は施工計画の重要点である

最も重要な事前調査

木造3階建てを設計するうえで重要なのは、事前調査である。用途地域、防火指定、日影規制、各種斜線制限などを調べるのはもちろん、給排水管の敷設状況や管径を調べておく必要がある。また、給水管においては水圧なども重要な要素となる。これらの情報は管轄する行政機関で調査でき、前面道路幅員や道路と敷地の高低差などは現地で確認できる。

設計図書はこれらの情報をもとに作成可能であるが、設計した建物が実際に施工されるためには、現地に資材や機材が搬入できるか否かも重要になる。

実際には、いかなる道路条件や敷地条件でも、時間とお金をかければ、よほどのことがないかぎり施工できる。だが、事前に近隣の状態を把握することは、工事期間と工事費の節約につながる。したがって、設計者もある程度は施工手順や施工方法を理解しておく必要がある。

施工計画で注意すること

施工計画で注意すべきは、以下の通りである。

●仮設計画：工事現場に一般人が入ったり、資材が隣地や道路にあふれ出したりしないよう、敷地の周囲に仮囲いを建てる。道路や歩道に設置する場合は、道路管理者に道路占用許可申請が必要である。また、仮設電気や仮設水道なども申請して引き込んでおく。

●運搬・揚重計画：木造3階建てを計画する地域は、住宅密集地や商業系地域が比較的多い。このような地域では、一方通行や大型車通行禁止規制、通勤通学時間帯の通行禁止規制などが、資材の搬入に影響をおよぼす場合があるので、必ず確認する。

またクレーン車などについても、幹線道路から現地までの通過道路状況（細い道やクランクなど）、作業環境（前面道路の幅員、クレーンのブームが電線にかからないか）など、周辺調査も必要である。

図1 建設地の例

クレーン車や運搬車が
実際に曲がれるかを
現地で確認
病院
商店
3m
建設予定地
4m
6m
進入路
学校

図2 施工状況例

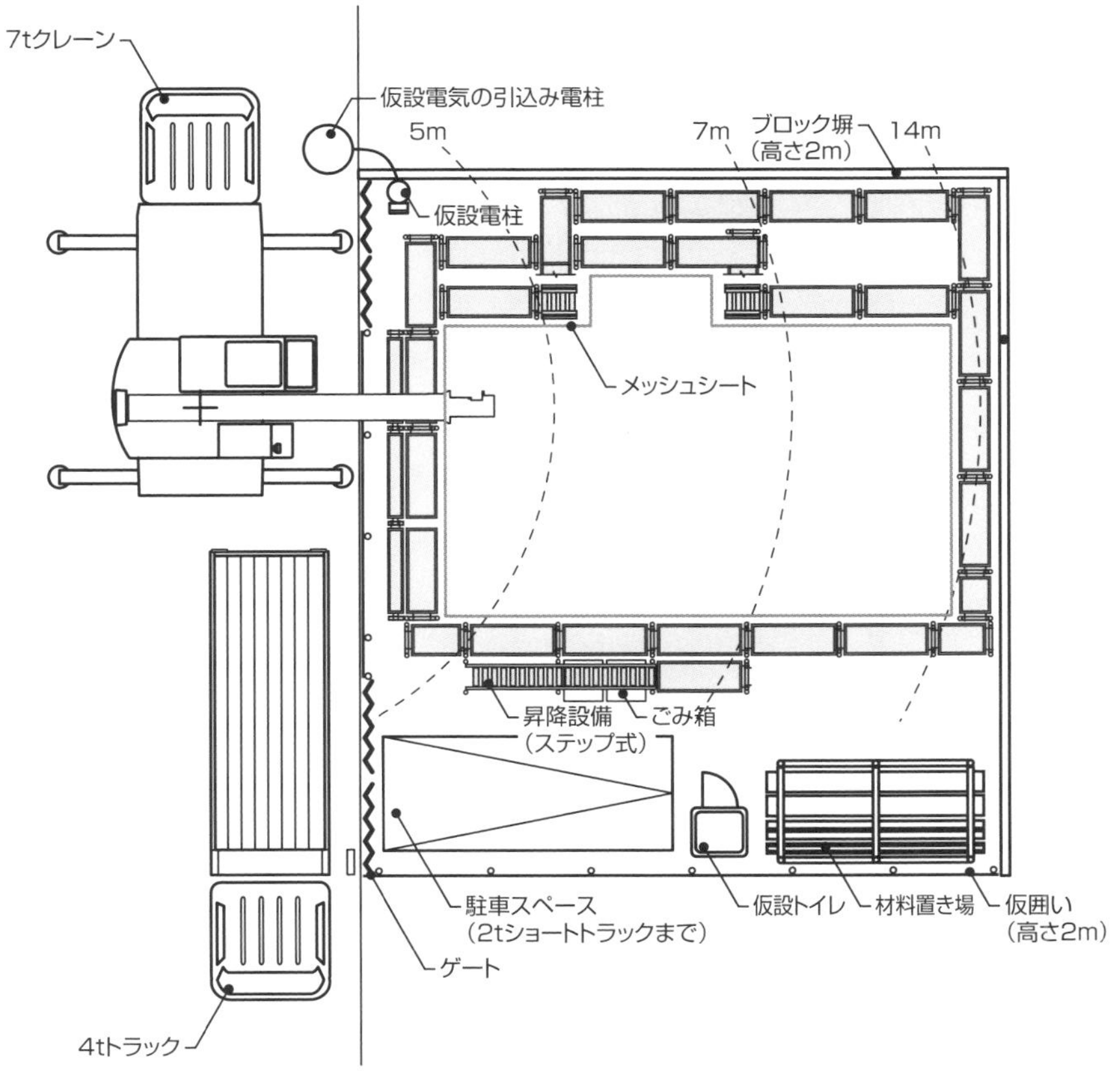
7tクレーン
仮設電気の引込み電柱
5m
7m
ブロック塀
（高さ2m）
14m
仮設電柱
メッシュシート
昇降設備
（ステップ式）
ごみ箱
駐車スペース
（2tショートトラックまで）
ゲート
仮設トイレ
材料置き場
仮囲い
（高さ2m）
4tトラック

確認申請時に必要なもの

Point
- 建築物を建てるために手続きが必要
- 木造2階建てと木造3階建てで検討しなければならない項目が異なる

主な申請図書

建築物の用途、構造、規模、計画地の用途地域、防火地域、準防火地域等によって建築基準法の適用範囲が異なり、検討項目や確認申請に必要な添付図書も異なる。

申請図書として添付する図書、図書への明示すべき事項が決められている。

一戸建ての住宅の用途で木造3階建ては木造2階建てより、検討しなければならない事項、記載事項、添付しなければならない図書が増える。

たとえば、構造計算書、採光計算、排煙計算、換気計算などが必要となる。また、避難施設等、代替進入口、敷地内通路の確保、規模によっては竪穴区画の検討も必要となる。

設備関係も検討範囲が増える。給排水等の配管設備については関係法令の範囲が広がり、水道法、下水道法、ガス事業法などの内容を確認しなければならない。

これらは配管設備の種別と経路、その構造が法令の規定に適合することを示す必要がある。

なお、シックハウスの書類は規模、構造に関係なく申請図書の対象となる。

特例制度による申請図書の違い

建築物の建築に関する特例（法6条の4）とは、確認事務の簡素合理化を目的とし、一定の条件の建築物について、単体規定の一部が確認審査の手続きのなかで省略されているものである（令10条）。

また、条件を満たせば、検査時にも確認申請同様の特例が受けられる。ただし、いずれも審査手続きの省略であって、検討することを省略することではないので注意したい。

たとえば、木造2階建てで壁量計算ではなく構造計算を行った場合は、法20条1項より、構造の特例は適用されないので、審査対象となる。あわせて、構造関連の図書は申請図書となるため提出が必要となる。

表1 確認申請時の検討項目

	木造2階建て	木造3階建て
設計・工事監理者	建築士以外も可 *	建築士
防火地域	—	耐火建築物
準防火地域	—	耐火建築物 or 準耐火建築物 or 令136条の2に適合するかの検討
避難施設	—	直通階段 階数2以上にあるバルコニーの検討 高さ1.1m以上の手摺の検討
代替進入口	—	3階以上の階に設置
敷地内通路	—	1.5m必要
シックハウス対策	検討	検討
火気使用室の内装	検討	検討
住宅用防災機器	検討	検討
その他	—	給排水等の設備の検討

＊ 延べ面積100㎡以下であれば、建築士でなくても設計可（高さ13mまたは軒高9mを超える場合は一級建築士）

表2 確認申請に必要な図書

	木造2階建て（特例）	木造3階建て
確認申請書	○	○
建築計画概要書	○	○
委任状	△	△
建築士免許状写し	△	△
意匠図	○	○
設備図	×	○
構造図	×	○
安全証明書	×	△
構造計算書	×	○
大臣認定書写し	△	△
建築工事届	○	○
その他 *	△	△

＊ 許可、届出等

○：添付必要　×：添付必要なし　△：申請内容により必要

COLUMN 1

木造軸組工法の設計法

壁で壊れる設計

構造設計では、地震力や風圧力等の外力に対して建物のどこから壊れるかが重要である。壊れる部位を特定できれば、その部位の強さをコントロールし、建物全体の強さをコントロールできる。

鉄筋コンクリート造における部材の応力は、コンクリートが圧縮力を負担し、鉄筋が引張力を負担する。通常、柱や梁は太さや長さによって加わる力が異なるが、それぞれの部材ごとにコンクリートの強度を変えることはできない。また、コンクリートの破壊性状は脆性的である。そのため、引張側鉄筋の量で強さをコントロールし、圧縮側コンクリートの応力で壊れないようにしている。いわゆる「釣り合い鉄筋比以下」での設計である。

木造軸組工法では、2階建てまでは仕様規定の「壁量設計」、3階建ては「壁量設計」＋「許容応力度設計」で外力に対する安全性を確認している。特に水平力に限れば、壁が耐えることで成り立っている。

壁の量と強さで建物の安全性を確認するには、床構面の強度や耐力壁端部の柱の固定などを十分強度のあるもので設計しなければならない。万一、先に床構面が壊れるか柱が引き抜けてしまうと、壁が想定した耐力を負担する前に建物が壊れてしまう。これは非常に危険なことで、設計上の安全性が確保できていないことになる。

耐力壁が破壊する前に柱が引き抜けないよう、土台や横架材に確実に固定する必要がある。その際の耐力は、耐力壁の壁倍率に応じたものでなければならない。その確認方法として、木造2階建てでは告示1460号の仕様に従うか、いわゆるN値計算法によって求まるN値以上ある金物を選択することになっている。3階建てにおいては、N値計算に準拠した方法をはじめ、ラーメン置換モデルによる計算方法やせん断パネル置換モデルによる計算方法がある。いずれも壁の耐力に応じた引き抜き耐力のある金物を選定するための計算方法である。

仕様規定の必要壁量

構造計算
- 短期荷重（地震・暴風・積雪）
- 長期荷重（固定荷重＋積載）

仕様規定
- 壁量設計
- 四分割法
- 接合部仕様など

（仕様規定）2階建てまでの4号建築物
（構造計算＋仕様規定）3階建てなどで必要な項目

壁倍率の求め方

$$壁倍率=\frac{P_a}{壁長\times 1.96〔kN/m〕}$$

P_a：短期許容せん断耐力で、$P_o\times\alpha$

P_o：短期基準耐力で、min
- (a)降伏耐力P_y
- (b)終局耐力$P_u\times(0.2/D_s)$
- (c)最大耐力$P_{max}\times\frac{2}{3}$
- (d)特定変形角時の耐力P_R

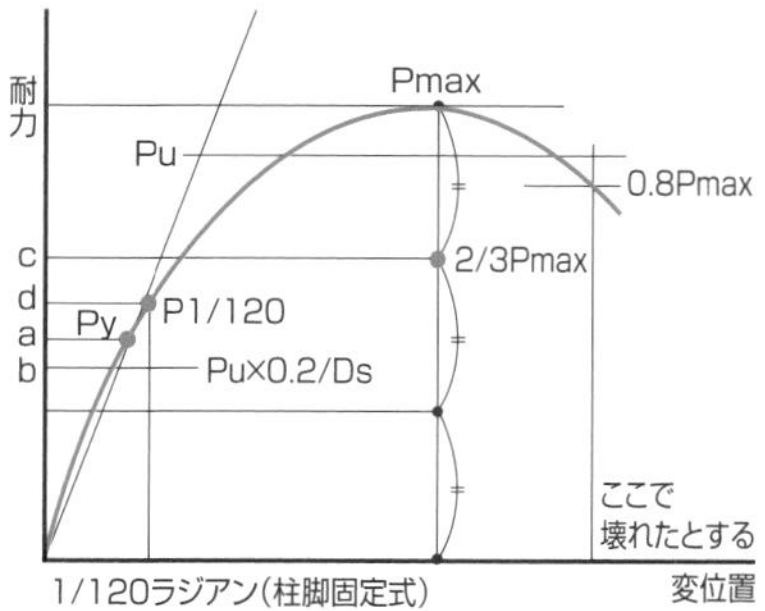

壁倍率の根拠となる短期基準せん断力Poは、図のa～dで求めた耐力の平均値に、それぞれのばらつき係数を乗じた値のうち最も小さい値とする。すなわち、強度、剛性、変形性能などから求めた値のうち、最小値を用いており、安全側に設定されている

2 防火設計

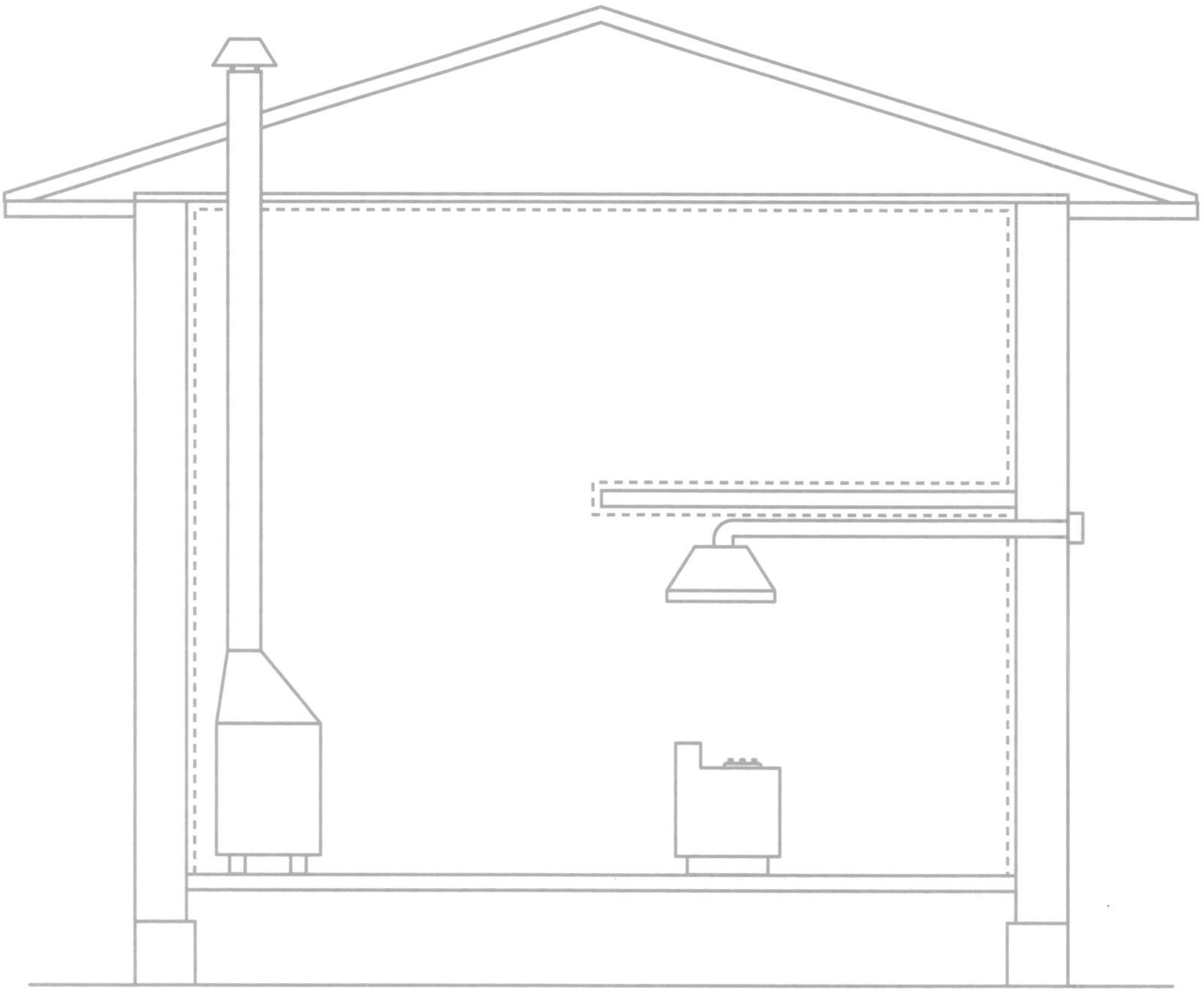

木造とRC造で異なる火災性状

Point
- 木造の可燃物は「収納可燃物」と「構造躯体」
- 木造でもRC造なみに火災に強くできる

木造とRC造の可燃物と火災性状

木造と鉄筋コンクリート造（RC造）では、一般に鉄筋コンクリート造のほうが火災に強いといわれる。建物の可燃物は、内装や家具・衣類・書籍などの「収納可燃物」と、柱・梁・階段などの「構造躯体」の2つに分けられる。木造の建物はこの両方の可燃物を持ち、鉄筋コンクリート造の建物は「収納可燃物」のみを持つ。

一般的な住宅では、「収納可燃物」は木材換算で約30～50kg／㎡、「構造躯体」は同様に約70～90kg／㎡といわれる。すなわち、同じ間取りの建物をつくる場合、可燃物の量は木造が鉄筋コンクリート造の約3倍となる。

積極的な防火補強をしていない木造（裸木造と呼ぶ）では、出火後「収納可燃物」と「構造躯体」がほぼ同時に燃焼するため、約10分後には建物全体を覆う大きな炎を形成し、周辺建物に対して大きな輻射熱を出す。そのため、避難時間や消火時間が十分にとれないうえに、輻射熱で周辺建物に延焼することも少なくない。

一方、鉄筋コンクリート造は、壁が容易に燃え抜けないため、収納可燃物が燃焼しても火災が一部屋に留まることが多い。

また周辺建物への影響は、外壁開口部から噴出する火炎の輻射熱に限定されるため、裸木造に比べて延焼の危険が極端に小さくなる。

可燃物の燃焼差異

前述のとおり、木造の火災では「収納可燃物」と「構造躯体」が一気に燃える問題があるため、木造を鉄筋コンクリート造の火災性状に近づけるためには、次のことを考える必要がある。

すなわち、「収納可燃物」が燃え尽きたあとに、「構造躯体」が燃え始めるようにする。または、「構造躯体」がまったく燃えないように防火被覆等をすることである。前者が木造の準耐火建築物、後者が木造の耐火建築物の防火技術の概念である。

表 構造躯体の違いによる建物の可燃物量

構造躯体	可燃物	住宅の可燃物量の一例（kg／㎡、木材換算した場合）
木造	収納可燃物 構造躯体	30～50 70～90
鉄骨造　RC造	収納可燃物	30～50

約3倍

図 木造と鉄筋コンクリート造（RC造）の燃え方の違い

●裸木造（積極的な防火補強をしていない）

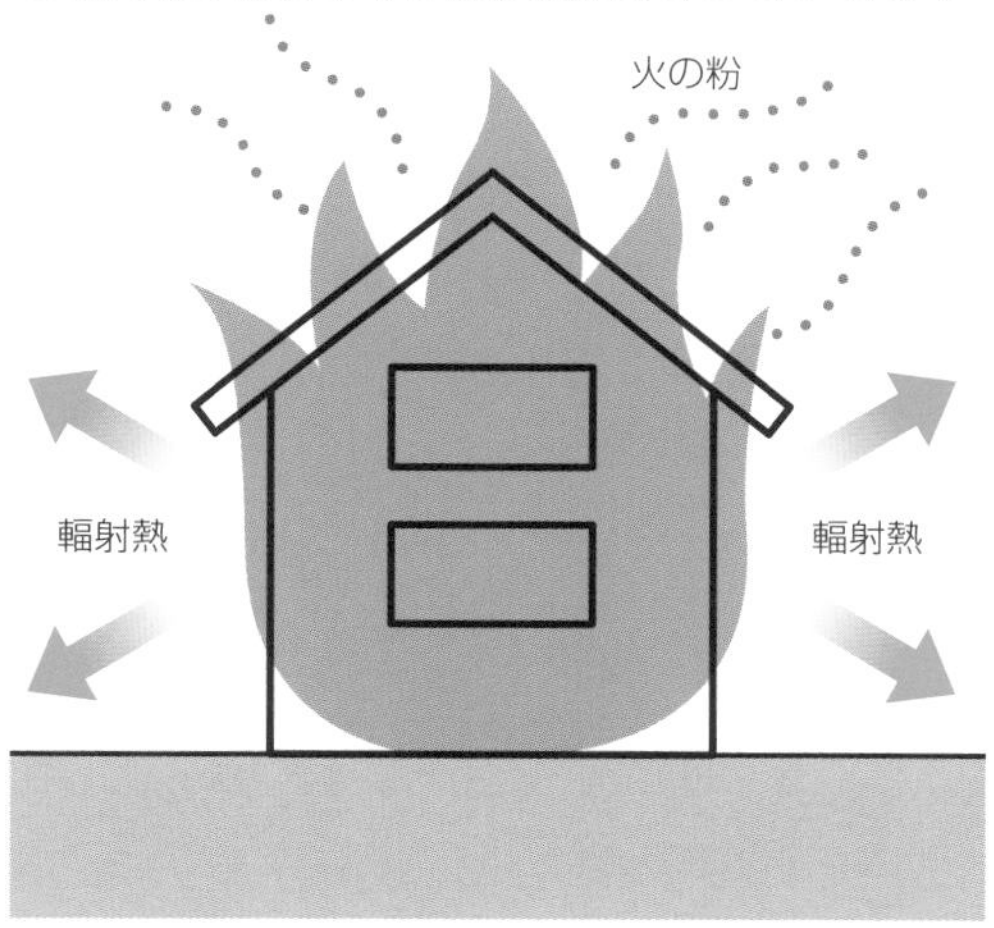

積極的な防火補強をしていない木造は、「収納可燃物」と「構造躯体」が同時に燃えてたくさんの火の粉と大きな輻射熱を出す

●RC造

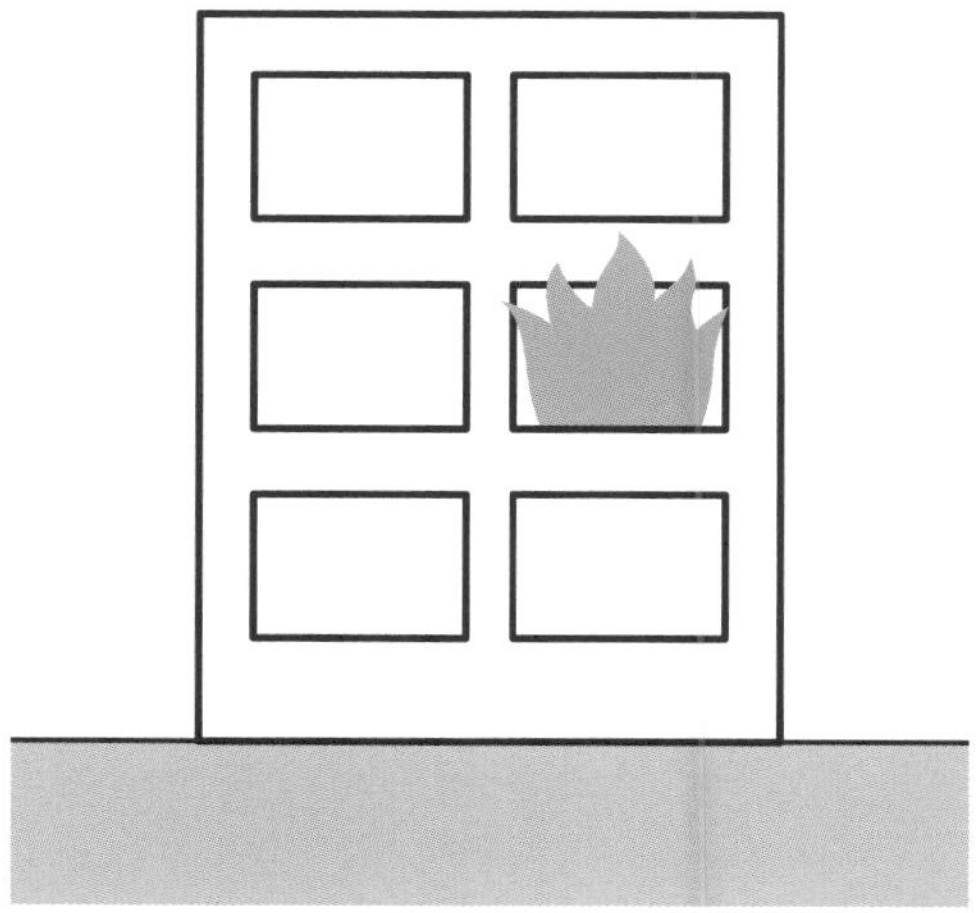

鉄筋コンクリート造では、「構造躯体」は燃えずに「収納可燃物」のみ燃える。火災は一部屋にとどまることが多い

崩壊防止と延焼防止

Point
- 構造躯体の防火性能が第一に求められる
- 非損傷性、遮熱性、遮炎性が防火性能の決め手

構造躯体に求められる防火性能

建築基準法では、防火上重要な部材を主要構造部と呼ぶ。主要構造部とは、壁（間仕切壁・外壁）、柱、梁、床、屋根、階段の6部位を指し、この部位に一定の防火性能を持たせることが求められる。

ここでいう一定の防火性能とは、火災時に建物が容易に崩壊しないこと（崩壊防止性能）、建物内や建物間で容易に延焼拡大しないこと（延焼防止性能）である。これらの防火性能により、居住者の避難時間を確保したり、消防活動を円滑にすることができる。また、隣家からのもらい火や隣家への延焼を抑制することもできる。建築基準法では、この2つの性能が高いほど防火性能の高い建物と位置づけている。

崩壊せず燃え抜けないことが重要

建築基準法では、この2つの防火性能を、①非損傷性、②遮熱性、③遮炎性の3つで表現している。

①非損傷性とは、火災により壁・床・階段などが壊れない、柱・梁が折れないなど、部材が壊れない性能である。

②遮熱性とは、火災時に壁や床の裏面の温度が可燃物の燃焼温度（木材の着火温度は一般に260℃だが、建築基準法では安全をみて160－200℃としている）以上に上昇しない性能である。

③遮炎性とは、建物内での火災時に屋根や外壁に亀裂などが生じて、建物外へ火炎を出さない性能である。

①は建物の崩壊防止、②と③は建物内や建物間の延焼防止・抑制に必要な性能といえる。

なお、煙の侵入を遮る遮煙性は防火上重要だが、建築基準法上は主要構造部に必要とされず、主に階段などの吹抜け部分を防火区画（竪穴区画）するシャッター等の区画部材などに必要とされる。また、部材表面の着火防止性も主要構造部には必要とされておらず、外壁表面の木板張り等は下地に所定の防火性能があれば、崩壊防止と延焼防止上は不利にならないとされている。

図1 主要構造部は防耐火性能上重要な部位

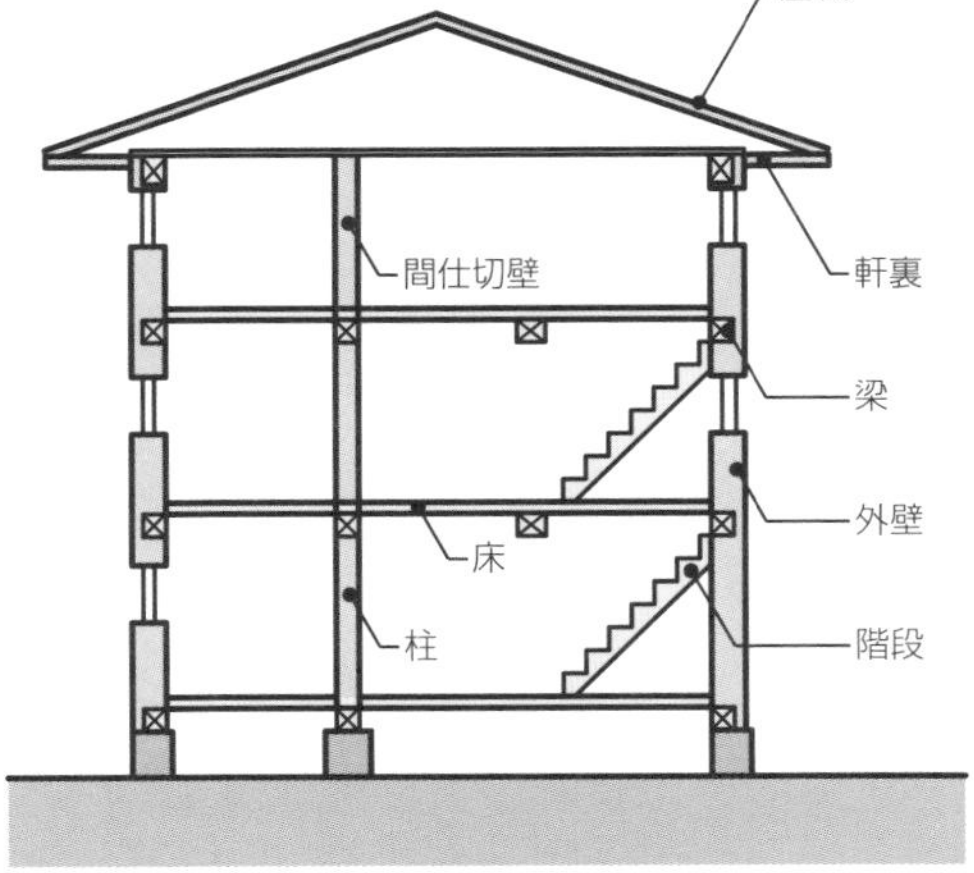

「主要構造部」(法2条5号)とは、火災時に部材が燃えて壊れたり、燃え抜けたりすると、居住者の避難や円滑な消防活動に悪影響を与える部材をいう。"構造耐力上主要な部分"(令1条3号)とは異なる

図2 崩壊防止と延焼防止の概念

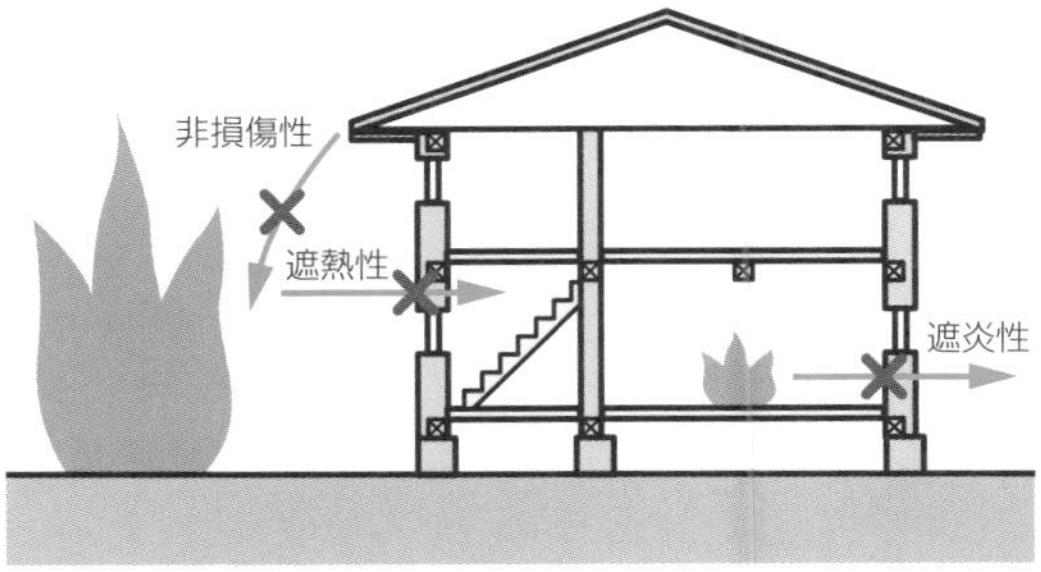

表 崩壊防止と延焼防止に必要な性能

①非損傷性(壊れない)	火災時の温度上昇により部材の耐力が低下し、構造耐力上の支障となる変形、融解、破損、その他の損傷が生じない性能であり、建物が崩壊しないことを確認するものである。準耐火性能における非損傷性の有無は、火災継続中に必要な耐力を有しているか(建物が崩壊しないか)どうかがその判断基準となる
②遮熱性(熱を伝えない)	壁、床などの各部材について、いずれかの面から加熱を受けたとき、加熱面以外の面の温度が可燃物着火温度以上に上昇しない性能である。これは、カーテンやソファーなど室内の可燃物に着火することによる火災の拡大を防ぐための性能である
③遮炎性(燃え抜けない)	壁、屋根などの区画部材や開口部に設ける防火戸などの防火設備について、一方の面から加熱を受けたとき、反対側の面に火炎を貫通するような亀裂を生じない性能で、延焼防止のために必要な性能である。なお、類似の性能である遮煙性は、避難安全のために必要な性能で、亀裂や隙間から煙を通さない性能をいうが、多くの部材には実質的にこの性能は求められていない

内装材と構造躯体の防火性

Point
- 内装材と構造躯体では、必要な防火性能が異なる
- 内装材に必要なのは、着火防止性能と発熱抑制性能

防火規制は2つ

木造3階建て住宅に関する防火規制は大きく分けて、①内装材の防火性能に関するものと、②構造躯体の防火性能に関するものの2つである。

このうち内装材に関しては、火災時に居住者が煙や火炎にまかれて避難できなくなることを防ぐために、室内の壁や天井の仕上げの防火性能を規制する「内装制限」となる。

内装制限では、壁と天井の仕上材の防火性能を、着火防止性能と発熱抑制性能で規定している。すなわち、内装制限を受ける部屋では、壁と天井の仕上げについて一定時間は燃えない（着火せず発熱しない）材料でつくることが求められるのである。

住宅では、最上階以外のガスコンロや薪ストーブ等を使用する部屋（火気使用室と呼ぶ）が内装制限の対象となり、10分間は燃えない準不燃材料（59頁参照）でつくるなどの措置が必要となる。住宅火災ではコンロ等からの出火が依然として多いため、コンロを使う部屋の内装を燃えない材料でつくることは火災安全上、大変効果的といえる。

構造躯体に求められる防火制限

構造躯体に関しては、（前節の解説にあるように）火災時に避難したり消防活動が十分に行えるように建物が崩壊しないこと、建物内や建物間の延焼を抑制することが重要である。そのため建築基準法の防火法令では、複数の建物が容易に炎上崩壊、延焼を繰り返して、市街地火災にならないことを目標としている。

このように、ひとくちに防火性能といっても、ⓐ着火防止性能、ⓑ発熱抑制性能、ⓒ崩壊防止性能、ⓓ延焼防止性能など、さまざまな切り口があることが分かる。

このうちⓐとⓑは内装材に関する防火の要求性能、ⓒとⓓは構造躯体に関する防火の要求性能であるので混同しないように覚えておきたい。

図 内装材と構造躯体に必要な防火性能

●内装材（壁・天井）

必要な防火性能	目 的
●着火防止性能（火が着かない） ●発熱抑制性能（熱や煙を出さない）	居住者の安全な避難 ●出火源から内装材に容易に燃え広がらないようにする ●居住者が炎や煙にまかれないようにする

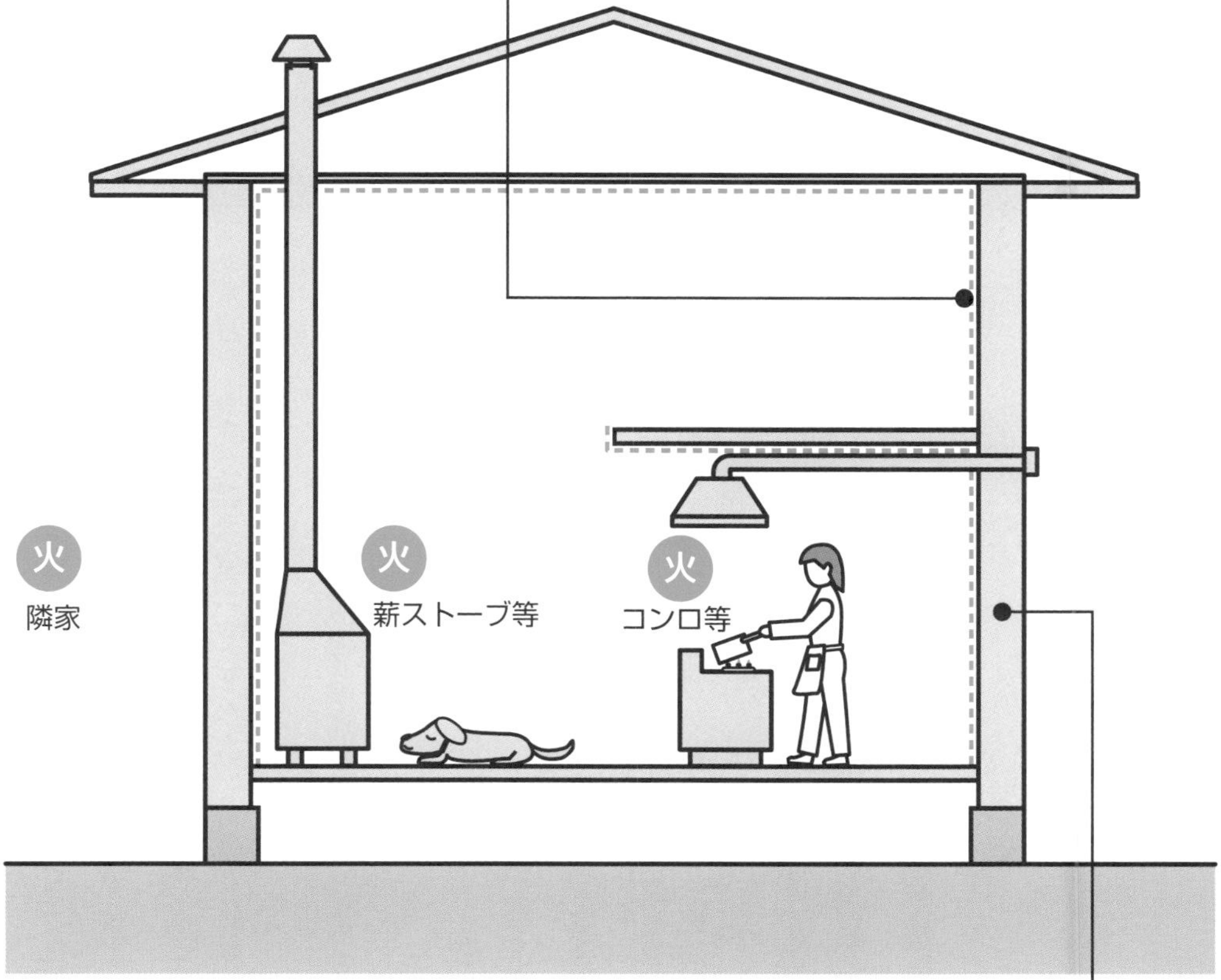

●構造躯体

必要な防火性能	目 的
●崩壊防止性能（壊れない） ●延焼防止性能（燃え抜けない）	市街地火災の抑制 ●周辺建物からもらい火しないようにする ●周辺建物に延焼しないようにする

防耐火的な木造の種類

Point

- 防耐火性能で分類される4つの建築物
- 想定する火災継続時間はそれぞれ異なる

木造の防耐火建築物

建物を防耐火性能で分類すると、性能が高いものから「耐火建築物（耐火造）」「準耐火建築物（準耐火造）」「防火木造」「木造（裸木造）」となる。現在では、技術開発により、すべての防耐火建築物を木造（軸組工法、枠組壁工法、パネル工法など）でつくることができる。

防火性能で異なる建築物の分類

防耐火建築物が持つ防火性能を整理すると次のようになる。

「耐火建築物（耐火造）」とは、屋内または屋外（隣家）で発生する火災（階数により1～3時間継続すると想定）に対して、火災中および火災後も自立し崩壊しない建物である。

「準耐火建築物（準耐火造）」とは、屋内または屋外（隣家）で発生する火災（階数、用途により45分～1時間継続すると想定）に対して、火災中は自立し崩壊しない建物である。

「耐火建築物」と「準耐火建築物」の違いは、「耐火建築物」は火災後も自立し崩壊しないが、「準耐火建築物」は火災中は自立し崩壊しないが、その後は分からないという点である。

「防火木造」とは、屋外（隣家）で発生する火災（30分継続すると想定）に対して、外壁・軒裏を介して室内へ延焼させない性能を持つ建物である。木造（裸木造）建築物の火災の継続時間がおよそ30分程度のため、その間のもらい火を防止して、市街地火災を抑制することを目的とした建物である。

「木造（裸木造）建築物」は、特に防火性能を意識してつくっておらず、薄い下見板張りや薄いモルタル塗りの外壁、薄い化粧合板の内壁などが代表的で、前述の防火造建築物の防火性能に満たない建物全般をいう。

なお、「耐火建築物」「準耐火建築物」「防火木造」（準防火地域の場合）は、延焼のおそれのある部分（45頁参照）の外壁開口部に、アルミ防火戸等の防火設備を設けることが要件となる。

表 防耐火建築物の種類

	裸木造	防火木造	準耐火建築物	耐火建築物
補強部位	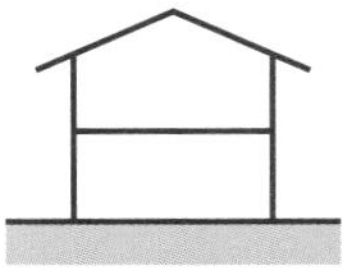	外壁・軒裏・屋根葺き材を防火的に補強 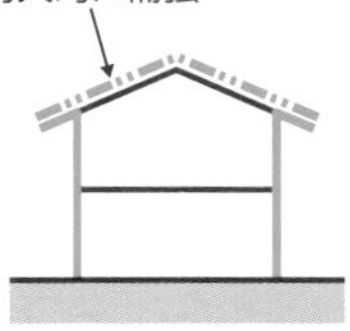	主要構造部・屋根葺き材を防火的に補強 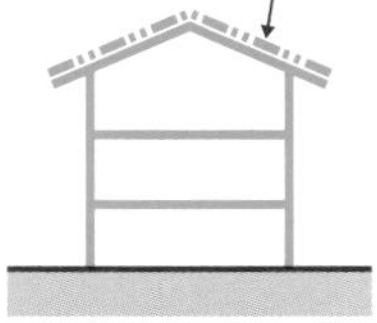	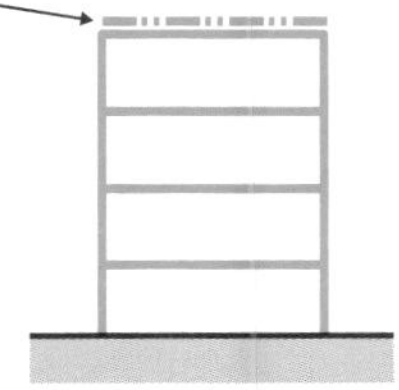
構造種別	木造	木造	木造・鉄骨造・RC造	木造・鉄骨造・RC造
想定火災	—	屋外火災（30分）	屋外火災 屋内火災（45分、60分）	屋外火災 屋内火災（60分～）
建物規模・建築地	●防火地域* ●準防火地域* ●法22条区域* ●無指定地域 ●3階建て以下	●準防火地域 2階建て以下 ●法22条区域および無指定地域 3階建て以下	●防火地域 2階建て以下、 床面積100㎡以下 ●準防火地域 3階建て以下 床面積1,500㎡以上	●防火地域 2階建て床面積 100㎡超、 3階建て以上 ●準防火地域 3階建て床面積 1,500㎡超、 4階建て以上

＊ 現在は新たに建設できないが、既存不適格建築物としてすでに存在する

写真 防耐火建築物の例（木造3階建て）

●木造耐火建築物

火災中、火災後も崩壊しない建物

●木造準耐火建築物（イ準耐火建築物）

火災中は崩壊しないが、火災後は崩壊する可能性のある建物

●防火木造

屋外で発生した火災が室内に延焼してこない性能を持つ建物

●裸木造

特に防火性能を意識せずにつくられた建物

防火対策上の構造制限

Point
- 建物用途、建物高さ、防火地域指定に注意
- 3階建て住宅と共同住宅では構造制限が異なる

求められる防火性能要件

木造建物の構造躯体に必要な防火性能は、①防火地域指定による構造制限、②建物高さによる構造制限、③建物用途による構造制限のうち、最も厳しい要件を採用する。

①は防火地域や準防火地域、法22条区域の指定によって必要な防火性能が異なる。木造3階建ての場合、防火地域では耐火建築物または耐火建築物同等の建築物とし、準防火地域では、1500㎡以下は準耐火建築物または準耐火建築物同等の建築物（50頁）、1500㎡超は耐火建築物または耐火建築物同等の建築物とする必要がある。また法22条区域では、床面積3000㎡以下は木造、3000㎡超は耐火建築物または壁等（法21条2項）で3000㎡以内ごとに区画する。

②は最高高さ16m超の場合に、階数によって構造躯体に必要な防火性能が異なる。階数によらず耐火建築物とするか、3階建て以下であれば1時間準耐火建築物相当の建物、2階建て以下であれば30分防火構造相当の建物とすることができる。①の要件で、準防火地域や法22条区域の場合は、この②の構造制限のほうが厳しくなるので注意。

③については、木造3階建て共同住宅のみ、耐火建築物・耐火建築物同等の建築物または1時間準耐火建築物（46頁・木造3階建て共同住宅仕様）とする必要がある。

防火地域指定と建物高さが要件

このように、木造3階建て住宅は、①および②の要件から構造躯体に必要な防火性能が決まる。また木造3階建て共同住宅は、①、②および③の要件から構造躯体に必要な防火性能が決まる。

なお東京都では、2003年の東京都建築安全条例に基づく区域指定（通称、新防火地域）導入で、同区域内の3階建て以下、床面積500㎡以下の建物は原則すべて、準耐火建築物または準耐火建築物同等の建築物とする必要がある。

図1 防火地域規制（防火地域・準防火地域・法22条区域）による構造制限

●防火地域

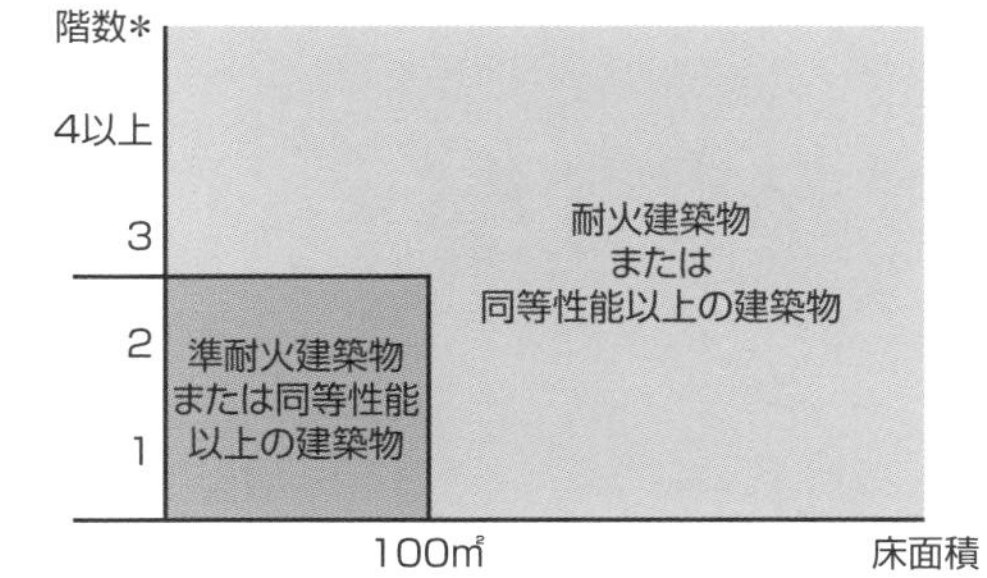

＊階数：
階数には地階を含む
（すなわち、地上2階・地下1階の建物は耐火建築物とする）

●準防火地域

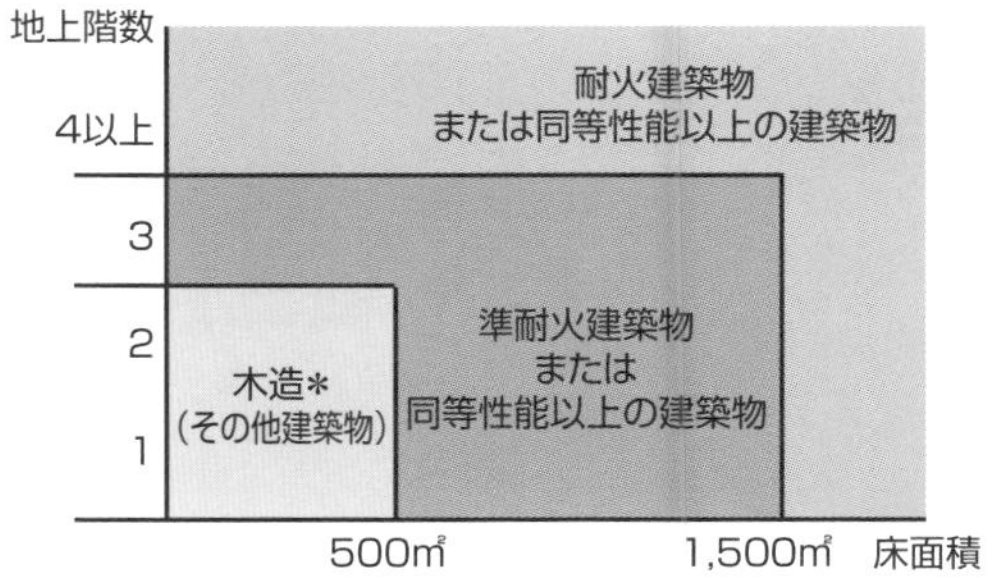

＊木造（その他建築物）：
延焼のおそれのある部分の外壁・軒裏は防火構造とする

●法22条区域

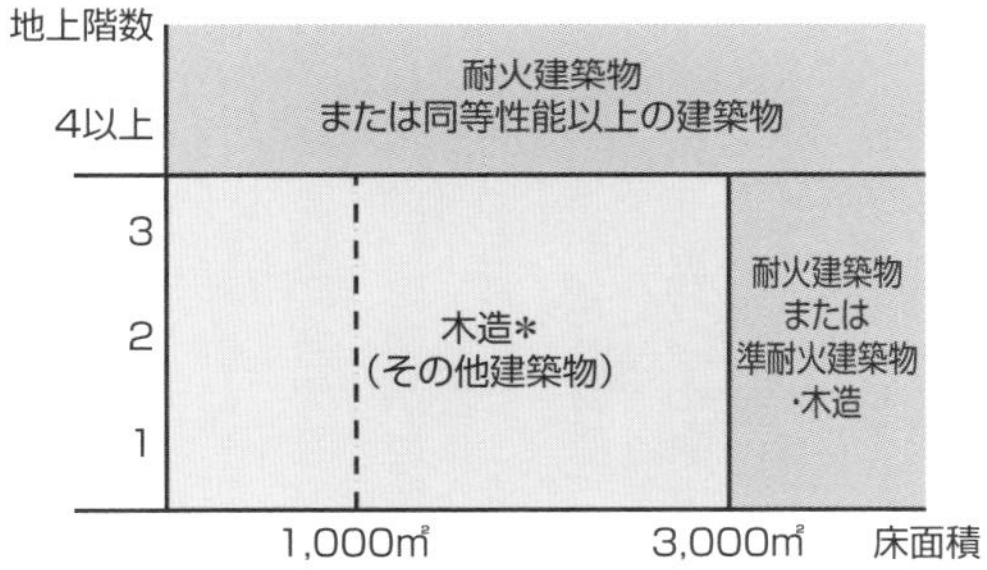

＊木造（その他建築物）：
延焼のおそれのある部分の外壁は準防火性能（準防火構造）とする（延べ面積1,000㎡を超える場合は防火構造）

図2 東京都安全条例（7条の3第1項）による構造制限

●知事が指定する区域

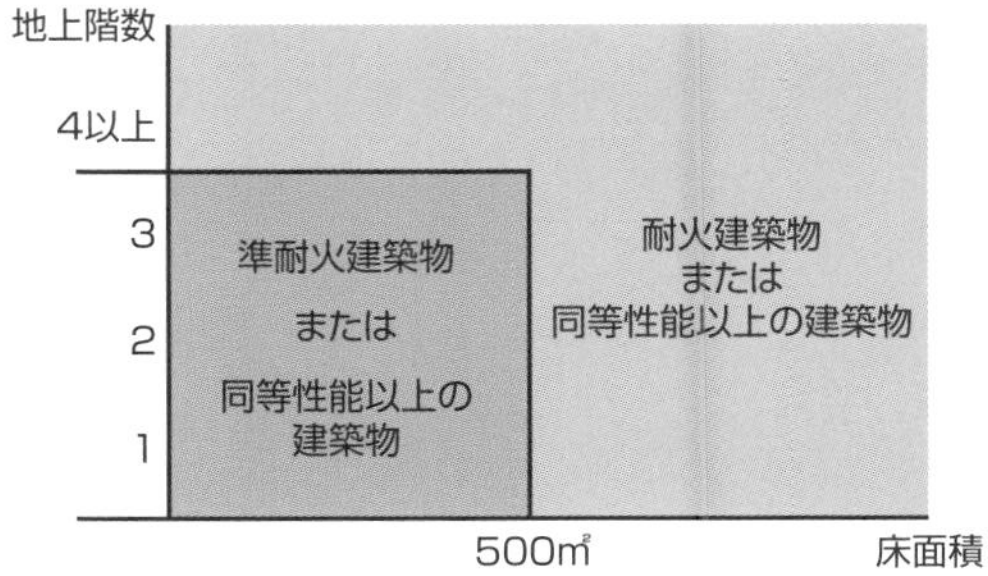

表 建物高さによる構造制限（法21条、令1国交告193号）

地上階数が3以下、床面積3000㎡以下の建物で、最高高さ16mを超える建物は、耐火建築物とするか、表のいずれかの措置が必要となる

		1時間準耐火の措置ほか	30分加熱に耐える場合の措置ほか
階数		3階建て以下	2階建て以下
構造	柱・梁	1時間準耐火構造	燃えしろ30mm（製材）、25mm（集成材等）
	外壁		防火構造
	軒裏		防火構造
	床		30分の防火性能
内装		—	壁・天井を難燃材料など
継手または仕口等		燃えしろ設計の場合は防火被覆など	防火被覆など
建築物の周囲		幅3m以上の通路など	—

木造耐火建築物

Point
- 火災中、火災後に建物が崩壊しない建築物であること
- 主要構造部の耐火性能で可能となる高層化

構造体の耐火性能が最大の要件

耐火建築物の要求性能は、「火災が起こった場合に、仮に消防活動が期待できない場合でも、火災中および火災終了後に建物が崩壊せず建ち続けること」である。ここでいう「消防活動を期待できない場合」とは、大地震後の火災で消防隊が駆けつけられない場合などが想定されている。

鉄筋コンクリート造や鉄骨造（柱・梁に耐火被覆等をしたもの）は、基本的に柱・梁などの構造体は燃えない素材でつくられているが、木造は構造体が可燃物である。そのため、木造の耐火建築物の多くは、柱・梁などの構造体を強化石膏ボードなどで耐火被覆し、火災中および火災後に構造体が燃えないようにして、建物が崩壊しないという耐火建築物の要求性能を達成している。

主要構造部を耐火構造とする

木造の耐火建築物は、2000年の改正建築基準法施行により建築可能となった比較的新しい建物である。設計法としては、耐火構造の部材で建物をつくる（仕様規定）ルートAと、耐火建築物に必要な性能があることを計算等で検証する（性能設計）ルートBおよびルートCが導入されたが、3階建て住宅の場合は、ルートAによる。

ルートAは、「主要構造部を耐火構造とし、延焼のおそれのある部分の外壁開口部に防火戸等を設置した建物とする」ことである。この場合、最上階から数えて4層部分は、1時間耐火構造の壁、柱、梁、床、30分耐火構造の屋根、階段でつくることになっている。

現在の木造に関する技術開発では、1時間耐火構造の壁、柱、梁、床、30分耐火構造の屋根、階段について多くの仕様が実用化されている。したがって、純木造であれば4階建てまで、仮に1階を鉄筋コンクリート造とすれば、5階建てまでを建築地域や建物用途によらず建築することができ、下部の鉄筋コンクリート造の階数を増やせば、さらに高い建物もできる。

図 耐火建築物の各部の耐火性能（ルートA、4階建ての場合）

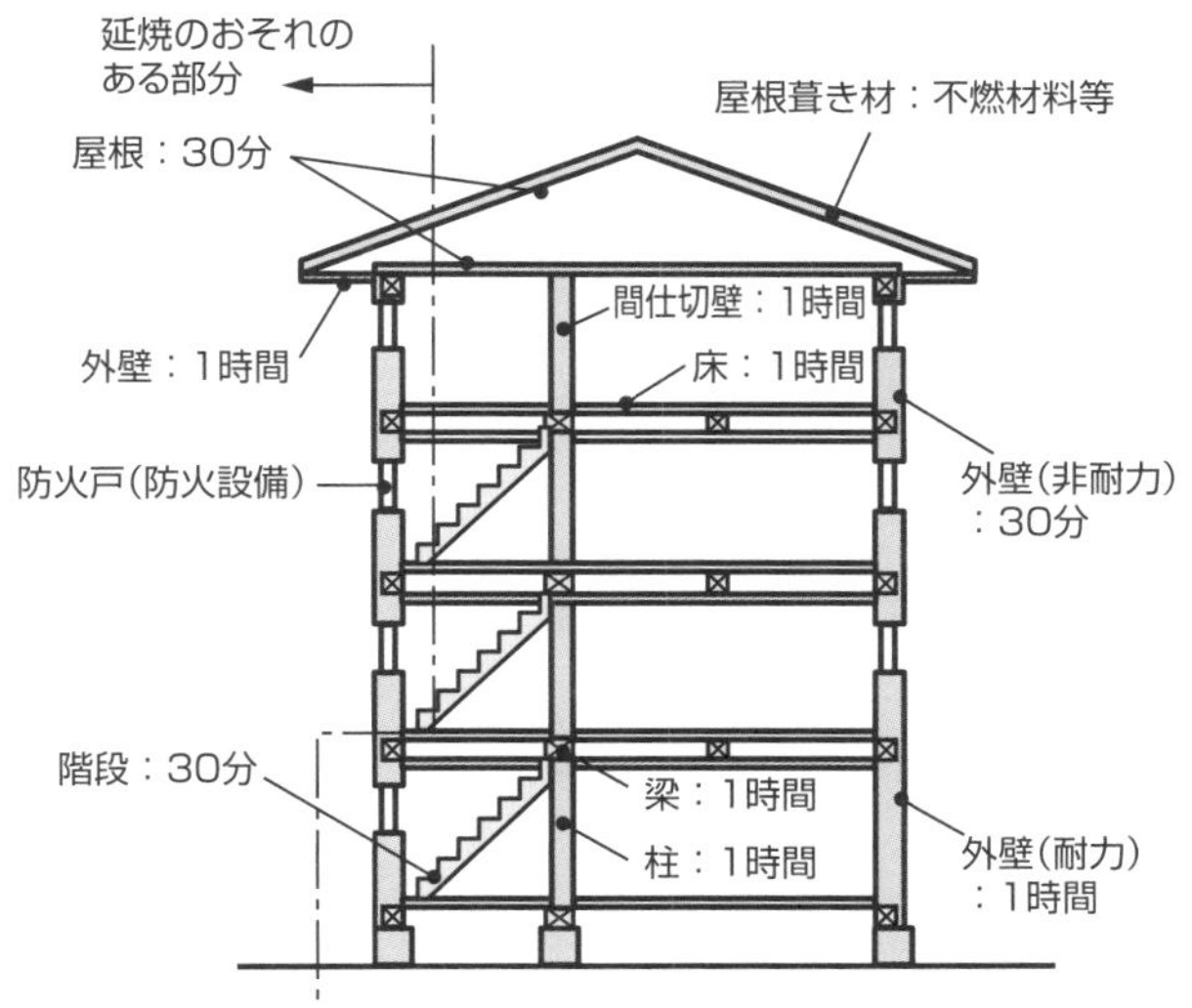

表 主要構造部の耐火時間と階数の関係（ルートA：仕様規定）

部位				最上階から数えた階数	通常の火災 非損傷性	通常の火災 遮熱性	屋内側からの火災 遮炎性
壁	間仕切壁	耐力壁		階数15以上の階	2時間	1時間	–
				階数5～14の階			
				最上階、階数2～4の階	1時間		
		非耐力壁		–	–	1時間	–
	外壁	耐力壁		階数15以上の階	2時間	1時間	1時間
				階数5～14の階			
				最上階、階数2～4の階	1時間		
		非耐力壁	延焼のおそれのある部分	–	–	1時間	1時間
			上記以外	–	–	30分	30分
柱				階数15以上の階	3時間	–	–
				階数5～14の階	2時間		
				最上階、階数2～4の階	1時間		
床				階数15以上の階	2時間	1時間	–
				階数5～14の階			
				最上階、階数2～4の階	1時間		
梁				階数15以上の階	3時間	–	–
				階数5～14の階	2時間		
				最上階、階数2～4の階	1時間		
屋根				–	30分	–	30分
階段				–	30分	–	–

非損傷性：構造耐力上支障のある変形、溶融、破壊等の損傷を生じない
遮熱性：加熱面以外の面（屋内に面するもの）の温度が可燃物燃焼温度以上に上昇しない
遮炎性：屋外に火炎を出す原因となる亀裂等の損傷を生じない

イ準耐火建築物（1時間準耐火）

Point
- 主要構造部を1時間準耐火構造とすれば、特例がある
- 3階建て共同住宅は1時間準耐火構造でつくることができる

2つの耐火性能

準耐火建築物の要求性能は、「火災が起こった場合に、仮に消防活動が期待できない場合でも、想定される火災中（45分または1時間）は建物が崩壊せず建ち続けること」である。

木造では、主要構造部を準耐火構造とし、延焼のおそれのある部分の外壁開口部を防火戸等とした「イ準耐火建築物」とするが、主要構造部のうち、壁、柱、梁、床については、1時間準耐火構造としたものと45分準耐火構造としたものの2種類がある（屋根と階段は30分準耐火構造のみ）。

1時間準耐火構造の特例措置

1時間準耐火構造の部材を使い、その他いくつかの条件を満足すれば、通常は耐火建築物が要求される場合でも、特例的に準耐火建築物でつくることができる。

たとえば、防火地域以外（準防火地域・法22条区域、防火無指定地域）に3階建て共同住宅などを建築する場合は、①壁、柱、梁、床を1時間準耐火構造とする（屋根・階段は30分準耐火構造）、②避難上有効なバルコニーを各戸に設ける、③3階の各戸等に屋外の道路等から進入可能な開口部を設置する、④建物周囲に3m以上の通路を設けるなどを満足すればよい。（通称「木3共仕様」という）。

また、防火地域・準防火地域以外（法22条区域、防火無指定地域）に建物高さが16m超の3階建て以下の住宅を建築する場合は、①壁、柱、梁、床を1時間準耐火構造とする（屋根・階段は30分準耐火構造）、②建物周囲に3m以上の通路を設けるなどを満足すればよい。

なお、この主要構造部を1時間準耐火構造としたイ準耐火建築物（木3共仕様）は、1996年に当時の建設省建築研究所において、実大火災実験が実施され、周辺市街地に対する高い延焼防止性能と崩壊防止性能が確認されている。

図 イ準耐火建築物の各部の耐火性能（1時間準耐火、木3共仕様の場合）

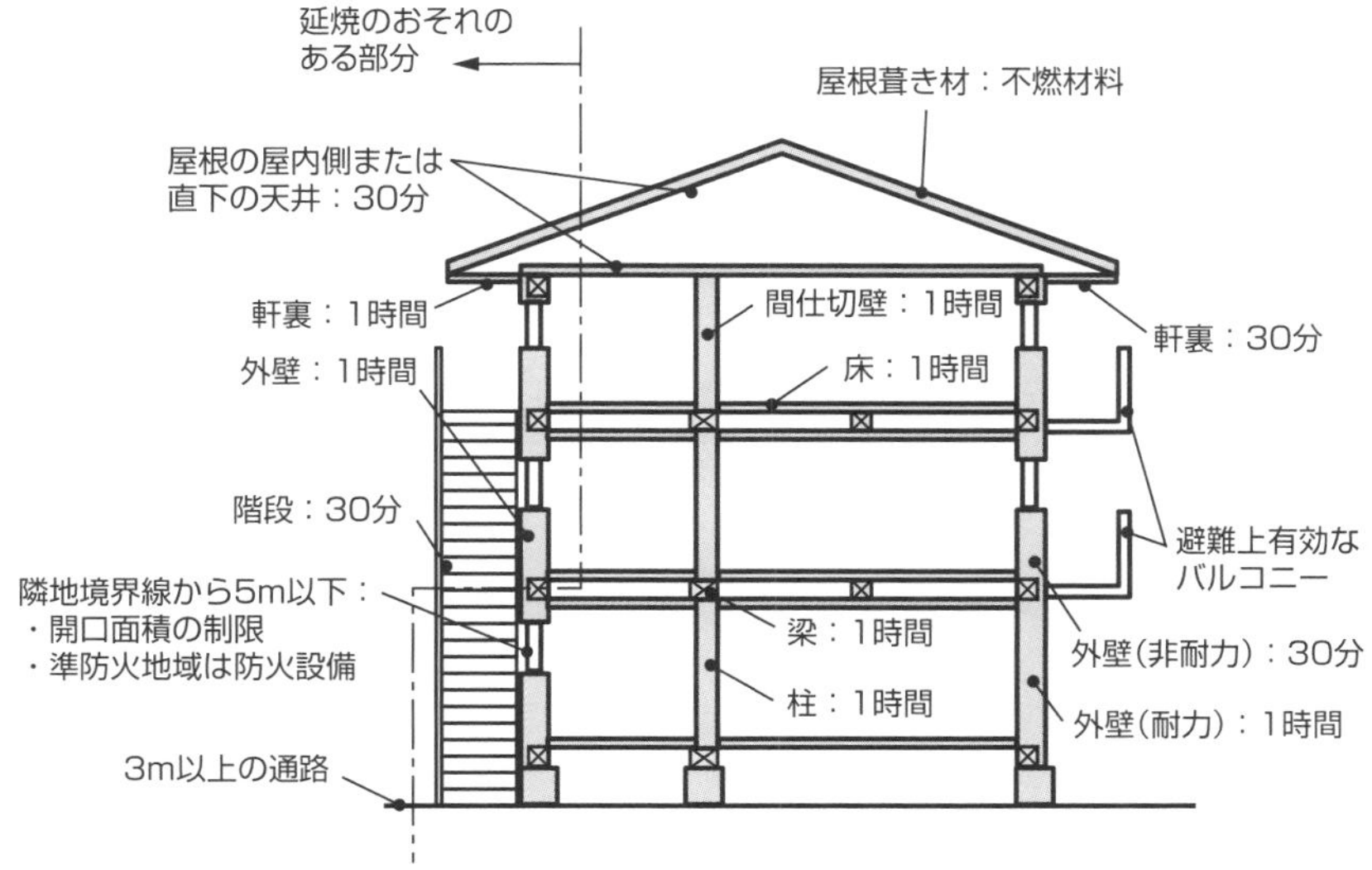

表 主要構造部の耐火時間（1時間準耐火、木3共仕様の場合）

部位				通常の火災		屋内側からの火災
				非損傷性	遮熱性	遮炎性
壁	間仕切壁	耐力壁		1時間	1時間	－
		非耐力壁		－	1時間	－
	外壁	耐力壁		1時間	1時間	1時間
		非耐力壁	延焼のおそれのある部分	－	1時間	1時間
			上記以外	－	30分	30分
柱				1時間	－	－
床				1時間	1時間	－
梁				1時間	－	－
屋根				30分	－	30分
階段				30分	－	－

非損傷性：構造耐力上支障のある変形、溶融、破壊等の損傷を生じない
遮熱性：加熱面以外の面（屋内に面するもの）の温度が可燃物燃焼温度以上に上昇しない
遮炎性：屋外に火炎を出す原因となる亀裂等の損傷を生じない

イ準耐火建築物（45分準耐火）

Point
- 屋外および室内で起こった火災に耐えること
- 収納可燃物がある程度燃えてから構造体が燃えること

主要構造部が45分準耐火構造

イ準耐火建築物とは、「主要構造部を準耐火構造とし、延焼のおそれのある部分の外壁開口部を防火戸等とした建物」をいう。

壁、柱、梁、床を45分準耐火構造、屋根、階段を30分準耐火構造とし、延焼のおそれのある部分の外壁開口部を防火戸等としたイ準耐火建築物とすれば、建築地域によって以下の木造建築物をつくることができる。

①準防火地域：3階建て住宅（床面積は1500㎡以下）および2階建て共同住宅（床面積は500㎡超1500㎡以下）

②防火地域：2階建て住宅および共同住宅（共に床面積は100㎡以下）

可燃物の燃焼速度を遅くする

イ準耐火建築物は、木造の構造体を石膏ボードで被覆するなどして、屋外で起こった火災または室内で起こった火災のいずれに対しても、一定時間（部位によって45分、30分）、壁、床、屋根などの部材が燃え抜けないように、また、柱、梁、階段等が燃焼に伴う断面減少で座屈や崩壊をしないようにした建物である。こうすることにより、室内火災時の隣家への影響は、外壁開口部（窓など）からの噴出火炎の輻射熱にほぼ限定されるため、市街地火災に対して悪影響を与えない防耐火性能を持った建物となる。

一般的な住宅では、室内の収納可燃物（引っ越し後に住人が持ち込む家具等の可燃物）は木材換算で30～50kg／㎡といわれている。出火後、この可燃物が燃え尽きるまでには約45分を要するとされており、それまでは各部材が燃え抜けたり、壊れないような性能をもった建物がイ準耐火建築物である。

すなわち、ドラム缶の中で可燃物を燃やしたときのように、木造の外壁や間仕切壁がなかなか燃え抜けずゆっくりと燃えて、室内の収納可燃物が燃え尽きるまでは、建物が自立し、崩壊しない建物ということである。

図 準耐火建築物の各部の耐火性能（45分準耐火の場合）

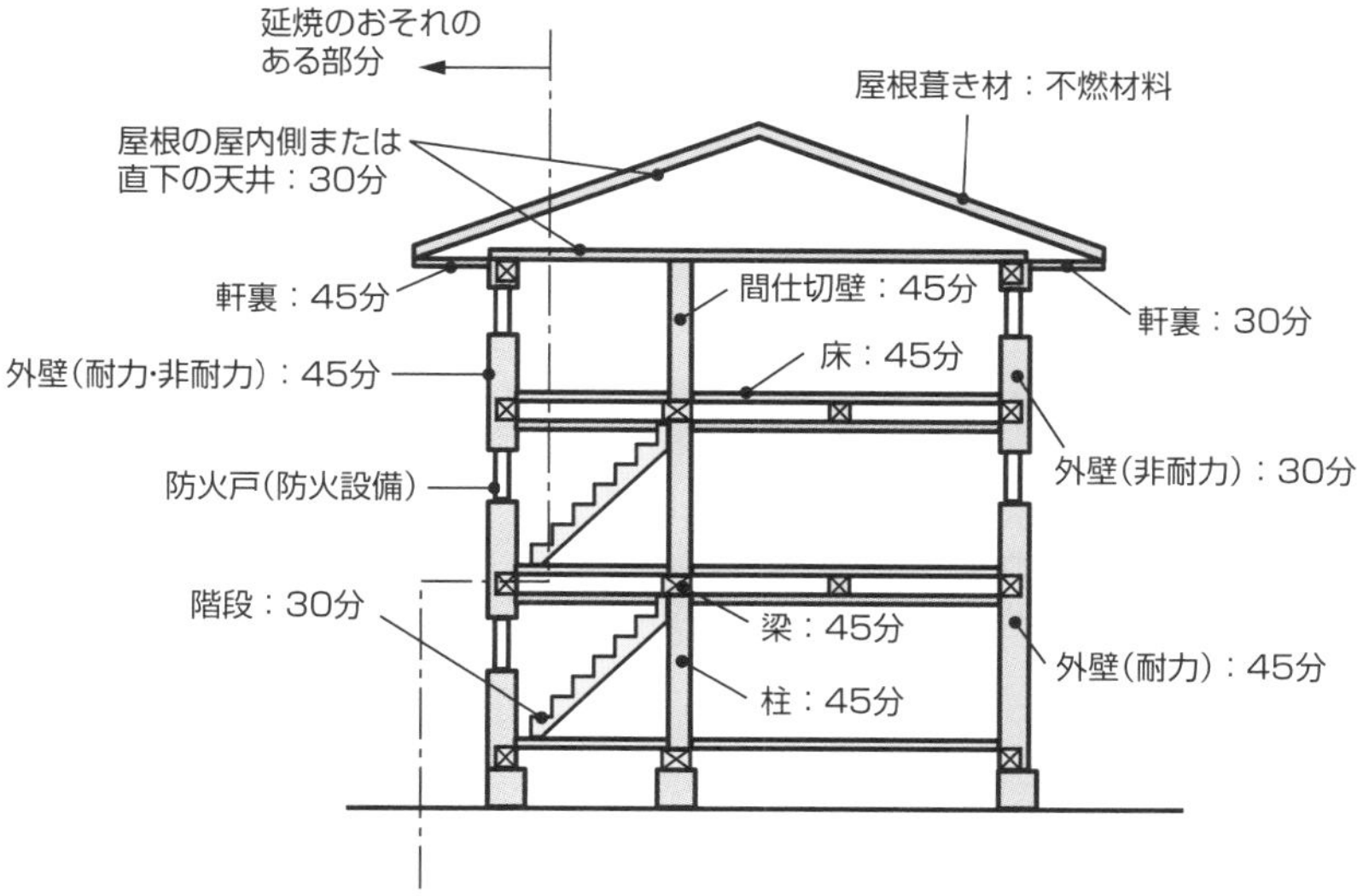

表 主要構造部の耐火時間（45分準耐火の場合）

部位				通常の火災		屋内側からの火災
				非損傷性	遮熱性	遮炎性
壁	間仕切壁	耐力壁		45分	45分	−
壁	間仕切壁	非耐力壁		−	45分	−
壁	外壁	耐力壁		45分	45分	45分
壁	外壁	非耐力壁	延焼のおそれのある部分	−	45分	45分
壁	外壁	非耐力壁	上記以外	−	30分	30分
柱				45分	−	−
床				45分	45分	−
梁				45分	−	−
屋根				30分	−	30分
階段				30分	−	−

非損傷性：構造耐力上支障のある変形、溶融、破壊等の損傷を生じない
遮熱性：加熱面以外の面（屋内に面するもの）の温度が可燃物燃焼温度以上に上昇しない
遮炎性：屋外に火炎を出す原因となる亀裂等の損傷を生じない

準耐火建築物同等の建築物

Point
- 外壁開口部の面積を制限して防火性能を保持する
- 主要構造部の防耐火性能と設計上の制約のクリアが必要

外壁開口部の面積制限

準防火地域に、床面積1500㎡以下の3階建て住宅をつくる場合、前節の準耐火建築物とする方法と、準耐火建築物同等の建築物とする方法のいずれかを選択することができる。

準耐火建築物は、主要構造部を準耐火構造として、屋外火災および屋内火災に対して、建物全体がゆっくり燃えるように防火補強した建物である。

これに対し、準耐火建築物同等の建築物は、以前は「準防木3戸」（準防火地域に建設可能な木造3階建て戸建住宅）と呼ばれていたもので、建物外周の外壁、軒裏等を防火構造とし、屋外火災および屋内火災の際の延焼経路になりやすい外壁開口部（窓）の面積を、建物外壁面から敷地境界線までの距離に応じて制限した建物である。準耐火建築物と比較すると、建物全体（主要構造部）の防耐火性能は少し低くなるが、代わりに弱点部（外壁開口部）を減らす努力をした建物といえる。

設計上の制約に要注意

技術的基準適合建築物の具体的な各部の防火措置は、以下のようになる。

①外壁・軒裏は防火構造（外壁屋内側を石膏ボード12㎜厚等で被覆する。また、準耐火構造としてもよい）

②柱・梁は12㎝角以上とすれば真壁でもよい。それ以下は、石膏ボード12㎜厚張りで防火被覆する。

③床直下の天井は石膏ボード12㎜厚等で防火被覆し、屋根直下の天井は石膏ボード9㎜厚と12㎜厚の重ね張りとする。

④隣地境界線、道路中心線から5m以内の開口部の面積を、距離に応じて制限する。特に1m以内の場合、常に閉まっている防火戸等とするか、面積を0.5㎡以下とする必要がある。

⑤3階の室と室以外の部分を間仕切壁または戸（木製フラッシュ戸でもよい）で区画する。

このように、主要構造部の防耐火性能以外の設計上の制約も多いので注意したい。

図 準耐火建築物同等の建築物の各部の耐火性能

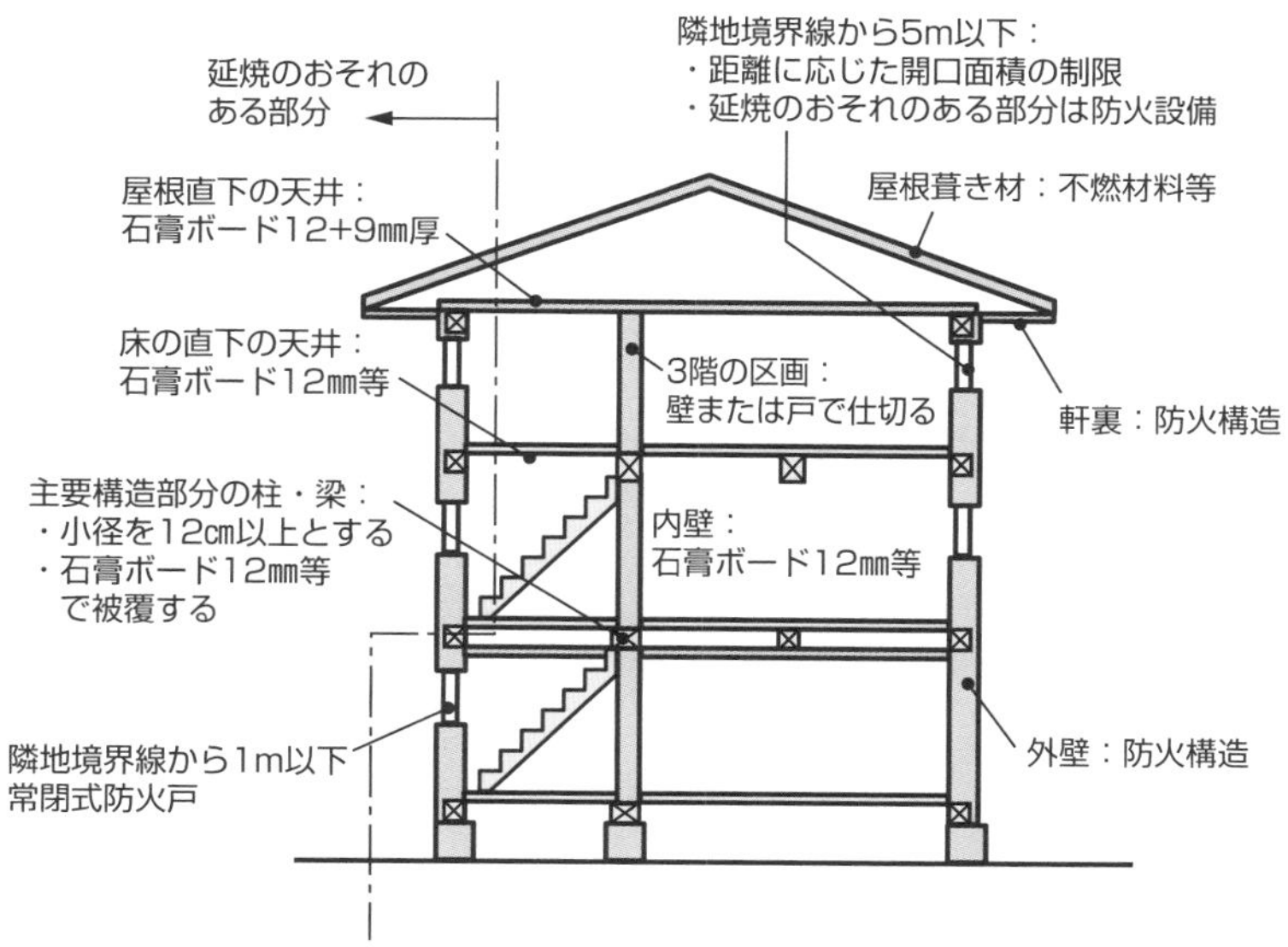

表 主要構造部の防火措置（準防木3戸の場合）

部位		必要な措置
外壁		防火構造とし屋内側を防火被覆など
外壁の開口部	隣地境界線から1m以内	はめ殺しの防火戸、常時閉鎖式の防火戸など
	隣地境界線、道路中心線から5m以内	距離に応じた開口面積の制限
軒裏		防火構造
柱および梁		準耐火構造または防火被覆する場合を除き小径12cm以上
床およびその直下の天井		防火被覆など
屋根の屋内側および屋根の直下の天井		防火被覆など
3階の室と室以外の部分		間仕切壁または戸で区画

防火木造等

Point
- 外壁と軒裏に30分間の防火性能を持たせる
- 外壁を準防火構造とすれば、法22条区域にも建てられる

外壁と軒裏の防火性能がカギ

建物の外周部材である外壁と軒裏を防火構造とした建物を、通称「防火木造」と呼ぶ（単に「木造」「その他（建築物）」と表現されることも多い）。外壁と軒裏に一定（30分間）の防火性能を持たせることにより、隣家で火災が発生しても、外壁や軒裏を介して室内へ容易に延焼しない性能を持たせた建物である。もちろん、外壁開口部が延焼のおそれのある部分にある場合は、そこを防火戸等とする必要がある。

これと同じような概念で、外壁のみを準防火構造（防火構造が30分間の防火性能であるのに対し、準防火構造は20分間）とした建物もある。

防火構造と準防火構造における防火性能に違いがあるのは、一般に防火性能がほとんどない木造（裸木造と呼ぶ）の火災が続く時間が約30分、そのうち、特に激しく燃える時間が約20分であることが考慮されているからである。つまり、建物の外周部材には、隣家で裸木造が燃えている間は、そこから容易に室内に延焼しない性能が求められているわけである。

外壁の防火性能と建築地域

防火木造とすれば、準防火地域に2階建て住宅（床面積500㎡以下に限る）をつくることができ、外壁を準防火性能の建物とすれば、法22条区域に3階建て以下の住宅（床面積1000㎡以下に限る）をつくることができる。これらは日本において、最も建築棟数の多い防耐火建築物といえるだろう。

外周部材として一般に普及している窯業系サイディングやモルタルなどは、ほとんど防火構造以上の性能をもっており、国土交通省告示や個別に各メーカーが大臣認定を取得したものを選択することになる。

準防火構造に位置づけられた外壁は、防火構造のものに比較して仕様が少ないため、防火性能が上位の防火構造を使うことも視野にいれて選択するとよいだろう。

図 防火木造等の各部の耐火性能

●外壁と軒裏を防火造とした建物

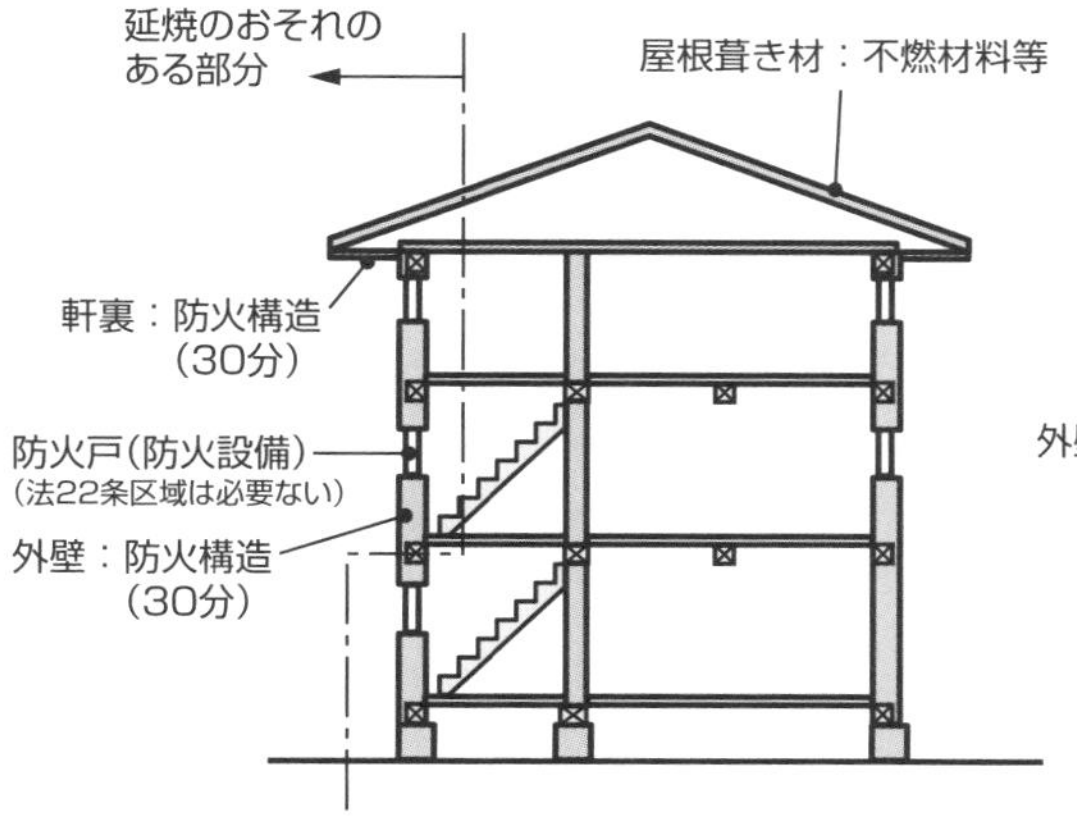

準防火地域の2階建て
（床面積500㎡以下の場合）
法22条区域の3階建て
（床面積1000㎡超の場合）

●外壁を準防火性能とした建物

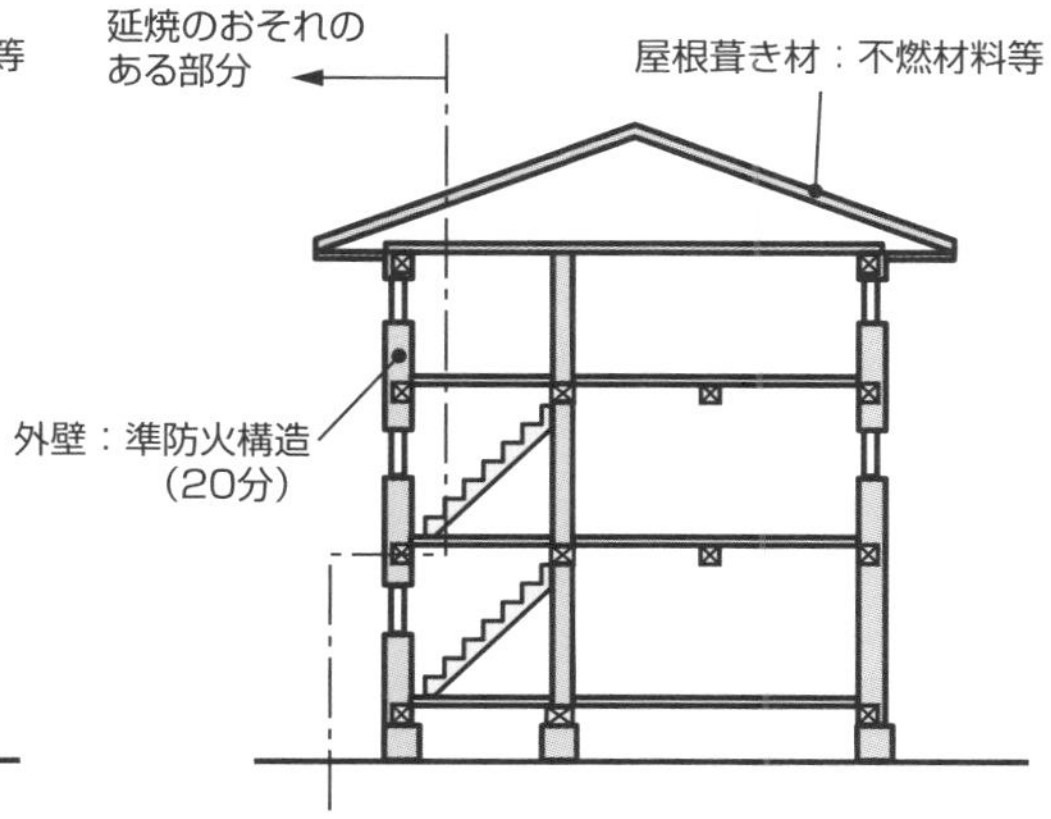

法22条区域の3階建て
（床面積1000㎡以下の場合）

表 主要構造部の耐火時間

●防火木造の場合

部位	通常の火災		屋内側からの火災
	非損傷性	遮熱性	遮炎性
外壁（耐力壁）	30分	30分	−
軒裏	−	30分	−

＊ 非耐力壁は遮熱性のみ

●外壁のみ準防火性能の建築物の場合

部位	通常の火災		屋内側からの火災
	非損傷性	遮熱性	遮炎性
外壁（耐力壁）	20分	20分	−

＊ 非耐力壁は遮熱性のみ

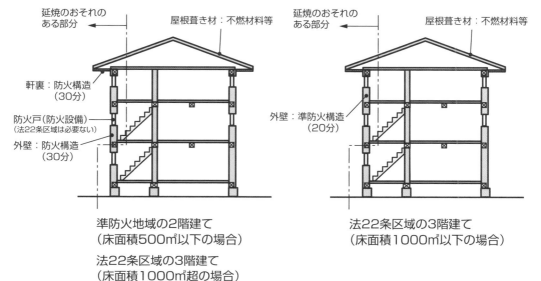

主要構造部に必要な防耐火性能

Point
- 主要構造部における防耐火性能は、耐火時間がポイント
- 主要構造部は実大規模の試験で防耐火性能を調べる

主要構造部の防耐火性能

耐火構造・準耐火構造・防火構造などは、建物の主要構造部（壁・柱・床・梁・屋根・階段）に必要とされる防耐火性能である。

耐火構造とは、屋外および屋内で発生する火災に対し、必要な防耐火時間中（部位と階数に応じて30、60、120、180分がある）およびその後も主要構造部が壊れない、燃え抜けない性能のことをいう。

準耐火構造とは、屋外および屋内で発生する火災に対し、必要な防耐火時間中（部位と建物用途に応じて30、45、60分がある）は主要構造部が壊れない、燃え抜けない性能のことをいう。すなわち、想定される火災後は、必ずしも耐火構造のように崩壊しない性能を有していなくてもよいとされている。

防火構造とは、屋外で発生する火災に対し、建物外周部の外壁と軒裏が30分間は壊れない、燃え抜けない性能のことをいう。屋内で発生する火災については特に防耐火性能は問われておらず、隣家火災からのもらい火を防ぐ性能といえる。なお、このほかにも、外壁が20分間は壊れない、燃え抜けない性能を有する準防火構造もある。

防耐火性能の調べ方

主要構造部の防耐火性能を調べるためには、壁では約3×3m四方（建物1層分）、床では約2×4m四方（梁の1スパン分など）の実大の試験体を製作し、壁は垂直に、床は水平になるよう耐火炉に設置する。これに片側から激しい火災の状態を再現した加熱（ISO834標準加熱曲線）をして、試験体が壊れないか、または裏面に燃え抜けないかなどの性能を確認する。

耐火構造、準耐火構造、防火構造、いずれも試験方法は同じで、異なるのは、防耐火性能を要求される時間である。国土交通省告示に例示された仕様や、国土交通大臣認定を取得した仕様は、この実大試験体を用いた加熱試験で防耐火性能が調べられている。

表 耐火構造・準耐火構造・防火構造等の定義

防耐火性能	主な防火地域指定	主な対象建物	要求性能	必要な防耐火時間（部位により異なる）
準防火性能（準防火構造）	法22条区域	3階建て以下	建築物の周囲において発生する通常の火災による延焼の抑制に一定の効果を発揮するために外壁に必要とされる性能（法23条）	20分（外壁）
防火構造	準防火地域	2階建て以下	建築物の周囲において発生する通常の火災による延焼の抑制に一定の効果を発揮するために当該外壁または軒裏に必要とされる性能（法2条8号）	30分（外壁・軒裏）
準耐火構造	準防火地域 防火地域	3階建て以下 （防火地域は2階建て以下）	通常（周囲および内部）の火災による延焼を抑制するために当該建築物の部分に必要とされる性能（法2条7号の2）	30・45・60分 （主要構造部）
耐火構造	準防火地域 防火地域	大規模建築物 特殊建築物	通常（周囲および内部）の火災が終了するまでの間、当該火災による建築物の倒壊および延焼を防止するために当該建築物の部分に必要とされる性能（法2条7号）	30・45・60・120・180分 （主要構造部）

＊ 主要構造部とは、壁、柱、梁、床、屋根、階段をいう

図 部材の防耐火性能を調べる際の加熱温度

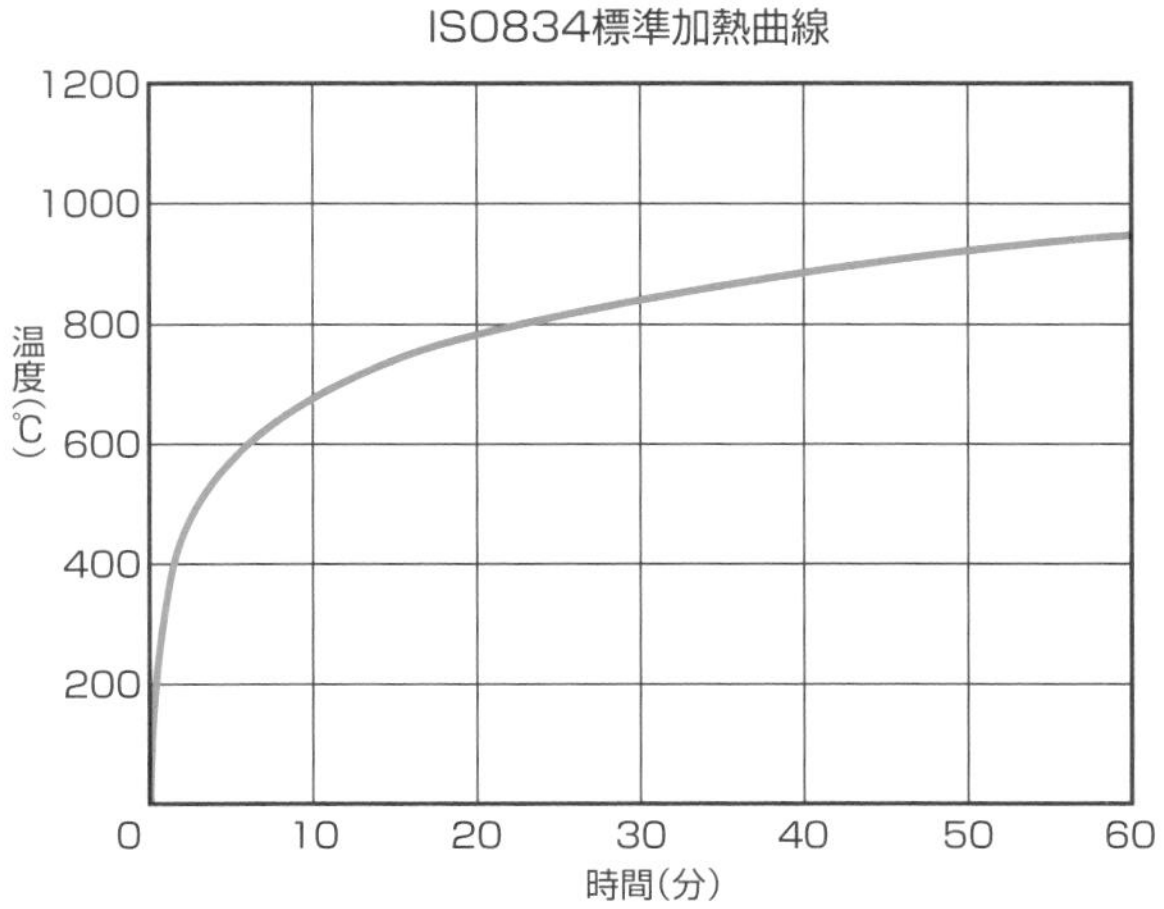

通常の火災時に生じる温度変化の標準を示したグラフ。これにしたがって部材を加熱し、その防耐火性能を調べる

写真 外壁の加熱試験の様子（裏面から見る）

左の標準加熱曲線にしたがって外壁を加熱し、耐火性能を調べる

外壁開口部に必要な防耐火性能

Point
- 防火戸に必要な性能は20分間の遮炎性
- アルミ防火戸の防耐火性能を確実にするのは締付け金物

火災の侵入を遮る防火戸

外壁の開口部（窓）は火災時に延焼経路になることが多い。そのため準防火地域や防火地域の住宅で延焼のおそれのある部分の外壁開口部には、防火戸等を用いる必要がある。外壁開口部に要求される防耐火性能は、一定時間、火炎の侵入を遮る遮炎性である。

3階建て住宅を準防火地域や防火地域に建設する場合、準耐火建築物、耐火建築物とする必要がある。その際は、屋外または屋内で火災が起こった場合に20分間、火炎の侵入を遮る性能を有した防火戸等の設置が必要になる。

なお、準防火地域の2階建て住宅では、屋外で火災が起こった場合に20分間、火炎の侵入を遮る性能を有した防火戸等の設置が必要になる。

有効な防火戸の条件

防火戸等の具体的な仕様としては、①アルミサッシに網入りガラス等を入れた防火戸、②鋼製玄関ドア、③防火戸対応金属製シャッター、などが挙げられる。

市販のアルミ防火戸や防火戸対応金属製シャッターなどは、屋外および屋内で火災が起こった場合に20分間、火炎の侵入を遮る性能を持っている。そのため、屋外・屋内火災時に防耐火性能が必要な準耐火建築物・耐火建築物や、3階建て・2階建てによらず、防火性能が必要な外壁開口部に使うことができる。

アルミサッシに網入りガラスを入れた防火戸が確実に防耐火性能を発揮するための条件は以下のとおりである。①窓が閉まっていること、②クレセントやカムラッチなどの締付け金物が閉まっていること。

①は当然であるが、②は意外と盲点である。アルミは金属のなかでも軟化点が比較的低いため、加熱を受けると変形しやすい。そのため、クレセント等が閉まっていないと、召し合わせ部に隙間ができて容易に火炎が貫通してしまうことがある。

表 外壁開口部に必要な防火性能

種類	遮炎性	
	屋外側（隣家）からの火災	屋内側からの火災
準防火地域および防火地域の建物の外壁開口部	20分	—
準耐火建築物および耐火建築物の外壁開口部	20分	20分

図 防火戸の例

●アルミサッシに網入りガラス

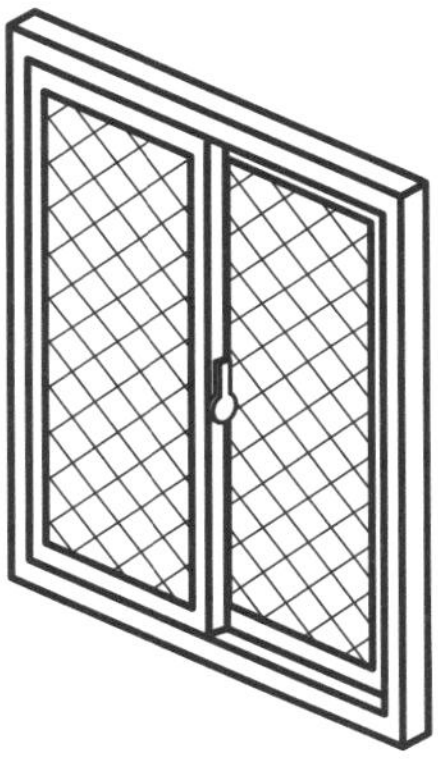

●鋼製玄関ドア

●金属製シャッター

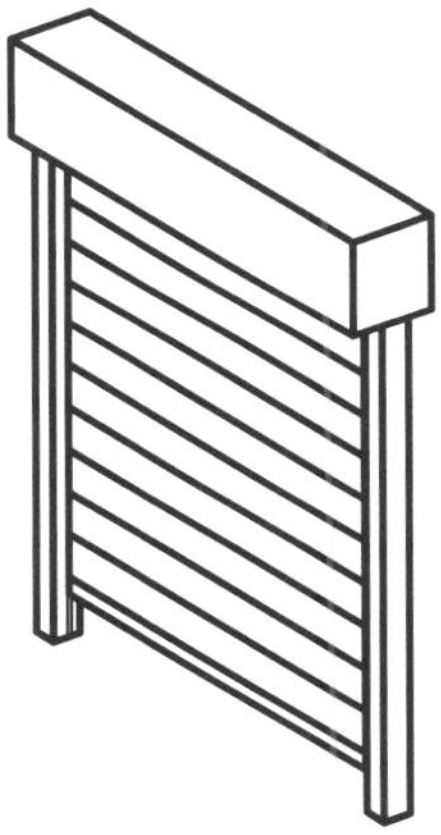

写真 ガラス窓の加熱試験の様子（裏面から見る）

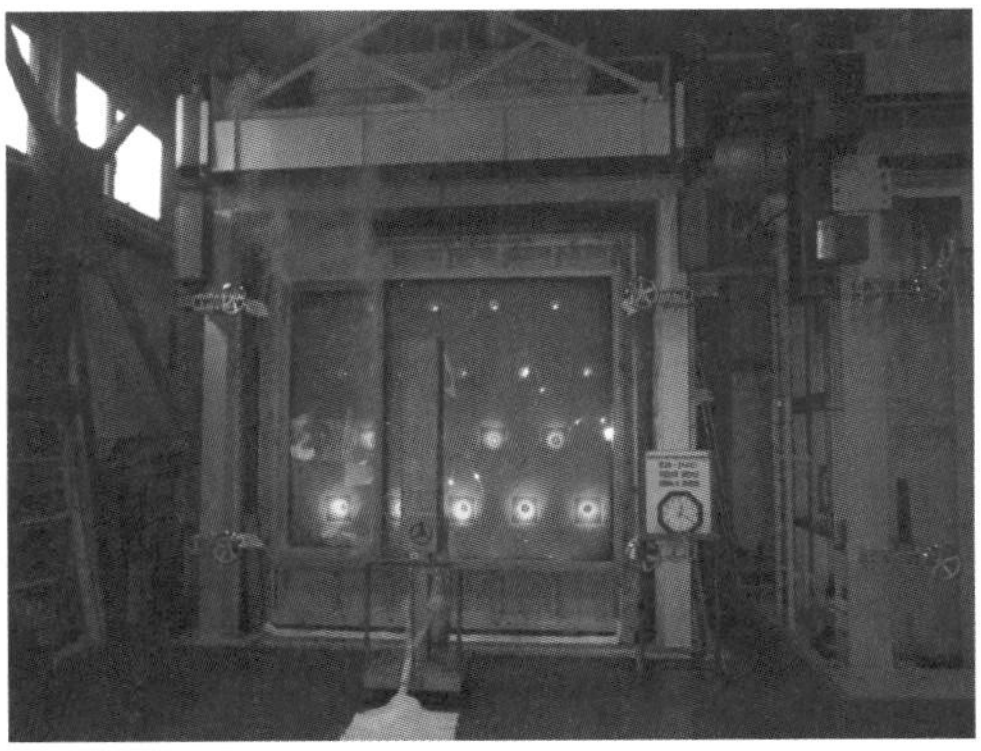

ガラス窓を通常の火災時と同等の
温度まで加熱し、耐火性能を調べる

内装材に必要な防耐火性能

Point
- 不燃材料とは20分間燃えないものをいう
- 「耐火構造=不燃材料の使用」とは限らない

内装仕上材の防耐火性能

内装の仕上材の防耐火性能は、材料そのものの着火しにくさ、燃えにくさなどによって評価される。建築基準法では不燃材料、準不燃材料、難燃材料の3種類がある。

ゴミ箱やコンロの天ぷら油など出火源だけが燃えている火災の初期段階において、壁や天井が受ける加熱（50kW／㎡）を与えながら口火を近づけたとき、20分間炎を継続的に出して燃えないものを不燃材料、10分間燃えないものを準不燃材料、5分間燃えないものを難燃材料としている。

同じ不燃材料でも石や金属のように、加熱を続けてもまったく燃えないものから、20分過ぎに燃え始めるものまで幅広くあるということである。

主要構造部との比較はできない

耐火構造、準耐火構造などが、壁や床などの主要構造部の防耐火性能を表しているのに対し、不燃材料、準不燃材料、難燃材料は、内装の仕上材など材料の防耐火性能を表している。

耐火構造等は非損傷性、遮熱性、遮炎性で評価され、主として延焼防止、崩壊防止を目的としているのに対し、不燃材料等は着火防止性能、発熱抑制性能、発煙抑制性能等で評価され、燃えないことを目的としている。

すなわち、耐火構造と不燃材料のどちらの防耐火性能が高いかは、求められる防耐火性能が異なるため、単純には比較できない。また、木造の柱・梁に強化石膏ボードを張った仕様が木造による耐火構造として実用化されていることからも、耐火構造だから不燃材料でできているとも言い切れない。

現在は、可燃材料の木材に薬剤を注入して、不燃材料や準不燃材料の防耐火性能を達成した商品も販売されている。木材に薬剤が均等に行き渡るよう注入して所定の性能を達成しているのだが、使用にあたっては経年変化等で性能が低下しないよう、使用位置や納まりなどに注意をしておきたい。

表 不燃材料・準不燃材料・難燃材料の概要

	仕様例	要求時間	要求性能
不燃材料（法2条9号）	コンクリート、瓦、金属板、ガラス、モルタル、漆喰、石、12㎜以上の石膏ボードなど	20分	①燃焼しない ②避難上有害な煙などを出さない ③防火上有害な変形、亀裂などの損傷を生じない
準不燃材料（令1条5号）	9㎜以上の石膏ボードなど	10分	
難燃材料（令1条6号）	5.5㎜以上の難燃合板 7㎜以上の石膏ボードなど	5分	

写真 着火防止性能・発熱抑制性能を計測する装置（コーンカロリーメーター）

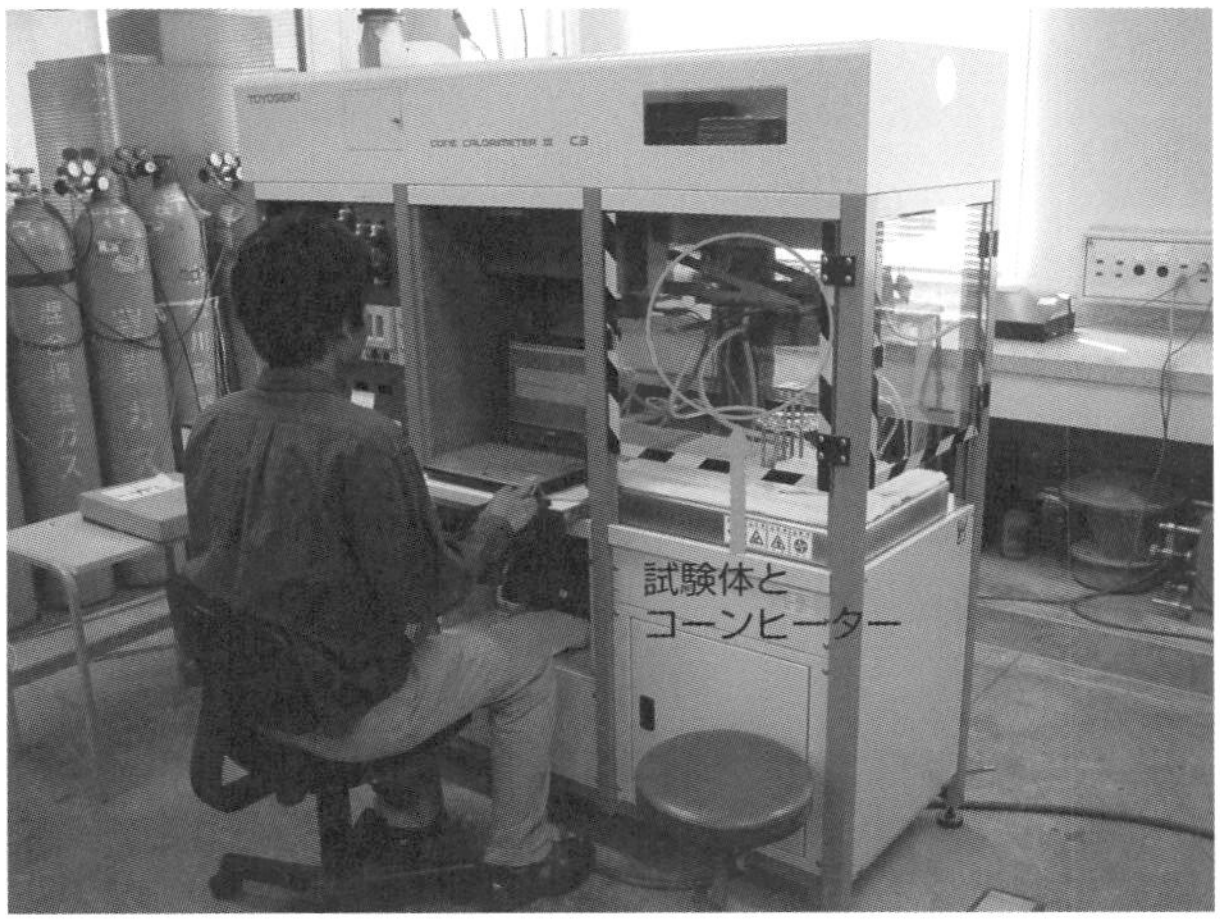

試験体（内装材など）を台にセットし、コーンヒーターと試験体を一定の距離に設定する

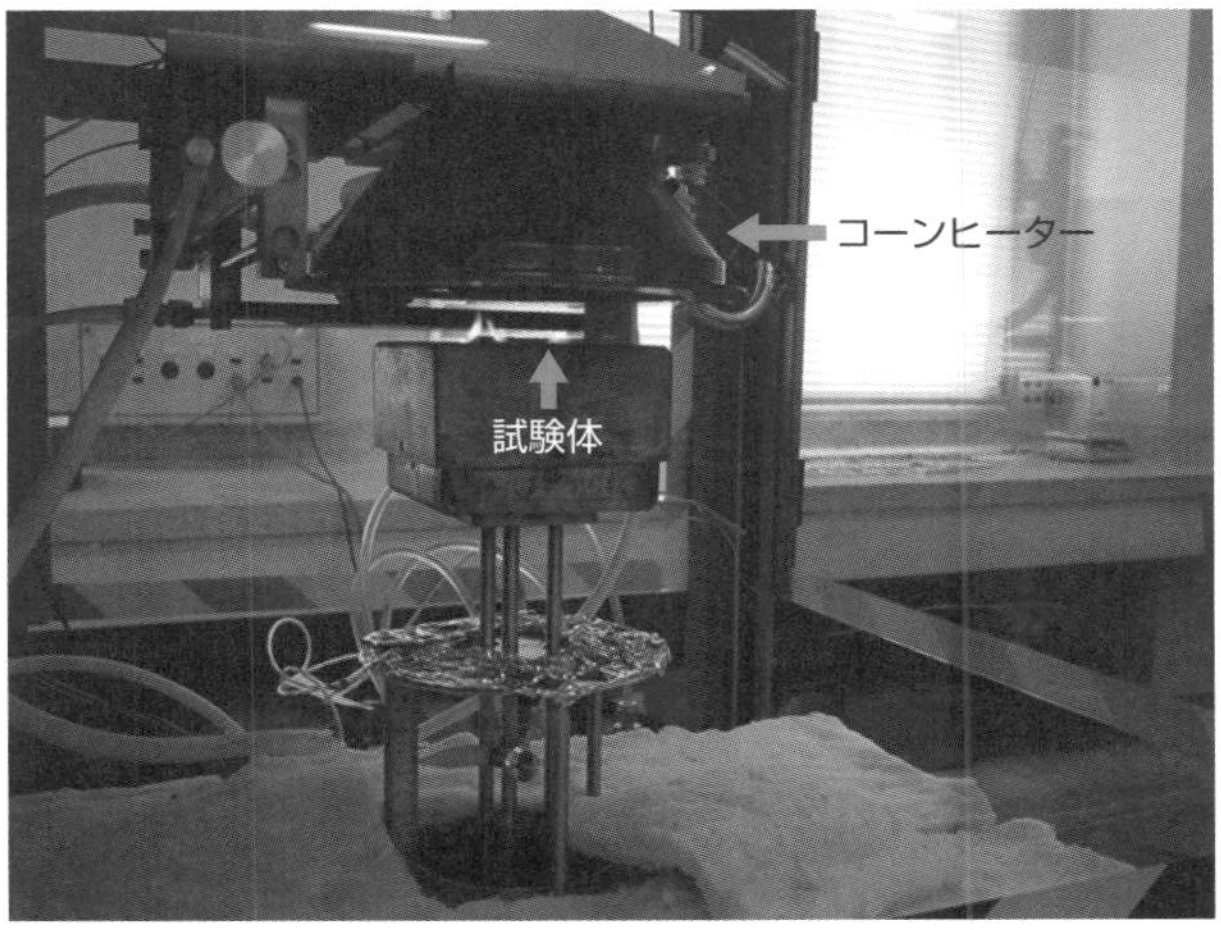

コーンヒーターで試験体を加熱し、口火を継続的に与えて着火時間や発熱量を計測する

主要構造部の耐火性能

Point
- 屋根、階段は30分、その他の主要構造部は1時間の耐火構造
- 軸組工法、枠組壁工法、どちらも木造耐火建築物にできる

防火地域に木造3階建ても可能

防火地域に木造3階建て住宅、準防火地域に木造3階建て住宅（床面積1500㎡超）を建築する場合は、耐火建築物とする必要がある。

木造3階建て住宅を耐火建築物とするためには、主要構造部のうち壁（外壁・間仕切壁）、柱、床、梁を1時間耐火構造、屋根、階段を30分耐火構造の仕様とし、延焼のおそれのある部分の外壁開口部にはアルミサッシに網入ガラスを入れた防火戸等を設ける。

木造耐火建築物の具体的な仕様

主要構造部の具体的な仕様は、耐火構造の構造方法を定めて平12建告1399号の仕様と、企業や協会が個別に大臣認定を取得した仕様の2種類がある。大臣認定のほうが告示よりも被覆が薄いことが多い。

軸組工法では㈳日本木造住宅産業協会が、枠組壁工法では㈳日本ツーバイフォー建築協会等が、主要構造部について個別に大臣認定を取得しており、それぞれの協会が開催する講習会の受講などにより、その仕様を使うことができる。室内の壁、床上、天井、階段等は強化石膏ボードの2枚張り（部位によりボードの厚さや張る順序が異なる）、外壁は防水防カビ強化石膏ボードやALC板の上に窯業系サイディング張りによって、柱や梁、階段などの構造躯体が燃焼しないように耐火被覆する。これにより、想定される火災中および火災後に、避難・消防活動および隣家への延焼上、問題となる建物の崩壊が起こらないことになる。

この木造耐火建築物は、2000年の改正建築基準法施行後に建築が可能となった新しいタイプの木造建築物である。2021年4月現在、軸組構造や枠組壁工法により7500棟を超える実績がある。木造は建物重量が軽く、杭や基礎が軽減できる可能性があること、部材を小運搬しやすいことなどから、敷地や地盤の状況によっては利点が大きい。

図 木造耐火建築物の矩形図の例(軸組工法の場合)

●平12建告1399号(耐火構造の構造方法を定める件)の代表的な仕様

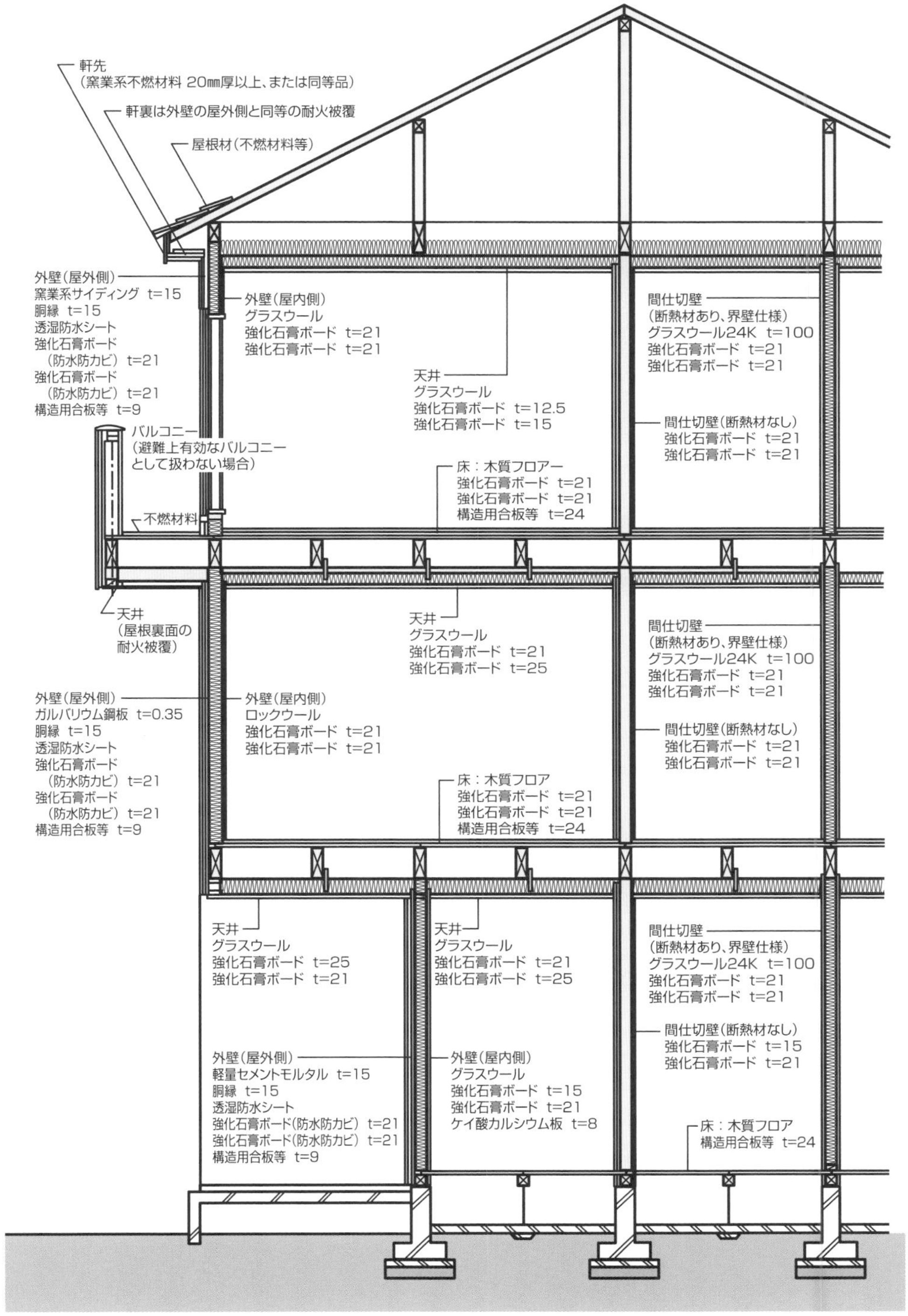

軒先
（窯業系不燃材料 20mm厚以上、または同等品）

軒裏は外壁の屋外側と同等の耐火被覆

屋根材（不燃材料等）

外壁（屋外側）
窯業系サイディング t=15
胴縁 t=15
透湿防水シート
強化石膏ボード
（防水防カビ）t=21
強化石膏ボード
（防水防カビ）t=21
構造用合板等 t=9

外壁（屋内側）
グラスウール
強化石膏ボード t=21
強化石膏ボード t=21

天井
グラスウール
強化石膏ボード t=12.5
強化石膏ボード t=15

間仕切壁
（断熱材あり、界壁仕様）
グラスウール24K t=100
強化石膏ボード t=21
強化石膏ボード t=21

間仕切壁（断熱材なし）
強化石膏ボード t=21
強化石膏ボード t=21

床：木質フローアー
強化石膏ボード t=21
強化石膏ボード t=21
構造用合板等 t=24

バルコニー
（避難上有効なバルコニー
として扱わない場合）

不燃材料

天井
（屋根裏面の
耐火被覆）

天井
グラスウール
強化石膏ボード t=21
強化石膏ボード t=25

間仕切壁
（断熱材あり、界壁仕様）
グラスウール24K t=100
強化石膏ボード t=21
強化石膏ボード t=21

外壁（屋外側）
ガルバリウム鋼板 t=0.35
胴縁 t=15
透湿防水シート
強化石膏ボード
（防水防カビ）t=21
強化石膏ボード
（防水防カビ）t=21
構造用合板等 t=9

外壁（屋内側）
ロックウール
強化石膏ボード t=21
強化石膏ボード t=21

間仕切壁（断熱材なし）
強化石膏ボード t=21
強化石膏ボード t=21

床：木質フロア
強化石膏ボード t=21
強化石膏ボード t=21
構造用合板等 t=24

天井
グラスウール
強化石膏ボード t=25
強化石膏ボード t=21

天井
グラスウール
強化石膏ボード t=21
強化石膏ボード t=25

間仕切壁
（断熱材あり、界壁仕様）
グラスウール24K t=100
強化石膏ボード t=21
強化石膏ボード t=21

間仕切壁（断熱材なし）
強化石膏ボード t=15
強化石膏ボード t=21

外壁（屋外側）
軽量セメントモルタル t=15
胴縁 t=15
透湿防水シート
強化石膏ボード（防水防カビ）t=21
強化石膏ボード（防水防カビ）t=21
構造用合板等 t=9

外壁（屋内側）
グラスウール
強化石膏ボード t=15
強化石膏ボード t=21
ケイ酸カルシウム板 t=8

床：木質フロア
構造用合板等 t=24

メンブレン被覆工法

Point
- 準防火地域で木造3階建てを可能にするメンブレン被覆
- 30㎜厚の木材は石膏ボードと同じ位置づけ

準防火地域に木造3階建ても可能

準防火地域に木造3階建て住宅（床面積1500㎡以下、共同住宅を除く）を建築する場合は、準耐火建築物とする必要がある。

木造3階建て住宅を準耐火建築物とするには、主要構造部の壁（外壁・間仕切壁）、柱、床、梁を45分準耐火構造、屋根、階段を30分準耐火構造の仕様とし、延焼のおそれのある部分の外壁開口部にはアルミサッシに網入ガラスを入れた防火戸等を設ける必要がある。

具体的には、構造躯体の柱、梁などが室内から見えないように、室内の壁や天井、床上を石膏ボードや強化石膏ボード等で連続的に覆う「メンブレン被覆工法（メンブレンとは薄膜という意味。構造体を石膏ボード等の薄膜で被覆して、構造体の燃焼を遅延、抑制する工法）」で施工する。

木造準耐火建築物の具体的な仕様

30分準耐火構造や45分準耐火構造の具体的な仕様は、平12建告1358号に例示された仕様のほか、建材メーカーなどが国土交通大臣認定を個別に取得した仕様がある（国土交通省のHP「https://www.mlit.go.jp/jutakukentiku/build/jutakukentiku_house_tk_000042.html」からダウンロードできる）。

たとえば、外壁（屋外側）はモルタル20㎜厚（告示）や窯業系サイディング15㎜厚（認定）、軽量モルタル15㎜厚（認定）など、外壁（屋内側）および間仕切壁は石膏ボード15㎜厚（告示）、強化石膏ボード12・5㎜厚（認定）など、床下面の天井は強化石膏ボード15㎜厚（告示）など、床上面は木材総厚30㎜（告示）などである。

被覆材としては、30㎜厚の木材が強化石膏ボードなどと同じ位置づけになっている。これは、30㎜厚の木材と強化石膏ボード12・5㎜厚とでは、表面に加熱を受けたときに、燃え抜けるまでの時間に大きな差異がなく、構造体を火災から守るという点では同じ働きをするためである。

図 木造準耐火建築物の矩形図の例（軸組工法の場合）

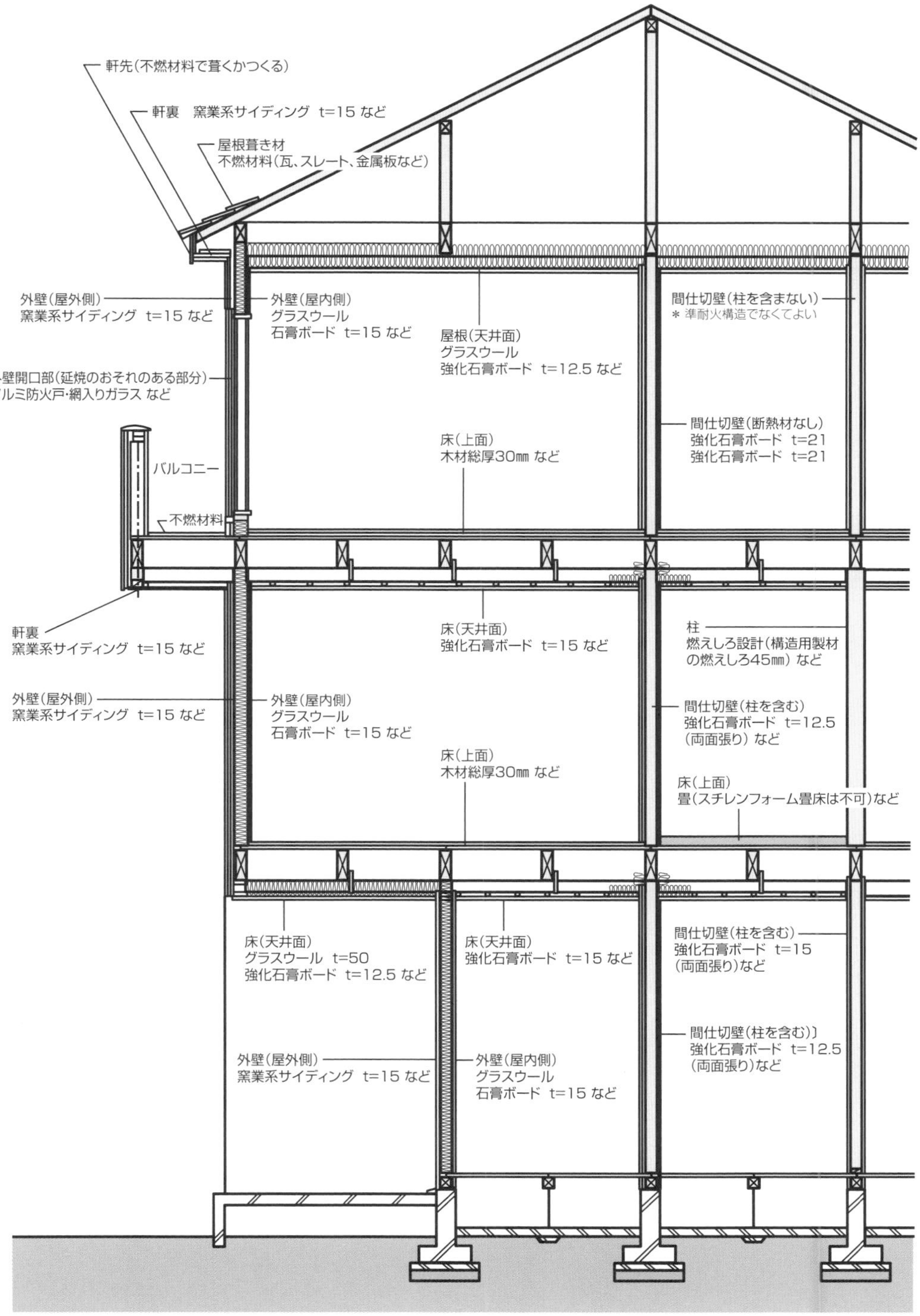

軒先(不燃材料で葺くかつくる)

軒裏 窯業系サイディング t=15 など

屋根葺き材
不燃材料(瓦、スレート、金属板など)

外壁(屋外側)
窯業系サイディング t=15 など

外壁(屋内側)
グラスウール
石膏ボード t=15 など

屋根(天井面)
グラスウール
強化石膏ボード t=12.5 など

間仕切壁(柱を含まない)
＊準耐火構造でなくてよい

外壁開口部(延焼のおそれのある部分)
アルミ防火戸・網入りガラス など

床(上面)
木材総厚30mm など

間仕切壁(断熱材なし)
強化石膏ボード t=21
強化石膏ボード t=21

バルコニー

不燃材料

軒裏
窯業系サイディング t=15 など

床(天井面)
強化石膏ボード t=15 など

柱
燃えしろ設計(構造用製材
の燃えしろ45mm) など

外壁(屋外側)
窯業系サイディング t=15 など

外壁(屋内側)
グラスウール
石膏ボード t=15 など

間仕切壁(柱を含む)
強化石膏ボード t=12.5
(両面張り) など

床(上面)
木材総厚30mm など

床(上面)
畳(スチレンフォーム畳床は不可)など

床(天井面)
グラスウール t=50
強化石膏ボード t=12.5 など

床(天井面)
強化石膏ボード t=15 など

間仕切壁(柱を含む)
強化石膏ボード t=15
(両面張り)など

外壁(屋外側)
窯業系サイディング t=15 など

外壁(屋内側)
グラスウール
石膏ボード t=15 など

間仕切壁(柱を含む))
強化石膏ボード t=12.5
(両面張り)など

室内の防火設計

Point
- 室内の防火被覆は石膏ボードが基本
- 階段は間仕切壁を施工してから取り付ける

室内の防火設計は施工順も大切

準防火地域の木造3階建て住宅では、準耐火建築物とするために、建物外周の外壁・軒裏に加えて、室内火災による建物の崩壊や隣家への延焼を抑制するために、室内の間仕切壁、床（天井、床上）、屋根（天井）、階段に防火補強が必要となる。そのため、石膏ボードや強化石膏ボード（ガラス繊維で強化された石膏ボード）を使って、室内から見たとき、これらの防火被覆が連続するように柱や梁などを覆う方法をとる（前節のメンブレン被覆工法）。

この際、間仕切壁と床は45分準耐火構造、屋根と階段は30分準耐火構造と、前者のほうが要求される防耐火時間が長い。したがって施工時は、間仕切壁と床の防火被覆を先行して施工した後、屋根と階段の防火被覆を施工することが重要である。なぜなら、30分程度で階段等の防火被覆が突破されると、45分準耐火構造の間仕切壁内部に火炎が侵入してしまうからである。

室内施工の留意点

特に施工で間違いやすい点は、階段（30分）と間仕切壁（45分）の取合い部である。ここは、階段のささら桁を柱や間柱に直接取り付けるのではなく、柱や間柱に間仕切壁の防火被覆を取り付けた後に、階段のささら桁を壁の防火被覆の上から取り付ける必要がある。準耐火構造の間仕切壁を施工してから、準耐火構造の階段を取り付けるという手順である。

また、2階以上にユニットバスを設ける場合は、洗面所との段差をなくすために、ユニットバスを設置する床を下げることがある。この場合も、床段差が生じた部分の防火被覆がとぎれないように施工する必要がある。

間仕切壁に開口を設けて木製建具を取り付ける場合は、間仕切壁の小口から火炎が容易に壁体内に侵入しないように、30㎜厚以上の木材や不燃性断熱材などのファイヤーストップを設ける必要がある。

表 準耐火構造の仕様例（平12建告1358号）

外壁（45分）	屋外側	鉄網モルタル厚20㎜以上（告示）、窯業系サイディング厚15㎜以上（認定）、軽量モルタル厚15㎜以上（認定）など
	屋内側	石膏ボード厚15㎜以上（告示）、強化石膏ボード厚12㎜以上（認定）など
軒裏（45分）		面戸板厚45㎜以上＋野地板厚30㎜以上（告示）、硬質木片セメント板厚12㎜以上（告示）
間仕切壁（45分）		石膏ボード厚15㎜以上（告示）、強化石膏ボード厚12㎜以上（認定）など
柱（45分）		石膏ボード厚15㎜以上（告示）、燃えしろ設計*（告示）など
床（45分）	床上側	木材総厚30㎜以上（告示）、畳（ポリスチレンフォームの畳床を除く、告示）など
	床下側	強化石膏ボード厚15㎜以上（告示）など
梁（45分）		強化石膏ボード厚15㎜以上（告示）、燃えしろ設計*（告示）など
屋根（30分）	屋根葺き材	不燃材料でつくる、または葺く（告示）など
	天井側	強化石膏ボード厚12㎜以上（告示）など
階段（30分）		段板およびささら桁を木材厚60㎜以上（告示）
		段板およびささら桁を木材厚35㎜以上とし、段板裏面を強化石膏ボード厚12㎜以上、かつ桁の側面を石膏ボード厚12㎜以上で覆うなど

＊ 燃えしろ寸法は、製材は45㎜、集成材・LVLは35㎜とする

図1 各部の納まり例

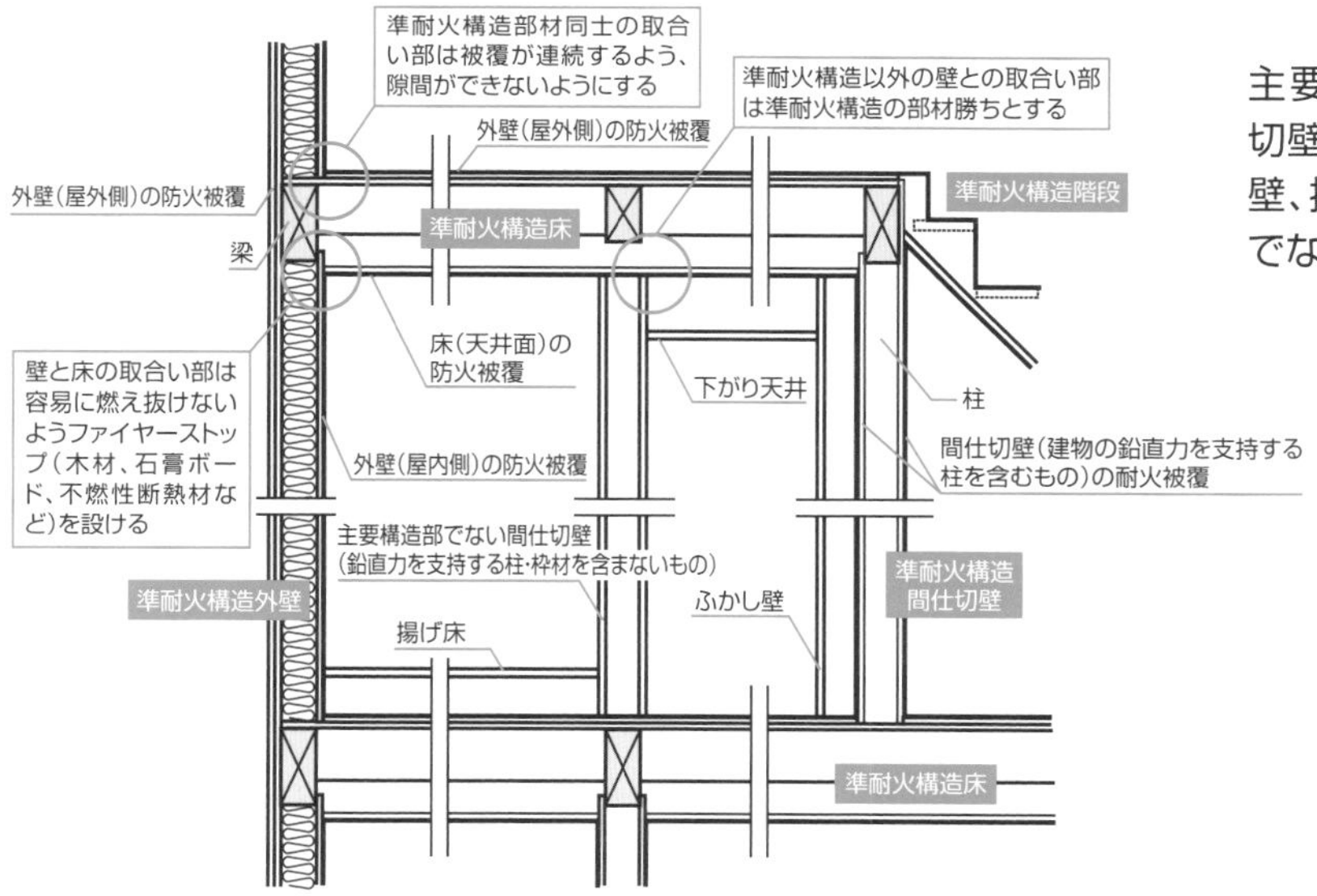

主要構造部でない間仕切壁、下がり天井、ふかし壁、揚げ床は準耐火構造でなくてよい

図2 室内建具の取り付け例（ファイヤーストップの考え方）

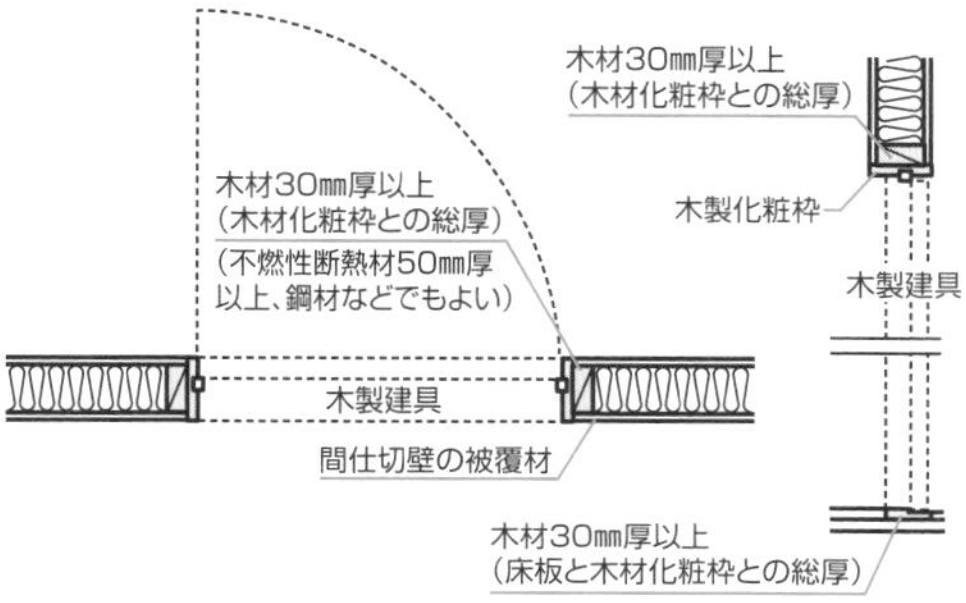

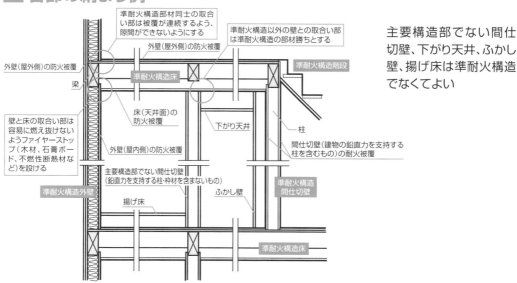

外部に木材を見せる設計

Point

- 木材の燃焼速度は0.6～1.0㎜／分で、ゆっくり
- 外壁の外側に木材を張ると非損傷性、遮熱性、遮炎性が向上

木材の燃え抜け防止性能を活用

木材は、断面が大きかったり厚ければ、なかなか内部に燃え進まない。この性質を利用して、石膏ボードなどの防火被覆と同様に、燃え抜け防止性能を持つ部材として木材を使用できる。

通常、木材の燃焼速度（炭化速度ともいう）は、0.6～1.0㎜／分といわれている。表面は燃えるがなかなか燃え進まず、含水があるために、裏面の温度は燃え抜ける直前まで100℃を超えず、裏面の部材に対しては遮熱する。

準耐火構造の構造方法を定めた平12建告1358号には、この木材が燃え進みにくい性質を利用して、柱、梁、屋根の軒裏、床の上面、階段に、木材の仕様がある。

燃えしろ設計の利点

建物外部に木材を露《あらわ》しとする仕様に、柱と梁については燃えしろ設計がある。これは、45分の火災中に燃えるであろう断面（製材は45㎜、集成材などは35㎜）を構造耐力上必要な断面にあらかじめ付加しておくものである。この燃えしろ設計を用いて柱を露しとする場合、3階建て住宅ではおおむね150㎜角以上の柱になる。軒裏には、垂木、面戸板、野地板を露しとした化粧軒裏仕様がある。これは、延焼経路になる面戸板、野地板の厚さをそれぞれ45㎜、30㎜とし、延焼防止性能を達成する仕様と位置づけられている。

また、準耐火構造の外壁の表面に木材を張る場合、防火性能上は、木材を張ることでもともとの外壁表面が加熱を受け始める時間が遅延されるため、準耐火構造の外壁に必要な非損傷性、遮熱性、遮炎性が向上する。そのため、準耐火構造の告示に例示された仕様（たとえばモルタル20㎜厚）の表面に木材を張ることは防火性能を損なわないと判断され、よいとされる。しかし個別に大臣認定を取得した仕様については、認定内容に木材を張った仕様が位置づけられていない場合は、運用上、張ってはならないことになる。

図1 燃えしろ設計の考え方

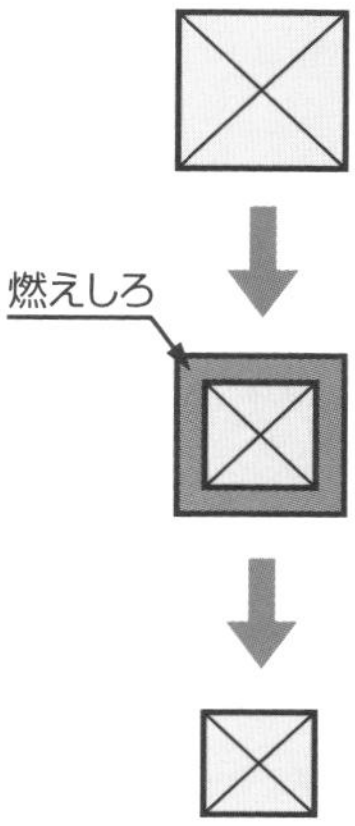

燃えしろ設計は長期荷重を支持するすべての柱と梁に対してチェックを実施する

想定した断面から所定の燃えしろ寸法を差し引く。基本は4面共に差し引く

この断面に長期荷重が生じたときの応力度が短期許容応力度を超えなければよい。超えた場合は、元の断面を大きくする

●燃えしろ寸法

	集成材、LVL	製材
大規模木造建築物（法21条、令1国交告193号、昭62建告1901号、1902号）	25㎜	30㎜
準耐火構造（平12建告1358号）	35㎜	45㎜
1時間準耐火構造（令1国交告195号）	45㎜	60㎜

図2 準耐火構造の軒裏の仕様例

●木材を露しとする場合

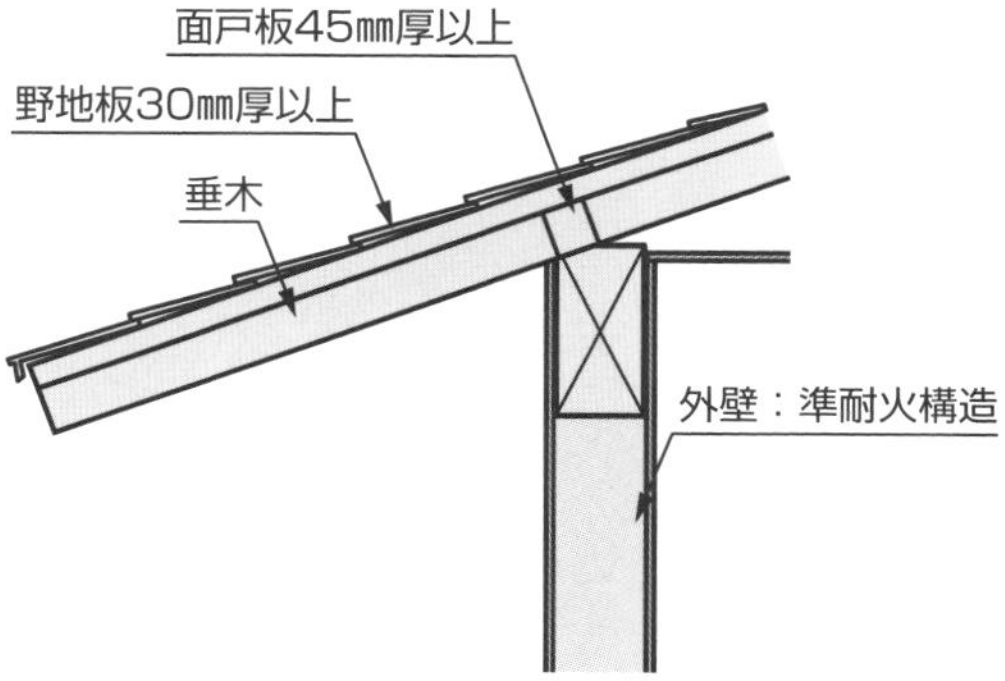

●不燃性の軒天材で覆う場合

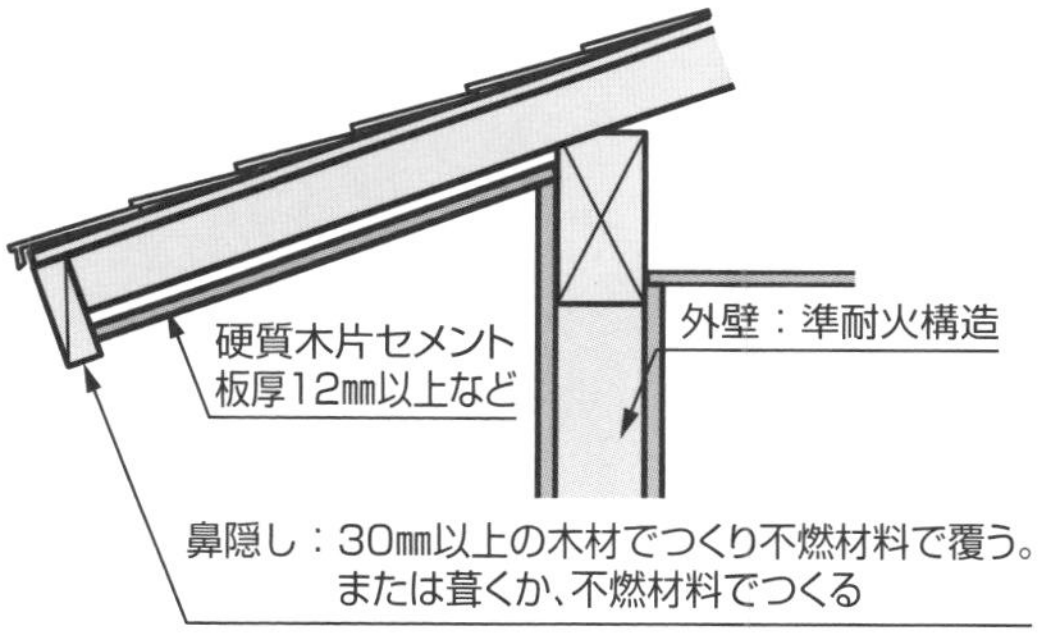

図3 外壁表面に木材を張る場合

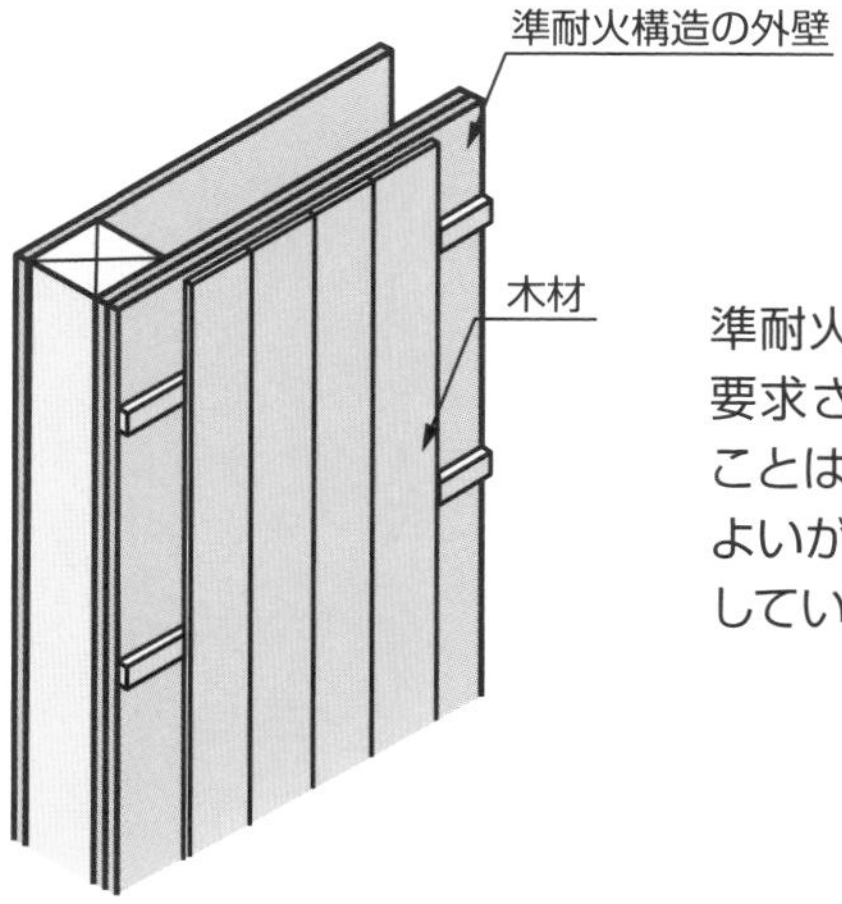

準耐火構造の外壁表面に木材を張ることで、準耐火構造に要求される性能（非損傷性、遮熱性、遮炎性）が低下することはない。しかし、運用上、告示の外壁の表面には張ってよいが、大臣認定の外壁は木材を張った状態で認定を所得していないと張ってはならないとされている

内部に木材を見せる設計

Point
- 木材の太さ、厚さの工夫で露しを実現
- 石膏ボードに仕上材としての木材を張って露しを可能に

木材を露しにできる部材

66頁でも述べているが、準耐火構造の構造方法を定めた平12建告1358号では、柱、梁、床（上面）、階段に石膏ボード等の防火被覆を用いず、木材のみでつくった仕様が規定されている。これらは、木材が太いかまたは厚いと、内部になかなか燃え進まない性質を利用したものである。

建物内部に木材を露《あらわ》しにできる部材をまとめると、柱・梁については、前節で述べた燃えしろ設計である。建物の外部、内部によらず、同様の考え方で柱、梁を露しにできる。また、床の上面は、木材総厚30㎜厚が位置づけられているが、下地の構造用合板等と仕上げの床板の厚さを合算して30㎜厚以上としてもよいことになっている。

さらに階段は、ささら桁と段板を木材60㎜厚とした仕様が位置づけられている。また、ささら桁と段板を木材35㎜厚とすれば、ささら桁外側および天井側の防火被覆は、強化石膏ボード12・5㎜厚等でよいとされている。

間仕切壁や床、屋根の露し

木材のみでつくる仕様が告示に位置づけられていない間仕切壁や床（天井面）、屋根（天井面）については、石膏ボード等で防火被覆し準耐火構造に位置づけられる仕様とした面の上に、仕上げとして木材を張ることが可能である。

ただし、キッチンや薪ストーブ等を設置した部屋（最上階にある場合を除く）では、住宅の火気使用室の内装制限（壁と天井を準不燃材料とするなど）がかかる。

そのため、内装制限がかかる部屋の仕上げに木材を張りたい場合は、薬剤注入により、準不燃材料や不燃材料の大臣認定を取得した特殊な木材を用いる方法がよいだろう。

このように、準耐火建築物であっても、安全性を確保しながら、主要構造部および仕上材に木材を使用することで、木材が見える納まりにできる。

図1 床と梁を木材露しとする納まり

●梁を露しとする場合

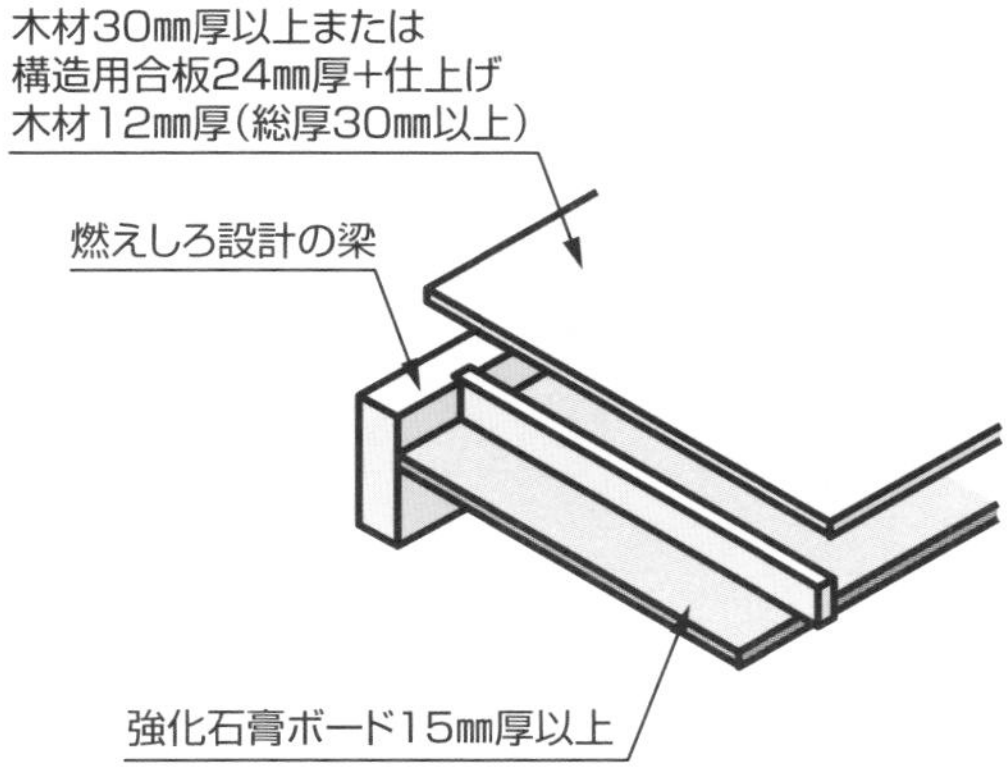

●梁を石膏ボードで被覆する場合

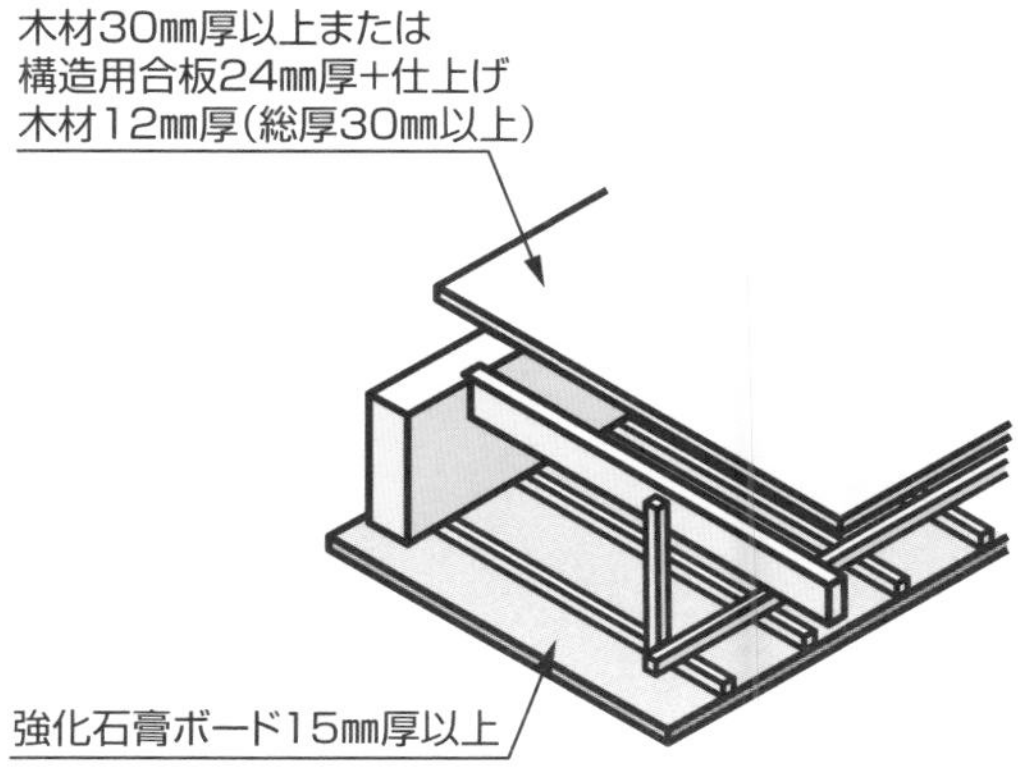

図2 階段の仕様例

●木材だけでつくる場合

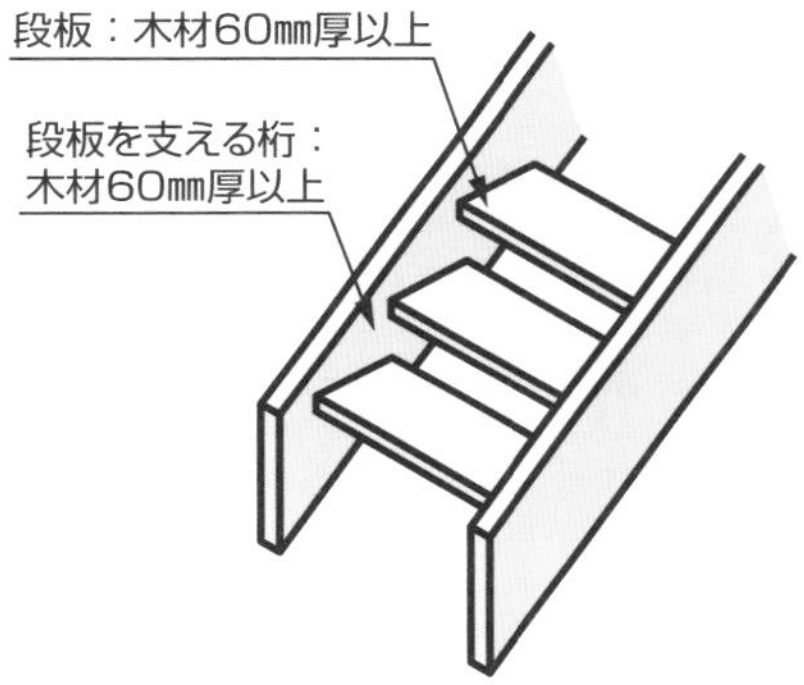

●階段裏面および側面を石膏ボードで覆う場合

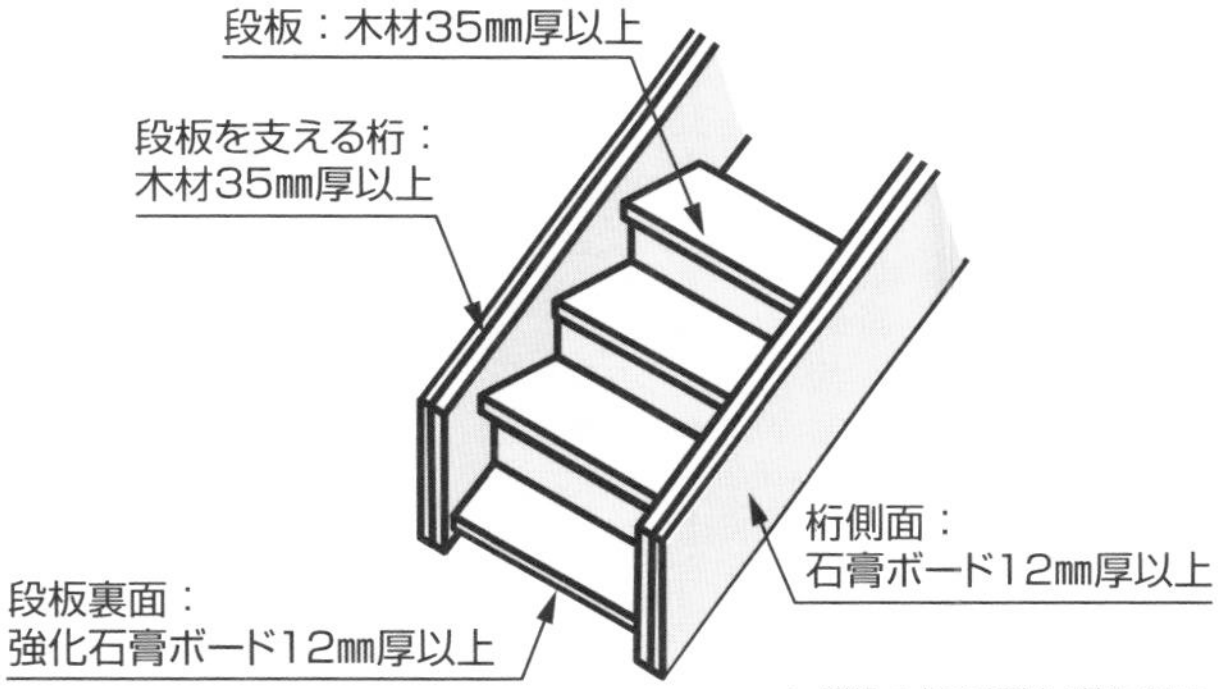

＊ 蹴込み板の規制は特にない

図3 間仕切壁に仕上げとして張る木材

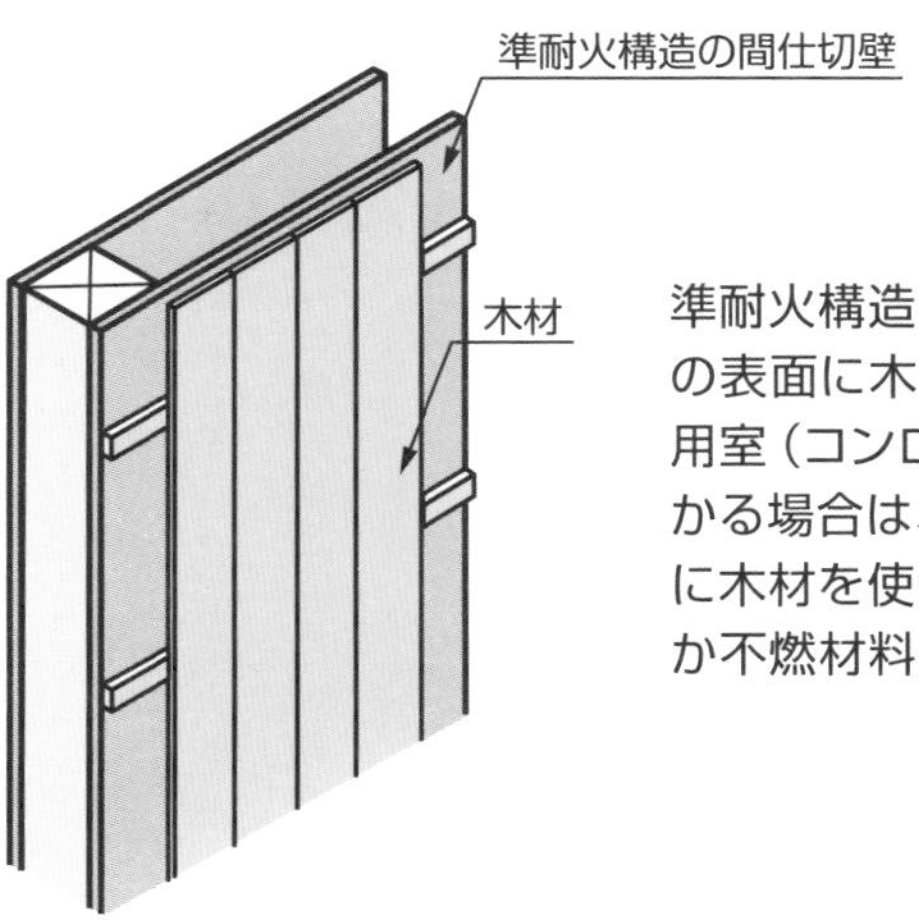

準耐火構造の間仕切壁（たとえば、石膏ボード15㎜厚以上）の表面に木材を仕上げとして張ってもよい。ただし、火気使用室（コンロや薪ストーブを使う部屋）などで内装制限がかかる場合は、仕上げを準不燃材料とする必要がある。仕上げに木材を使いたい際は、薬剤処理した不燃木材（準不燃材料か不燃材料の大臣認定を取得したもの）を使用する

共同住宅

Point
- 共同住宅等に限り、準耐火建築物で3階建てが可能
- 防火地域外にイ準耐火建築物として建てる

防火地域外に建設可能

通常、3階部分に不特定多数の人が使用する用途がある場合、耐火建築物とすることが求められる。ただし、木造3階建て共同住宅（寄宿舎等を含む）に限っては、防火地域以外（準防火地域、法22条区域、防火無指定地域）であれば、イ準耐火建築物（主要構造部を1時間準耐火構造等としたもの）で建築することができる。

具体的には、

①主要構造部を1時間準耐火構造（屋根と階段は30分準耐火構造）とし、延焼のおそれのある部分の外壁開口部に防火設備（隣地境界線から5m以内は面積制限あり）を設ける
②2階および3階に避難上有効なバルコニーを設ける
③3階の各居室等に屋外の道路から進入可能な開口部を設置する
④建物の周囲に3m以上の通路を確保する

などの措置が必要となる。

イ準耐火建築物としての「木3共」

共同住宅は、居住者の避難や消防隊による救助がしやすいような措置をとり、主要構造部を1時間準耐火構造（最低1時間は建物が崩壊しない性能）として、イ準耐火建築物で建築できる。

1時間準耐火構造の仕様の1例を挙げると、外壁（屋外側）はモルタル20㎜厚（告示）や窯業系サイディング15㎜厚（認定）等、外壁（屋内側）および間仕切壁は石膏ボード12・5㎜厚の2枚張り（告示）等、床下面の天井は強化石膏ボード12・5㎜厚の2枚張り（告示）等、床上面は木材総厚40㎜（告示）等である。

これは、45分準耐火構造の仕様と同じか、石膏ボード等の総厚が増したものである。

また、階段や屋根は30分準耐火構造でよいため、木材35㎜厚のささら桁・段板とし、ささら桁側面と階段および屋根の天井面は強化石膏ボード12・5㎜厚で防火被覆すればよい。

表1 木造3階建て共同住宅の各部の仕様例

外壁（60分）	屋外側	鉄網モルタル厚20㎜以上（告示）、窯業系サイディング厚15㎜以上（認定）
	屋内側	石膏ボード厚12㎜以上を2枚張り（告示）
軒裏（60分）		面戸板厚30㎜以上の上に漆喰等20㎜以上+野地板厚30㎜以上（告示）、硬質木片セメント板厚12㎜以上（告示）
間仕切壁（60分）		両面石膏ボード厚12㎜以上を2枚張り（告示）、両面強化石膏ボード15㎜以上など
柱（60分）		石膏ボード厚12㎜以上を2枚張り（告示）、燃えしろ設計*（告示）など
床（60分）	床上側	木材総厚40㎜以上（告示）、畳（ポリスチレンフォームの畳床を除く、告示）など
	床下側	強化石膏ボード厚12以上を2枚張り（告示）など
梁（60分）		強化石膏ボード厚12以上を2枚張り（告示）、燃えしろ設計*（告示）など
屋根（30分）	屋根葺き材	不燃材料でつくる、または葺く（告示）など
	天井側	強化石膏ボード厚12㎜以上（告示）など
階段（30分）		段板およびささら桁を木材厚60㎜以上（告示）
		段板およびささら桁を木材厚35㎜以上とし、段板裏面を強化石膏ボード厚12㎜以上、かつ桁の側面を石膏ボード厚12㎜以上で覆うなど

＊燃えしろ寸法は、製材は60㎜、集成材・LVLは45㎜とする

表2 耐火建築物と木造3階建て共同住宅の規制の違い

	耐火建築物	準防火地域内の木造3階建て共同住宅
階数制限	なし	3階まで
規模制限	なし	延べ面積≦1500㎡
開口部の面積制限	なし	隣地境界線または道路中心線からの水平距離が5m以下の外壁開口部については、「その水平距離に応じた開口部の面積制限を受ける開口部の構造区分に応じた見なし投影面積」／「境界線・中心線からの水平距離に応じた除数」≦1
敷地内の避難上有効な通路（東京都建築安全条例より）	共同住宅の主要な出入口から道路に至る下記の通路が必要（20m以内） 200㎡以下　幅員≧1.5m 600㎡以下　幅員≧2m 600㎡超　幅員≧3m	消防活動の円滑性のため、通常の出入口（避難通路等）以外の側の外壁面にある開口部から道に至る幅員≧4mの通路が必要 （防火・準防火地域以外の木造3階建て共同住宅の場合は幅員≧3m）
窓先空地（東京都建築安全条例より）	200㎡以下　幅員≧1.5m 600㎡以下　幅員≧2m 1000㎡以下　幅員≧3m 1000㎡超　幅員≧4m	100㎡以下　幅員≧1.5m 300㎡以下　幅員≧2m 500㎡以下　幅員≧3m 500㎡超　幅員≧4m

主要構造部の耐火性能

Point

- 準耐火建築物と防火木造の中間の防耐火性能を持つ
- 外壁と軒裏は防火構造、屋内は燃え抜け防止性能、崩壊防止性能が求められる

準耐火建築物同等の建築物とは

準防火地域に床面積1500㎡以下の木造3階建て住宅（共同住宅を除く）を建築する場合は、「準耐火建築物同等の建築物」とするか、準耐火建築物（耐火建築物含む）とする必要がある。準耐火建築物同等の建築物は、以前は「準防木3戸」（準防火地域に建設可能な木造3階建て戸建住宅の仕様）と呼ばれていたものである。

防耐火性能として求められるもの

準耐火建築物同等の建築物は、準耐火建築物と防火構造の中間の防耐火性能を持った建物と考えることができる。具体的には以下のようになる。

外壁と軒裏を防火構造とし、かつ外壁の屋内側を石膏ボード12㎜厚以上とする。通常、防火構造の国土交通省告示や大臣認定の仕様は、屋外側と屋内側の防火被覆が別々に規定されており、それぞれの防火被覆を選択することになる。だが、屋内側は石膏ボード9㎜厚以上であることが多いので、準防木3戸ではその厚さを増して、石膏ボード12㎜厚以上とする。

また、床の直下（上部に部屋がある場合）の天井は石膏ボード12㎜厚以上等を張り、屋根の直下の天井には石膏ボード9㎜厚以上の上に石膏ボード12㎜厚以上を張る等の必要がある。

これらの防火措置は、屋外で発生する火災に対して防火木造（52頁参照）とほぼ同等の燃え抜け防止性能、崩壊防止性能（最低30分間）を持たせながら、屋内で発生する火災に対しても、おおむね30分間程度の燃え抜け防止性能、崩壊防止性能を持たせた建物と考えることができる。

また、3階の室とそれ以外の部分を間仕切壁または戸（襖や障子は除く）で仕切って、下階の煙や火炎が階段やエレベータシャフトを伝って、容易に3階の室に広がらないよう考えられている。なお、柱や梁は、断面寸法が120㎜角以上であれば、真壁とすることも可能である。

表1 準耐火建築物同等の建築物の主要構造部の仕様（令元国交告194号）

外壁	屋外側	鉄網モルタル厚20㎜以上（告示）、石膏ボード厚12㎜以上の上に亜鉛鉄板を張ったもの（告示）、窯業系サイディング厚12㎜以上（認定）、軽量モルタル厚15㎜以上（認定）など
	屋内側	石膏ボード厚12㎜以上（告示）、石膏ラスボード厚7㎜以上＋石膏プラスター厚8㎜以上塗り
外壁開口部	隣地境界線から1m以下	常閉、随閉（煙または熱感知器連動）、はめ殺し窓の防火設備
	隣地境界線から5m以下	開口面積÷境界線までの距離によって決められた数値＜1となることを確認する
軒裏		面戸板厚45㎜以上＋野地板厚30㎜以上（告示［準耐火構造］）、鉄網モルタル厚20㎜以上（告示）など
柱・梁		φ120㎜以上の場合は被覆要件なし（真壁も可）、φ120㎜未満の場合は外壁の屋内側と同じ（告示）
床の直下の天井		石膏ボード厚12㎜以上（告示）
屋根の直下の天井		石膏ボード厚9㎜以上＋石膏ボード厚12㎜以上（告示）
3階の室		3階の室の部分と他の部分を間仕切壁または戸（襖、障子等を除く）で区画

表2 準耐火建築物と準耐火建築物同等の建築物の防火規定の比較

		準耐火建築物	準耐火建築物同等の建築物
建物規模（準防火地域）		3階建て以下、床面積1500㎡以下	3階建て以下、床面積500㎡以下
主要構造部の防耐火性能	外壁	準耐火構造（45分）	防火構造（屋内側は石膏ボード12㎜厚など）
	軒裏	準耐火構造（45分）	防火構造（30分）
	間仕切壁	準耐火構造（45分）：石膏ボード15㎜厚など	特になし
	柱	準耐火構造（45分）：石膏ボード15㎜厚など	φ120㎜以上は特になし（真壁可）、φ120㎜未満は石膏ボード12㎜厚など
	梁	準耐火構造（45分）：強化石膏ボード15㎜厚など	φ120㎜以上は特になし（真壁可）、φ120㎜未満は石膏ボード12㎜厚など
	床	準耐火構造（45分）：床下面－強化石膏ボード15㎜厚、床上面－木材総厚30㎜など	床下面－石膏ボード12㎜厚など 床上面－特になし
	屋根	準耐火構造（30分）：天井面－強化石膏ボード厚12.5㎜など	天井面－石膏ボード9㎜厚＋石膏ボード12㎜厚など
	階段	準耐火構造（30分）：ささら桁・段板－木材35㎜厚、裏面－強化石膏ボード12.5㎜厚など	特になし
	外壁開口部	延焼のおそれのある部分に防火設備	延焼のおそれのある部分に防火設備。隣地境界線・道路中心線から5m以内の部分に面積制限
竪穴区画		床面積200㎡超の場合に準耐火構造の壁・床、防火設備で区画	不要（ただし、3階の室とその他の部分を間仕切壁、扉で区画）

外壁開口部

Point
- 隣地境界線等から5m以内にある外壁の開口部に規制
- 隣地境界線等からの距離により開口面積が制限

外壁開口部の面積に関する制限

準耐火建築物同等の建築物では、前節の主要構造部の防火規制に加えて、外壁開口部の面積制限がある。隣家と近いと、火災時に受ける輻射熱や、逆に与える輻射熱が大きい。そのため、隣地境界線からの距離に応じて、建物間の延焼経路になりやすい開口部の面積を制限しようというのがその目的である。

隣地境界線または道路中心線からの距離5m以内に外壁の開口部がある場合に規制がかかる。具体的には、各面の立面図から開口面積を計算し、外壁面と隣地境界線等との距離に応じて決まっている数値で開口面積を除する。その除した数値を立面ごとに合計し、それぞれが1未満となるようにする。

ただし、開口部が常閉式または随閉式(煙または熱感知器連動)の防火設備、はめ殺しの防火設備でない場合は、開口面積は1.5倍で計算することになる。

たとえば、平面が長方形の建物のうち1つの立面の開口面積(はめ殺し等の防火設備でないものとする)が10㎡、隣地境界線との距離が1.5mの場合、除する数値は16となり、10×1.5÷16＝0.93＜1でOKとなる。各立面についても、同様に検討していけばよい。

ただし、隣地境界線との距離が1m以下の場合は、面積制限に加えて、開口部を常閉式または随閉式(煙または熱感知器連動)、はめ殺しの防火設備としなければならない(居室以外の室に設ける換気窓で開口面積が0.2㎡以下のものを除く)。すなわち、隣地境界線との距離が1m以下の場合は、トイレ等の換気窓(面積が0.2㎡以下のもの)とはめ殺し窓を除いて、普及しているアルミサッシの防火戸は使えない。

敷地いっぱいに準耐火建築物同等の建築物を配置すると、隣地境界線との距離は1m以下になることがほとんどである。居室の配置を十分に考えておかないと、有効に開口部がとれない。その場合は、準耐火建築物とするのがよいだろう。

表 水平距離と開口面積を除する数値

隣地境界線または道路中心線からの水平距離（m）	立面図の開口面積を除する数値（㎡）
1以下	9
1超　2以下	16
2超　3以下	25
3超　4以下	36
4超　5以下	49

図 境界線から外壁までの距離と開口面積の合算方法

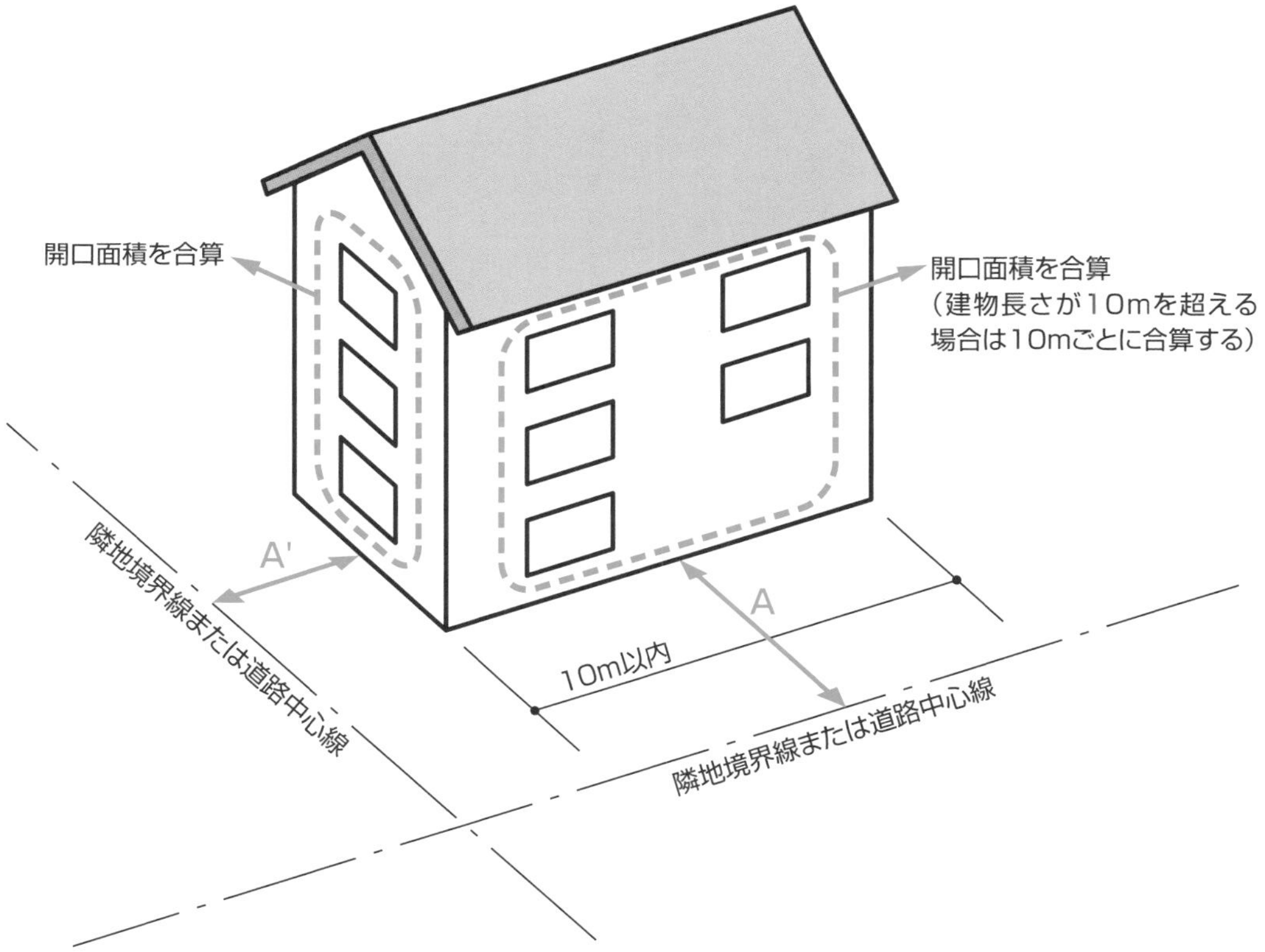

A、A'が隣地境界線または道路中心線から外壁面までの距離となる

外壁・軒裏の防火性能

Point

- 法22条区域は建物外周の防火性能だけでOK
- 外壁の屋内側には石膏ボード等による防火被覆が必要

法22条区域の木造3階建て住宅

法22条区域に木造3階建て住宅（共同住宅を除く）を建築する場合は、延焼のおそれのある部分の外壁および軒裏を防火構造とした防火木造（床面積1000㎡超3000㎡以下）、または延焼のおそれのある部分の外壁を準防火構造とした準防火木造（床面積1000㎡以下）とする。いずれも延焼のおそれのある部分の外壁開口部に、アルミサッシに網入ガラスを入れた防火戸等の設置は必須ではない。

これらの建物は、建物外周に防火性能を持たせて、隣家火災からの延焼を抑制することを目的としている。ただし、建物内部の部材（間仕切壁、床、屋根［天井面］、階段等）には建築基準法の防火性能の要求は特にない。ただし、室内火災に対しては、建築主の要望などに応じて、自主的に防火性能を確保することが必要だろう。なお、建築確認申請上は、これらの防火木造は耐火区分「その他」と記載する。

防火構造と準防火構造の仕様

防火構造や準防火構造の具体的な仕様は、前者が平12建告1359号、後者が平12建告1362号に例示されている。

また、建材メーカー等は個別の大臣認定を取得している。たとえば、防火構造の外壁（屋外側）はモルタル20㎜厚（告示）、土塗り壁総厚40㎜（告示）等、防火構造の軒裏はモルタル20㎜厚（告示）等、準防火構造の外壁（屋外側）は準不燃材料の上に亜鉛鉄板を張ったもの（告示）、土塗り壁30㎜厚（告示）等がある。防火構造・準防火構造共に外壁の屋内側は、石膏ボード9㎜厚以上等を張ることとなっている。もちろん、防火性能が上位の準耐火構造とすることも可能である。なお、防火無指定地域に木造3階建て住宅を建築する場合は、建築基準法上は主要構造部に防火の規制はかからないが、建築主の要望・生活スタイルに応じて自主的に防火性能を確保することも重要である。

図 防火木造と準防火木造の仕様例

●準防火木造（法22条区域の3階建て住宅［床面積1000㎡以下］）

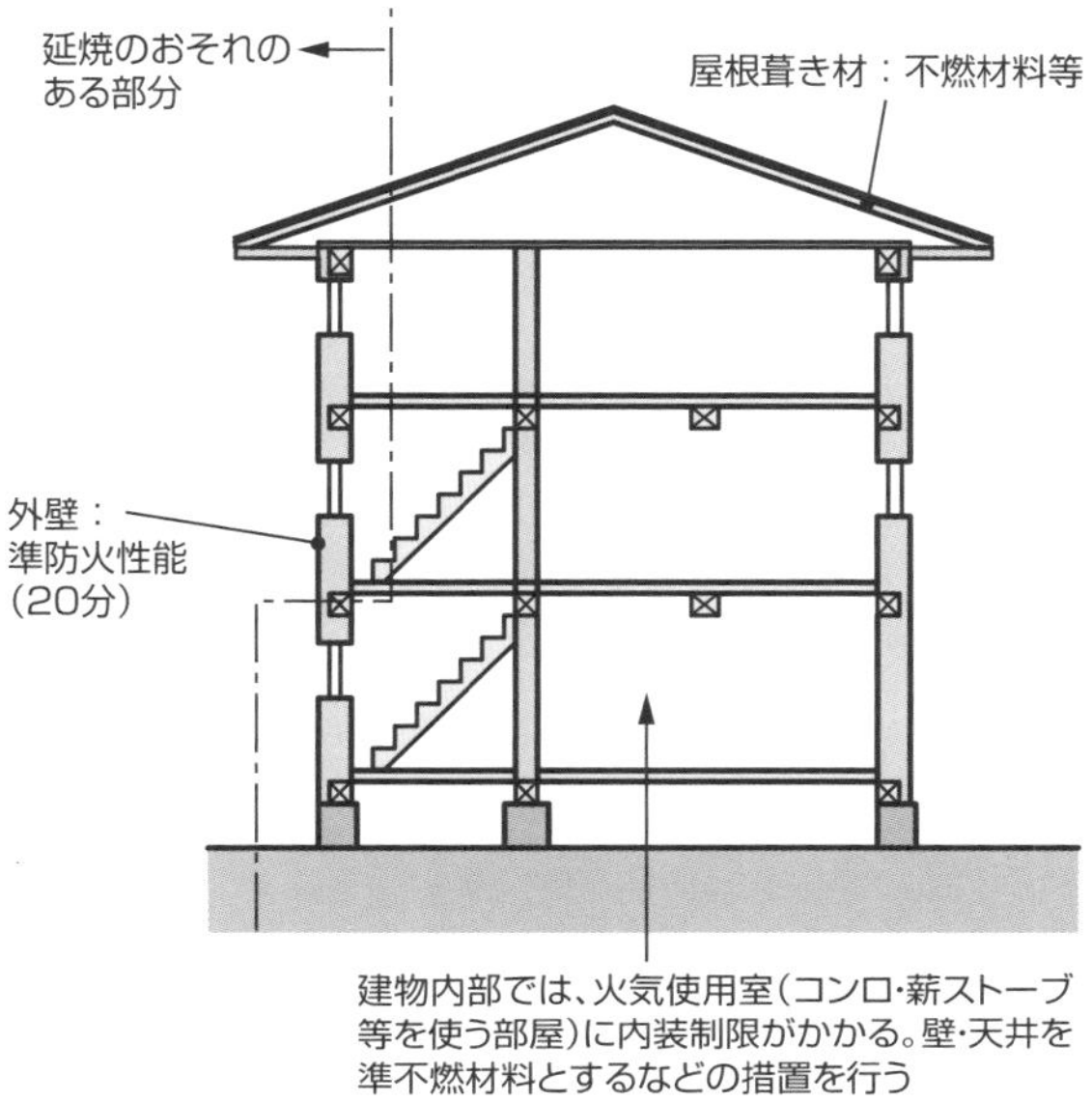

外壁	屋外側	鉄網モルタル厚20㎜以上（告示［防火構造］）、準不燃材料の上に亜鉛鉄板を張ったもの（告示）、窯業系サイディング厚12㎜以上（認定［防火構造］）、窯業系サイディング厚15㎜以上（告示［防火構造］）、軽量モルタル厚15㎜以上（認定［防火構造］）など
	屋内側	石膏ボード厚9㎜以上（告示）、グラスウールまたはロックウール厚75㎜以上を充填した上に木材厚4㎜以上を張る（告示）など

●防火木造（法22条区域の3階建て住宅［床面積1000㎡超3000㎡以下］）

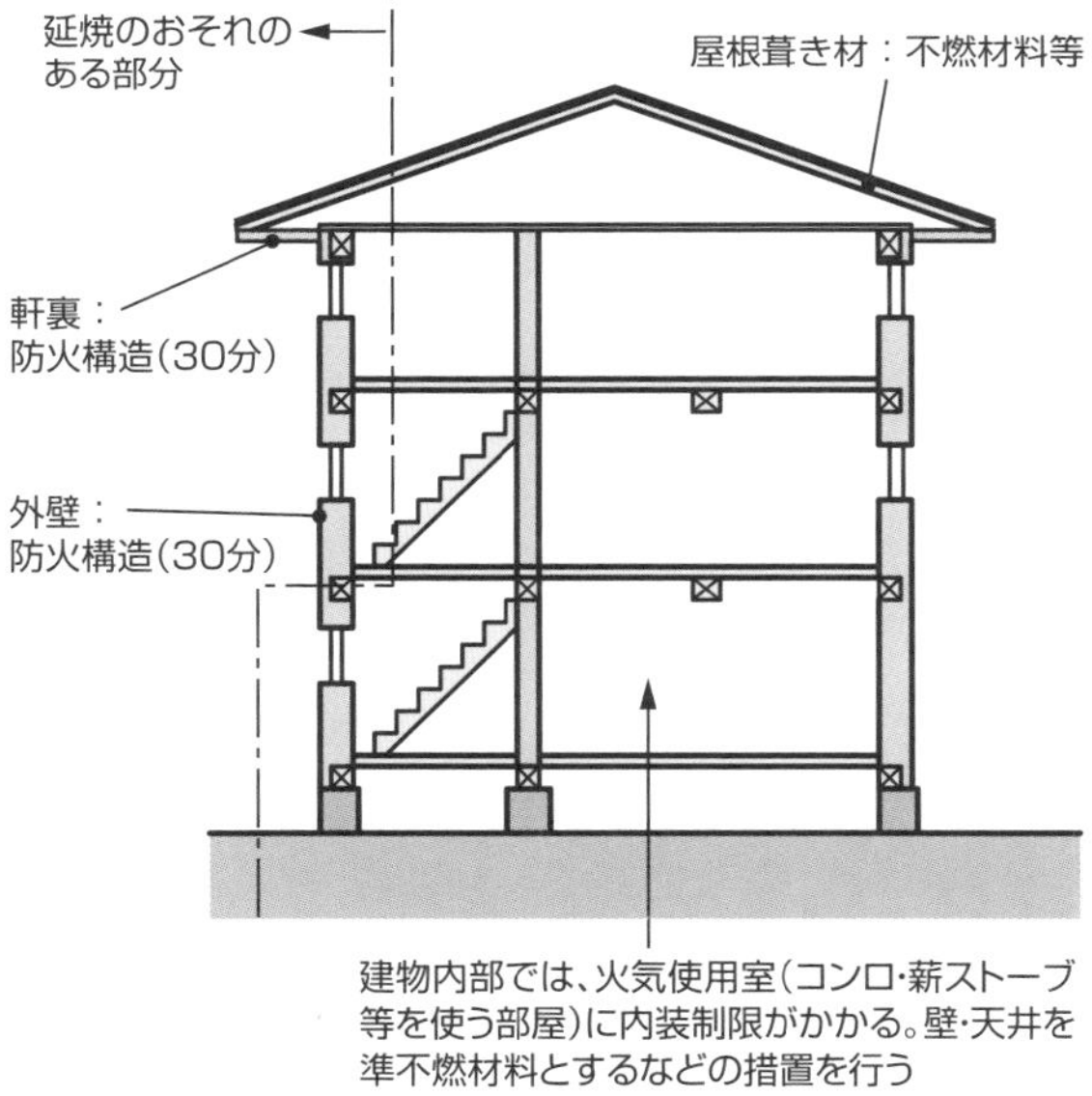

外壁	屋外側	鉄網モルタル厚20㎜以上（告示）、石膏ボード厚12㎜以上の上に亜鉛鉄板を張ったもの（告示）、窯業系サイディング厚12㎜以上（認定）、軽量モルタル厚15㎜以上（認定）など
	屋内側	石膏ボード厚9㎜以上（告示）、グラスウールまたはロックウール厚75㎜以上を充填した上に木材厚4㎜以上を張る（告示）など
軒裏		面戸板厚45㎜以上＋野地板厚30㎜以上（告示［準耐火構造］）、鉄網もモルタル厚20㎜以上（告示）など

壁・天井仕上げの不燃化

Point
- 火気使用室、自動車車庫の天井と壁は準不燃材料とする
- 床面積500㎡超では、居室の壁と天井を難燃材料とする

内装制限の考え方

内装制限とは、室内の壁と天井について、仕上げに使用する材料の防火性能を制限するものである。室内で火災が発生すると、壁や天井が燃焼拡大の経路となるため、その部分を一定時間燃えない材料でつくる。火炎が部屋全体に広がって居住者が煙にまかれたり火炎にさらされたりせず、安全に避難できることを目的としている。

木造3階建てにおける内装制限

木造3階建てでは、出火可能性の高い部屋（キッチン等）や、床面積が拡大され避難時間を要する規模となった場合に、内装制限がかかる。

具体的には、前者が①コンロや薪ストーブ等を設置した火気使用室に関するもの（法令の運用上、IHクッキングヒーターは火気として扱われないことが多い。ただし、使用方法によっては火災が発生する可能性があることに注意したい）、および②自動車車庫に関するもの、後者が③大規模建築物（床面積500㎡超）に関するものである。

①および②は火気を設置した室、自動車車庫について、壁および天井を準不燃材料（10分間、燃えたり有害な煙を出さない材料）とすることが求められる。準不燃材料は、平12建告1401号に定められた材料とするか、国土交通大臣認定を取得した材料とする。よく使われるのは石膏ボード12・5㎜厚以上であり、その上に不燃性能を損なわない壁紙（壁紙を石膏ボードに張った状態で大臣認定を受けたもの）等を張ることが多い。準不燃材料には不燃材料も含まれる。

③は階数3、床面積500㎡超の建物で、居室の壁と天井を難燃材料（3階部分は準不燃材料）、廊下と階段の壁と天井を準不燃材とすることが求められる。居室については、天井を準不燃材料にすれば壁は木材等でよいとの緩和もある。なおこの内装制限は、居室の壁のうち、床から1.2m以下の部分は対象とならない。

表 内装制限を受ける建築物の用途と部位

No.	用途・室		構造・規模 耐火建築物	構造・規模 準耐火建築物	構造・規模 その他の建築物	内装制限個所（壁・天井）	内装材の種類 不燃材料	内装材の種類 準不燃材料	内装材の種類 難燃材料（*1）
①	特殊建築物	劇場、映画館、演芸場、観覧場、公会堂、集会場	客席≧400㎡	客席≧100㎡	客席≧100㎡	居室（*6）	○	○	○
						通路、階段等	○	○	
②		病院、診療所（患者の収容施設のあるもの）、ホテル、旅館、下宿、共同住宅、寄宿舎、児童福祉施設等（*3）	3階以上の合計≧300㎡（*4）	2階部分の合計≧300㎡（*4）	床面積合計≧200㎡	居室（*6）	○	○	○
						通路、階段等	○	○	
③		百貨店、マーケット、展示場、キャバレー、カフェ、ナイトクラブ、バー、ダンスホール、遊技場、公衆浴場、待合い、料理店、飲食店、物品販売業（加工修理業）の店舗	3階以上の合計≧1000㎡	2階部分の合計≧500㎡	床面積合計≧200㎡	居室（*6）	○	○	○
						通路、階段等	○	○	
④		自動車車庫・自動車修理工場	全部適用			その部分または通路等	○	○	
⑤		地階で上記①②③の用途に供するもの	全部適用			その部分または通路、階段等	○	○	
⑥	大規模建築物（*5）		階数3以上、延べ面積＞500㎡ 階数3以上、延べ面積＞1000㎡ 階数3以上、延べ面積＞3000㎡			居室（*6）	○	○	○
						通路、階段等	○	○	
⑦	火気使用室	調理室・浴室など	－	階数2以上の建築物の最上階以外の階		調理室等	○	○	
⑧	すべての建築物	無窓居室（*2）	床面積＞500㎡			居室、通路、階段等	○	○	
⑨		法28条1項の湿温度調整作業室	全部適用						

*1　難燃材料は、3階以上に居室のある建築物の天井には使用不可。天井のない場合は、屋根が制限を受ける
*2　天井または天井から下方へ80㎝以内にある部分の開放できる開口部が居室の床面積の50分の1未満のもの。ただし、天井の高さが6mを超えるものを除く
*3　1時間準耐火構造の技術的基準に適合する共同住宅などの用途に供する部分は耐火建築物の部分とみなす
*4　100㎡（共同住宅の住戸は200㎡）以内ごとに、準耐火構造の床、壁または防火設備で区画されたものを除く
*5　学校などおよび31m以下の②の項の建築物の居室部分で、100㎡以内ごとに防火区画されたものを除く
*6　1.2m以下の腰壁部分は除く

図 住宅の火気使用室の内装制限を受ける部位

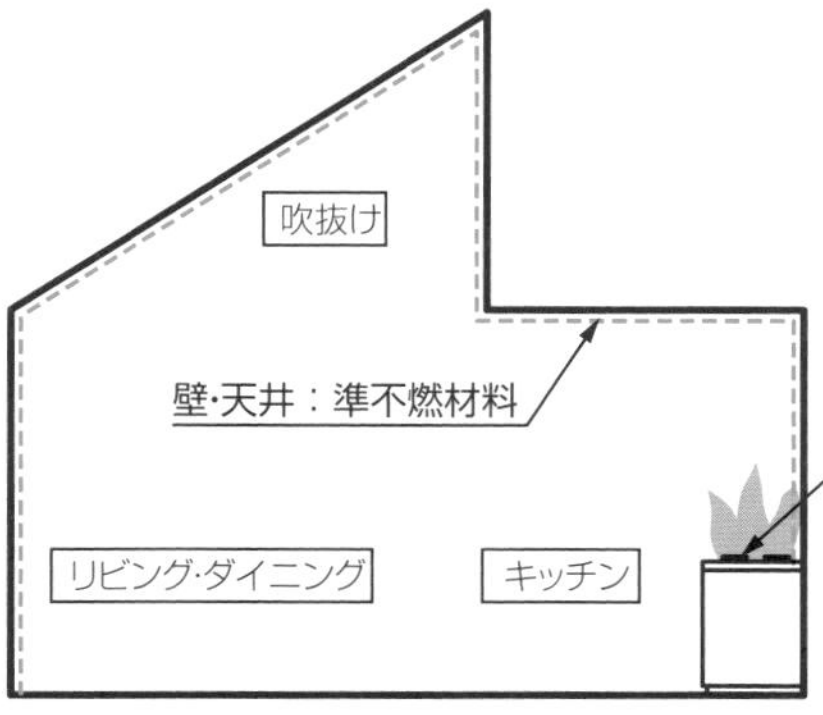

一体の空間の壁・天井を準不燃材料とする

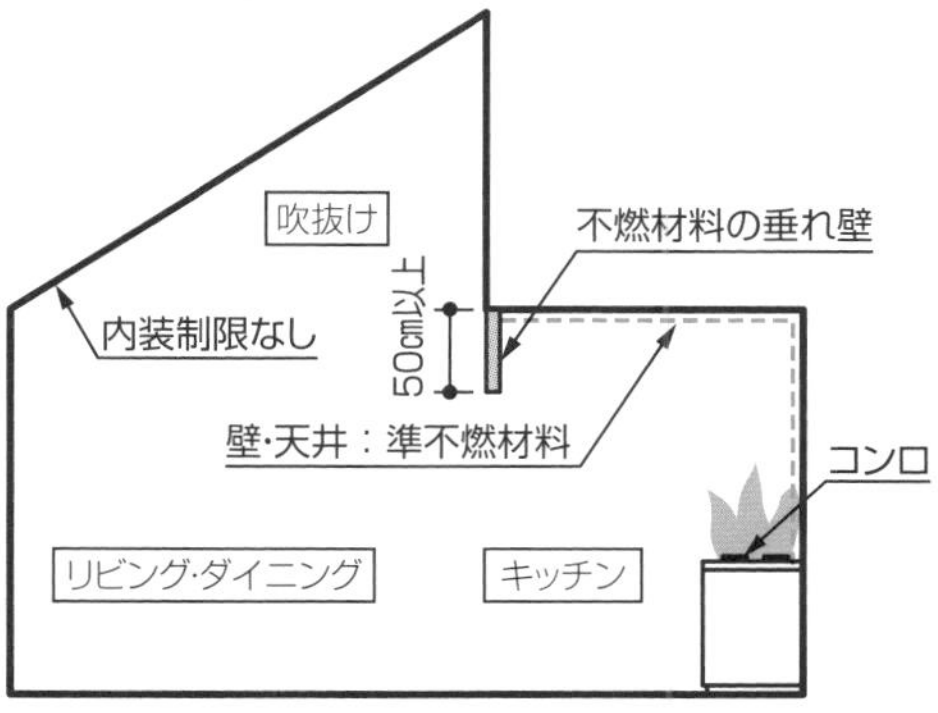

不燃材料の垂れ壁を設けキッチンの壁・天井を準不燃材料とする

火気（コンロ）から出火した際に壁・天井の燃え広がりを抑制する

火気を置いた部屋の壁・天井

Point

- 火気近傍以外であれば木材の使用が許される
- 長期可燃物燃焼範囲では、下地（間柱等）も含めて不燃材料に

告示225号による内装制限の緩和

前節で示したように、コンロや薪ストーブ等の火気を設置した部屋では、壁と天井の全体を準不燃材料とする必要がある。

ただし、これについては平21国交告225号により、コンロ等の火気からの熱の影響で着火するおそれのある火気近傍の壁や天井を不燃材料とすれば、その他の部分は木材等（仕上げ木材の厚さや下地の制限がある）としてもよいこととなった。

たとえばキッチン、リビング、ダイニングが一体の空間では、キッチン近傍の壁と天井に内装制限がかかる。だが、その他の部分は所定の下地処理や厚さを確保した木材等でよいこととなり、より設計の自由度が拡がったといえる。

可燃物燃焼範囲による制限の違い

平21国交告225号の内容を少し紹介すると、コンロでは、通常の使用による加熱を受けて着火する可能性がある範囲を「長期可燃物燃焼範囲」、天ぷら火災等で着火する可能性がある範囲を「短期可燃物燃焼範囲」と呼んでいる。

長期可燃物燃焼範囲に壁や天井がある場合は、仕上げおよび下地を特定不燃材料（平12建告1400号からアルミニウムとガラスを除いた15種類）とする必要があるので木造では対応しにくい。

市販のシステムキッチンは、おおむね長期可燃物燃焼範囲に壁や天井がこないように設計されているので問題は少ないが、オーダーキッチンの場合には注意したい。また、短期可燃物燃焼範囲は、仕上げを特定不燃材料とするか、石膏ボード12・5㎜厚などとすることが求められる。

平21国交告225号では、コンロのほか、薪ストーブや壁付暖炉、いろりを設置する場合にも、同様に火気の近傍のみ不燃材料とすれば、その他の部分は木材等（仕上げ木材の厚さや下地に制限がある）とすることができる。

図1 平21国交告225号による内装制限の範囲

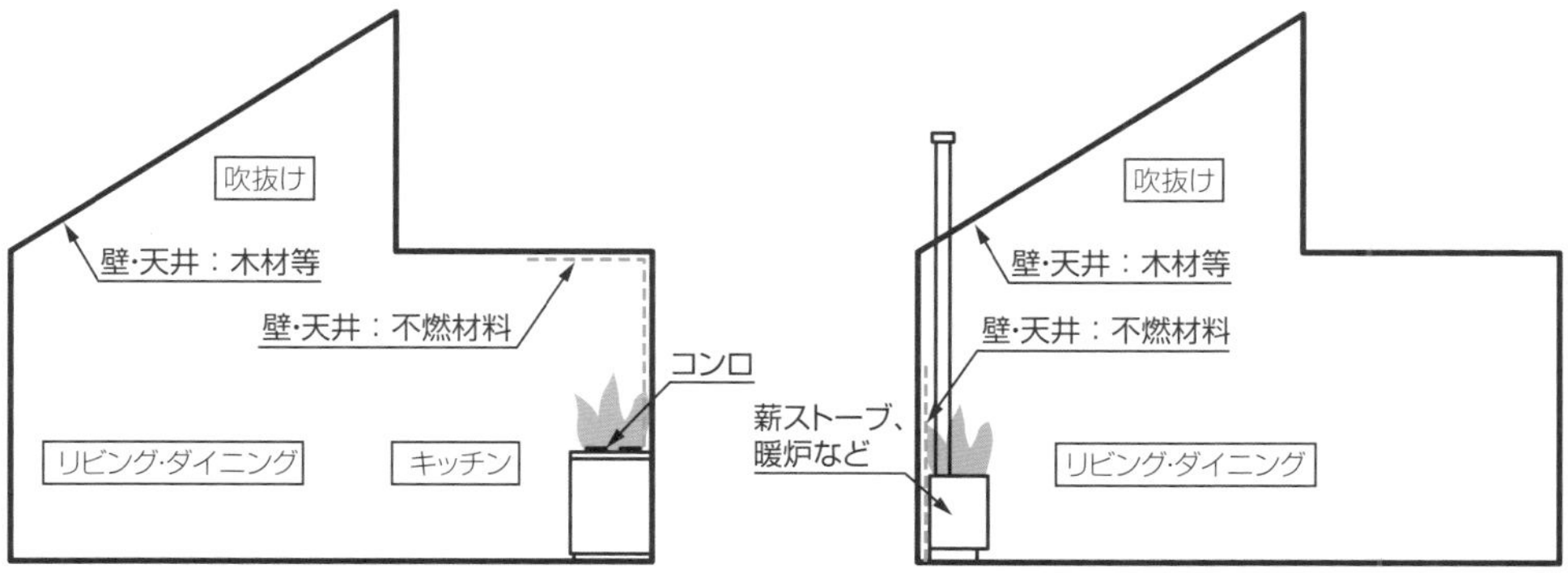

コンロ周辺の壁・天井は不燃材料とするが、その他の壁・天井は木材等とする

薪ストーブ等周辺の壁・天井は不燃材料とするが、その他の壁・天井は木材等とする

火気（コンロ・薪ストーブ等）から出火した際、および輻射熱等により着火する可能性の高い壁・天井を不燃材料とすれば、その他の部分は木材等（仕上材の厚さ、下地の制限はある）とすることができる

図2 コンロの長期加熱（通常使用）による可燃物燃焼範囲

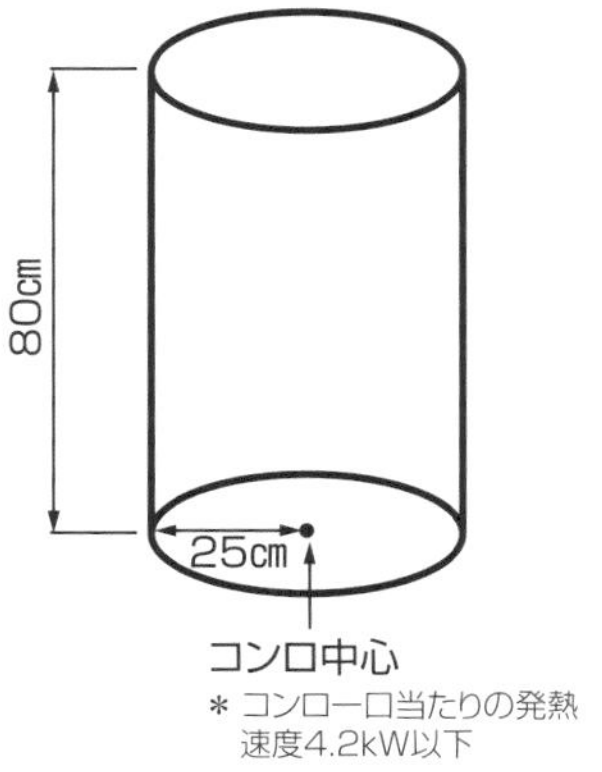

この円柱の範囲の壁・天井は、仕上げと下地を特定不燃材料とする

＊**特定不燃材料**…
平12建告1400号から、ガラスとアルミを除いたもの。

コンクリート、レンガ、瓦、陶磁器質タイル、繊維強化セメント板、ガラス繊維混入セメント板3mm厚以上、繊維混入ケイ酸カルシウム板5mm厚以上、鉄鋼、金属板、モルタル、漆喰、石膏ボード12mm厚以上（ボード用原紙0.6mm厚以下）、ロックウール、グラスウール（計15種類）

図3 コンロの短期加熱（天ぷら火災等）による可燃物燃焼範囲

●火炎が天井に到達しない場合
（コンロ中心から天井までの高さが235cm以上）

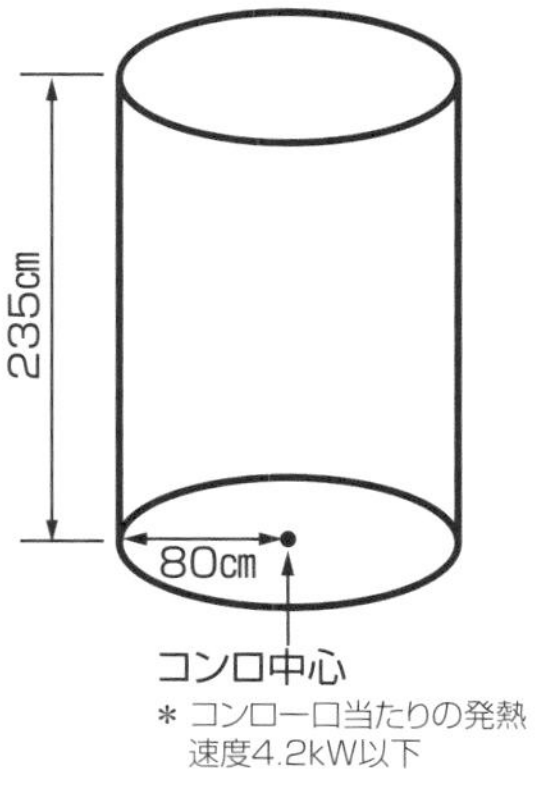

この円柱の範囲の壁・天井は、①仕上げと下地を特定不燃材料、②仕上げを石膏ボード12.5mm厚以上等とし、下地は規制なしのいずれかとする

●火炎が天井に到達する場合
（コンロ中心から天井までの高さが235cm未満）

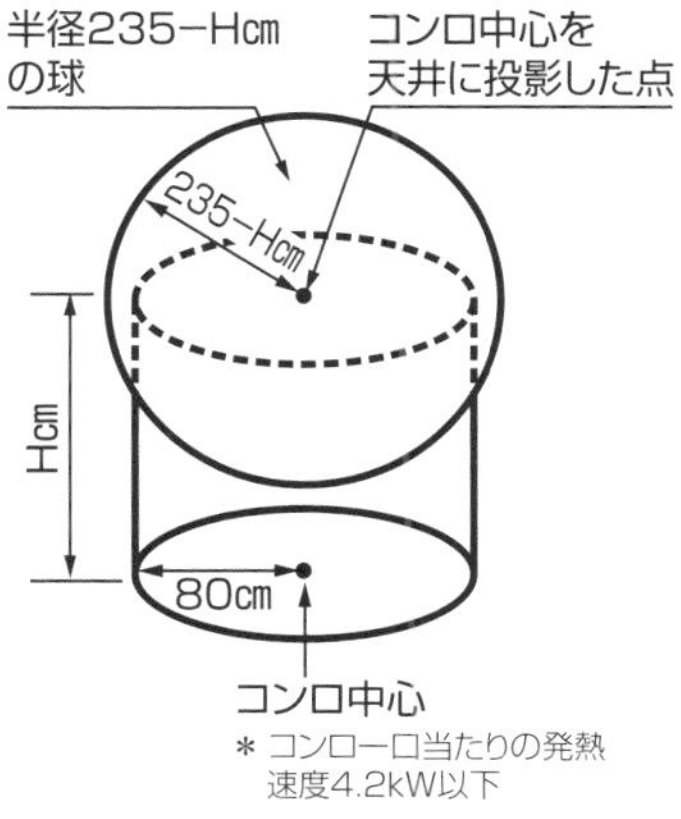

この円柱および球の範囲の壁・天井は、①仕上げと下地を特定不燃材料、②仕上げを石膏ボード12.5mm厚以上等とし、下地は規制なしのいずれかとする

竪穴区画と防火設備

Point
- 床面積200㎡を超える木造3階建てには、竪穴区画が必要となる
- 鋼製のシャッターと不燃性のシート製シャッターがある

竪穴区画の考え方

準耐火建築物（主要構造部を準耐火構造とし、延焼のおそれのある部分の外壁開口部に防火戸等を設けたイ準耐火建築物）、または耐火建築物の木造3階建ての住宅や共同住宅において、床面積が200㎡を超える場合は、エレベーターシャフトや階段室、パイプスペース、吹抜けなどを、準耐火構造の壁・床や防火設備で他の部分と防火区画する必要がある。この縦方向に連続する空間と他の部分との防火区画を竪穴区画と呼ぶ。

これは、下階で火災が発生した際に、上階の居住者の避難路となる階段へ火炎や煙の侵入を防いだり、またエレベーターシャフトやパイプスペースを伝って、上階へ火炎や煙が急激に拡がらないようにするための措置である。

ただし、避難階（建物の外部に通じる階）の直上階または直下階のみに通じる階段、エレベータシャフト等の吹抜けに限り、その部分の壁と天井の下地と仕上げを不燃材料とすれば、竪穴部分と他の部分との防火区画は必要ない。

遮煙性能を有する竪穴区画

竪穴区画の開口部に設ける防火設備（防火戸やシャッターなど）は、遮煙性能を有するものとする。また、通行時以外は常に閉まっているか（常閉と呼ぶ）、防火設備近傍の天井に設置した煙感知器等と連動して緊急時に閉まるか（随閉と呼ぶ）のどちらかとする必要がある。

通常は、常閉または随閉の鋼製の防火戸とするか、随閉の鋼製シャッターとすることが多いが、鋼製の防火設備は火災時に高温になり、大きな輻射熱を出して避難の妨げになることもあるので注意したい。

現在、不燃性のシート（シリカクロス）でできたシャッターも市販されている。この不燃性シートでできたシャッターは、巻き上げた際の寸法が鋼製シャッターよりも小さいため、比較的木造住宅には使いやすいかもしれない。

図1 竪穴区画の概要

●断面図

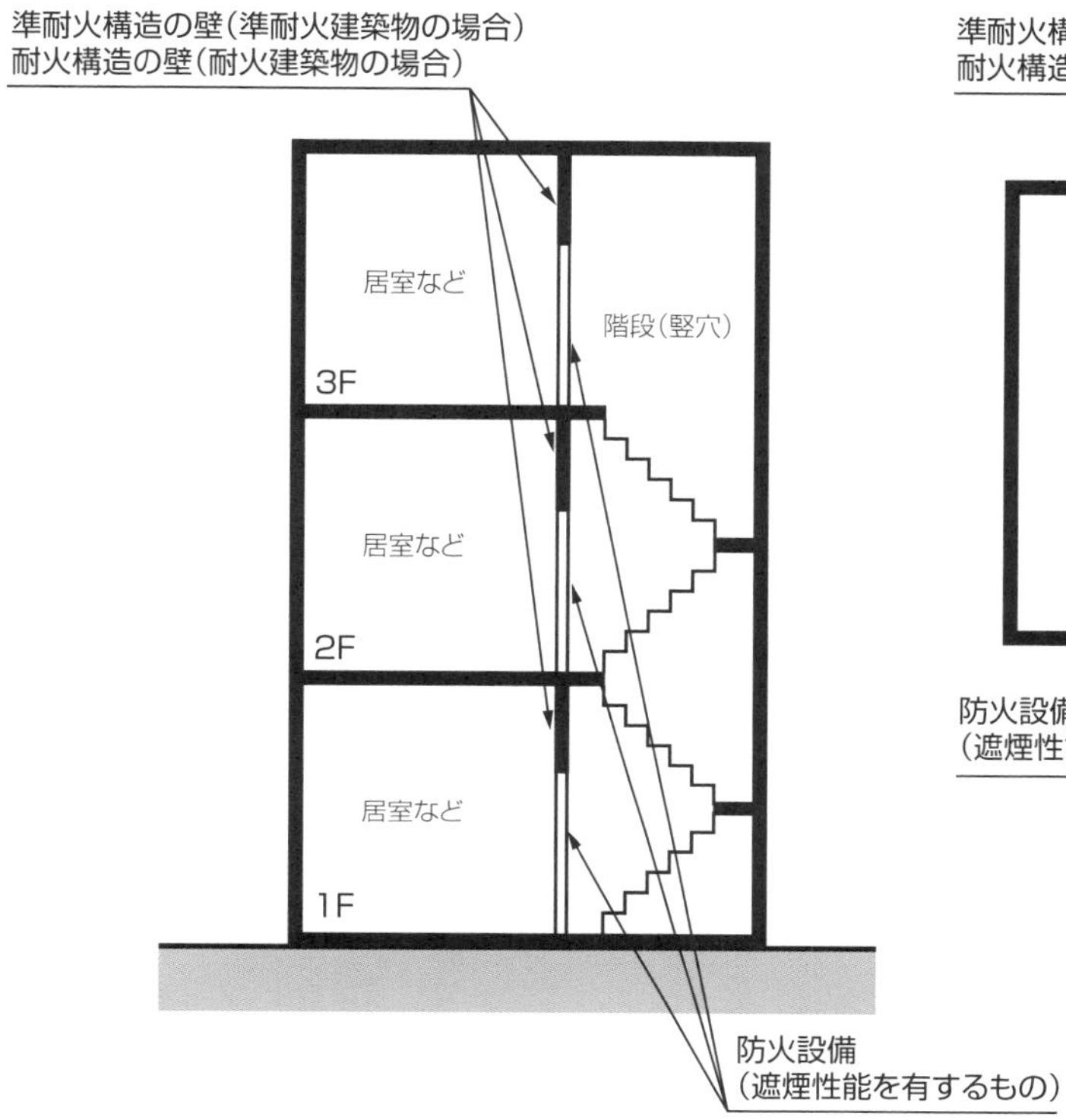

●平面図

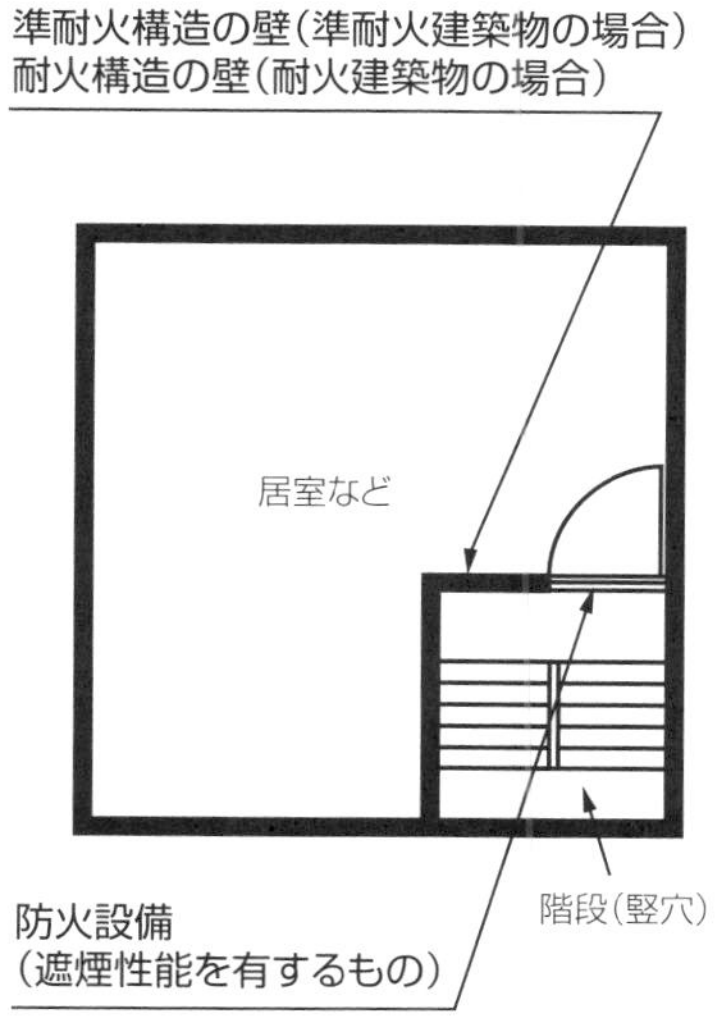

図2 竪穴区画に用いる防火設備の例

●防火戸(鋼製)

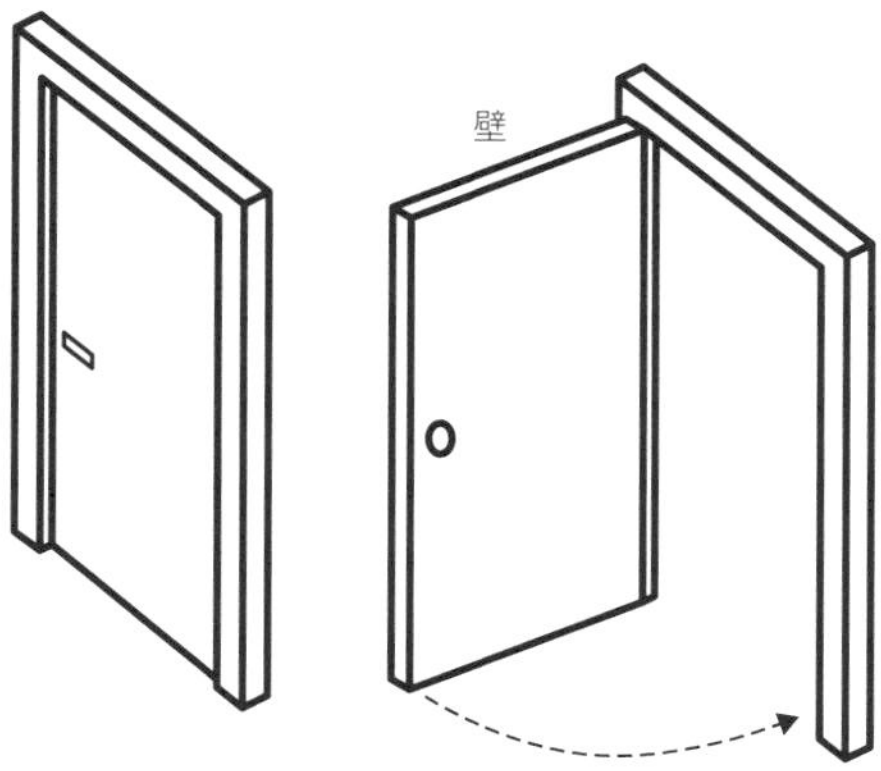

常閉タイプ

随閉タイプ
(煙感知器などと連動する)

●防火シャッター

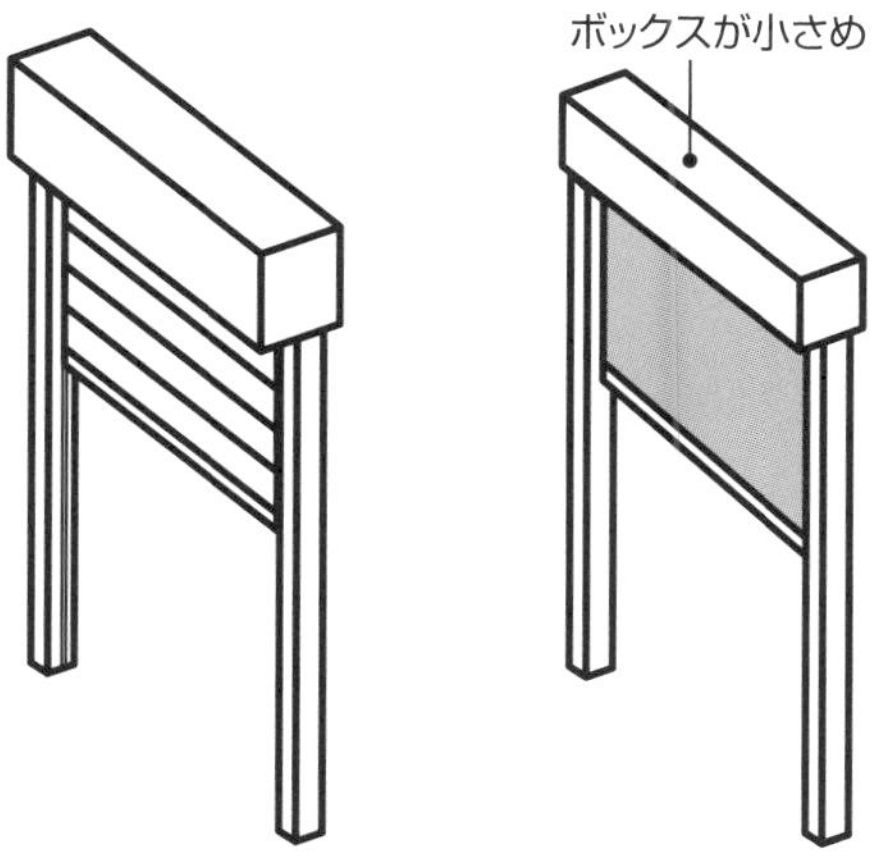

鋼製シャッター
(煙感知器などと連動する)

シートシャッター
(煙感知器などと連動する)

一時避難と消防活動

Point

- 3階建て住宅では代替進入口を設ける
- 代替進入口にはバルコニーを付けると安全性が高まる

円滑な消防活動に必要な進入口

3階建ての住宅では、建物の3階部分のうち、道路に面した部分に非常用進入口または代替進入口を設ける必要がある。これは、火災時に3階から消防隊が進入して取り残された人を救助したり、消火活動を円滑に進めるために使用するものである。

現実には、非常用進入口を設けるより代替進入口を設けるほうが多く、道路に面する部分の長さ10m以内ごとに、幅75cm以上×高さ120cm以上または半径100cm以上の円が内接する大きさの開口部を設ける（この開口の下端から室内の床までの高さは120cm以下が望ましいとされている）。この寸法はサッシの開口部分またはガラス部分で確保できるように選択することが重要である。

なお、サッシの外側に格子を設けた場合や、網入りガラスを入れたはめ殺し窓は、破壊する時間がかかるため使用することはできない。

バルコニーの設置による安全確保

非常用進入口では、進入用の開口部にバルコニーを設けることが要件となるが、代替進入口では必ずしもバルコニーを設ける必要はない。しかし、火災時に代替進入口で救助を待つ際に、バルコニーがない場合は、煙や火炎が充満する可能性のある室内で待つことになる。そうした場合に、バルコニーや屋外に出られる庇等があれば、煙や火炎を避けて新鮮な空気のたくさんある室外で待つことが可能となる。

建築基準法では、代替進入口にバルコニー等の設置は求めていないが、設置すればより安全に救助される確率が高まる。そこで、高齢者などが居住する場合は、バルコニー等の設置も視野に入れて計画しておきたい。また、この代替進入口は、建築基準法上は3階以上の部分に設置するものだが、高齢者などが居住する場合は、2階の開口部からの救助も考慮して計画しておきたい。

表 非常用進入口・代替進入口の概要

構　造	非常用進入口	代替進入口
進入口の間隔	40m以下	10m以下
進入口の大きさ	●幅75㎝以上×高さ1.2m以上 ●床面から進入口下端までの高さ80㎝以下 ●外部から開放・破壊することで侵入できる構造とする	●幅75㎝以上×高さ1.2m以上 または直径1m以上の円が内接できるもの ●格子や網入りガラスのFIX戸など侵入を妨げない構造とする
バルコニー	奥行1m以上×長さ4m以上	必要なし
標　識	進入口またはその付近に赤色灯および赤色反射塗料による表示をする	開口部がたくさんあり、進入口が外見上判別しにくい場合は、赤色の三角マークを表示しておくことが望ましい
説明図	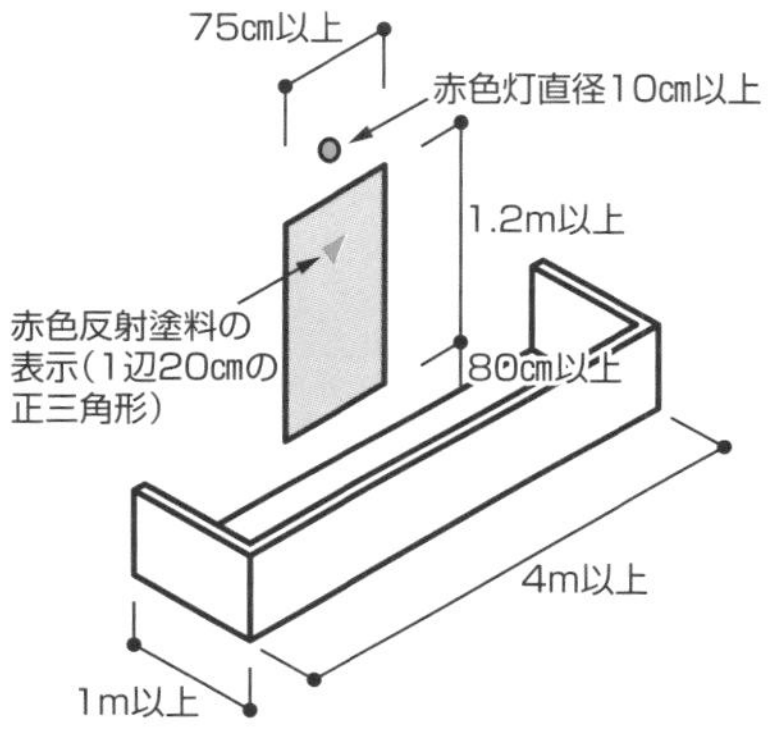	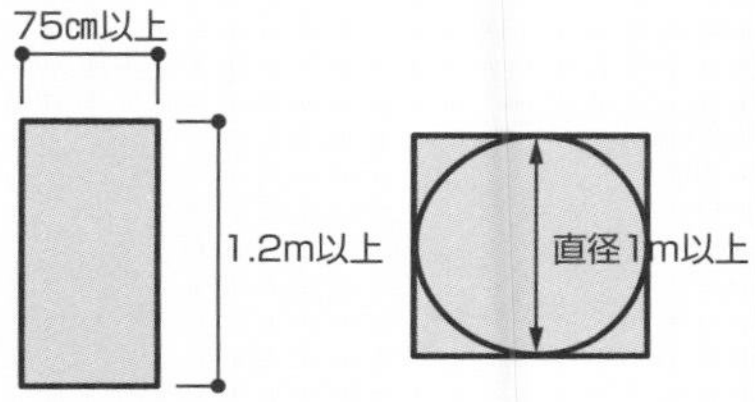 住宅・共同住宅に限り、バルコニー等を経由して代替進入口に準ずる開口部から室内に侵入できる場合は、バルコニー等が道または道路等に面していればよい

図 代替進入口からの救助におけるバルコニー有無の安全性

●バルコニーがなく開口部だけの場合

煙や火災が充満する室内で救助を待つことになる可能性がある

●バルコニーがある場合

煙や火炎を避けて救助を待つことが可能になる

バルコニー等の防火

Point
- バルコニー床は、不燃材料、飛び火認定を受けた材料で仕上げる
- 外部付帯物は、被覆材、不燃材、防火ダンパーなどによる延焼防止措置をとる

防火性能を持つバルコニー

3階建て住宅のバルコニーには、下部が居室の場合と、バルコニーが跳ね出している場合の2種類がある。防火無指定地域以外はいずれも、基本的に床面を屋根と同様に不燃材料や飛び火認定を受けた材料で仕上げる必要がある。具体的には、塗布防水（FRP防水など）やシート防水で、飛び火認定を受けたものを使用することが多い。

また、アルミ製などの後付けバルコニーは、外壁を仕上げてからその上に取り付ける（腕木やブラケットは、必要に応じて梁等から出しておく）。法22条区域では、木造3階建て住宅の後付けバルコニーに防火性能は特に求められない。だが、隣地と密集している場合は延焼の原因となるので、木材等の可燃物でつくることは避けたほうがよいだろう。

延焼経路とならない外部付帯物

外壁表面に取り付ける付け庇やシャッター、雨戸などは、取り付け部分から壁体内に容易に火炎が侵入しないよう、外壁の屋外側の被覆材を仕上げてから取り付けるか、木材30㎜厚等の下地を設けてから取り付ける。その他、鉄やアルミ等の不燃材料でできた外部付帯物も、同様の考え方で取り付ける。

また、換気扇やダクトを外壁に取り付ける際は、換気扇やダクトの周囲を外壁屋外側の被覆材、木材30㎜厚、不燃性断熱材（グラスウールやロックウール等）のいずれかで外壁の小口を塞ぎ、換気扇やダクトと外壁の間に隙間がある場合は、不燃性断熱材等を充填する。なお、準防火地域や防火地域の3階建ての場合、延焼のおそれのある部分に設ける換気扇やダクト開口は、開口面積100㎠を超える場合は防火ダンパー付きとする。

いずれも、外壁に孔を空けた部分が防火上の弱点となる。隣家火災時に室内への延焼経路になったり、室内火災時に隣家への延焼経路にならないためにこれらの措置は必要である。

図1 付け庇、シャッターボックスの取り付け方法

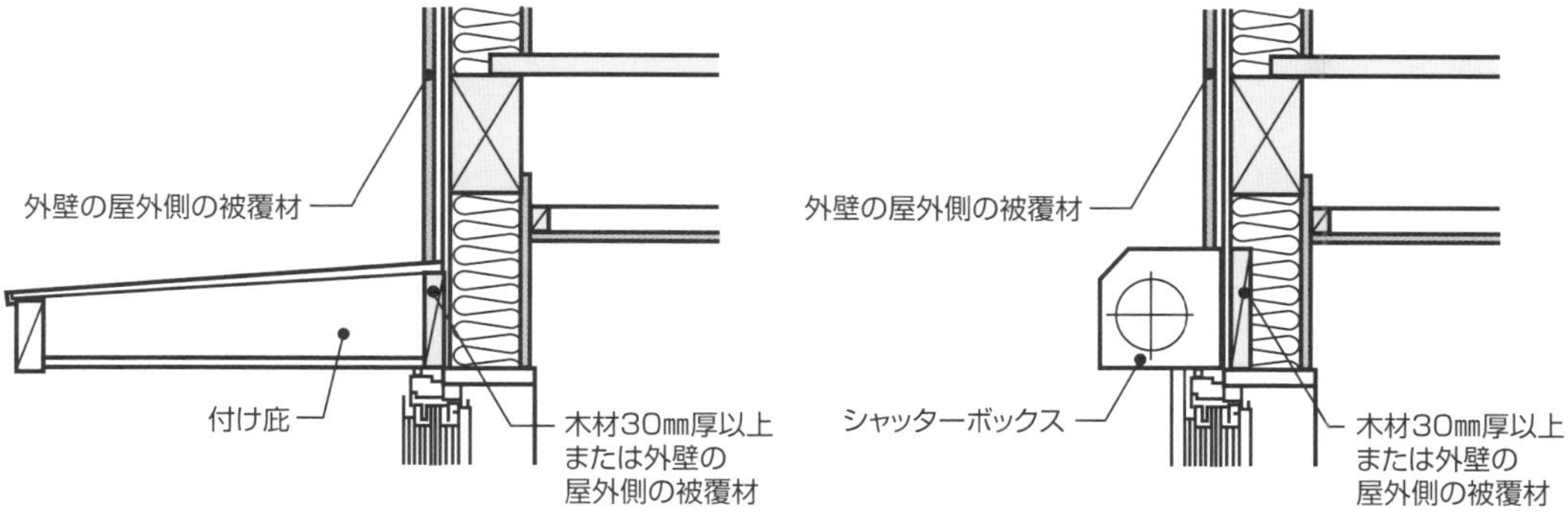

図2 換気扇やダクト配管の取り付け例

●換気扇フード等

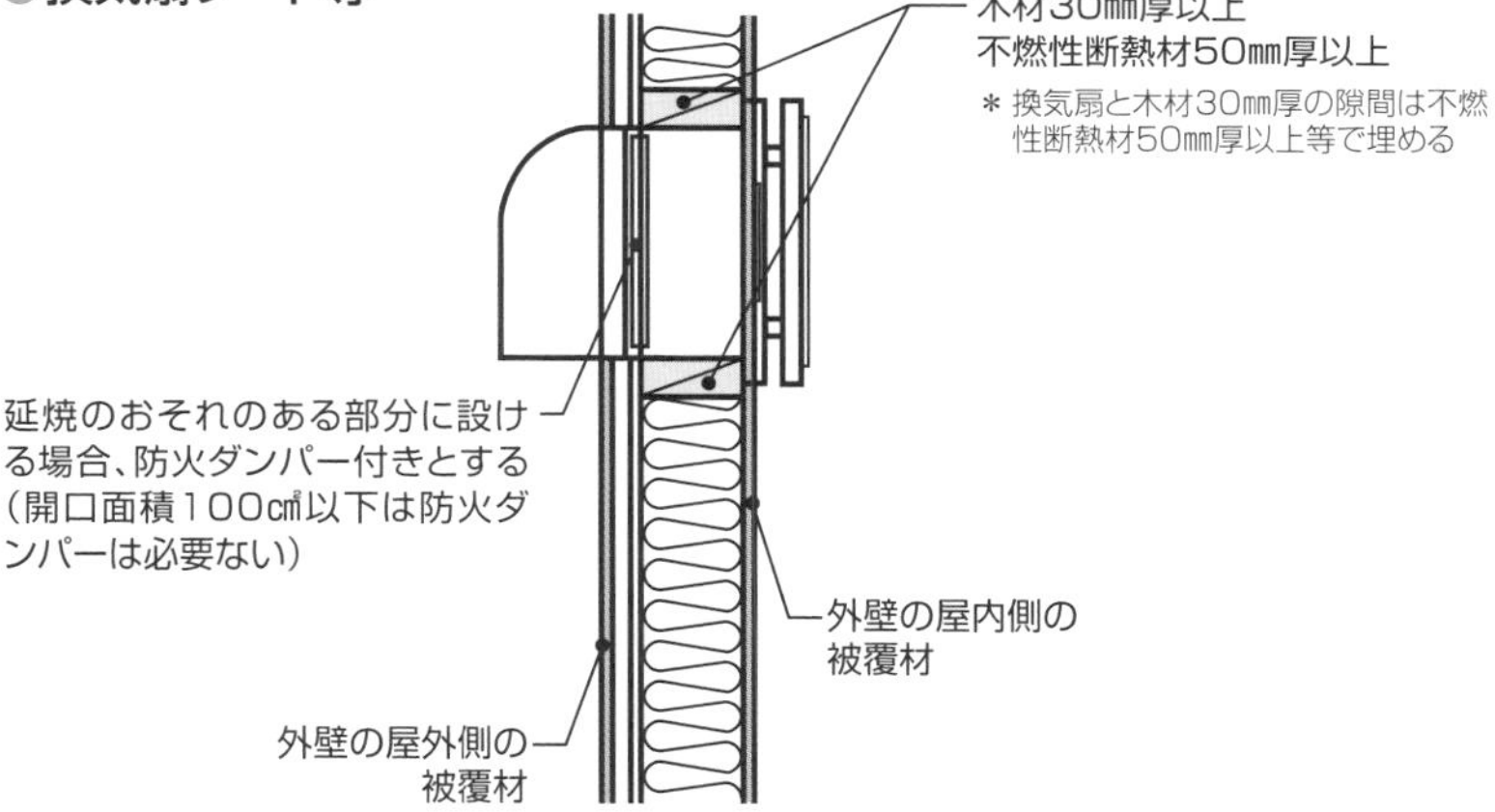

図3 開口面積100㎠以下の場合に防火ダンパーが省略できる納まり例

●板などの覆いを設けた場合

●ガラリを設けた場合

●フードを設けた場合

●金網を設けた場合

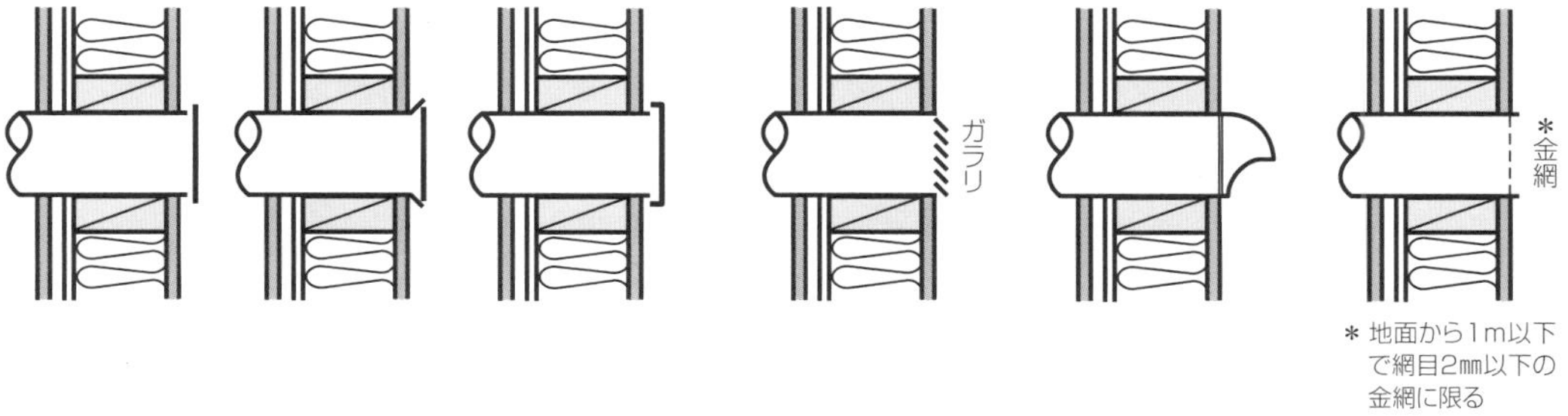

出典：「建築設備設計・施工上の運用指針2003年版」（（財）日本建築設備・昇降機センター）

室内開口部の防火

Point
- 開口面積に応じた防火被覆材、不燃性断熱材で被覆する
- 壁や床を貫通する配管・配線は周囲の隙間を埋める

壁や天井の開口部の防火措置

準耐火建築物の3階建て（準防火地域の3階建て住宅、共同住宅など）では、壁や天井の防火被覆材に開口を設ける場合、不燃性断熱材等で被覆措置を行う。

コンセントボックスなど壁に開口を設ける場合は、コンセントボックスは鋼製とし、開口面積が100㎠以上の場合は、不燃性断熱材や壁の防火被覆材でコンセントボックスの裏側を覆う。また、天井のダウンライトなど天井に開口を設ける場合は、器具本体を鋼製とし、開口面積が200㎠以下の場合は不燃性断熱材で被覆措置を行い、開口面積が200㎠超の場合は天井の防火被覆材で被覆措置を行う。この際、照明器具はSGタイプ（電球の熱がこもる納まりでも対応できる器具）を選ぶようにしたい。

天井に換気扇やダクト配管用の開口を設ける場合も、天井のダウンライト開口と同様に考える。その際、天井内のダクト配管を不燃性断熱材や防火被覆材で覆う必要があるが、ダクトの途中にファイヤーダンパーを設けた場合は、その先は被覆措置を省略できる。ただし、ファイヤーダンパーが作動した後は、復旧のための天井点検口などを設ける必要があるので注意したい。

壁や床を貫通する配管・配線

竪穴区画等の防火区画ではない床や壁を貫通する配管や配線の隙間は、不燃性のパテなどで埋める。竪穴区画の壁や床を貫通する場合は、貫通部分から1m以下の範囲を不燃材料等でつくることが求められる。これは、耐火建築物と同じ措置である。いずれも間仕切壁や天井に孔をあけた部分が防火上の弱点となるため、そこが火災室の隣室や上階の室への延焼経路にならないための措置である。

なお、ここでは準耐火建築物に必要な措置を紹介したが、準耐火建築物でない場合でも、必要に応じて実施するとより防火上安全な建物となる。

図1 コンセント開口の被覆措置の例

●開口面積100㎠以下　●開口面積200㎠以下　●開口面積200㎠超

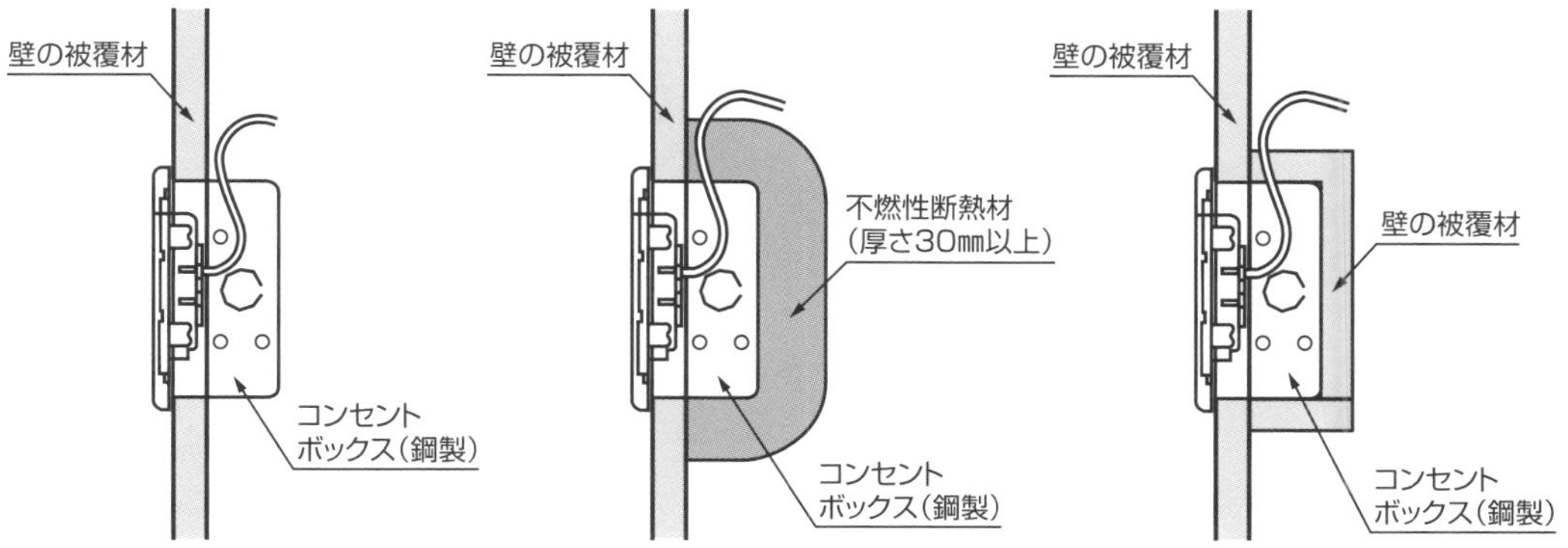

図2 ダウンライト開口の被覆措置の例

●開口面積200㎠以下　●開口面積200㎠超

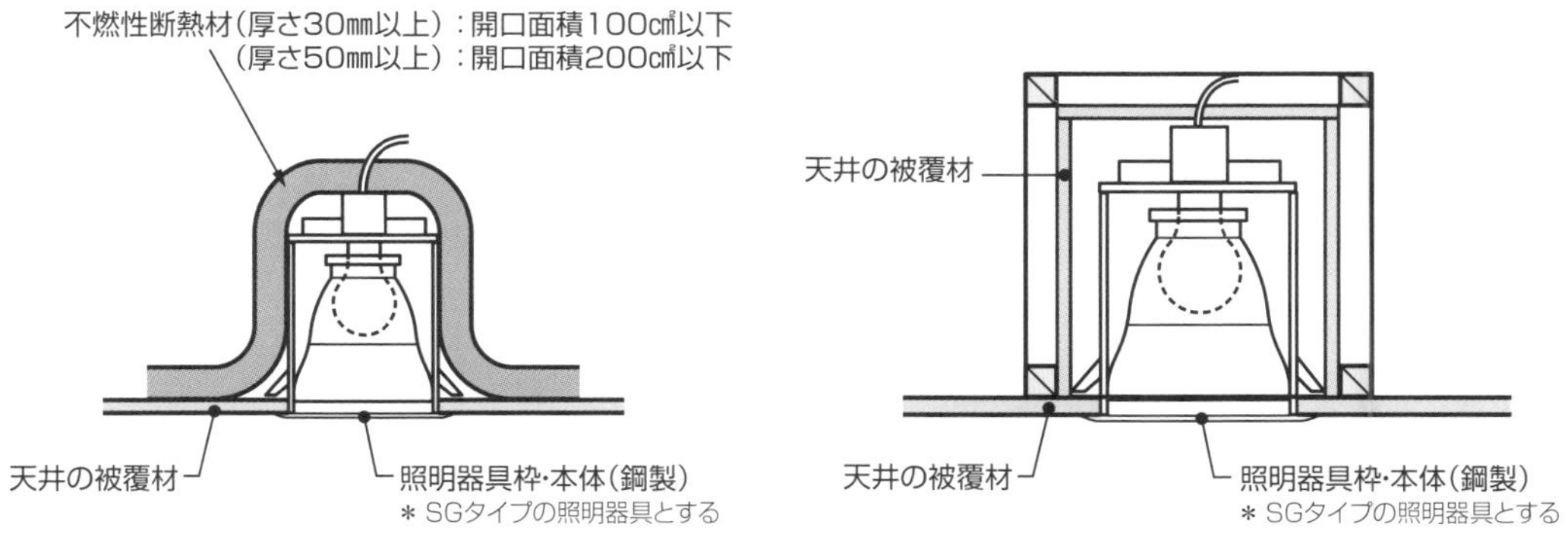

図3 天井換気扇・ダクト配管の開口の被覆措置の例

●開口面積200㎠以下　●開口面積200㎠超

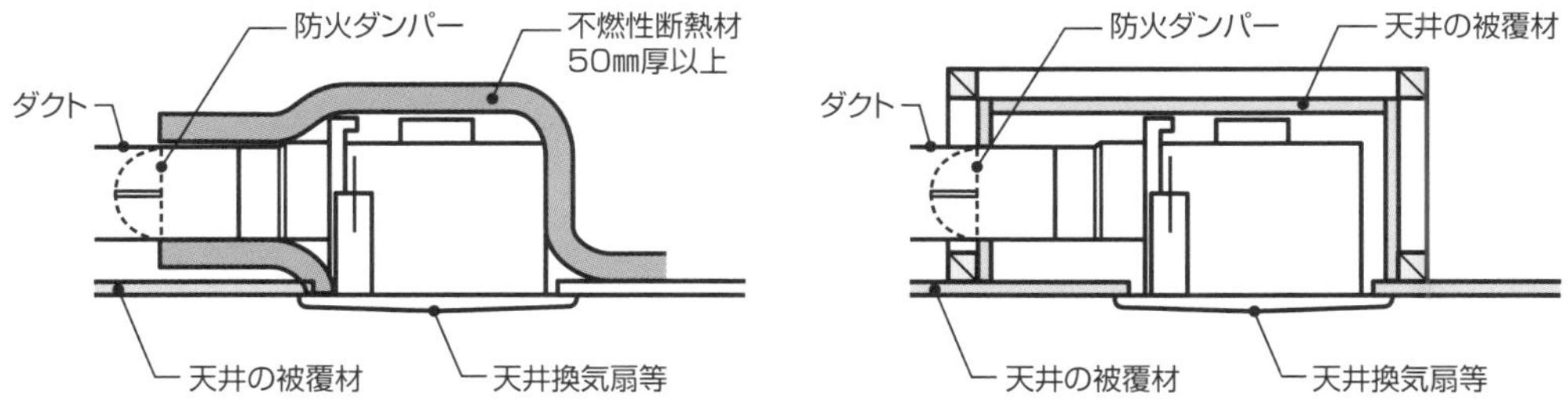

火災の進展状況

Point
- 火災初期に消火できるよう消火器を準備する
- 住宅用火災警報器を設置して火災を早く見つける

木造住宅の可燃物は2つ

木造住宅の可燃物は大きく、①構造体と、②収納可燃物（居住者が持ち込む可燃物）に分けられる。

火災は多くの場合、収納可燃物に着火して始まる。出火源だけ燃えている状態を「火災初期」、出火源から周辺の収納可燃物や壁へ燃え拡がる状態を「火災進展期」、部屋全体が火炎に包まれる状態を「火災最盛期」と呼ぶ。

「火災進展期」から「火災最盛期」に移る際は、急激な部屋の温度上昇が起こり、一酸化炭素が大量に発生し始める。これを「フラッシュオーバー」と呼ぶ。フラッシュオーバーが起きた後に建物内に居住者が残されていると、煙に巻かれるなど、被害が大きくなる可能性が高い。

一般的な住宅の収納可燃物（木材に換算した場合）は30～50kg／㎡といわれている。この程度の可燃物が部屋にあり、「火災初期」に有効に消火ができないと、それから10分前後でフラッシュオーバーに至る可能性がある。フラッシュオーバーは、鉄筋コンクリート造、鉄骨造、木造等の構造種別によらず、室内の収納可燃物によって起こりうる。そのため、住宅火災で被害を最小限に食い止めるためには、出火源だけが燃えている「火災初期」の段階で早期に発見して、消火することが大変重要といえる。

義務化された火災警報器の設置

近年、消防法により、早期に火災を発見する防災設備として、住宅用火災警報器の設置が義務化された。火元の管理をしっかりして出火防止に努めるのはもちろん、万一、火災が起こった場合には、住宅用火災警報器で早期発見し、消火や避難を始めることが重要である。そのためにも、義務化された厨房、寝室、階段上部等の他にも、出火の可能性のある部屋があれば設置しておきたい。さらに、必要に応じて壁や天井を燃え拡がりにくい材料にすると、より安全性が高まる。

図 火災の進展状況と室内の温度変化

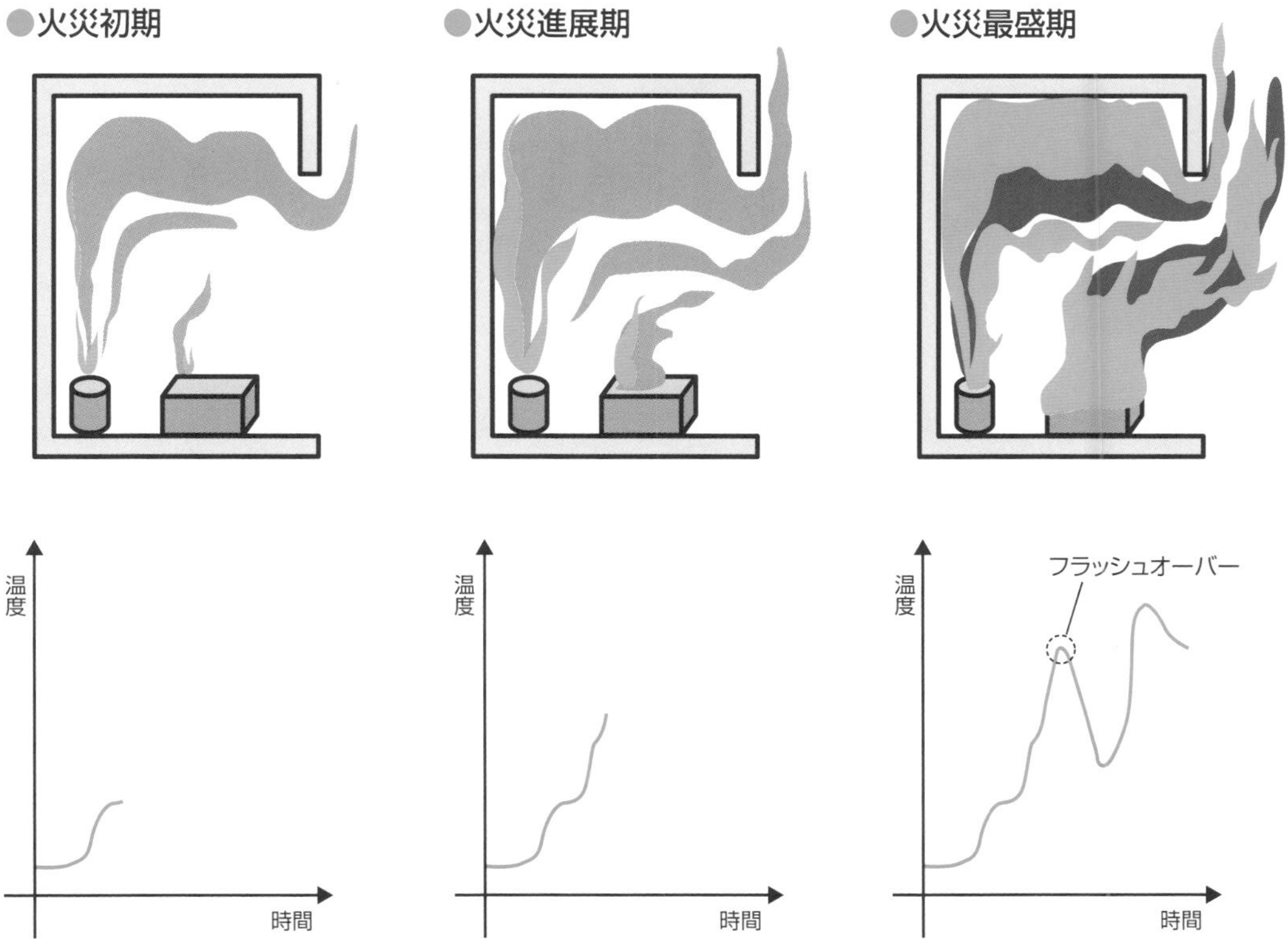

表 火災の進展状況

	火災初期	火災進展期	火災最盛期
状　況	出火源が燃えている	出火源周辺の可燃物や壁に燃え広がる	急激に室内の温度が上昇するフラッシュオーバーが起きて、室全体が激しく燃える
消火手段	消火器で何とか消せる	消火器で消すことは難しくなってくるため、避難し、消防隊に消火してもらう	消防隊でも容易には消せないことがある
煙の量	少なめ	避難できないほど多くはない	一酸化炭素を含む煙が大量に発生し、危険

［フラッシュオーバー］

急激に部屋の温度が上昇し、一酸化炭素を大量に含んだ煙が発生する。
居住者がいると、煙に巻かれたりして被害が大きくなることが多いため、
住宅火災ではフラッシュオーバーが起こる前に避難を完了したい

拡大抑制と延焼防止

Point
- 木製建具でも総厚が大きければ火災の拡大を防ぐ
- 窓の配置を隣家の窓とずらすことで延焼を抑えられる

火災の拡大を防ぐための開口部

木造住宅の火災では、出火源だけが燃えている「火災初期」の段階で消火に失敗すると、「火災進展期」を経て、部屋全体が火炎に包まれる「火災最盛期」に至る可能性が高い。その後は、出火した部屋だけでなく、他の部屋へも火炎や煙が拡がっていく。そのため、出火した部屋だけに火災をとどめる措置が重要となる。

石膏ボード等を張った壁は一定時間燃え抜けないため、建具などの開口部が課題となる。木造住宅では木製フラッシュ戸や框戸、障子、ふすま等が用いられるが、木製の建具でも、障子やふすまを除けば数分間は燃え抜けないと考えられる。

フラッシュ戸は、格子状の芯材の両面を薄い板でサンドイッチしているものだが、木材の燃え進む時間は、比較的薄い板材の場合、約1㎜／分であり、数分は燃え抜ける時間をかせげる。

すなわち、出火した部屋の扉は、木製の建具であってもしっかり閉めることで、他の部屋に火炎や煙が拡がることを遅延できると考えられる。燃え抜けるまでの時間は、扉を構成する木材の総厚によるので、より厚ければ燃え抜け時間も長くなる。

窓の設置位置を工夫する

火災時にフラッシュオーバーが起こると、室温は800℃を超える。アルミサッシに網入りガラスを入れた防火サッシ等が窓に設けてあれば、20分間は火炎を建物外へ出さないと考えられる。だが、窓が開いていたり、防火サッシでない場合は、隣家へ延焼する危険性が出てくる。

また、近距離で向かいあう窓がほぼ同じ位置・高さにあると、窓が延焼経路になる可能性がある。そのため、互いの窓は、プライバシーの問題だけでなく、防火上もずれているほうがより安全性が高まるといえる。特に出火原因上位の厨房（ガスコンロ）付近の窓は、互いに注意しておきたい。

図1 木製扉（障子・襖を除く）の火煙の遮断効果

●出火した部屋の扉がしっかり閉まっている場合　●出火した部屋の扉が開いている場合

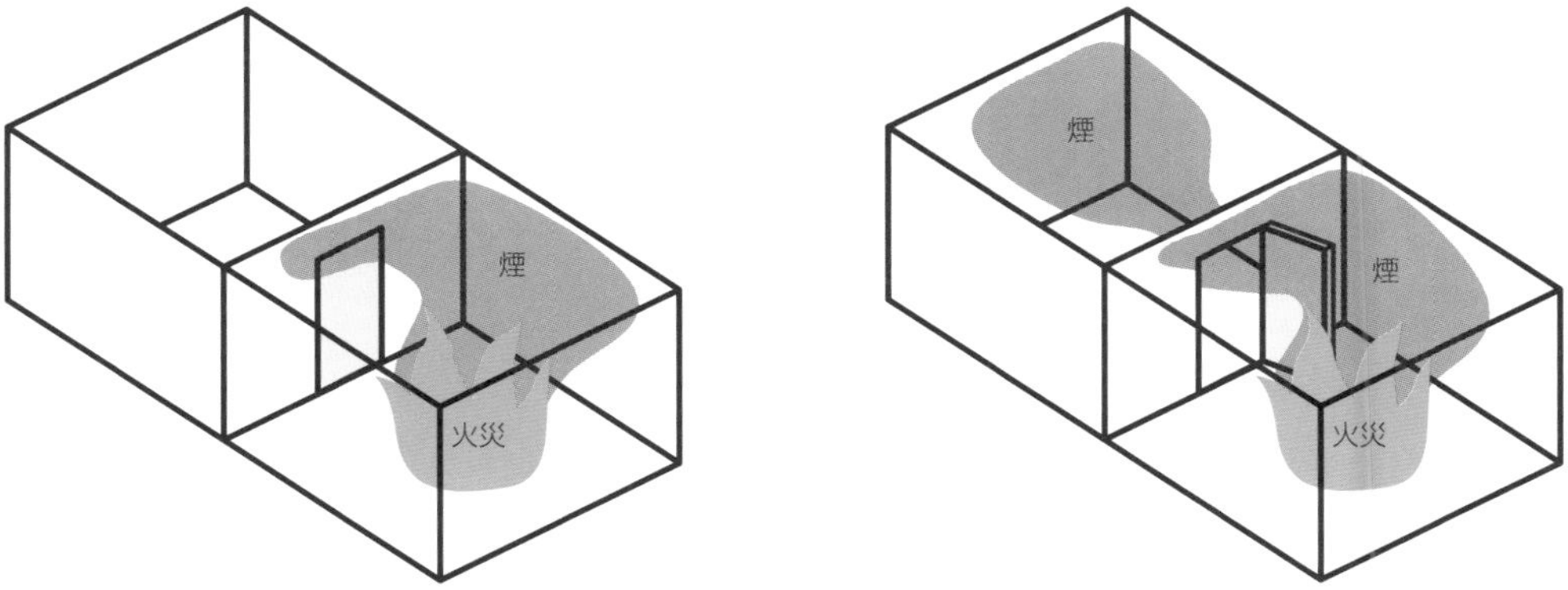

木製建具でも、閉まっていれば数分間は
火や煙を遮る

図2 向かい合う窓からの延焼は少なくない

●断面

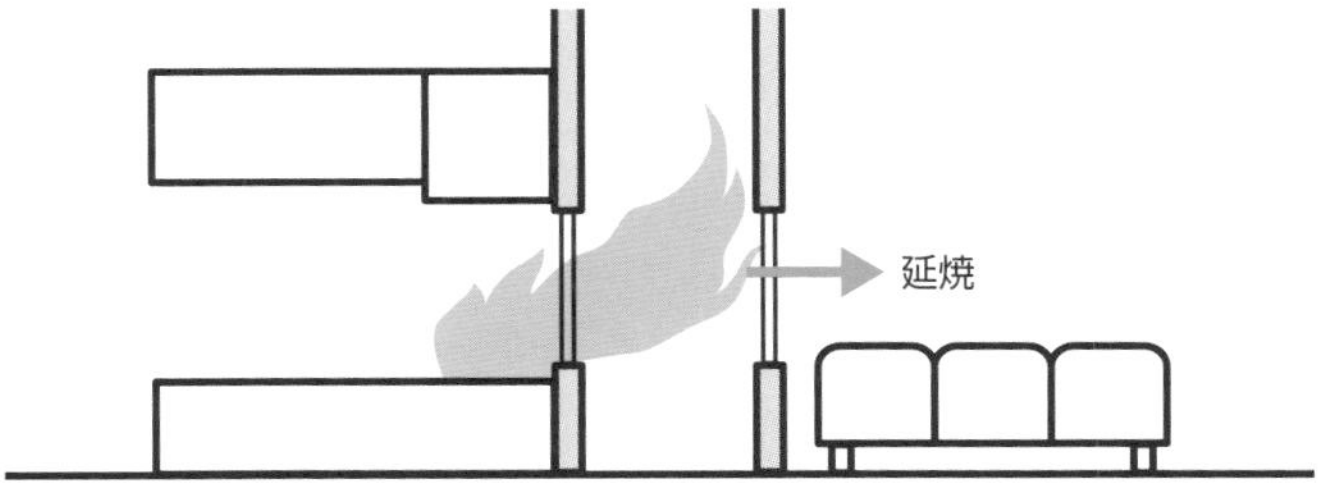

隣家の窓が出火可能性の高い室のものである場合、その向かいに設ける窓は、位置や高さに注意したい

●平面

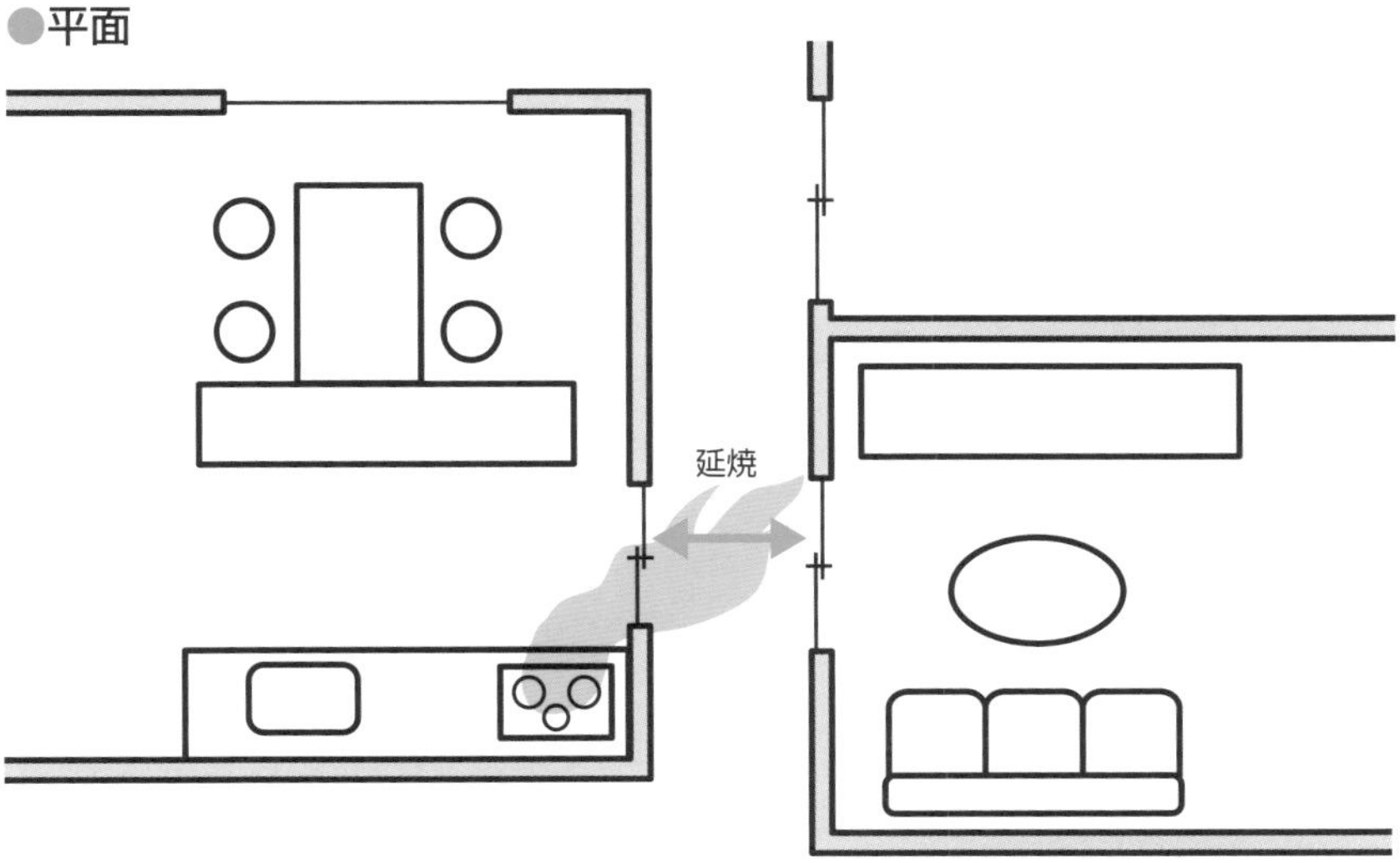

2方向避難と一時避難

Point
- 高齢者等に対応した避難経路の確保が重要
- 避難経路となる部分には難燃材料等の使用を考える

2方向避難経路の意味

火災時の避難では、「屋外」へ逃げることが最も安全といえる。木造住宅の場合、「屋外」には〝地上（前面の道路など）〟と〝建物のバルコニー等〟がある。各部屋からこの2つの屋外に、2つ以上の経路で避難できるような平面計画になっていると、避難安全性が高い。なぜなら、火災で1つの避難経路が絶たれても、もう一方の経路から逃げられるからである。

木造3階建て住宅では、建築基準法上、各部屋から2つ以上の避難経路の確保は求められていない。だが、3階から飛び降りると重傷を負う可能性があるため、必要に応じて、2経路以上で安全に屋外に逃げる方法を考えておくことが望ましい。特に高齢者や幼児は、一般の人よりも避難に時間を要したり、避難方法も限定されるため、居住者にあわせた避難計画が必要だろう。若い居住者もいずれは高齢者になることも頭にいれておきたい。

バルコニーや庇などの活用

火災時の避難は、階段を下りて地上へ逃げるだけでなく、道路から見えるバルコニーに一時的に避難・待機し、助けてもらう方法も考えられる。

バルコニーの他にも建物の庇や物置の屋根、塀など、利用できそうなものはすべて利用して、地上へ逃げる方法を考えるとよいだろう。緊急時にはこのようなちょっとした工夫が生死を分けることもありうる。

安全に避難するためには、火炎や煙に巻かれないことが重要である。特に避難時間のかかる居住者がいる場合は、避難路となる部分に燃えやすい可燃物を置かないことや、壁や天井を燃え拡がりにくい仕上げ（難燃材料など）とすることも重要である。

また、普段から室内を整理整頓しておくと避難の障害にならず、本棚にきちんと並んだ本のように、可燃物が酸素と触れる面積が少なくなり、燃焼のスピードもゆっくりとなる。

図1 屋外が最も安全な避難場所となる

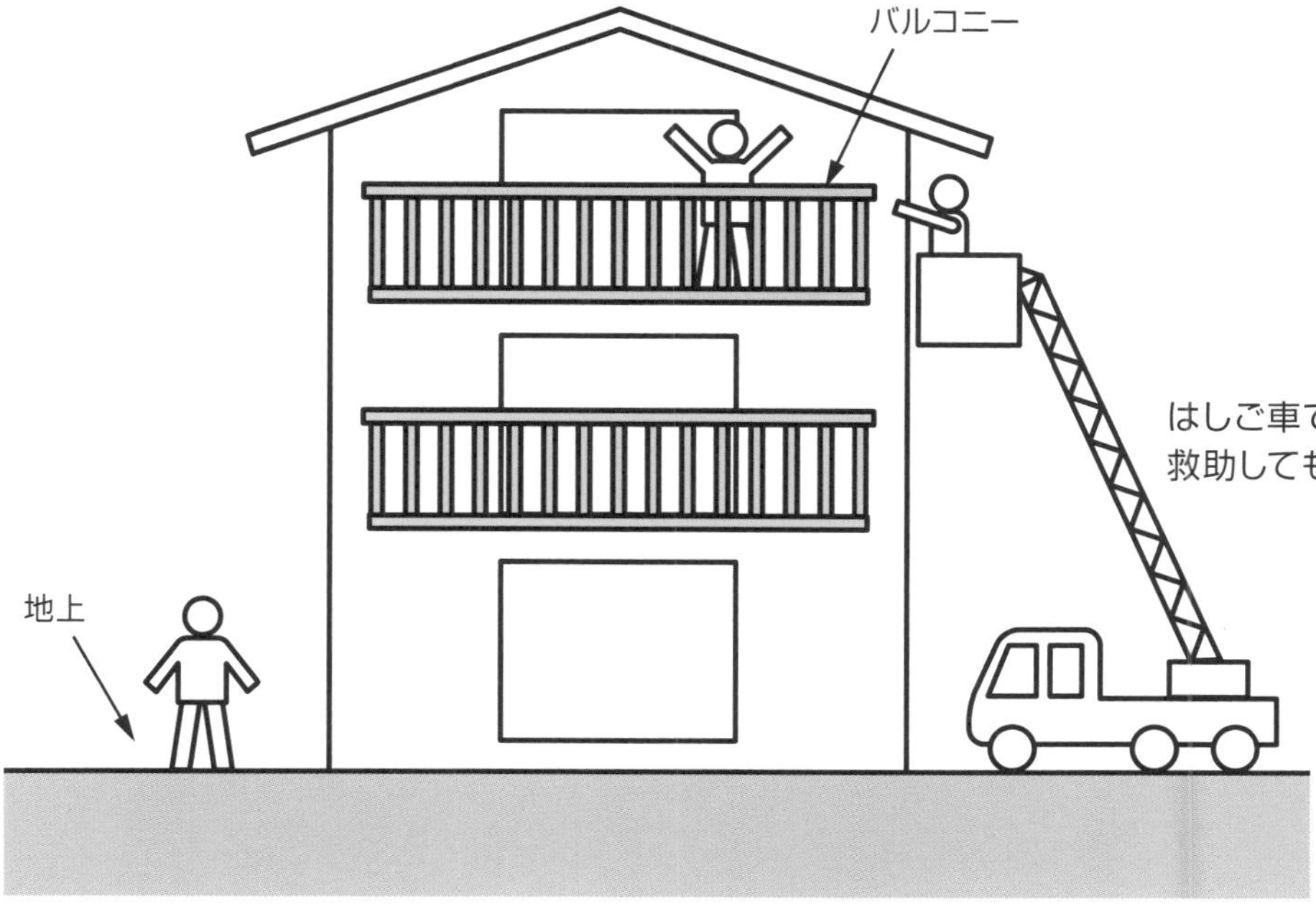

図2 緊急時には飛び移れる場所があるとよい

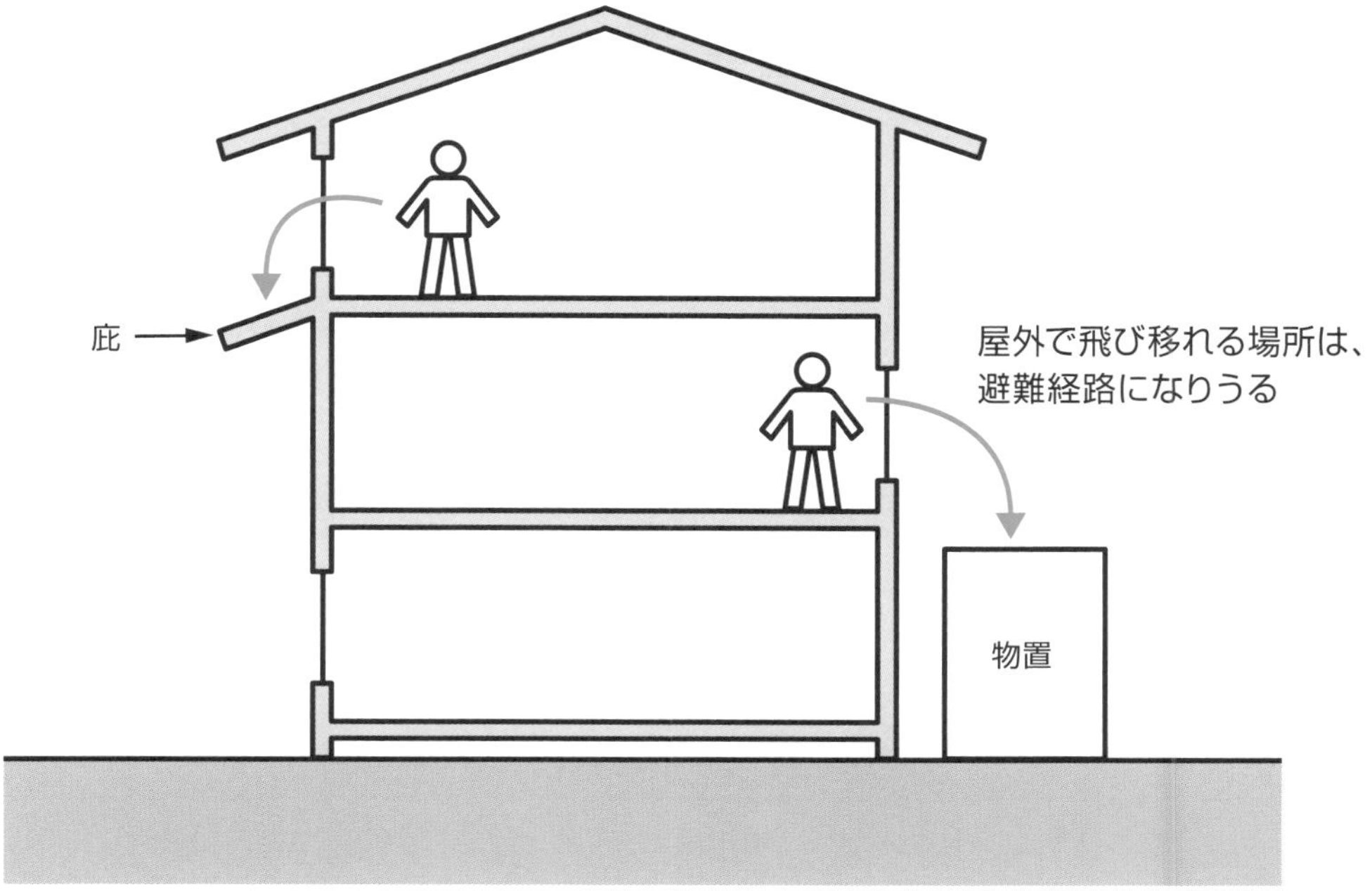

COLUMN 2

火災統計にみる火災の諸状況

日本では、年間約38,000件（令和元年）の火災が発生しており、火災による死者は約1,500名。これだけ科学技術が進歩しても、いまだ多くの被害を出す災害である。

出火原因としては、たばこ、たき火、コンロ、放火、放火の疑いとなっている。室内での失火も多いが、放火や放火の疑いが多いことも目立つ。

火災による死者のうち、65歳以上の死者数は約7割となっており、今後、高齢化が進めば、この傾向がさらに顕著になってくる可能性が高い。

また、死因は一酸化炭素中毒・窒息によるものが約4割、火傷によるものが約3割。要因として、逃げ遅れが約5割。避難行動を起こしたが逃げ切れなかった例や、気付いたときには逃げ道がなかった例が多い。

主な出火原因別の出火件数

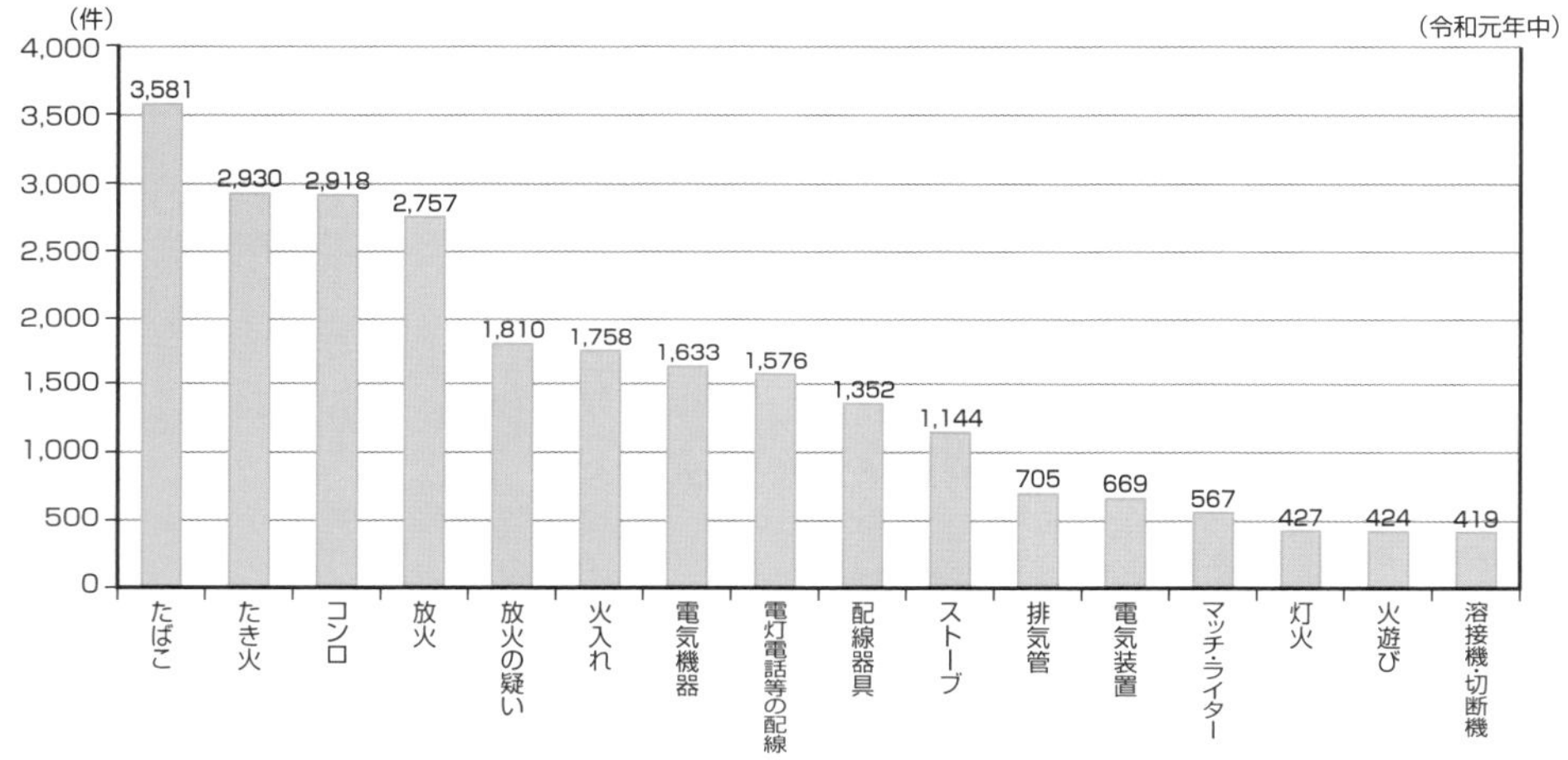

火災による年齢階層別死者発生状況（放火自殺者等を除く）

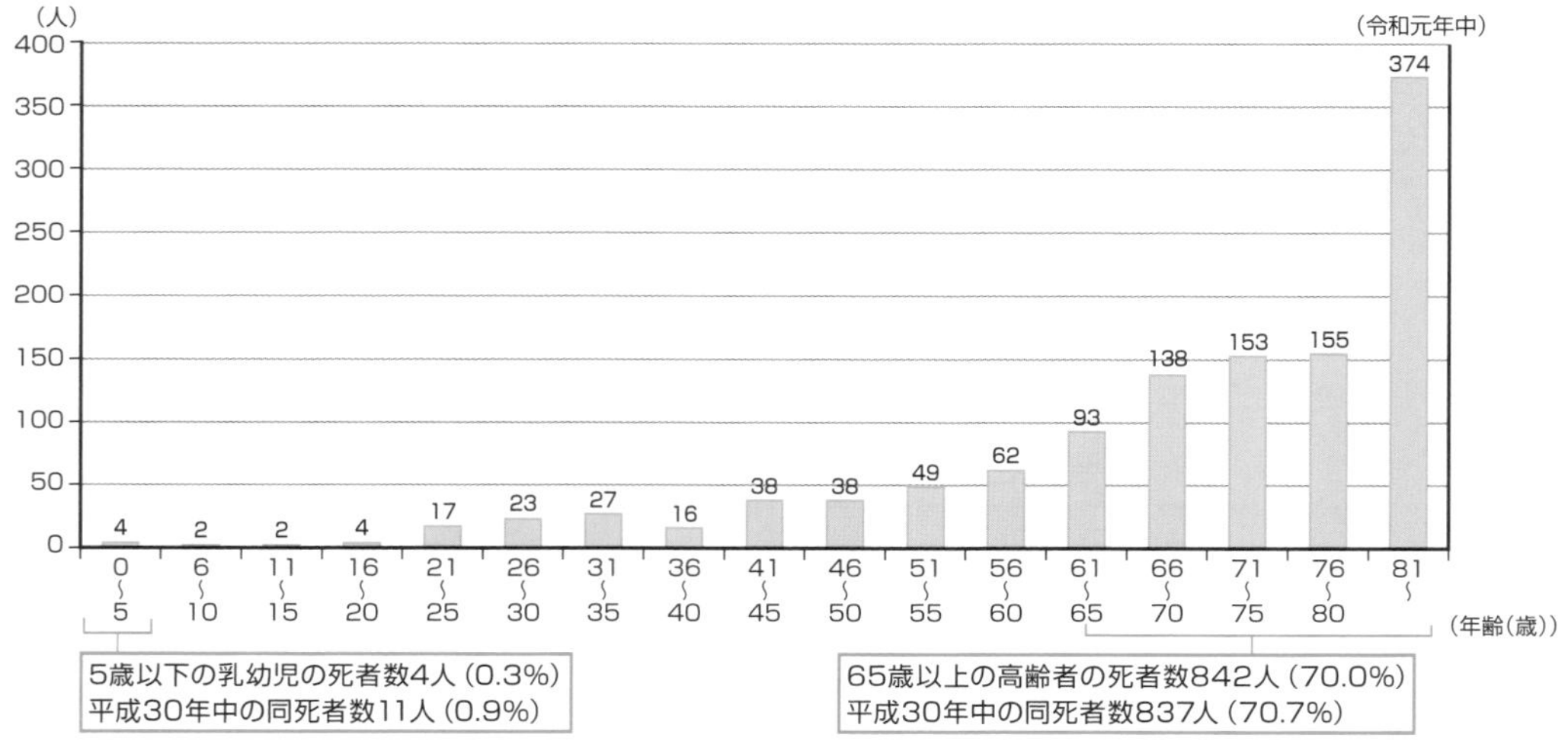

（令和2年版「消防白書」より）

3

構造設計（仕様規定）

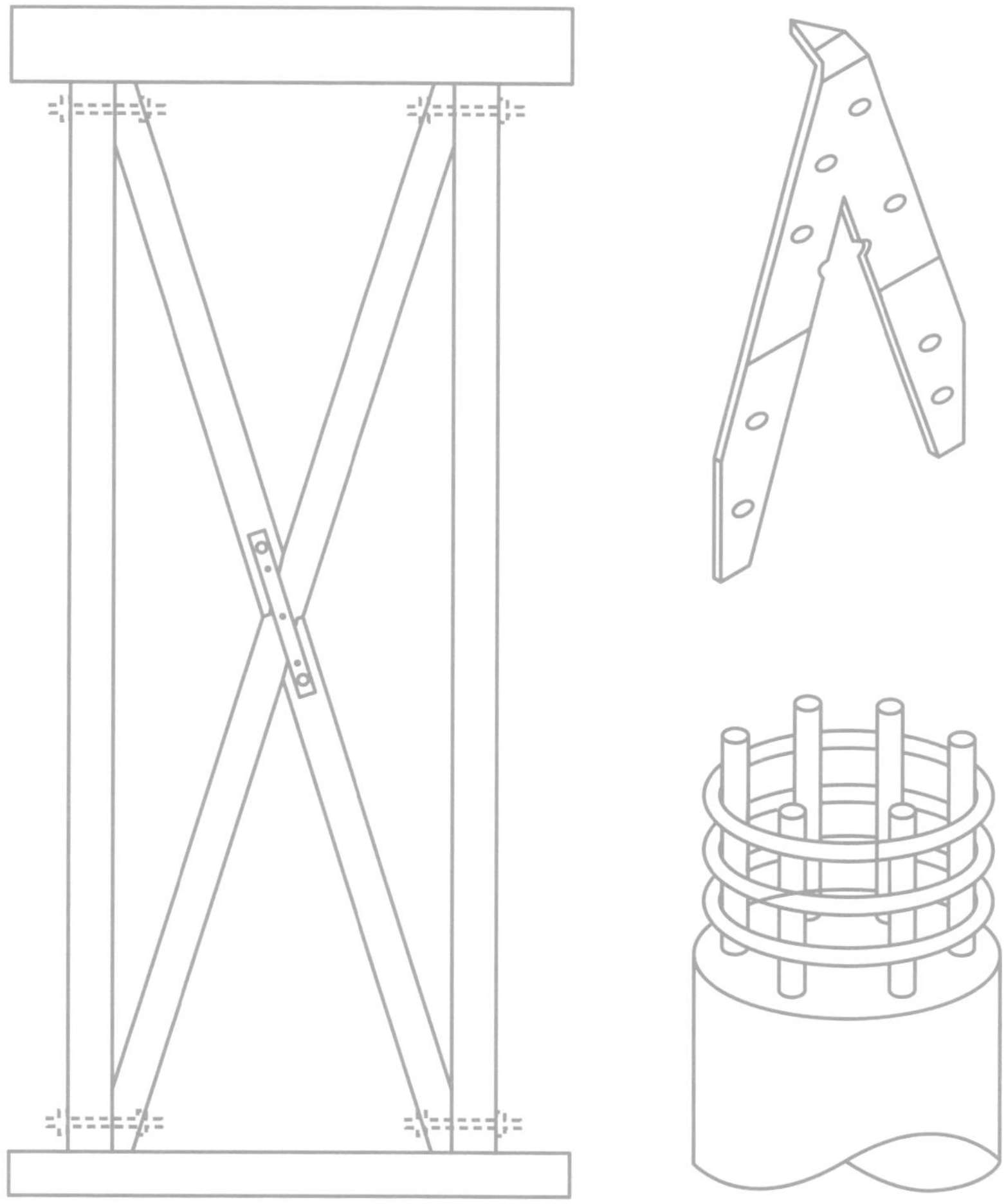

壁量計算と構造計算

Point
- 構造安全性を確保するための壁量計算と構造計算
- 木造3階建ては、壁量計算＋構造計算が必要

壁量計算とは

建築基準法における木造建物の構造安全性を確認する方法は、大きく2つに分類できる。

1つは材料の規格や納まりなどを具体的に記した「仕様規定」と呼ばれるもので、もう1つは、いわゆる構造計算である。

一般に、すべての木造建物は建築基準法の仕様規定を守らなければならないのが前提である。また、2階建てまでの木造住宅は建築基準法上「4号建築物」と呼ばれ、構造計算を行わずに仕様規定のみを満足すればよいことになっている。

仕様規定には、地震力や風圧力などの水平力に抵抗するために必要な耐力壁の量が定められている。これは「必要壁量」と呼ばれる。設計する建物には設置された耐力壁量が必要壁量以上あることを確認すればよいとされているが、そのことから、仕様規定は壁量計算とも呼ばれる。

構造計算とは

規模の点から軒高9ｍまたは最高高さ13ｍを超えるか、延べ面積500㎡を超える建物および階数が3以上の木造建物は「2号建築物」と呼ばれる。これは、前記の仕様規定（壁量計算等）に加え、構造計算も必要となる。

構造計算は、建物に作用する力（地震力や風圧力などの水平力と積雪や積載荷重などの鉛直荷重）に対して、建物や建物を構成している部材が安全であるかや、その部材の許容応力度以下であるかを計算で確認するもので、許容応力度計算とも呼ばれる。ただし、規模にかかわらず特定の部位の仕様を集成材などとする場合には、構造計算をすれば仕様規定を満たさなくてもよい（令46条2項）。

なお枠組壁工法や丸太組工法は、個別の技術基準にしたがって建てられており、建物の規模と必要とされる計算内容は軸組工法と異なる。そのため、個別の技術基準を参照する必要がある。

図 木造3階建ての構造安全性確認ルート

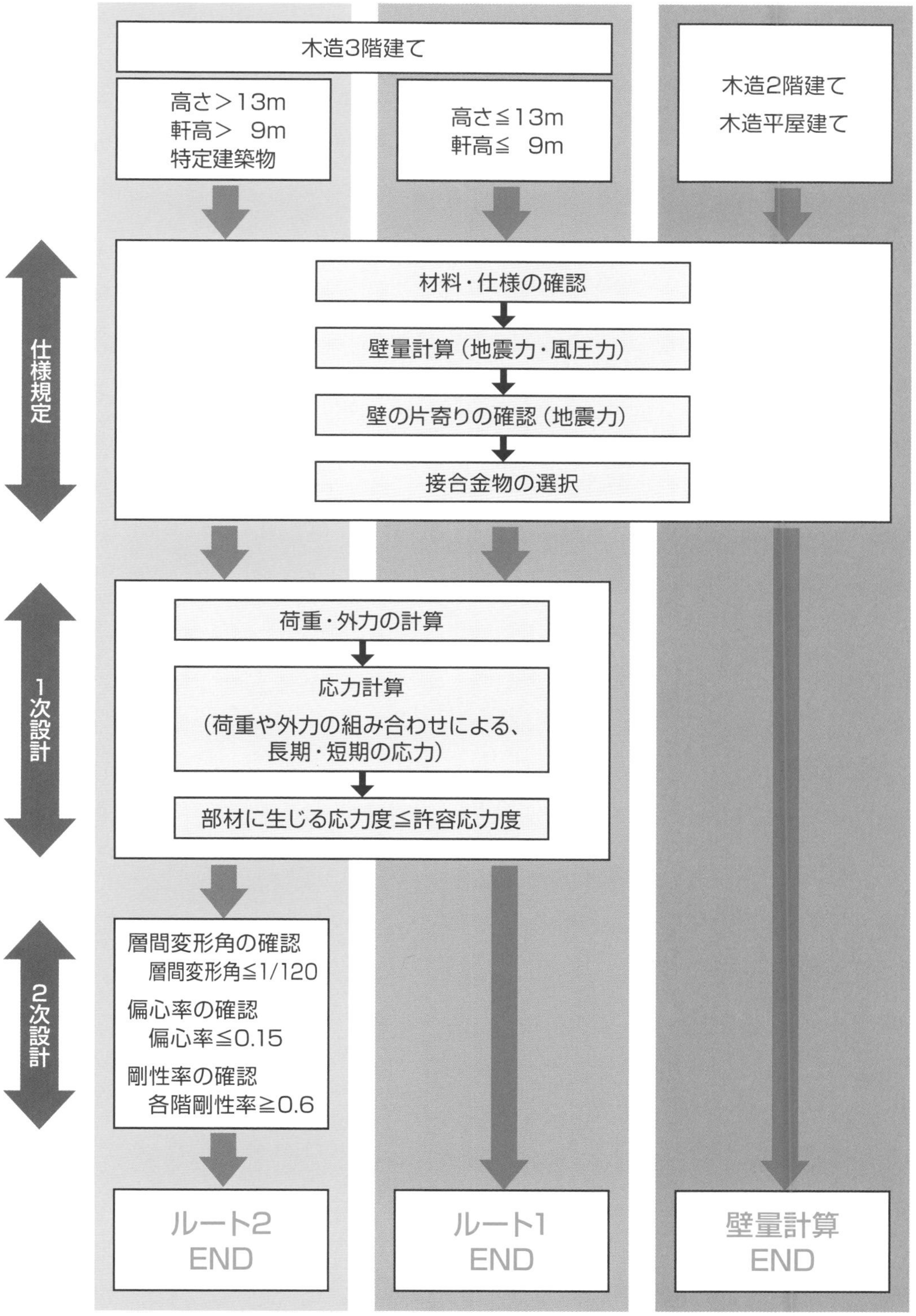
木造3階建て
高さ＞13m
軒高＞ 9m
特定建築物
高さ≦13m
軒高≦ 9m
木造2階建て
木造平屋建て
仕様規定
材料・仕様の確認
壁量計算（地震力・風圧力）
壁の片寄りの確認（地震力）
接合金物の選択
1次設計
荷重・外力の計算
応力計算
（荷重や外力の組み合わせによる、長期・短期の応力）
部材に生じる応力度≦許容応力度
2次設計
層間変形角の確認
層間変形角≦1/120
偏心率の確認
偏心率≦0.15
剛性率の確認
各階剛性率≧0.6
ルート2 END
ルート1 END
壁量計算 END

仕様規定の項目

Point
- 原則としてすべての木造建物は仕様規定を満たさなければならない
- 仕様規定は4項目の簡単な計算と8項目の仕様ルールから成り立つ

仕様規定の適用範囲

建築基準法では、木造建物の構造安全性を確認する方法が、建物の規模によって異なる。

一般的な2階建てまでの建物では、いわゆる仕様規定を守ることに加え、壁量計算などの簡単な計算で安全を確かめられればよいため、詳細な構造計算は求められていない。

これに対して3階建ての建物や、2階建ての建物でも地下室付きや1階が鉄筋コンクリート造または鉄骨造となっている混構造建物、高さ13m超で軒の高さ9mを超える建物、床面積が500㎡を超える大規模な建物では、仕様規定と壁量計算を満たしたうえで、構造計算（許容応力度計算）も行って構造の安全性を確認しなければならない。

つまり、仕様規定は原則としてすべての木造建物に適用される。ただし、学校の体育館などに代表される特殊な建物では、必ずしもすべての仕様規定を満たす必要はない。その場合は、令46条2項に定められた材料を用いるなど、一定の条件を満たせば、壁量計算に関する仕様規定が適用除外される。

仕様規定の概要

仕様規定は、主に使用する材料の基準や建築上の対応措置など、8項目の守るべき仕様と、3項目の地震や暴風に対する安全性を確認するための簡単な計算（いわゆる壁量計算など）で構成されている。

仕様規定では、2階の床梁や小屋組など横架材に対する安全性の検討は求められていない（ただし、梁せいは告示で規定がある）。これは、木造2階建て程度の建物はこれまで大工の経験で建てられてきた歴史があり、床の強度などは法律で安全性を求めるまでもなかったためと思われる。しかし最近は、小規模な建物でも設計者が設計し、プレカット工場などで材料を加工しているため、必ずしも大工の経験が生かせるとは限らない。その意味では、設計者の幅広い安全確認が求められる。

図 仕様規定の概要

仕様規定は4つの簡単な計算と、8つの仕様ルールからなる

4つの簡単な計算による確認

- **壁量の確認**：存在壁量≧必要壁量
- **壁の片寄りの確認**：四分割法の割合、壁率比≧0.5
  偏心率の場合、偏心率≦0.3
- **接合部の仕様確認**：柱頭・柱脚接合部⇒告示仕様またはN値計算
  筋かい端部接合部⇒告示による仕様の選択
- **柱太さの確認**：柱の小径、細長比≦150

＋

8つの仕様ルールによる確認

- **水平構面の仕様**：火打ち材等の設置
- 構造部材の耐久
- 屋根葺き材の緊結
- 木材の品質
- 防腐措置等
- 梁等の横架材
- 筋かいの品質
- 土台および基礎、基礎の仕様

耐力壁の種類と倍率

Point
- 筋かいを入れた耐力壁と面材耐力壁などがある
- 1対の柱間に複数の耐力要素を設置する際の壁倍率の上限は5倍まで

耐力壁の種類

仕様規定では、地震力や風圧力に抵抗する壁を一般に耐力壁《たいりょくへき》と呼んでいる。

耐力壁には、木材や鉄筋を梁・土台などの横架材と柱間で囲まれた範囲に斜めに取り付ける「筋かいを入れた軸組」[図1]と、構造用合板やパーティクルボードなどの面材を柱と横架材の側面に釘留めする「面材耐力壁」[図2]、伝統的な土塗り壁や落とし込み板壁のうち法律で決められた仕様としていたものなどが、令46条ならびに告示1100号に多数例示されている。これらを総称して「耐力壁」と呼ぶ。

このほか、同様の性能があるものとして国土交通大臣から認定を受けた仕様も含まれる。

壁倍率

耐力壁は、軸材の大きさや面材の厚さ、釘の長さや太さなど、その仕様によってそれぞれ強さが異なる。この強さは「壁倍率」として表示する。壁倍率が大きいほどその壁は大きな水平力を負担できることになる。

耐力壁は一つの壁に複数の仕様を組み合わせて使うことができる。たとえば、筋かいと面材耐力壁を同じ柱間に設置する場合や、面材耐力壁を柱の両面に留め付ける場合などである。ただし、面材を柱の片面に2枚重ねて留め付けた場合などは、壁倍率を合算することはできない決まりになっているので注意が必要である。

建築基準法では、一つの壁に重ね合わせて用いる壁倍率の上限を5倍までと定めている。したがって、5倍を超える組み合わせとしても、5倍として壁量計算を行う。たとえば、45×90㎜の筋かいをたすきに取り付けた場合の倍率は4.0、そこに構造用合板を使った倍率2.5の面材耐力壁を留め付けた場合、単純に合計すると6.5倍となるが、壁量計算やN値計算は5.0倍として行う[図5]。ただし、N値計算では安全側の設計として、6.5倍で計算したい。

図1 筋かい

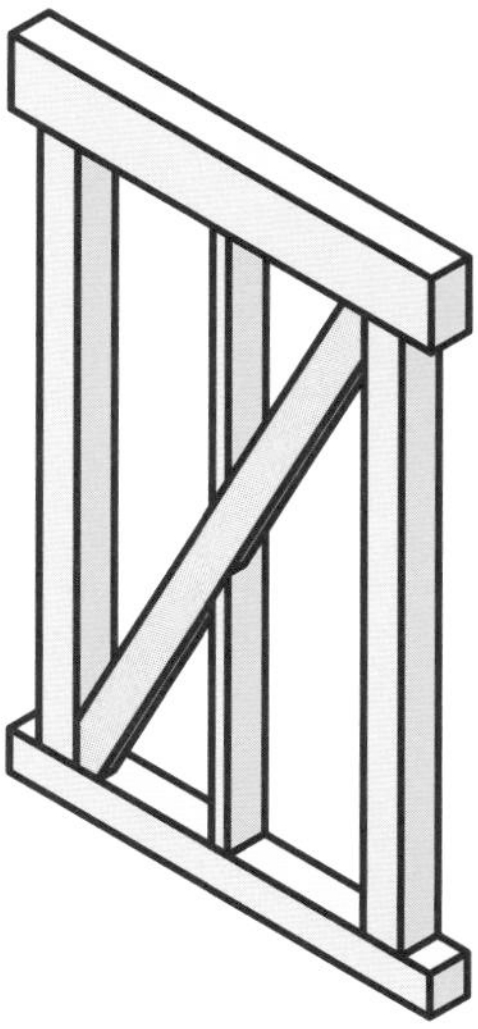
15×90㎜ 倍率0.5
30×90㎜ 倍率1.5
45×90㎜ 倍率2.0
90×90㎜ 倍率3.0

図2 面材耐力壁

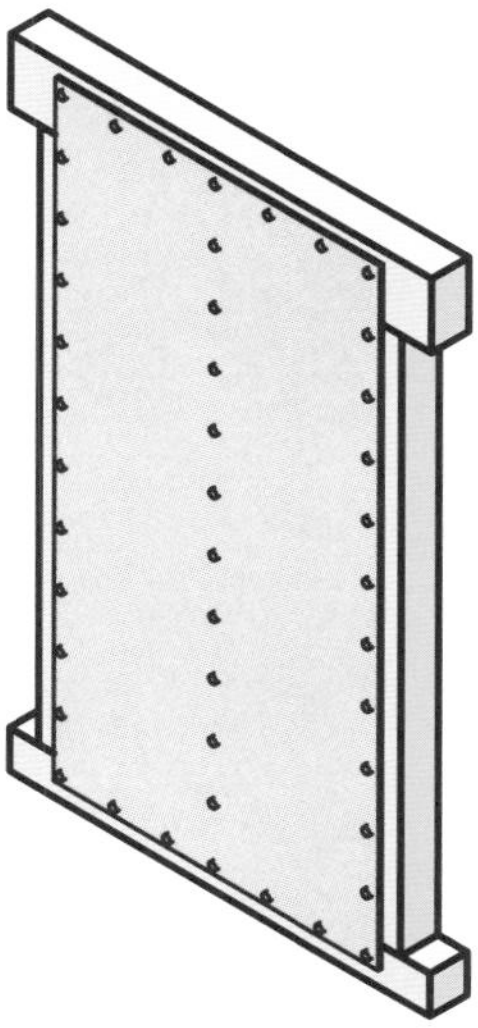
構造用合板 7.5㎜厚 倍率2.5
パーティクルボード 12㎜厚 倍率2.5
石膏ボード 12.5㎜厚 倍率0.9

図3 木摺

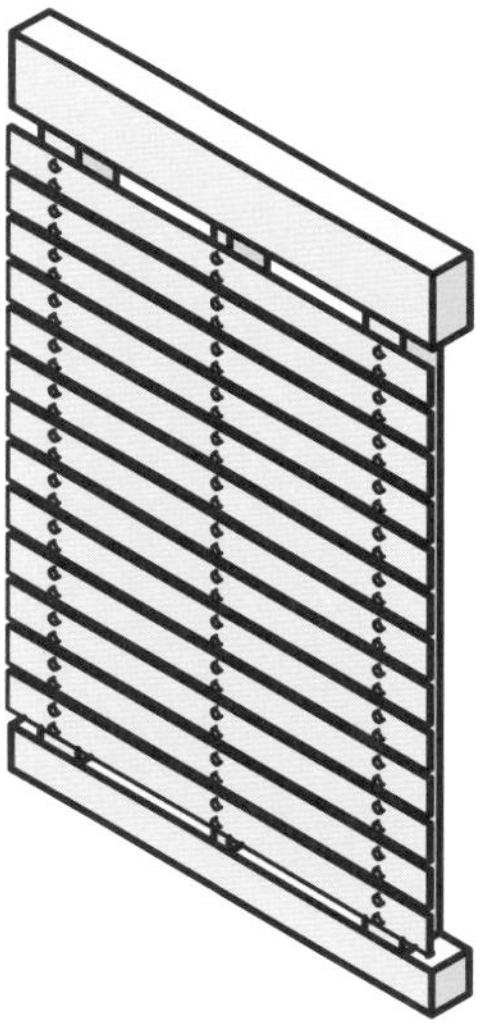
倍率0.5

図4 土塗り壁

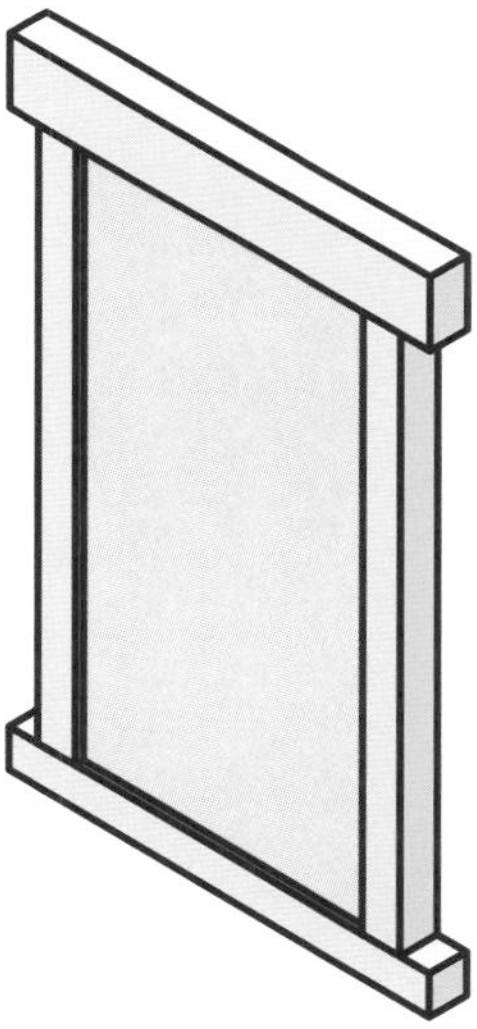
下地、塗り厚などにより
倍率0.5～1.5

図5 壁量計算時の壁倍率は5倍を上限とする

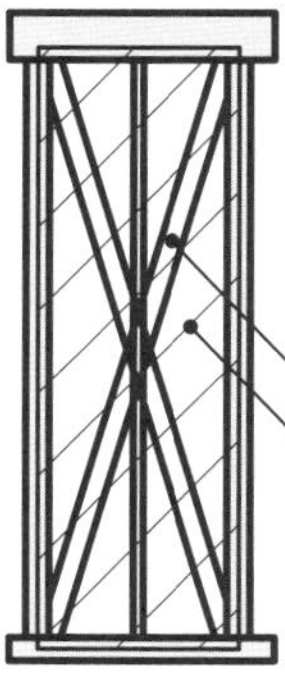
壁倍率の合計=4.0倍+2.5倍=6.5倍となるが、告示により上限は5.0倍で制限されている。壁量計算時は5.0倍とする
筋かい（45×90たすきがけ）：倍率4.0
構造用合板：倍率2.5
壁倍率合計：倍率5.0

壁量計算

Point
- 壁倍率1に換算した壁長さが壁量（壁長）となる
- 柱の接合部、水平構面は壁より剛性がなくてはならない

壁量とは

耐力壁は仕様ごとに倍率が異なるため、同じ長さの壁でも倍率の違う仕様を採用した場合は、それぞれ強さが異なるので、壁の長さだけで単純に比較することはできない。そこで、倍率の異なる耐力壁を一様に比較できるよう、壁倍率1に換算した長さを壁量（または壁長）［図1］と呼び、この長さで必要壁量と実際に設置する壁量（存在壁量［図2］という。以下同じ）との長さを比較する方法をとる。

これにより、一つの建物内に異なる倍率の耐力壁が混在していても、共通の評価ができるのである。

壁量設計の前提条件

壁量設計は簡単に安全性を確認できる方法としてはたいへん便利であるが、それにはいくつかの前提がある。

一つは、耐力壁両端の柱の接合部が耐力壁そのものより先に壊れないことである。逆にいえば、接合部より先に壁が壊れなければならない。「壁量設計」とは壁で、壊れる設計なのである。壁より先に他の部分が壊れてしまうようであれば、壁を強くする意味がないのである。

次に、床などの水平構面が、耐力壁に応じた十分な硬さをもっていることである。それぞれの壁に水平力を十分に伝える役割をしているのが、耐力壁上部をつなぐ水平構面である。したがって、水平構面が先に変形したり壊れたりすれば、いかに強固な耐力壁を設置していたとしてもその力を十分に発揮することができなくなる。

近年は、高倍率の耐力壁が用いられることが多くなってきている。にもかかわらず、床の仕様はあまり変わっていないので、相対的に床の硬さが不足しがちである。火打《ひう》ち材や構造用合板を有効に利用して剛性《ごうせい》（床の硬さをいう）を確保しておきたい。

このような前提条件のもとで壁量計算が成り立っていることを理解したうえで、安全な設計を心掛けたい。

図1 壁量（壁長）の考え方

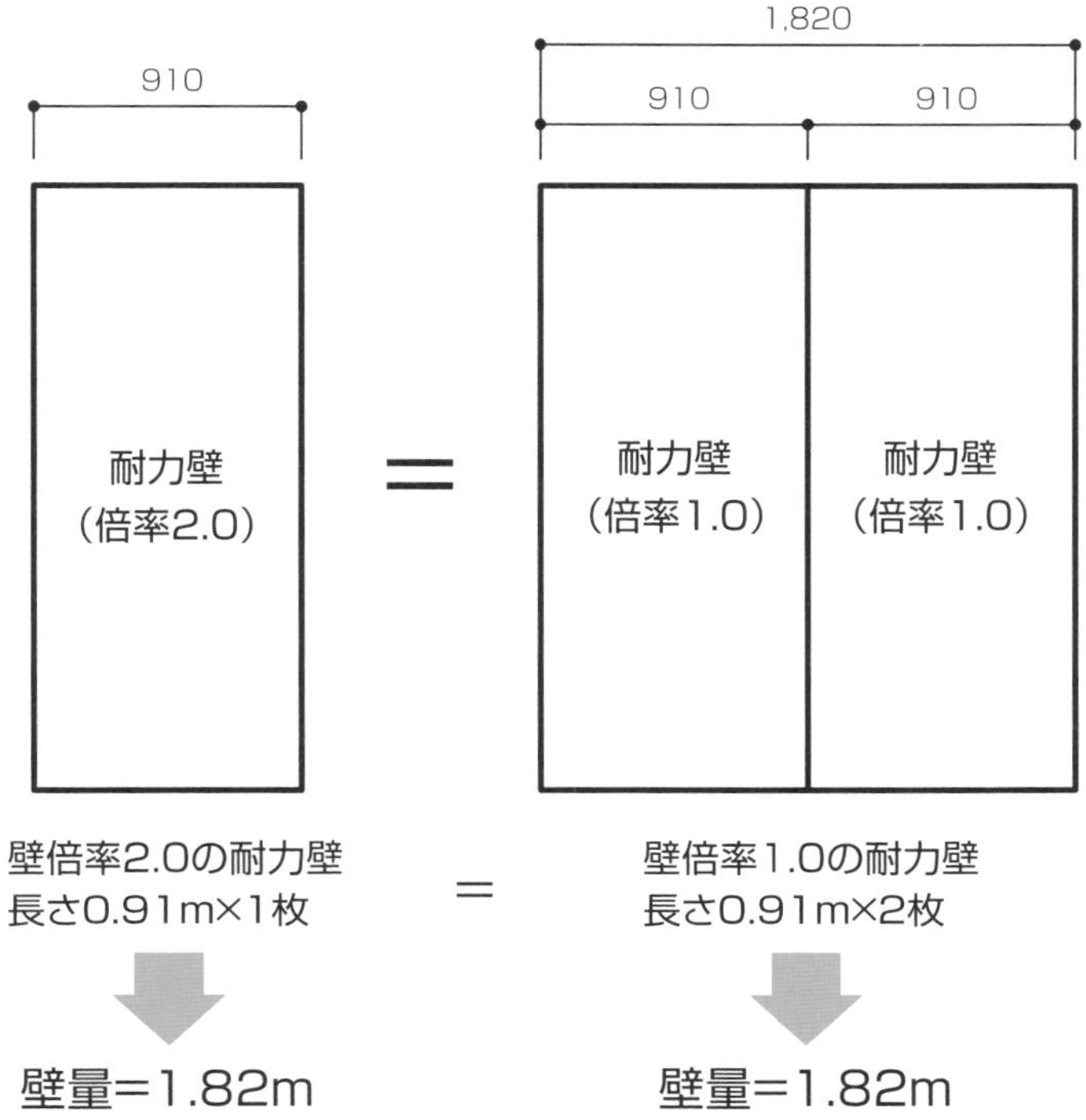

図2 存在壁量の定義

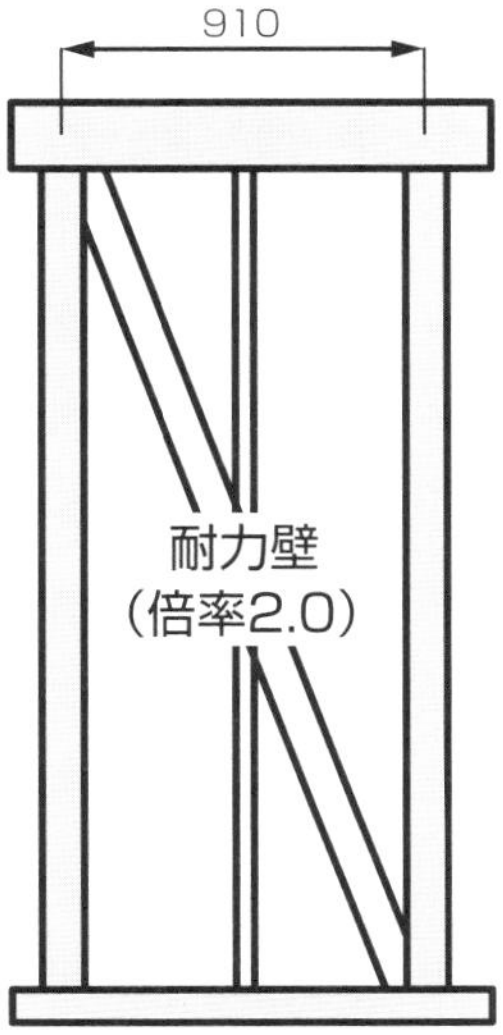

＝

壁倍率		壁長さ		存在壁量（有効壁量）
2.0	×	0.91m	＝	1.82 m

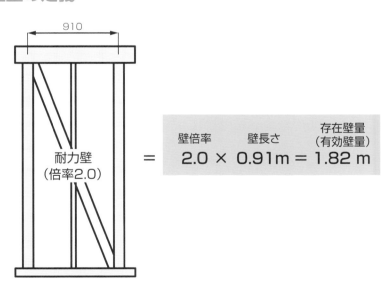

四分割法

Point
- 必要壁量は側端部床面積×床面積に乗ずる値で求める
- 建物に発生するねじれ力を考慮して壁配置を行う

壁の釣り合い

建物に対する地震力は建物の重さの中心（重心という）に加わる。これに対し、耐力壁の抵抗力の中心（剛心という）は耐力壁の配置によって変わるので、必ずしも重心とは一致しない。したがって、建物にはねじれる力が発生する。このねじれる力が大きいと、一部の耐力壁に大きな力が生じてしまい、たとえ全体の壁量を満足していても壁が壊れてしまう場合がある。

このような状況を防止するため、建築基準法では耐力壁は釣り合いよく配置しなければならないと規定しているが、当初はその具体的な方法までは示されていなかった。

しかし、2000年の法改正で、耐力壁の片寄りをチェックする方法が告示で示された。一般にこれを四分割法と呼ぶ。また、片寄りのチェックは四分割法によるほか、偏心率計算でもよいことが明記された。偏心率は0.3以下であればよいとされる。

四分割法の考え方

四分割法は、建物の階・方向ごとに平面を短冊状に4つに分割して、両端の部分（側端部という）で必要な壁量を満たしているか（充足率という）を確認するものである。

必要壁量は、通常の壁量計算における必要壁量と同じで、「側端部床面積×床面積に乗ずる値」で求める。このとき、床面積に乗ずる値は、当該側端部分の上部に2階部分があれば、2階建ての1階または3階建ての1階の値となるが、上部に建物がかかっていない場合は平屋建ての値を選択する。

存在壁量は、側端部の範囲内にある耐力壁の合計壁量である。

ここから、両端の充足率を比較して、小さいほうの充足率を大きいほうの充足率で割った値（壁率比という）が0.5以上であればよい。ただし、壁率比が0.5未満であっても、両端部の充足率が共に1.0を超えていればよいとされている［図1・2］。

図1 Y方向のバランスチェック時

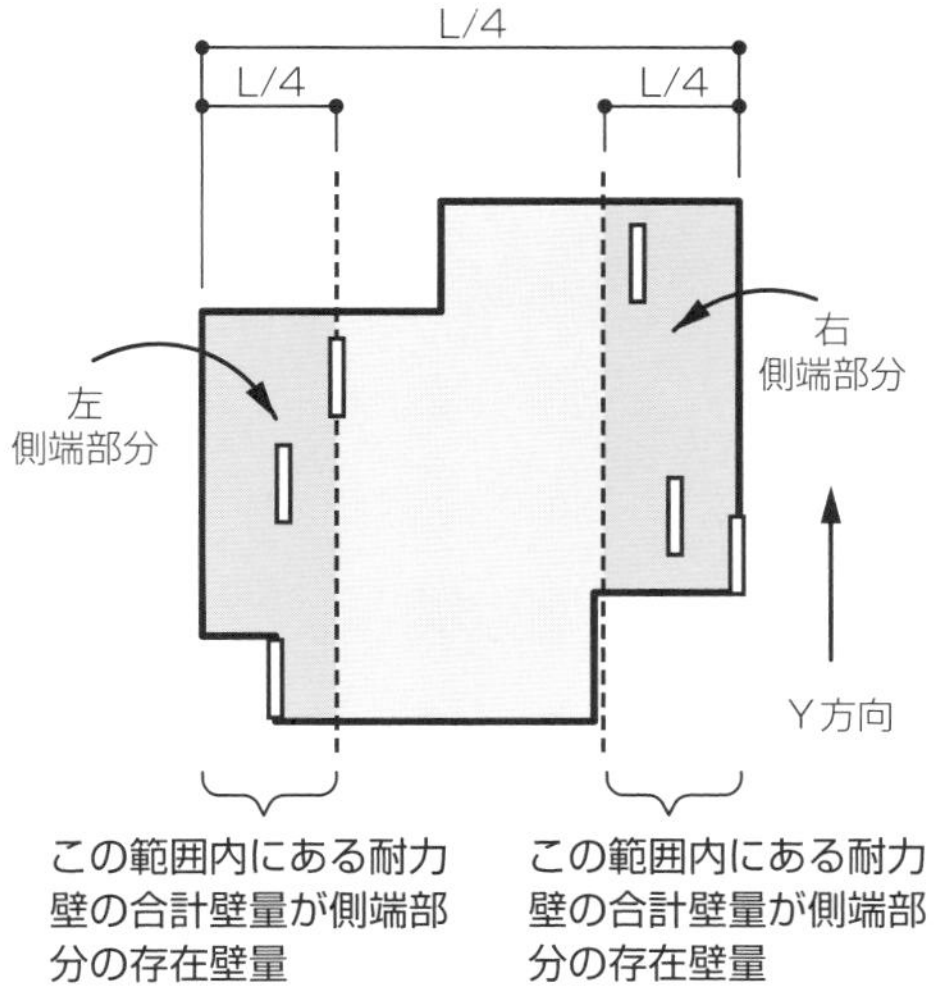

図2 X方向のバランスチェック時

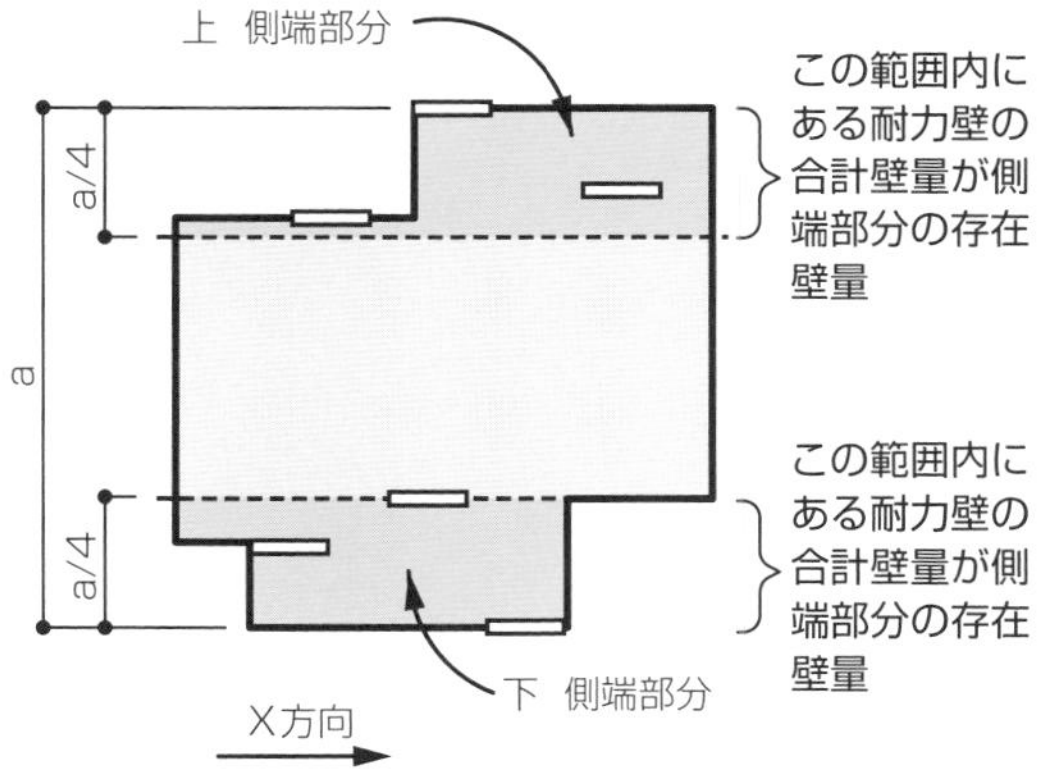

●検定 1

$\dfrac{\text{存在壁量}}{\text{必要壁量}}$ が1.0より大きい値であればOK

●検定 2

左右どちらか一方でも検定1を満たさない場合は検定2に進む

$\dfrac{\text{存在壁量}}{\text{必要壁量}}$ ＝壁量充足率という

小さい方の壁量充足率を大きい方の壁量充足率で割った値（壁率比という）が、0.5以上であることを確認する

$$\frac{\text{小さい方の壁量充足率}}{\text{大きい方の壁量充足率}} \geqq 0.5$$

検定1、検定2とも満たさない場合は、耐力壁配置の見直しが必要

筋かい端部接合部の種類

Point
- 2000年の改正建築基準法で具体的な仕様が示された
- 接合金物はZマーク表示金物を基準とする

筋かいの役割

筋かいは、柱と土台・胴差《どうざし》などの横架材に囲まれた長方形の空間に斜めに設置する軸材で、建物に作用する水平力に抵抗する役割がある。

筋かいを建物に取り付けるようになったのは明治初期からであったが、当時の壁は真壁がほとんどのため、筋かいを壁の中に納めるためには、厚さ15㎜前後の貫《ぬき》用の部材を用いていた。このため、圧縮力にはほとんど効かず、取り付け方も、桁などの横架材の側面に釘打ちした程度であった。その後、時代と共に次第に筋かいの断面は太くなり、圧縮力に効くようにもなってきたが、端部の取り付けはやはり釘打ち程度のものが多かった。

当時、圧縮力を負担する筋かいの端部には、柱や桁を押す力が作用するので、筋かいがずれない程度の固定であれば大丈夫だと考えられていた。

しかし、実際の地震では左右に繰り返し揺すられるため、筋かいは最初に引張力を受けたときに軸組間から外れ、次に圧縮力が加わったときにはすでに筋かいの役割を果たさず、建物が倒壊するといった現象が生じる。これは実際に兵庫県南部地震で確認され、多くの尊い命が失われた。

これを受けて、2000年の改正建築基準法では、筋かい接合部の仕様が筋かいの太さに応じて具体的に定められた［図1］。

接合金物

告示1100号では、筋かいの壁倍率に応じて必要な接合方法が具体的に記述されている。

この仕様は、㈶日本住宅・木材技術センターが、Zマーク表示金物［図2］という独自の認証制度において使用していた筋かい端部金物の仕様を文章化したものといわれている。現在では、これらの金物と同等以上の耐力を有する金物として、建築金物メーカーが多数製品化しているので、参考にされるとよいだろう。

図1 筋かい90×90㎜をたすきがけした場合の交差部の補強方法例

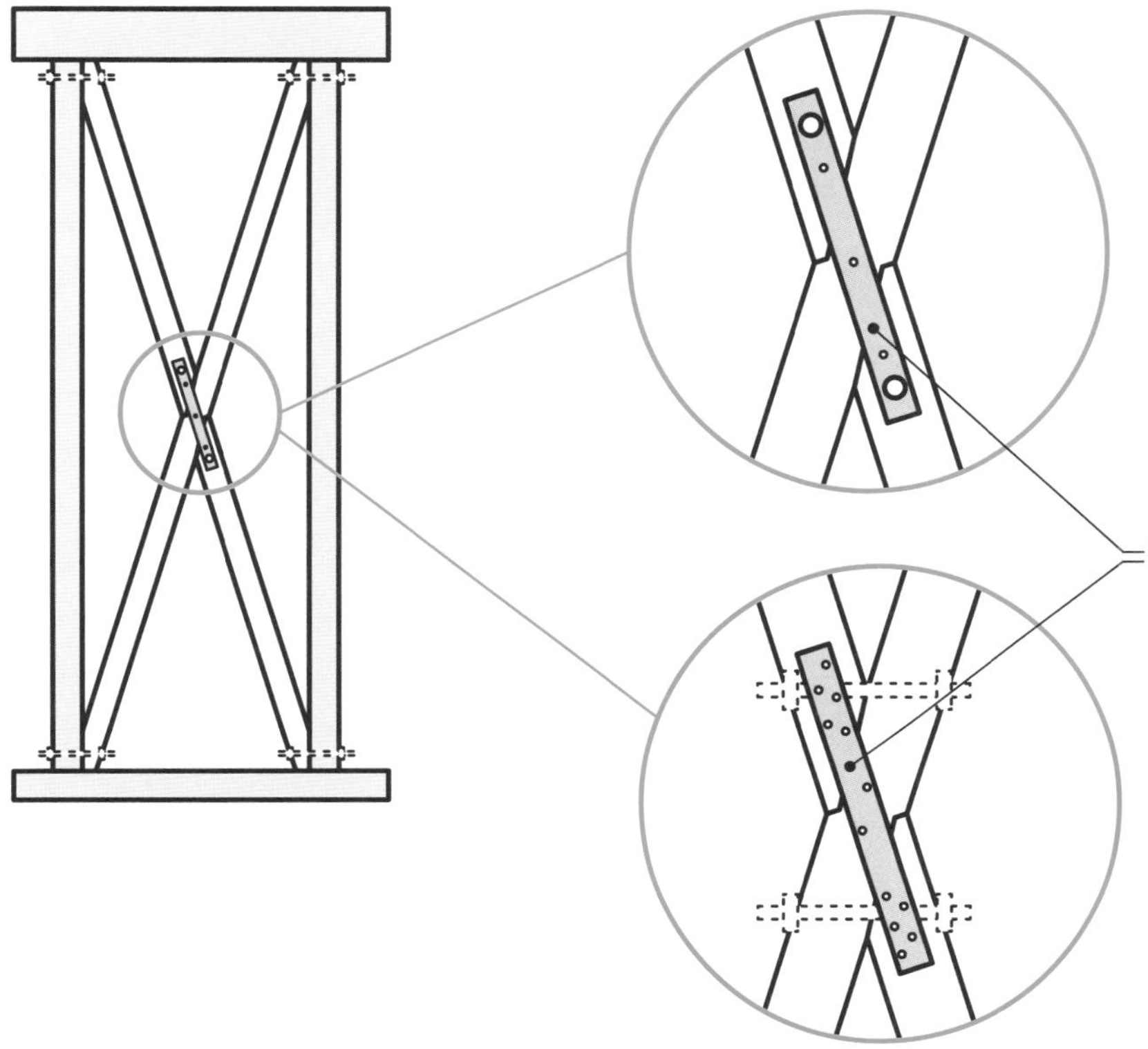

「建築工事標準仕様書･同解説JASS11木工事」
(日本建築学会編著)

図2 Zマーク表示金物の例

●筋かい金物(BP)
(筋かい30×90)

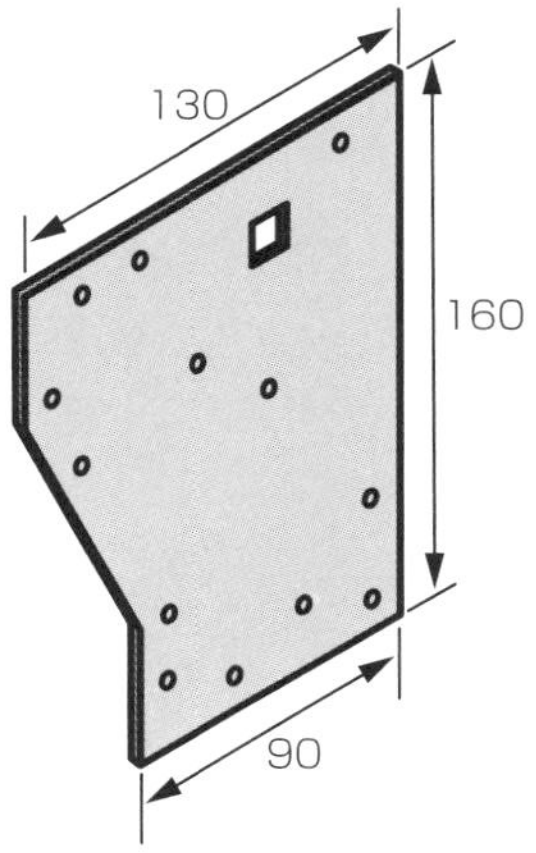

●筋かい金物(BP-2)
(筋かい45×90)

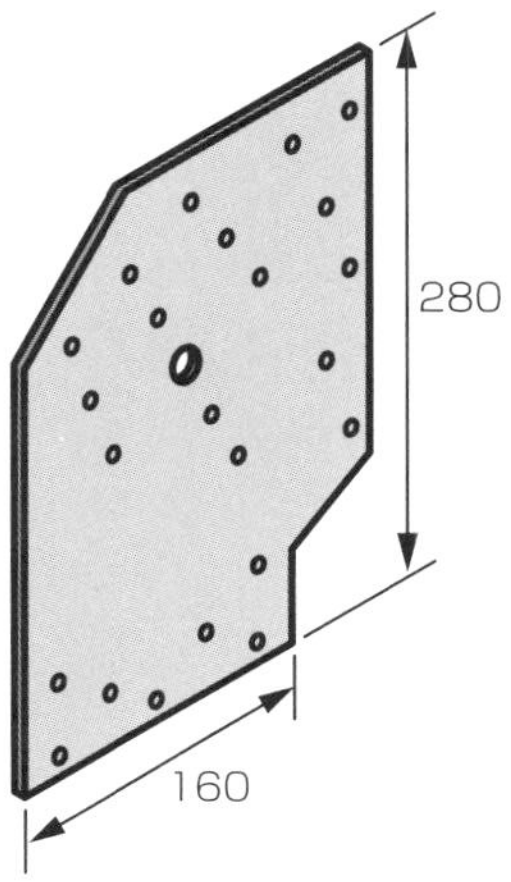

●筋かい金物(BP-2)の取り付け例

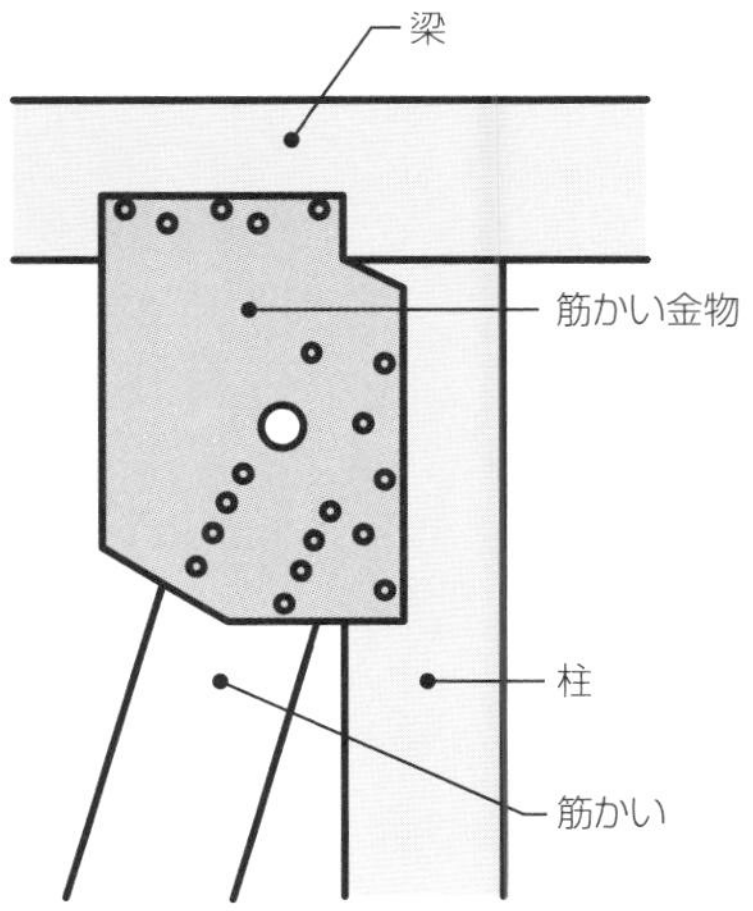

N値計算法

Point
- 接合金物だけでは耐力壁選択の自由度が限られる
- N値計算法は壁倍率から最大引抜力を求める

柱頭・柱脚接合部の仕様

筋かいや面材耐力壁端部の柱に発生する引抜力に対して柱を固定する金物については、告示でその仕様が決められている［図］。

告示では最上階に取り付けられた筋かいなどに対する柱の固定方法と、最上階以外（1階と2階）に取り付けられた筋かいなどに対する柱の固定方法に分類されている。この方法は短時間で設計が可能なのが特徴だが、限られた耐力壁に対する金物しか指定されていないので、耐力壁選択の自由度が限られてしまうという特徴がある。

これに対し、簡易な計算で耐力壁端部の引抜力を計算し、その値以上となる金物を選択する方法（通称「N値計算」という）も認められている。こちらは、幅広い耐力壁の種類と倍率に対応できるのが特徴である。

N値計算法とは

N値計算法は、耐力壁端部または耐力壁で挟まれた柱に生じる引抜力の最大値を、次の3つの要因から求める。

①柱の両側の壁の強度
②柱上部の床構面による押さえ効果
③柱に加わる鉛直方向の荷重

壁に挟まれた柱の引抜力は、両側の壁の引抜力と圧縮力との差となるため、これを壁倍率の差として計算する。柱上部の床構面による押さえ効果は出隅《ですみ》の柱とそれ以外で異なる。柱に加わる鉛直方向の荷重についても、出隅の柱とそれ以外では押さえ効果が異なる。

以上を式で表すと、次のようになる。

$N \geqq A_1$（壁倍率の差）・B_1（周辺部材による押さえ効果の係数）－L（鉛直荷重による押さえ効果の係数）

A_1とは左右の壁倍率の差で、筋かいの場合は取り付け方による補正値が必要となる［表］。

なおこの計算は、接合部が壁より先に壊れないことが前提となっているため、詳細な構造計算から求められる実際の引抜力ではなく、壁倍率から最大引抜力を求めなければならない。

図 接合金物の種類

●かすがい

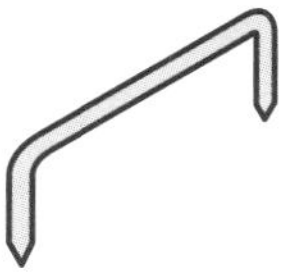

●かど金物CP-L

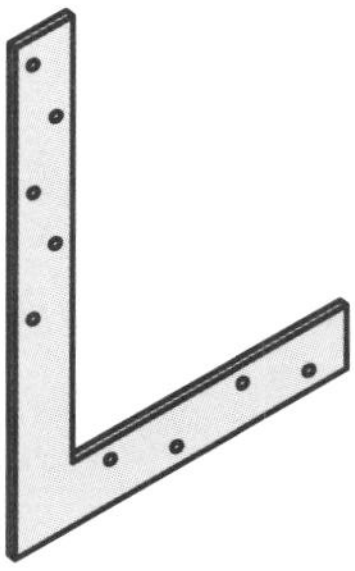

柱の上下を接合する

●かど金物CP-T

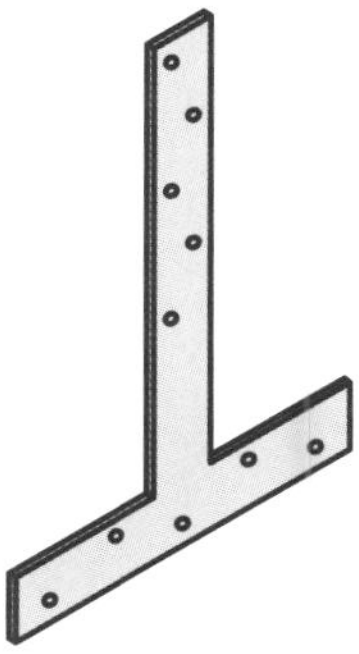

●山形プレート

柱の上下を接合する

●羽子板ボルト（釘なし）

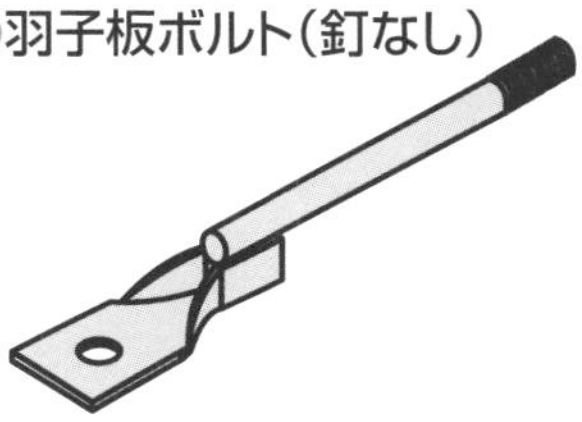

柱の上下を接合する

●羽子板ボルト（釘あり）

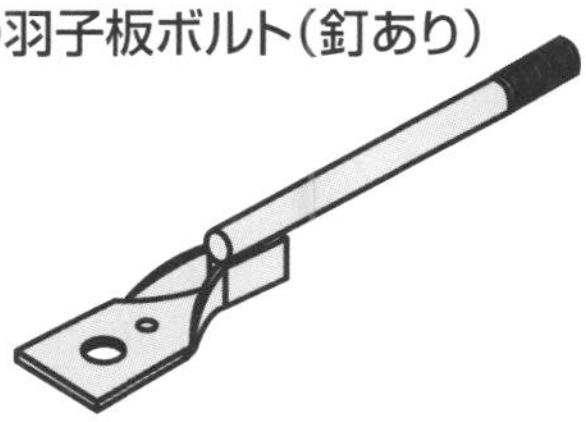

●短ざく金物（釘あり）

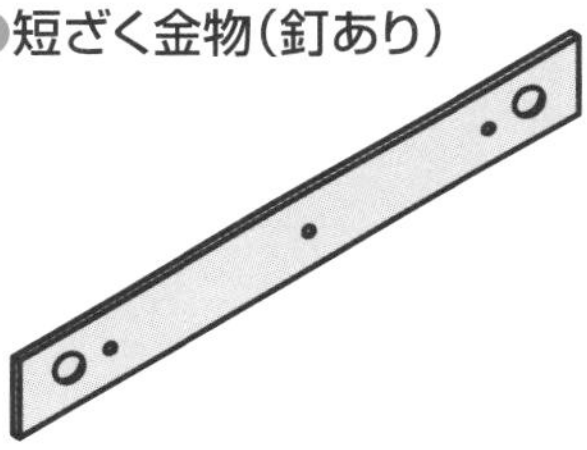

上下階の柱または胴差同士を接合する

●ホールダウン金物

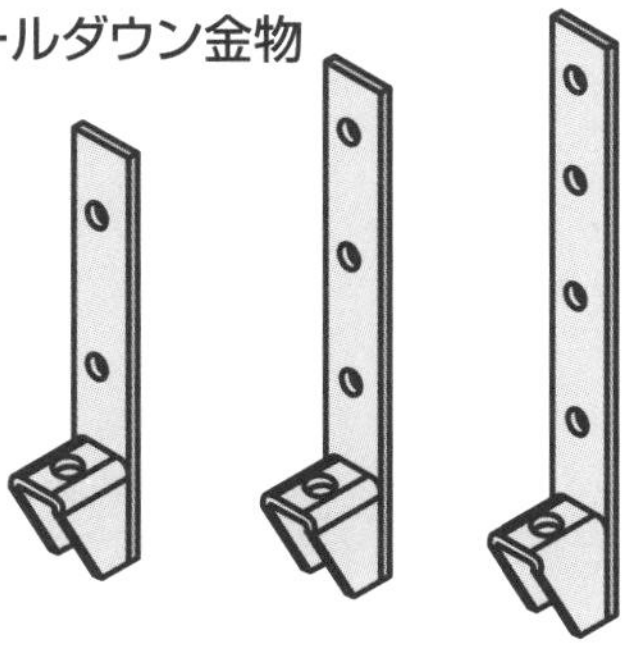

基礎と柱、上下階の柱同士を接合する

表 N値計算の算定式例

●平屋の柱、または2階建ての2階の柱のとき

$$N \geqq A_1 \times B_1 - L$$

N ：接合部倍率（その柱に生じる引抜力を倍率で表したもの）の数値

A_1 ：当該柱の両側における軸組の壁倍率の差。ただし筋かいの場合、補正表1～3の補正値を加える

B_1 ：周辺の部材による押さえ（曲げ戻し）の効果を表す係数。出隅の場合0.8、その他の場合0.5

L ：鉛直荷重による押さえの効果を表す係数。出隅の場合0.4、その他の場合0.6

●2階建ての1階の柱のとき

$$N \geqq A_1 \times B_1 + A_2 \times B_2 - L$$

N、A_1、B_1は左記に同じ

A_2 ：当該柱の上の2階柱両側の軸組の壁倍率の差。ただし筋かいの場合、補正表1～3の補正値を加える

B_3 ：2階の周辺部材による押さえ（曲げ戻し）の効果を表す係数。出隅の場合0.8、その他の場合0.5

L ：鉛直荷重による押さえの効果を表す係数。出隅の場合1.0、その他の場合1.6

令37条・41条・49条

木材の品質・施工方法

Point
- 令37条は、構造部材の耐久性を規定する
- 令41条は木材の品質を規定する
- 令49条は外壁内部の防腐措置を規定する

守らなければならない仕様規定

木造3階建ての構造設計を行う場合、「構造計算」に主眼を置きがちになる。だが、施行令3章2節および3節で定められている仕様規定を守ることにも、注意を払う必要がある。仕様規定では壁量計算が代表的だが、部材の耐久性の要件や材料の規格要件などもある。

構造部材の耐久性

令37条では、柱や梁など構造上主要な部材は腐食や腐朽・摩損しにくい材料や防止措置をしなければならないと定められている。

木材の品質

令41条では、構造耐力上主要な部分に使用する木材には節・腐れ・繊維の傾斜・丸身などによる耐力上の欠点のないものを使用しなければならないと定められている［図1］。

柱や梁に用いる木材は「指定建築材料」として法37条で位置づけられている。木材以外の指定建築材料は、日本農林規格（JAS）または日本工業規格（JIS）製品の使用が義務づけられている。ただし、木材だけはJASの指定はされていない。

集成材は接着剤を用いた加工品であることから、ほとんどがJAS製品なのに対し、製材ではあまり使われていないのが現状である。

外壁内部の防腐措置

令49条では、外壁を鉄網モルタル等とする場合は、モルタルと下地の間に防水紙を入れなければならない［図2］。防水紙の役割は、モルタルからの湿気やモルタルに染み込んだ雨水が、木材の下地や構造躯体に触れないようにするためである。したがって、防水紙を留め付ける釘やタッカーなどの貫通孔についても、防水紙を用いることが必要である。

また、外壁の地盤面から1mまでにある柱や筋かいには、防腐処理等の防腐措置が義務づけられている［図3］。

図1 柱の品質

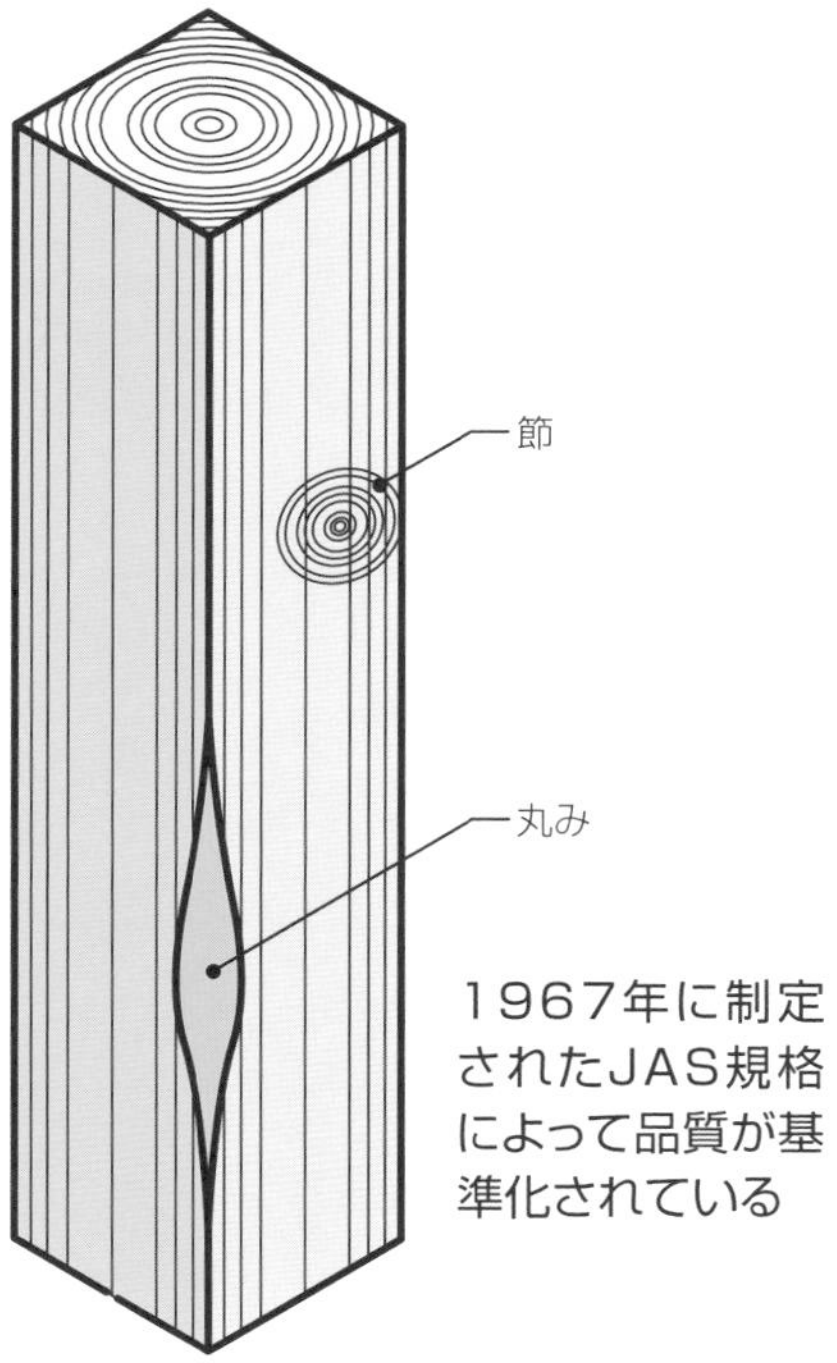

図2 モルタル外壁の防水紙規定

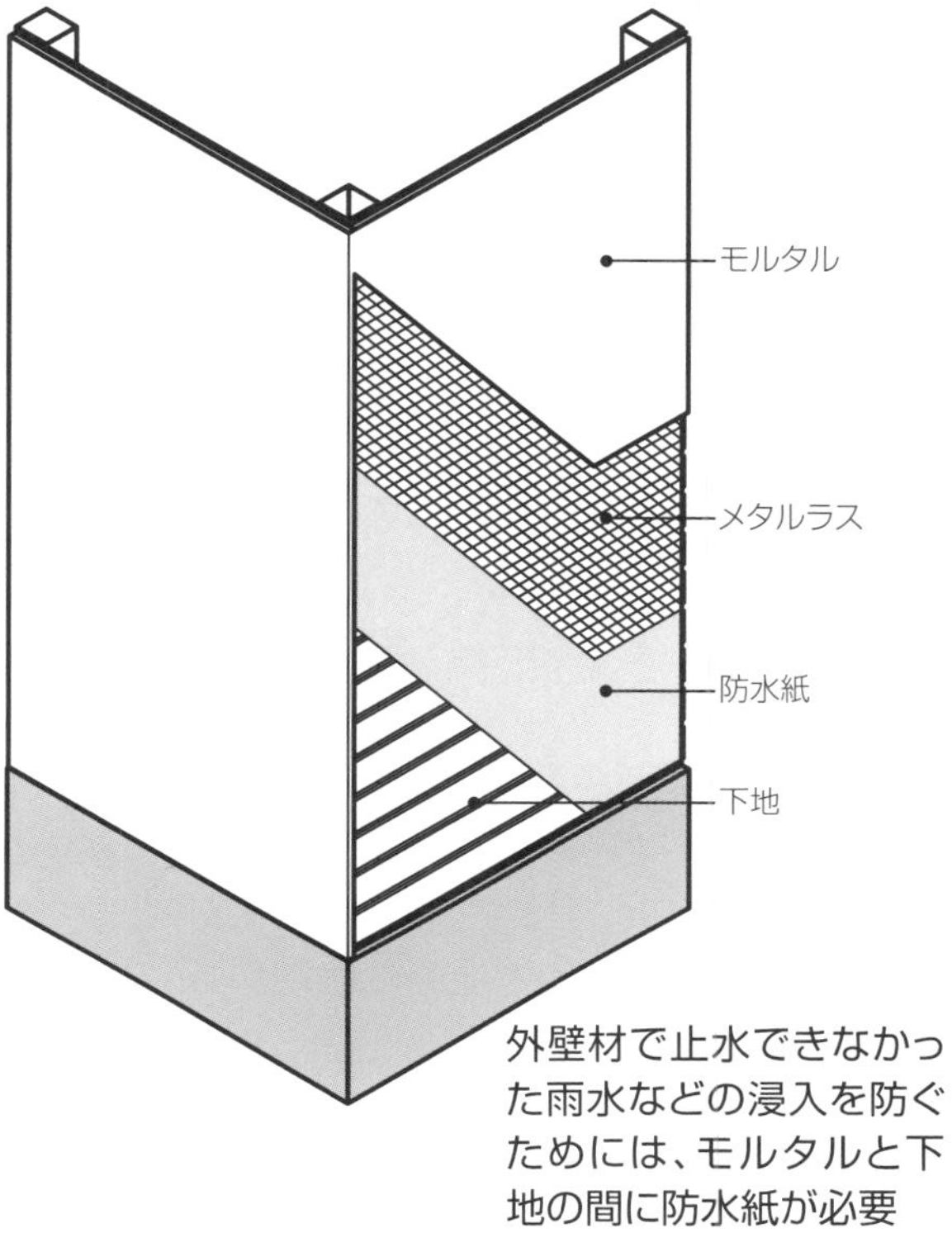

図3 外周部の地盤面から1mまでの防腐措置

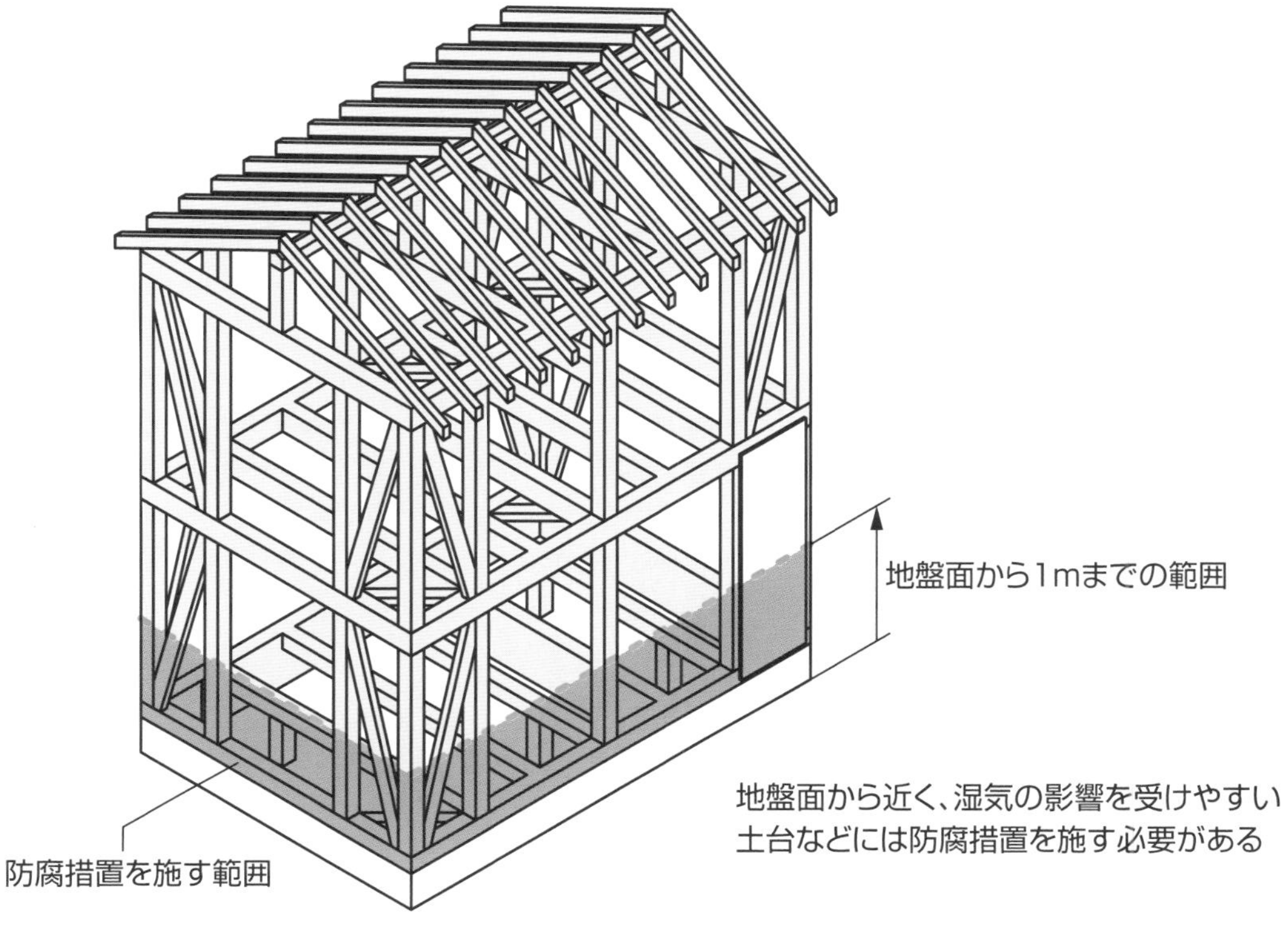

地盤に応じた基礎の形式

Point
- 基礎は、地盤の長期許容応力度に応じて3種類
- 木造3階建てでは、構造計算も加味した基礎選択を

基礎の構造

令38条では、基礎は安全で建物荷重を確実に地盤に伝達することが求められている。具体的には告示1347号に記されている。ここで必要なのは、第一に地盤の長期許容応力度に応じて基礎の種類を選択することである。つまり、建物を設計する際は、まず地盤調査を行い長期許容応力度を求めなければならない。木造3階建て程度までの比較的小規模な建物では、スクリューウエイト貫入試験（SWS）による地盤調査が普及している。

次に、基礎の種類ごとに断面寸法や鉄筋の種類・間隔等が例示されている。基礎の種類としては、①基礎杭、②ベタ基礎［図1］、③布基礎［図2］である。

基礎の種類と仕様

①基礎杭

基礎杭には、場所打ちコンクリート杭［図3］、高強度プレストレストコンクリート杭、遠心力鉄筋コンクリート杭、鋼管杭［図4］が示されている。これらは住宅規模では費用の面からあまり使われてはいない。なお、地盤が悪い場合に鋼管製やコンクリート製の杭を打って補強する場合を見かけるが、これらの施工方法は正確には「地盤改良工事」である。

②ベタ基礎

地盤の長期許容応力度が70kN／㎡以上ある場合は無筋コンクリートとしてもよいが、通常は鉄筋を入れる。

③布基礎

ベタ基礎同様、無筋コンクリートとしてもよいが、こちらも通常は鉄筋を入れている。

なお、これらの仕様（かぶり厚や鉄筋間隔など）は一般的な鉄筋コンクリート造の設計基準には必ずしも適合していないことから、いわゆる「鉄筋入りコンクリート」と呼ばれている。

木造3階建てでもこの仕様基準を満たせばよいが、基礎構造においてもより安全な設計とするために、構造計算を行うことが望ましい。

図1 ベタ基礎

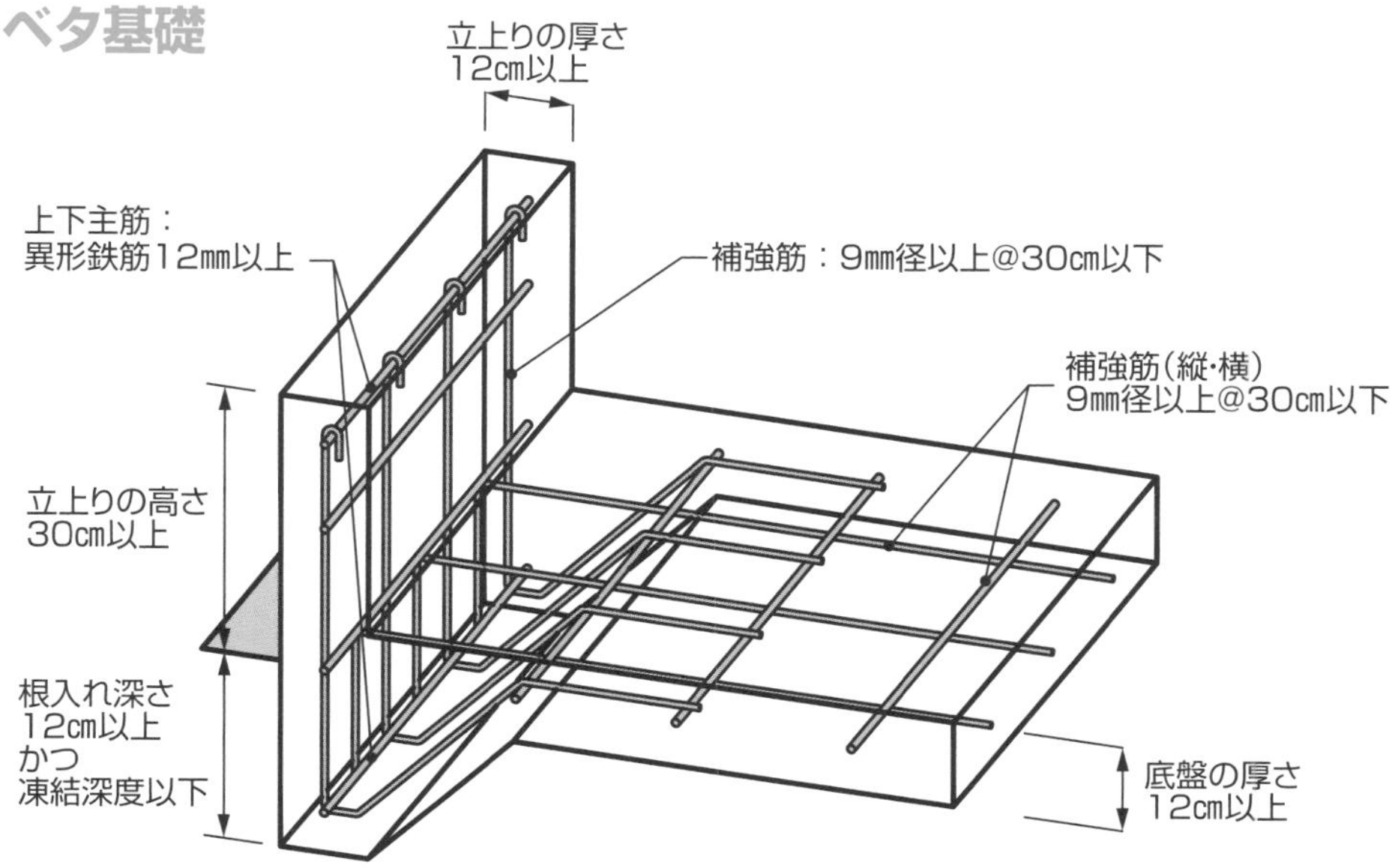

図2 布基礎

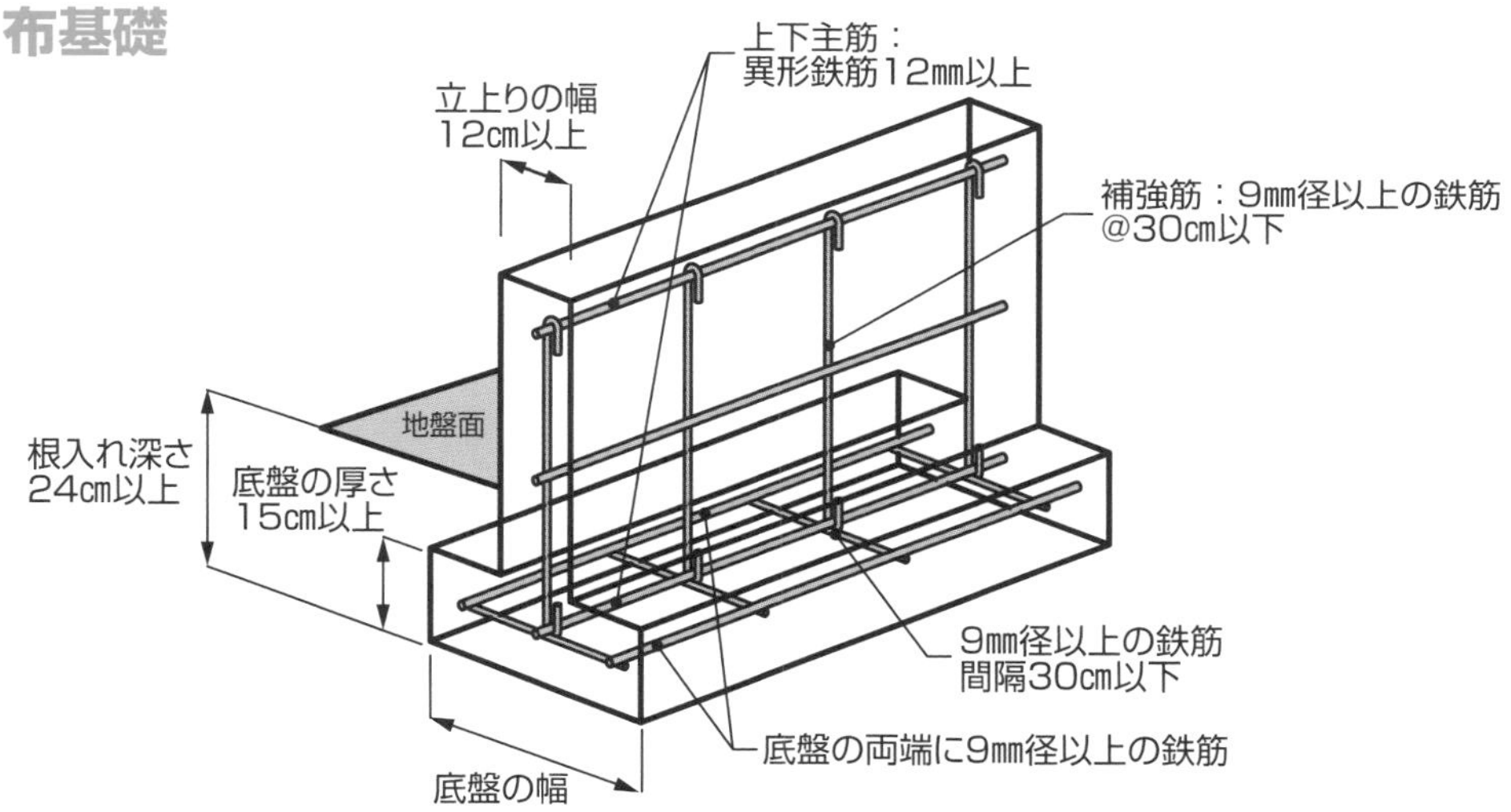

図3 場所打ちコンクリート杭

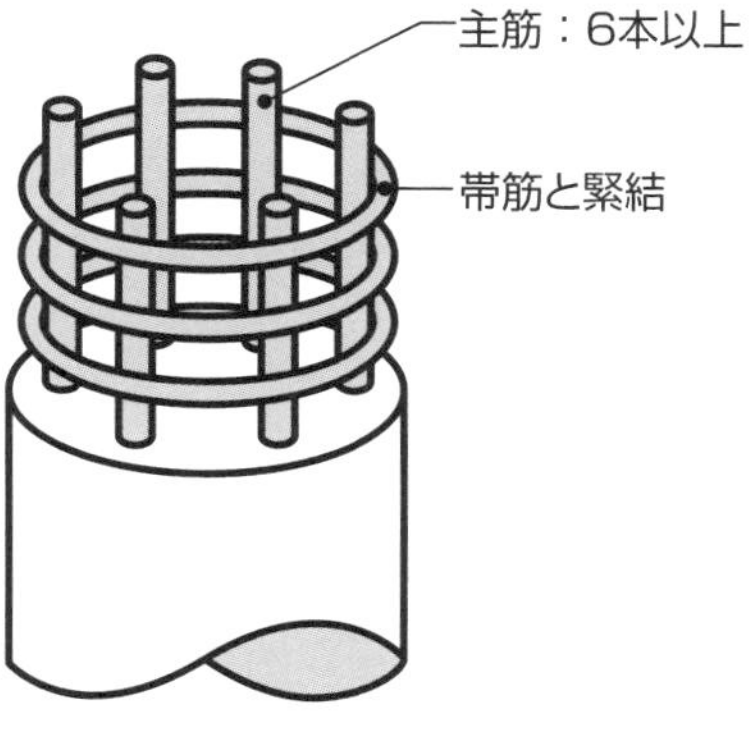

図4 鋼管杭

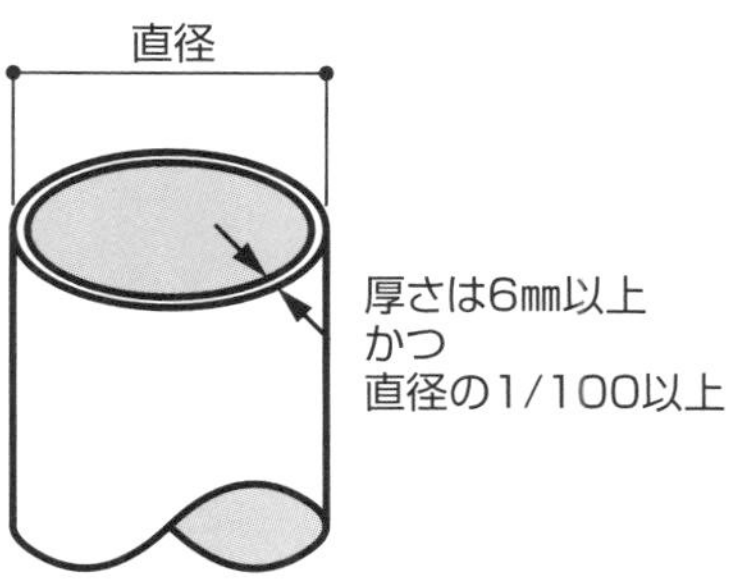

床水平構面の仕様

Point
- 床水平構面は、耐力壁と同様に重要な役割を果たしている
- 火打ち材だけでなく、板類を横架材に直接釘打ちした仕様でもよい

水平構面の構成

令46条3項では、床組および小屋梁組に木板その他これに類するものの設置を求めている。ただし構造計算をして安全を確認した場合は除外できる。

木板類の設置を求める目的は、床水平構面が変形しないように固めるため。かつては令46条3項の本文に火打ち材が例示されていたが近年の工法に合わず、平成28年の改正で木板その他これに類するものに変更され、詳細は告示691号に記載されることとなった。

近年の軸組工法建物では、耐震性能の向上に伴い、耐力壁が高倍率化の傾向がある。建物に作用する地震力や風圧力などの水平力を耐力壁のある通りに分配する役割を担っているのが水平構面である。耐力壁の高倍率化に伴い、水平構面もより強くすることが求められる。そのため、水平構面の構成部材に火打ち材に加えて木板類を一定の条件で設置する方法も告示で追加された。

水平構面の仕様

告示691号には2種類例示されている。第1号は隅角部への火打ち材の設置。隅角部の定義や具体的な火打ち材の数などの例示はない。第2号は厚さ30㎜以上、幅180㎜以上の板材を耐力壁線間隔2.2m～10mの条件に当てはまる横架材にN90釘@60㎜以下で留め付けたもの。これらのほか、2020年版建築物の構造関係技術基準解説書では、パーティクルボードや構造用合板を釘打ちする場合も第1号と同様とみなすことができるとされ［図2］、住宅性能表示制度における水平構面仕様で存在床倍率0.5以上の仕様や、実験等によって存在床倍率が0.5以上であることが確認された仕様は第2号と同等とみなすことができるとされている。

3階建てにおいては、構造計算で水平構面の検討も必須。この場合、木造軸組工法住宅の許容応力度設計（2017年版）中に例示されている仕様およびΔQaを用いることになる。

図1 火打ち材の設置個所例

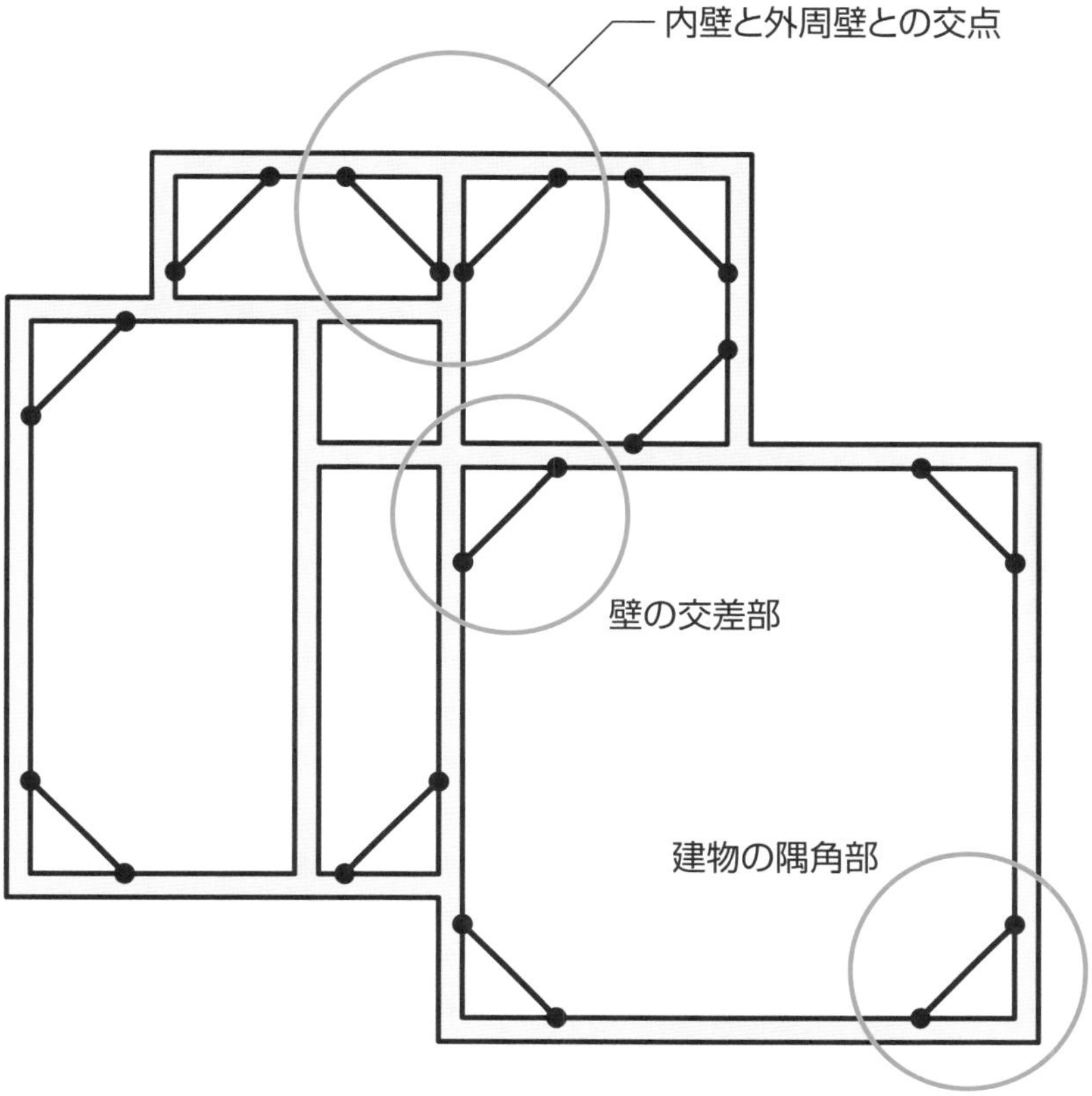

図2 火打ち材と同等とみなせる床構面の例

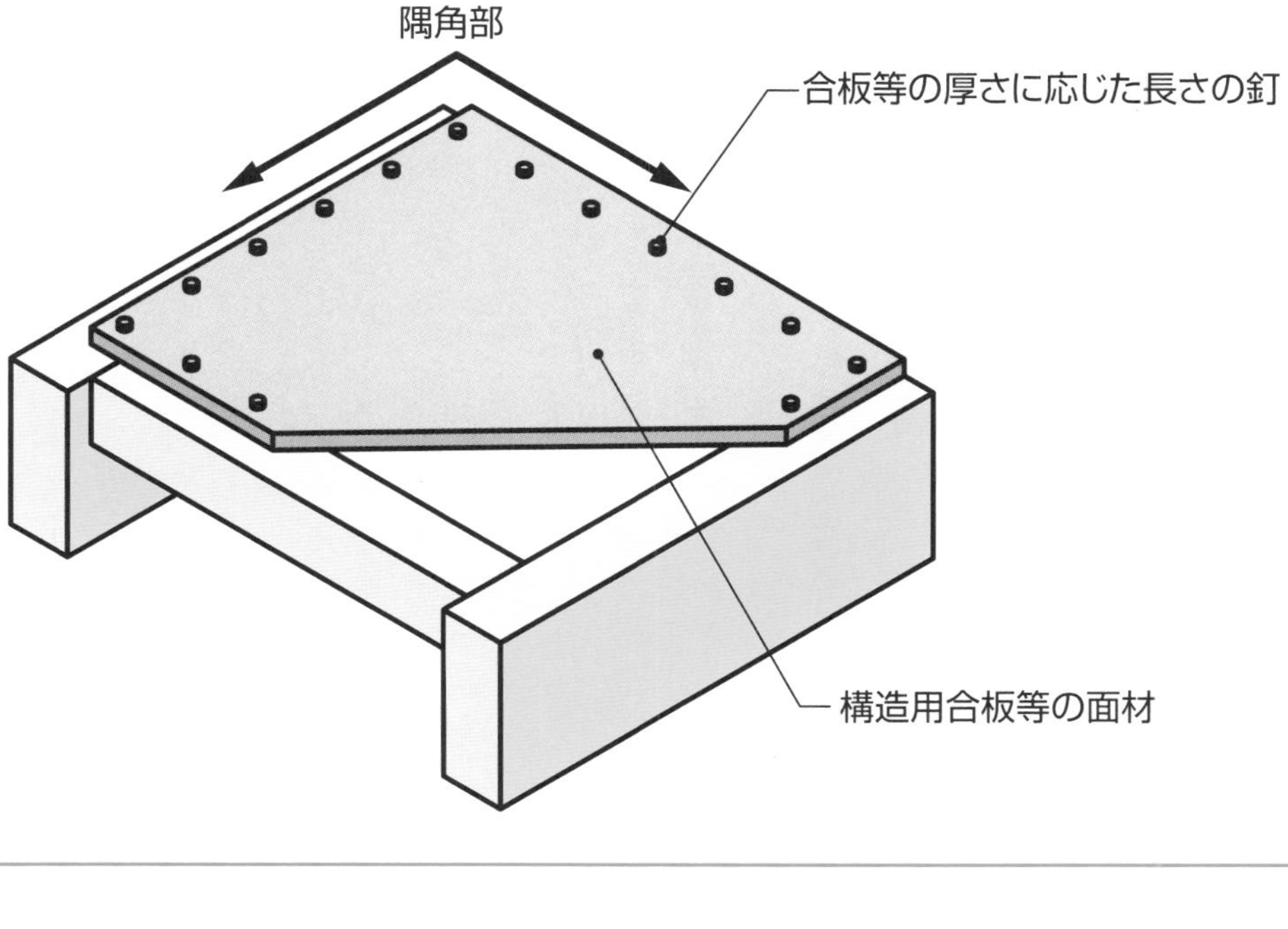

柱の小径と有効細長比

Point
- 柱の小径は建物の重さ区分、建物用途で異なる
- 柱の有効細長比は150以下

柱の小径

令43条では、建物の用途別、かつ建物の重量別に、各階で用いることができる柱の太さの最小径が定められている［図1］。

小径とは、柱のなかで最も細い部分の直径をいう。正方形柱の場合は、柱の1辺の長さを表す。吹抜けに面した通し柱などにおいては、柱の途中に胴差などが差し込まれる面では土台～胴差、胴差～軒桁《のきげた》までが小径を計算するうえでの柱長さとなるが、一方の吹抜けに面した部分では、柱の途中に胴差がないため、柱は拘束されない。したがって、この面の柱長さは土台～軒桁までとなる。このとき、柱の小径が不足する場合があるので注意を要する。

建物の重さ区分は、

①壁の重量が特に重い建物
②①を除き、屋根が軽い材料で葺《ふ》かれている建物
③①②以外の建物

の3通りしかない。

設計する建物がどの範囲に属するかは、設計者の判断に委ねられている。判断に迷う屋根材を使う場合は、安全側の選択を心掛けたい。

また、最上階とそれ以外の柱でも小径が区分されている。

柱の細長比

令43条6項では、「構造耐力上主要な部分である柱の有効細長比（断面の最小2次率半径に対する座屈《ざくつ》長さの比をいう）は、150以下としなければならない。」とある。この項にはただし書による緩和規定や代替規定がないため、すべての木造建物は有効細長比［図2］を検討しなければならない。

座屈長さは、柱の両端の固定方法によって異なるが、木造の柱の場合は、すべてピン構造（回転端）とみなして、座屈長さ＝柱の横架材間長さとしている。ここでも、吹抜けなどに面する通し柱の場合は、吹抜けに面する側の柱の長さが土台～軒桁までとなるので注意が必要である［図3］。

図1 柱の小径

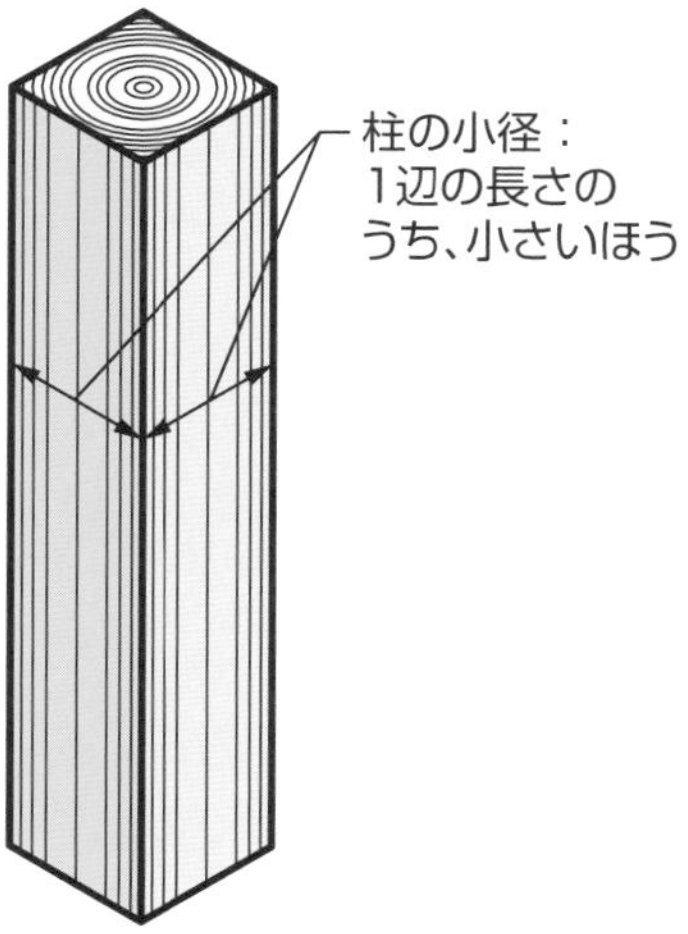

		梁間方向または桁行方向に相互の間隔が10m以上の柱または学校、保育所、劇場、映画館、演芸場、観覧場、公会堂、集会場、物品販売業を営む店舗（床面積の合計が10㎡以内のものを除く）もしくは公衆浴場の用途に供する建築物の柱		上欄以外の柱	
		最上階または階数柱が1の建築物の柱	その他の階の柱	最上階または階数柱が1の建築物の柱	その他の階の柱
(1)	土蔵造の建築物その他これに類する壁の重量が特に大きい建築物	1/22	1/20	1/25	1/22
(2)	(1)に掲げる建築物以外の建築物で屋根を金属板、石板、木板その他これらに類する軽い材料で葺いたもの	1/30	1/25	1/33	1/30
(3)	(1)および(2)に掲げる建築物以外の建築物	1/25	1/22	1/30	1/28

図2 有効細長比

$$\frac{\ell_k}{i} \leqq 150$$

ℓ_k：座屈長さ（柱の長さ）
i：柱の最小2次半径（$\sqrt{\frac{I}{A}}$）
I：柱の断面二次モーメンント
A：柱の断面積

柱の座屈とは、柱の長さ方法に大きな圧縮力が加わって柱が曲がる現象をいう

図3 吹抜けに面した通し柱

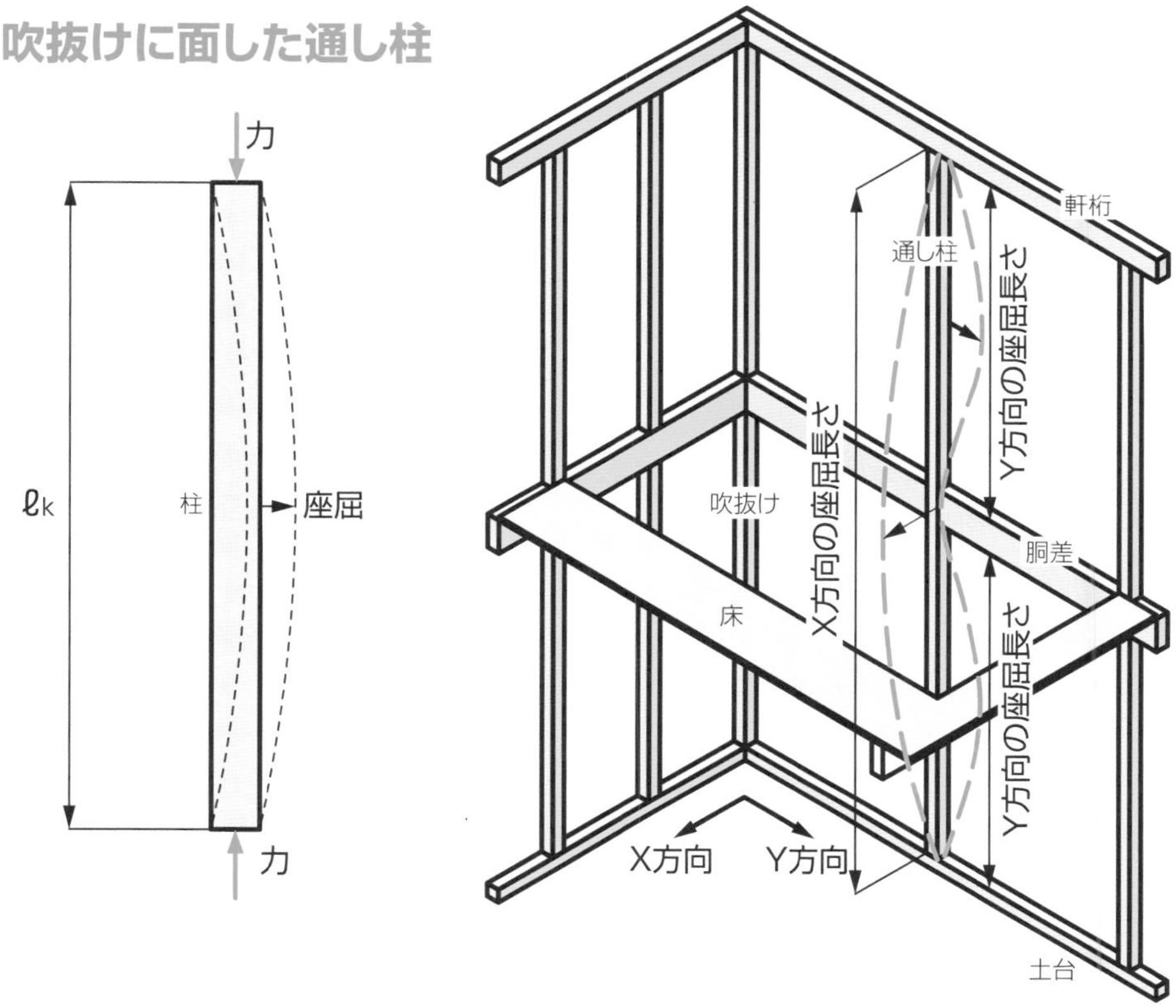

COLUMN 3

四分割法と偏心率のはなし

耐力壁配置の片寄りのさまざまな確認方法

木造３階建てまでに適用される仕様規定では、耐力壁配置の片寄りを、原則として四分割法でチェックすることになっている。ただし、四分割法に代えて偏心率を計算し、0.3以下であることを確認してもよいとされている。また、施行令46条２項を適用させて仕様基準の適用を除外する場合は、許容応力度計算に加えて偏心率のチェックが求められ、通常は0.15以下でなければならない。ただし0.15を超える場合には、Fe割増またはねじれ補正係数を考慮して偏心率を求め、0.3以下であればそれでもよいとされている。

このように、偏心率計算でもさまざまな方法と基準値があり、木造の場合、分かりにくい要因の一つになっている。

四分割法の考え方

四分割法は、壁量計算の手法を用いて、手元の電卓一つで壁配置の片寄りのチェックができる大変優れた方法である。

偏心率の考え方

◆四分割法と偏心率はどちらが良いか

「四分割法でNGとなっても偏心率計算をすればOKとなる」という話をよく聞く。では、どの程度の割合があるのだろうか。

図は木造２階建ての四分割法と偏心率の関係を調べたものである。X軸に偏心率、Y軸は四分割法の値である。四分割法では側端部分の壁率比を表しているので、0.5以上となっていればOKである。X軸方向の偏心率は0.3以下がOKの範囲なので、どちらもOKとなる領域は太線で仕切られた領域の左上の部分である。

一方、四分割法が0.5未満で、偏心率が0.3以下となるものは、左下の領域にあるポイントで、全体の約20％を占める。このことから、約２割の建物は偏心率計算によって救われることとなる。

◆偏心率の持つ危険性とは

偏心率計算は四分割法より壁の片寄りを正確に判定できるが、これは、重心と剛心の位置を正しく求めた場合に限ることはいうまでもない。

重心と剛心の求め方については告示で詳細に決められているわけではなく、構造設計者の判断による。そのため、できるだけ簡便に求められる方法が取られがちになることから、重心と剛心の位置が危険側になることが考えられる。具体的に重心を求める方法としては、次の２通りがある。

①実際の自重と積載荷重を想定し、柱・梁・壁ごとに重さを求める方法。部分２階建てなどの場合では、より正確に重心位置を求めることができる。

②重心と図心がほぼ等しいと考え、建物の平面形の図心を求める方法である。この場合は、個別に建物重量を設定する必要がないため、より簡便に計算できる。ただし、総２階建てかそれに近い建物にしか有効ではない。

四分割法の充足率比と偏心率の関係

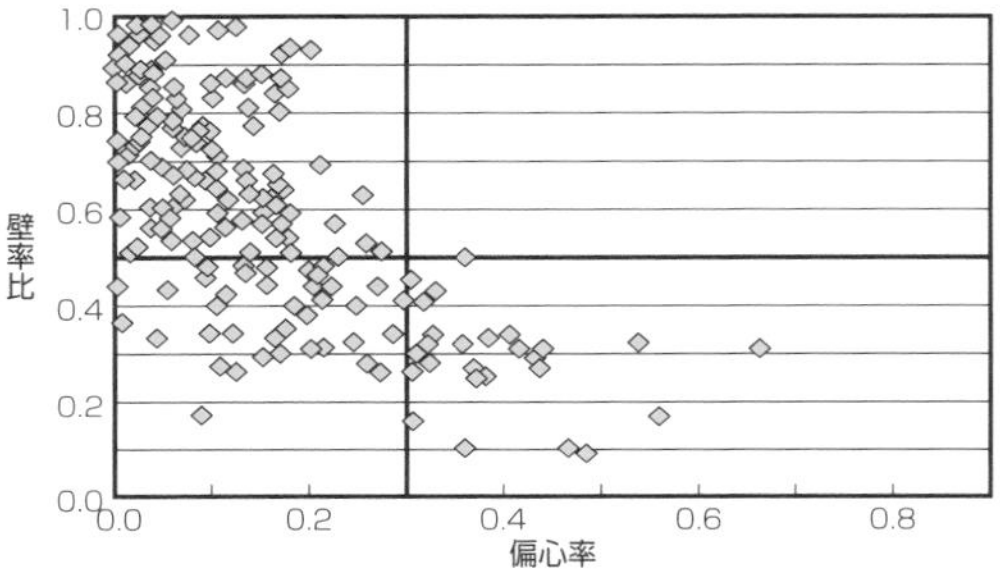

4

構造設計（許容応力度）

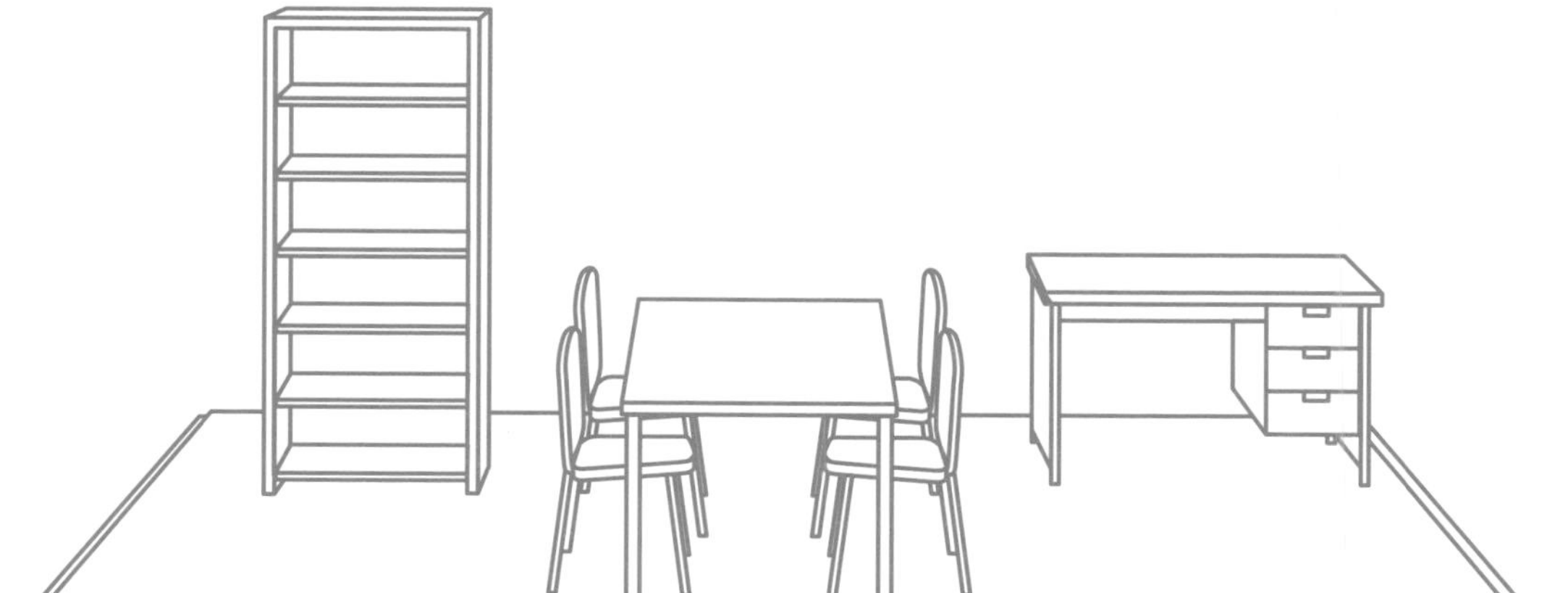

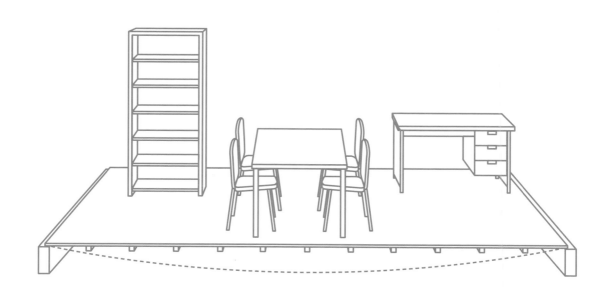

構造計算ルート

Point
- 木造3階建てには、壁量計算と構造計算が必要となる
- ルート1、ルート2、限界耐力計算が必須

3階建てで求められる構造計算

木造建物の構造安全性を解決する方法は、次の5つである。

①壁量計算（仕様規定）
②許容応力度計算
③許容応力度等計算
④保有水平耐力計算
⑤限界耐力計算

地上2階建ての建物は壁量計算（仕様規定）でよいが、地上3階建て以上の場合や延べ面積500㎡を超える建物は、壁量計算に加えて構造計算が必要となる。以下、その詳細を見ていくことにする。

●**許容応力度計算**：木造においては、地上3階建て以上で、高さ13m、軒の高さ9m以下の建物に適用される。

この計算方法は、いわゆるルート1と呼ばれ、建物や部材に加わる長期と短期の力（鉛直方向、水平方向）が、その部材が持つ許容応力度に達しないことを確かめる方法である。

●**許容応力度等計算**：高さ13m、軒の高さ9mを超える建物の場合は、構造設計一級建築士が構造計算をするか、計算されたものをチェックする必要があり、申請においても構造計算適合性判定の対象となる。

これは、許容応力度計算に加えて剛性率、偏心率および靭性確保のための計算や確認を行うか、保有水平耐力計算が要求され、ルート2と呼ばれる。

●**保有水平耐力計算**：高さが31mを超える建物に要求される計算で、ルート3と呼ばれている。木造ではほとんど使われることはない。

●**限界耐力計算**：2000年の改正建築基準法における性能規定化の一環として導入された計算方法で、大地震と中地震に対して安全性を確認するものである。

木造建物では、伝統構法のような既存の耐力壁の範囲外の方法で耐震性を確保する建物に適用されることがある。

●**その他の計算法**：このほか、時刻歴応答解析やエネルギー法なども研究されている。

図 計算ルートの確認

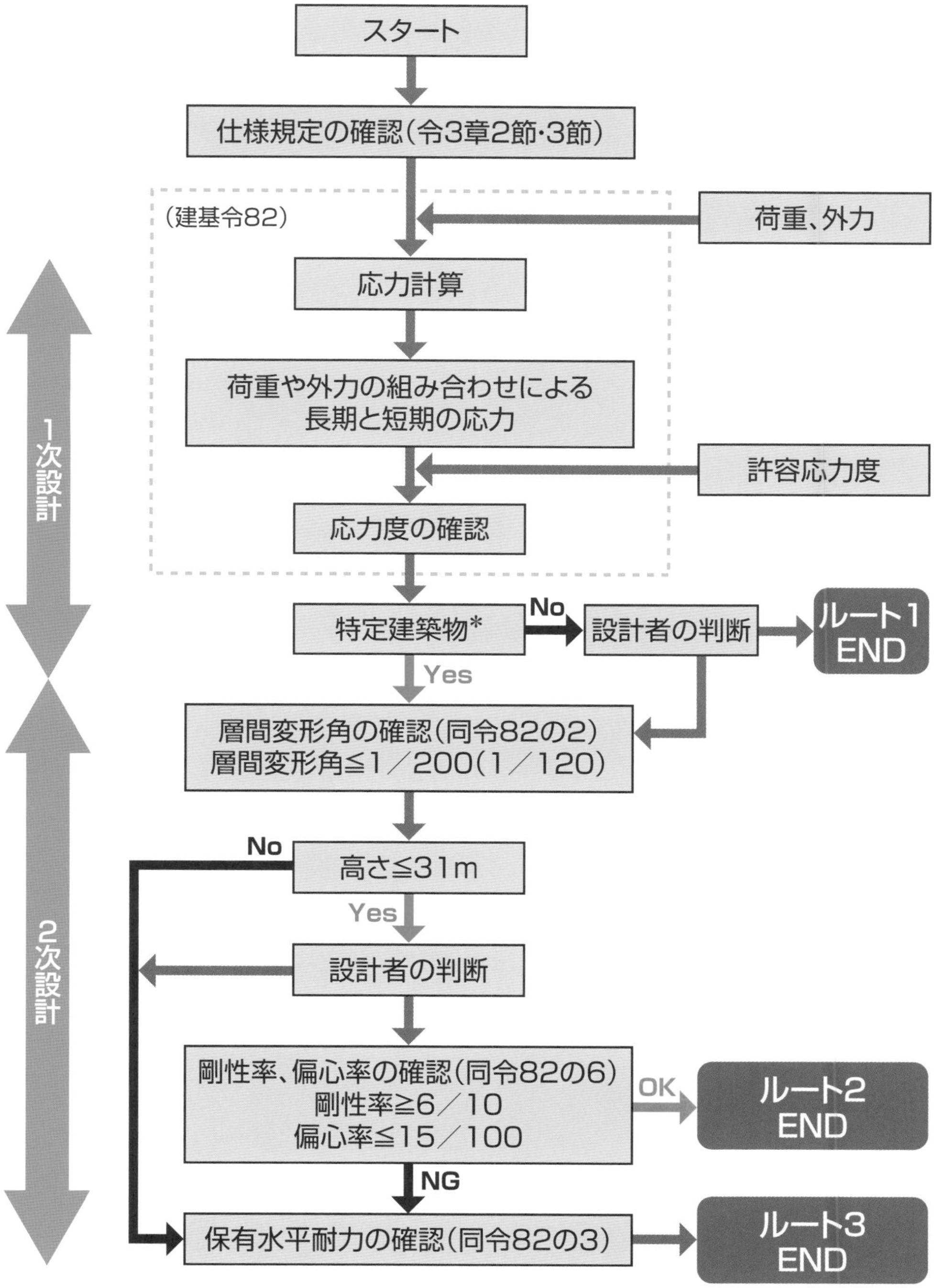

＊特定建築物とは、木造では高さ13m、軒の高さ9mを超えるものをいう

耐力壁の許容耐力と剛性

Point
- 地震力や風圧力への許容耐力で剛性を示す
- 水平力に対する耐力壁の溶融率を確保する

耐力壁の許容耐力と剛性で評価を示す

許容応力度計算では、「単位長さ当たりの許容耐力×壁長さ＝許容耐力」の合計で地震力や風圧力への許容値を表す。建物に作用する水平力を、各通りの耐力壁へ剛性割合で分配するルールとしている。

正確な水平抵抗力を把握する

許容応力度計算に用いる壁の許容耐力はkN（キロニュートン）単位である。通常は壁の長さ1m当たりの許容耐力なので、kN／mで表し、壁倍率の値そのものは用いない。耐力壁の壁倍率1.0は許容耐力で1・96kN／mに相当する。このことから、たとえば壁倍率2.5の耐力壁の許容耐力は、2.5×1・96＝4.9kN／mということになる。

この換算方法は、施行令および告示で壁倍率が示されている耐力壁を許容応力度計算で用いる場合に利用できる。

一方、施行令および告示に例示されていない耐力壁でも、許容応力度計算では耐力壁として算入することができる。この場合には、公的試験機関などで実験を行って、許容耐力の値を得たものや、大臣認定を取得したものが条件となる。

このように、許容応力度計算では、耐力要素としての定義がないものの、原則としてあらゆる要素を水平力の抵抗要素として計算に反映できることが特徴である。

そのため、壁量計算では算入できなかった壁も耐力要素として算入できる。したがって、結果としてより正確な水平抵抗力を把握することができるようになる。

ただし、これまでは余力とされてきた壁が余力から本力になるため、結果として、余力のない危険な建物となる可能性がある。

したがって、設計段階ではそのことを十分に理解したうえで、設計者の責任のもとに水平力に対する耐力壁の余裕率を必ず確保することが大切になる。

図 壁倍率から許容耐力へ

●壁倍率から許容耐力を求める

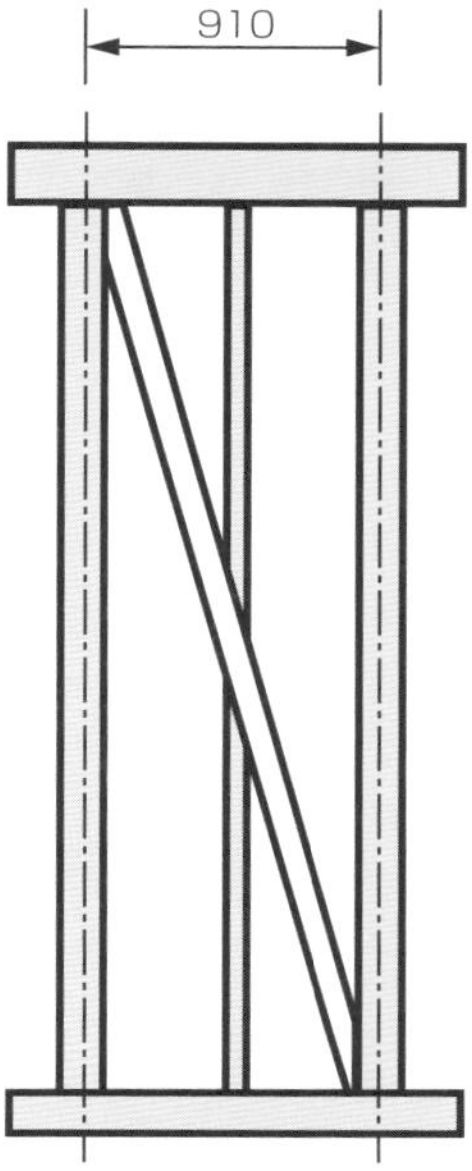

筋かい45×90
(倍率2.0)

施行令や告示に壁倍率が記載されている耐力壁は、
壁倍率から許容耐力を求めることができる

壁倍率2.0の耐力壁(例)

- 壁量計算では、壁倍率による壁長さで耐力を確認

壁倍率 × 壁長さ = 存在壁量
(2.0倍) (0.91m) (1.82m)

- 構造計算では、倍率ではなく許容せん断耐力で表す
(許容せん断耐力の略算式)

壁倍率 × 1.96kN／m × 壁長さ = 許容せん断耐力
(2.0倍) (1.96kN／m) (0.91m) (3.56kN)

●準耐力壁

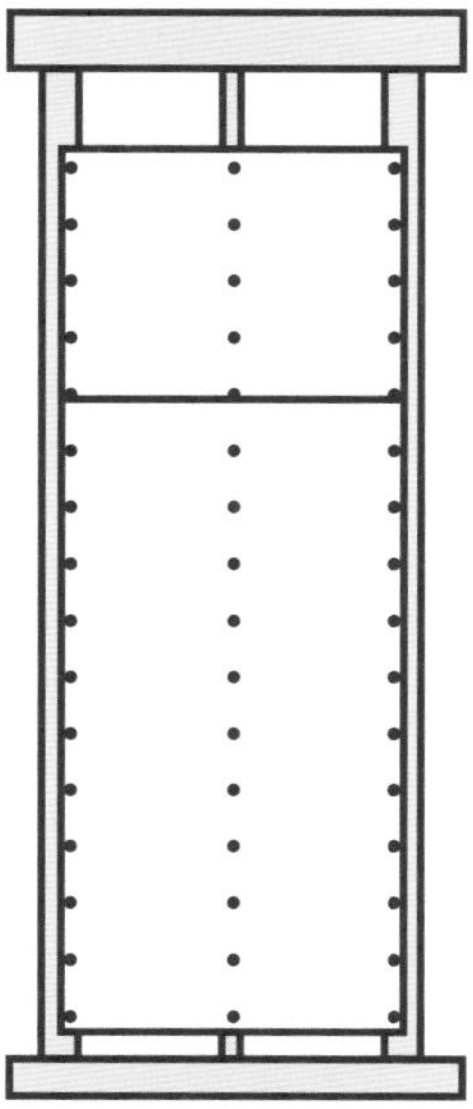

●垂壁・腰壁

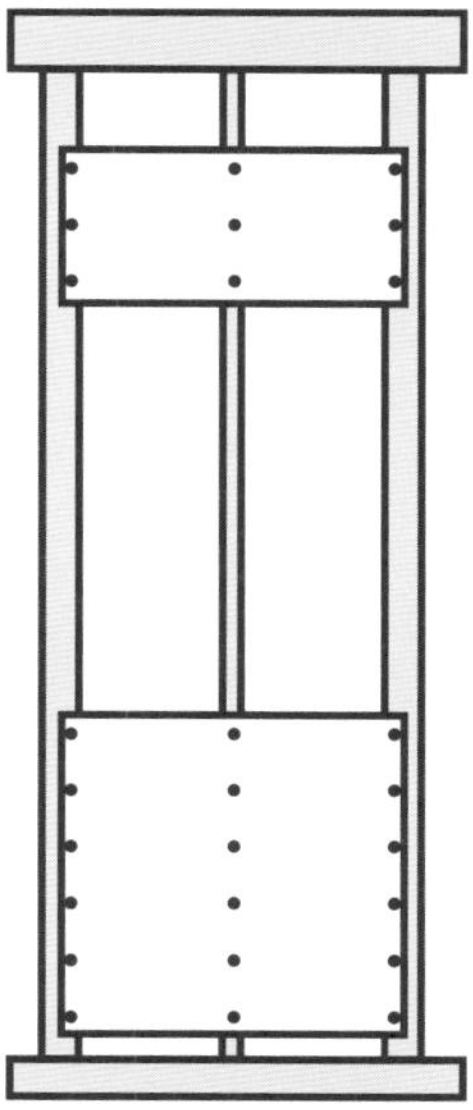

品確法の準耐力壁は壁量計算では使えないが、構造計算ではその壁倍率から許容耐力を求めることができる

	準耐力壁	垂壁・腰壁
基準法 壁量計算	×	×
品確法 壁量計算	○	△(両側を耐力壁・準耐力壁で挟まれている場合のみ)
基準法 構造計算	○	○

木材の基準強度と許容応力度

Point
- 木材の基準強度は告示で示される
- 長期許容応力度と短期許容応力度が求められる

木材の基準強度を示すもの

構造計算するうえで重要なのは、建物に作用する力がそれを支える部材に有害な変形などを起こさないよう、その力を一定の範囲内に抑えることである。そのためには、部材が受け持つことのできる力を知っておかなければならない。この強度の基準となる値を基準強度という。

一般に、基準強度は樹種ごとに統一されているが、木材は植物の幹であるため、同じものは一つとしてないといってよいだろう。さらに、たとえ同じ樹種でも生育地や山の斜面の向きによって強度は異なるはずである。これについて、数十～数百本単位で強度を計測し、統計的処理により基準強度としてまとめたものが日本農林規格であり、告示である［表1］。

力の継続時間で違う木材の許容応力度

木材に長期間力が作用し続けると、次第に変形量が増加していく傾向がある。また、比較的短期間作用する力の場合、その力を取り除くと変形は元に戻るが、長期間にわたると力は取り除いても変形が戻りにくくなる性質を持つ。

そこで建築基準法では、建物に加わる力の継続時間によって材料の許容応力度を定めている。

建築基準法によれば、長期間作用する荷重に対して安全である材料強度を長期許容応力度といい、これは基準強度の3分の1.1倍と定められている。

同様に、比較的短期間に作用する荷重に対しては短期許容応力度が定められており、これは基準強度の3分の2倍となっている。

また木材について、積雪地域で積雪荷重を含めた長期荷重に対する検討を行う場合は、長期許容応力度を1.3倍、一般地域で積雪荷重を短期荷重として検討する場合は、短期許容応力度を0.8倍として確認することが定められている。この規定は、鉄やコンクリートなど、他の建築材料については示されていない。

図1 製材（心持ち材）

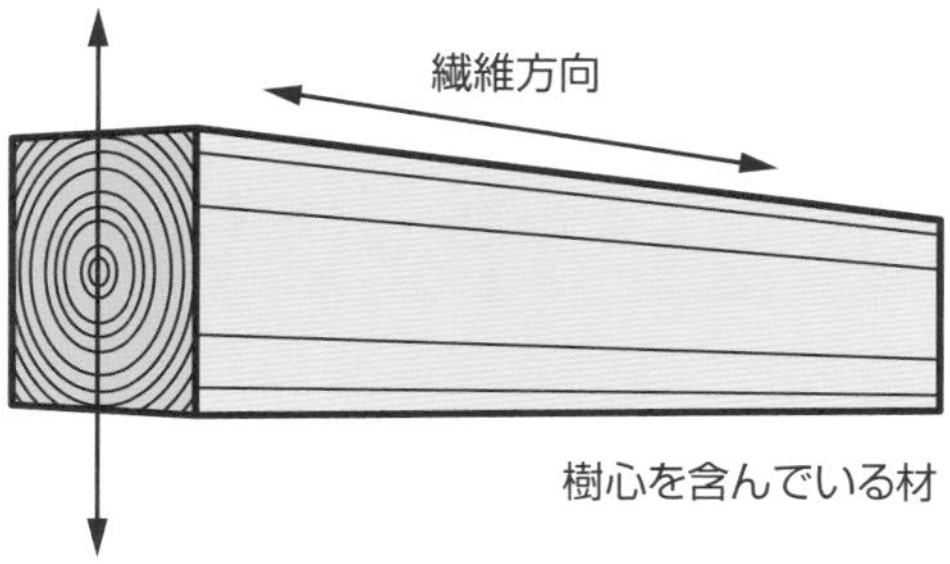

図2 集成材

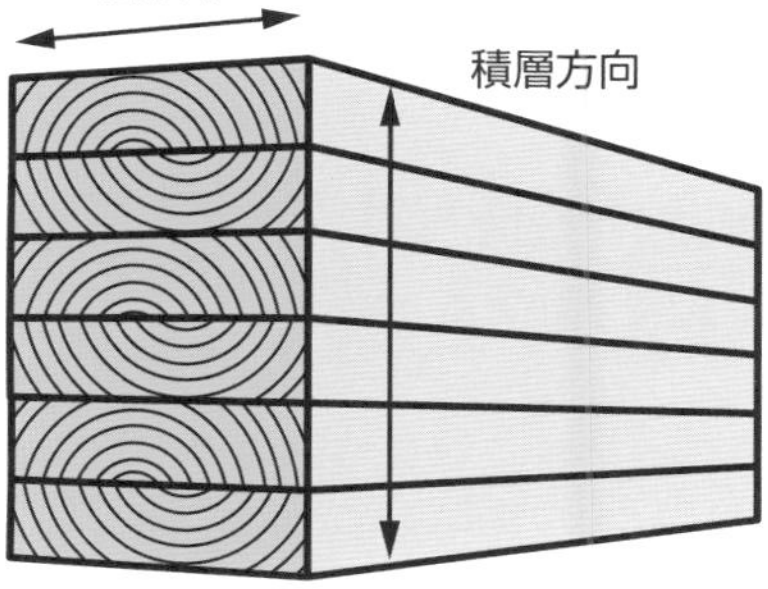

表1 JAS構造用製材の基準強度（告示1452号より抜粋）

樹種	区分	等級	基準強度（N/mm²） 圧縮（Fc）	引張（Ft）	曲げ（Fb）	せん断（Fs）
ヒノキ	甲種	1級	30.6	22.8	38.4	2.1
		2級	27.0	20.4	34.2	
	乙種	1級	30.6	18.6	30.6	
		2級	27.0	16.2	27.0	
ベイマツ	甲種	1級	27.0	20.4	34.2	2.4
		2級	18.0	13.8	22.8	
		3級	13.8	10.8	17.4	
	乙種	1級	27.0	16.2	27.0	
		2級	18.0	10.8	18.0	
スギ	甲種	1級	21.6	16.2	27.0	1.8
		2級	20.4	15.6	25.8	
		3級	18.0	13.8	22.2	
	乙種	1級	21.6	13.2	21.6	
		2級	20.4	12.6	20.4	

＊ 甲種：主に曲げ材に用いる　乙種：主に鉛直力が作用する部材に用いる

表2 集成材の基準強度（告示1024号より抜粋【平20/02/08改正】）

強度等級	基準強度（N/mm²） 圧縮（Fc）	引張（Ft）	曲げ（Fb） 積層方向	曲げ（Fb） 幅方向
E135-F375	29.7	25.9	37.5	27.6
E120-F330	25.9	22.4	33.0	24.0
E105-F300	23.2	20.2	30.0	21.6
E95-F270	21.7	18.9	27.0	20.4
E85-F255	19.5	17.0	25.5	18.0

対象異等級構成集成材

鉛直荷重(固定荷重・積載荷重)

Point
- 固定荷重と積載荷重は長期的に作用する
- 施行令84条・85条が計算の助けとなる

鉛直荷重は上から下へ流れる

構造計算の第一歩は、建物に作用する力を拾うことである。鉛直荷重は建物の上から下へ、断面の小さい部材から大きい部材へと流れる。鉛直荷重のうち、長期的に作用するのが固定荷重と積載荷重である。その詳細は以下の通りである。

●**固定荷重**：建物を構成している材料そのものの重さで、使用する材料の実情に合わせて設定することが原則である。ただし、施行令84条には一般的な材料の重さが設定されているので、その値を用いてもよい[図1]。

●**積載荷重**：積載荷重も設計する建物の実況に合わせて設定することが原則だが、施行令85条に示されている表の値を使ってもよい[図2]。

積載荷重は設計する部材によって想定される値が異なっている。なぜなら、床板や根太・小梁などは想定される積載荷重が載荷されても安全である必要があるが、小梁や根太を受ける大梁には、小梁や根太の積載荷重がすべて載荷されているわけではないからである。そのため、大梁は床板用より小さい値となっている。

さらに地震力の計算時には、階段室や居住スペースなど積載荷重のない部分も含めて平均化しているため、大梁・基礎計算用よりさらに小さい値となっている。

具体的な力の流れ

木造3階建ての場合、建物の最も上部にある屋根材の重量は、野地板→垂木→母屋→小屋束→小屋梁→3階柱→3階大梁→2階柱→2階大梁→1階柱→土台→基礎→地盤の順に流れる。この流れにしたがえば、3階外壁の重量は、3階柱から合流して地盤まで、3階床の積載荷重は3階大梁から合流するといった具合に流れていく。

また、束や柱に加わる荷重は直接、直下の柱に流れるほか、梁で受けている場合は、梁の両端の柱にそれぞれ力が分配されて下方に流れる。

図1 固定荷重

●重い屋根（瓦屋根）

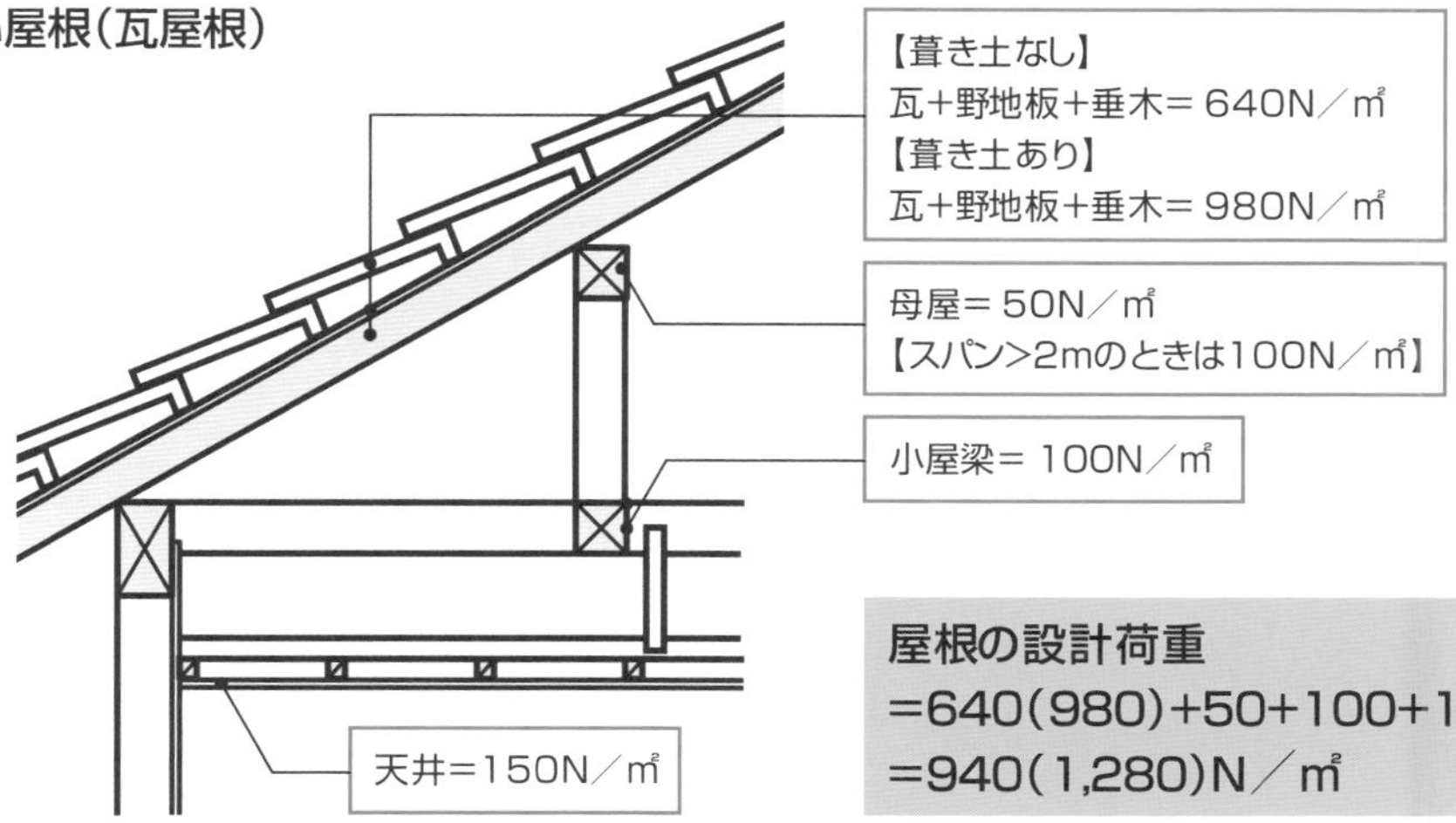

屋根の設計荷重
=640(980)+50+100+150
=940(1,280)N／㎡

＊ 屋根勾配がある場合、屋根の設計荷重／cosθ
（cosθ：屋根勾配）

●床（洋室）

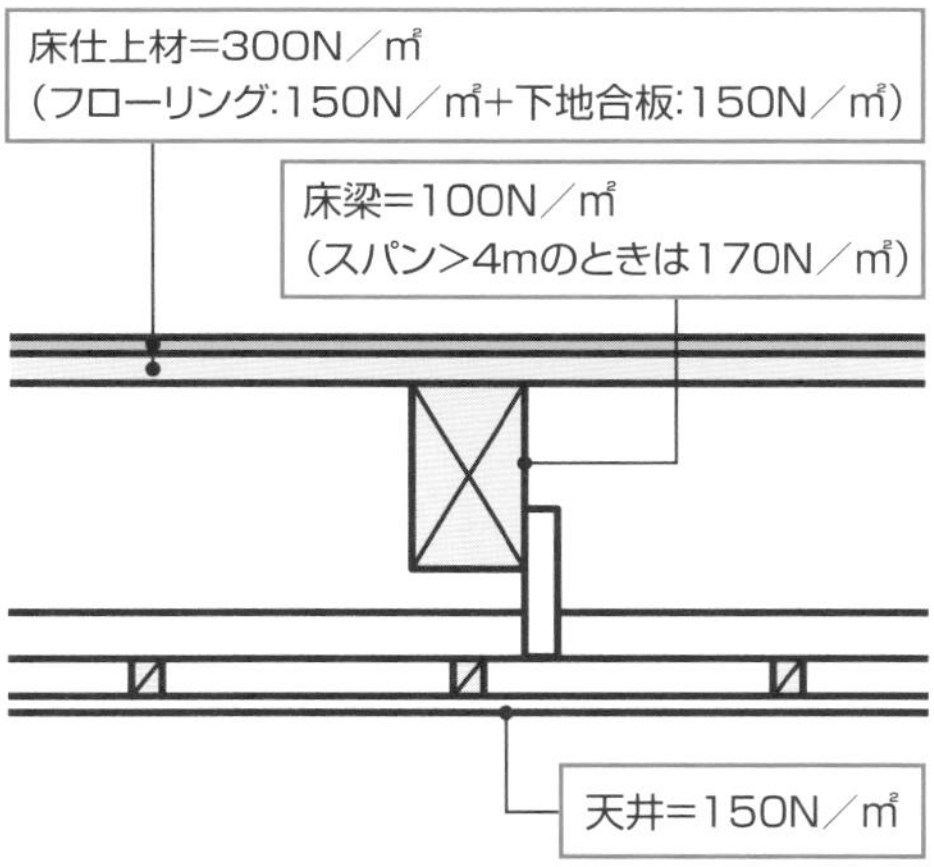

床（洋室）の設計荷重
=300+100+150=550N／㎡

●外壁

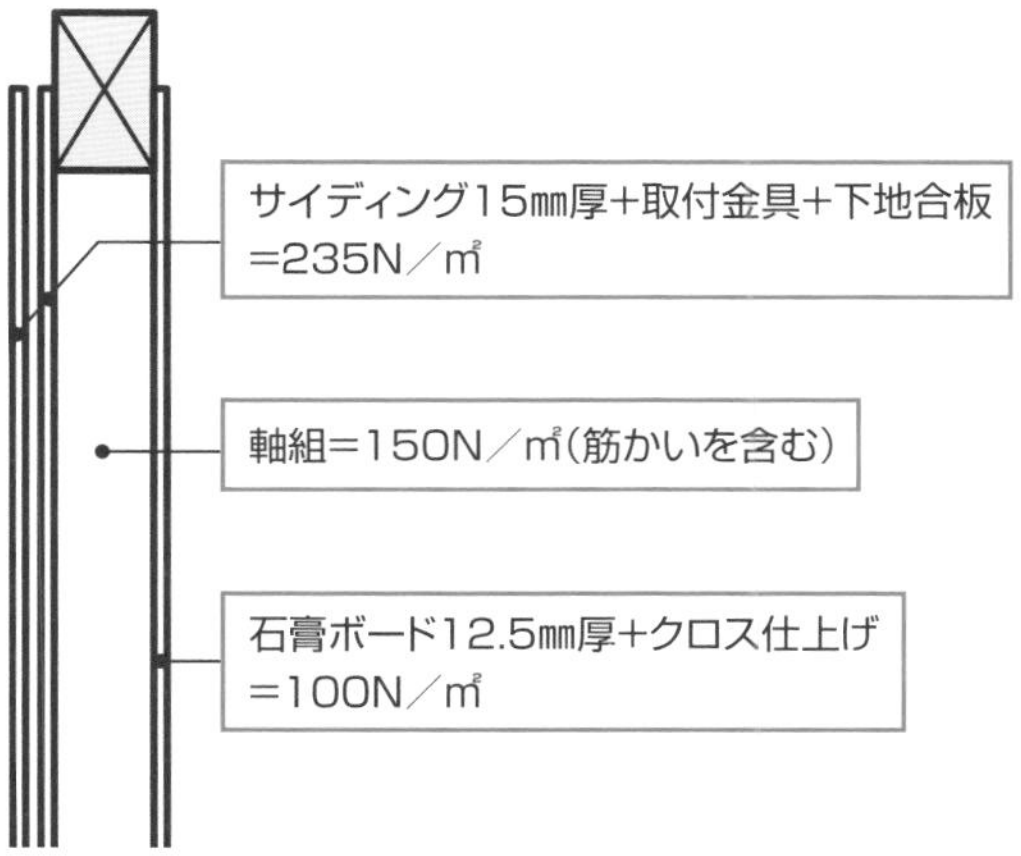

外壁の設計荷重
=235+150+100=485N／㎡

図2 積載荷重

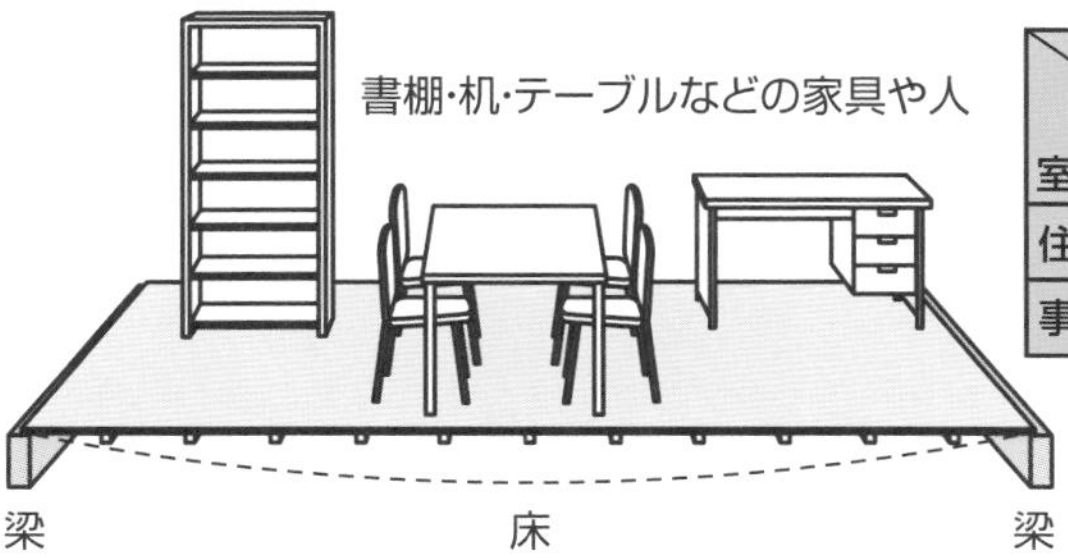

構造計算の対象／室の種類	床の構造計算をする場合（N/㎡）	柱、梁、基礎の構造計算をする場合（N/㎡）	地震力を計算する場合（N/㎡）
住宅の居室	1,800	1,300	600
事務室	2,900	1,800	800

＊ たわみ検討時には、地震力用の積載荷重を用いる

水平荷重(地震力)

Point
- 地震力は、建物の性能上最も重要な外的荷重である
- 地震力は、建物重量と建物の高さが左右する

水平荷重として働く地震力

地震力は建物に作用する水平荷重の一つで、建物の性能を決めるうえで最も重要な外的荷重ともいえる。実際の地震は地面が揺れるわけだが、建物の計算を行う場合は便宜上地盤が揺れるのではなく、建物に水平力が働くものとして考える。

地震力の流れ

地震力は各階の床面の重心位置に働くと仮定しているため、その力は床板などから各通りの耐力壁に水平構面を通して均等に分配され、下階に流れていく。具体的には、屋根面に働く水平力は野地・垂木・母屋から軒桁・小屋梁に流れ、耐力壁に伝達される。耐力壁の脚部からはさらに下階へ水平力が流れるため、最下階は上部の各階に作用する水平力全体を支える必要がある。

建物重量と地震力の関係

地震力は建物重量に比例する。したがって、最上階の地震力は屋根の重量と3階壁の上半分の重量の合計が地震力用の重量となる。

2階部分の地震力算定用重量は、2階壁の上半分より上方すべての重量を合計した値となる。

また、1階部分の地震力用重量は、1階壁の上半分より上方すべての建物重量の合計となる。このときバルコニーや庇などがある場合は、その重量も建物重量に加える。

地震力は建物高さに比例する

地震力は建物の高い位置ほど大きくなることが知られている。

壁量計算における床面積に乗ずる値が平屋建てより2階建ての2階、さらには3階建ての3階の値が大きくなっているのはこのためである。

構造計算においては、地震力の計算時にAiという係数で各階の割り増し値を与えている。1階が1.0で上階に行くほど大きな値となる。一般にこの係数はAi分布と呼ばれている。

図 水平荷重(地震力)

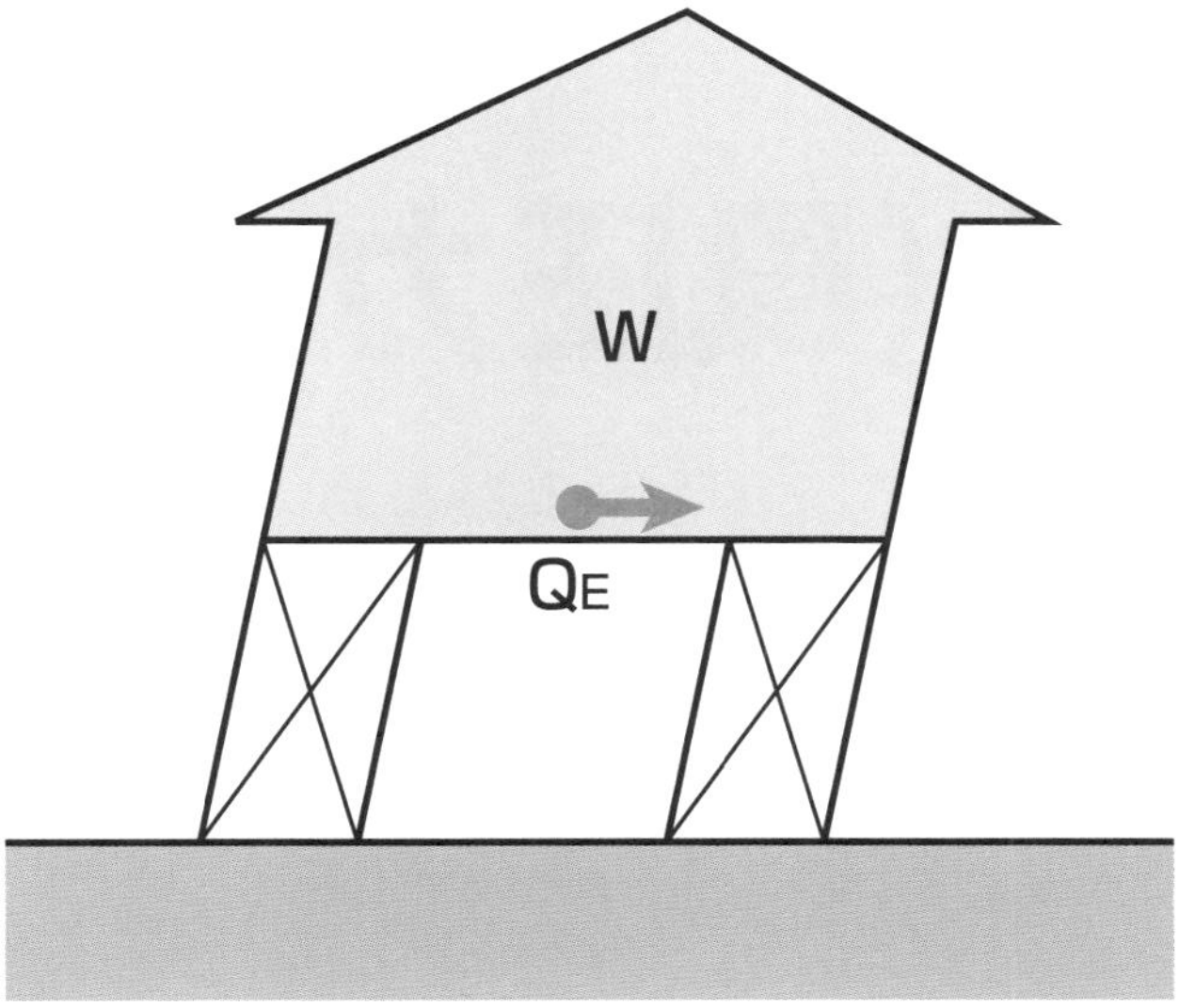

$$Q_E = \alpha \times \frac{W}{g}$$

Q_E：地震力
α ：加速度
g ：重力加速度
W ：建物重量

$$\text{地震力}\ Q_i = C_i \times \sum_{i}^{n} W_i$$

ΣW_i： 最上部から当該階までの全重量

C_i ： 地震層せん断力係数(次式で計算する)
$C_i = Z \times R_t \times A_i \times C_0$
ここで各変数は以下のとおり

Z ：地震地域係数(昭55建告1793号で定められた、地域ごとの値)

R_t ：振動特性係数(建物の固有周期Tと地盤の種類によって、昭55建告1793号第2に示された計算で与えられる数値。高さが13m以下の木造住宅の場合は、後述するTの値が0.4以下となるため、必ず$R_t = 1.0$となる)

A_i ：層せん断力分布係数。以下に示す昭55建告1793号第3で定められた式により算定する

$$A_i = 1 + \left(\frac{1}{\sqrt{\alpha i}} - \alpha i\right)\frac{2T}{1+3T}$$

ここで、αiは、i階より上の全重量を1階より上の全重量で除した値で、

$$\alpha i = \frac{\sum_{i}^{n} W_i}{\sum_{1}^{n} W_i} = \text{最上部から当該階までの重量の和／地上部の全重量}$$

T ：建物の固有周期で、$T=(0.02+0.01 \cdot \alpha) \times h$
ここで、hは当該建築物の高さ。勾配屋根(切妻屋根、寄棟屋根等)では、建物最高軒高と建物最高高さの平均高さをとる。αは当該建物のうち、柱および梁の大部分が木造または鉄骨造である階(地階を除く)の高さの合計のhに対する比

C_0：標準せん断力係数(令88条第2項により、0.2以上とする。ただし、特定行政庁により著しく地盤が軟弱と指定された地域[第3種地盤]では、0.3以上とする)

水平荷重（風圧力）

Point
- 風圧力はX方向とY方向で求める
- 風圧力は見付面積に速度圧と風力係数を乗じて求める

建物が風を受ける面積に比例

風圧力とは建物に作用する水平力の一つで、台風や突風などを想定した力であり、建物が風を受ける面積に比例する。この面積を見付面積という。

風はさまざまな方向から吹くが、計算を行ううえでは、耐力壁がX・Y方向に配置されているので、風圧力もX方向とY方向で求める。

ところで、建物の壁面に作用する風圧力は、その壁面に直角方向の耐力壁が支える。たとえば、Y方向面が受ける風圧力はX方向の耐力壁が支えることになる。

見付面積は方向ごとに求める

地震力は建物重量に対して求めるため、X・Y方向で同じ値となっていたが、一般に建物の外観はX方向とY方向では異なるため、風圧力については見付面積を方向ごとに求めなければならない。したがって、風圧力はX方向とY方向では異なる値となる。

各階の見付面積は、その階の床から1・35mより上方を求める。なぜなら、横架材間の壁面に作用する風圧力は上下の横架材に2分の1ずつ分配されることが前提となっており、基準となる横架材間長さを2.7mとしているためである。

風圧力を求める

風圧力の計算は、見付面積に速度圧と風力係数を乗じて求める。

速度圧とは、空気の速さで生まれる圧力のことである。地域ごとに設定された基準風速と検討する階の高さによる値で求める。

風力係数は、建物の形状による割増・割引係数のことで、建物形状や屋根勾配で決まる。

大きな吹抜けのある壁面があると、外壁や屋根面が受けた風圧力を床構面を介して耐力壁に伝達しにくいので、耐力壁線で挟まれた区画ごとに分割して風圧力を算定し、検討しなければならない。

図 水平荷重（風圧力）

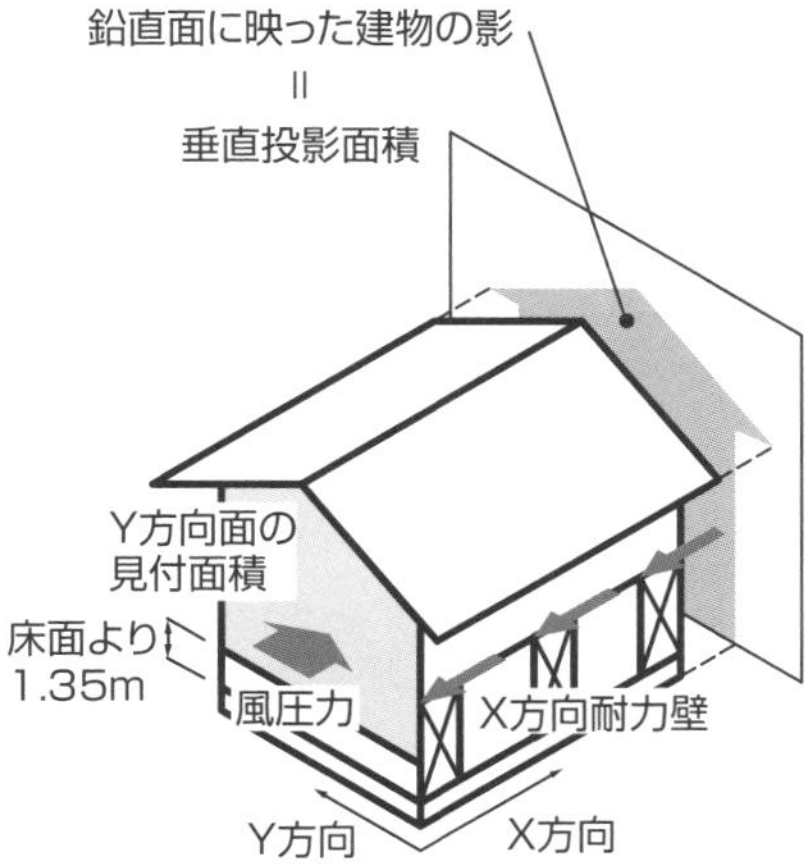

●風圧力の概要

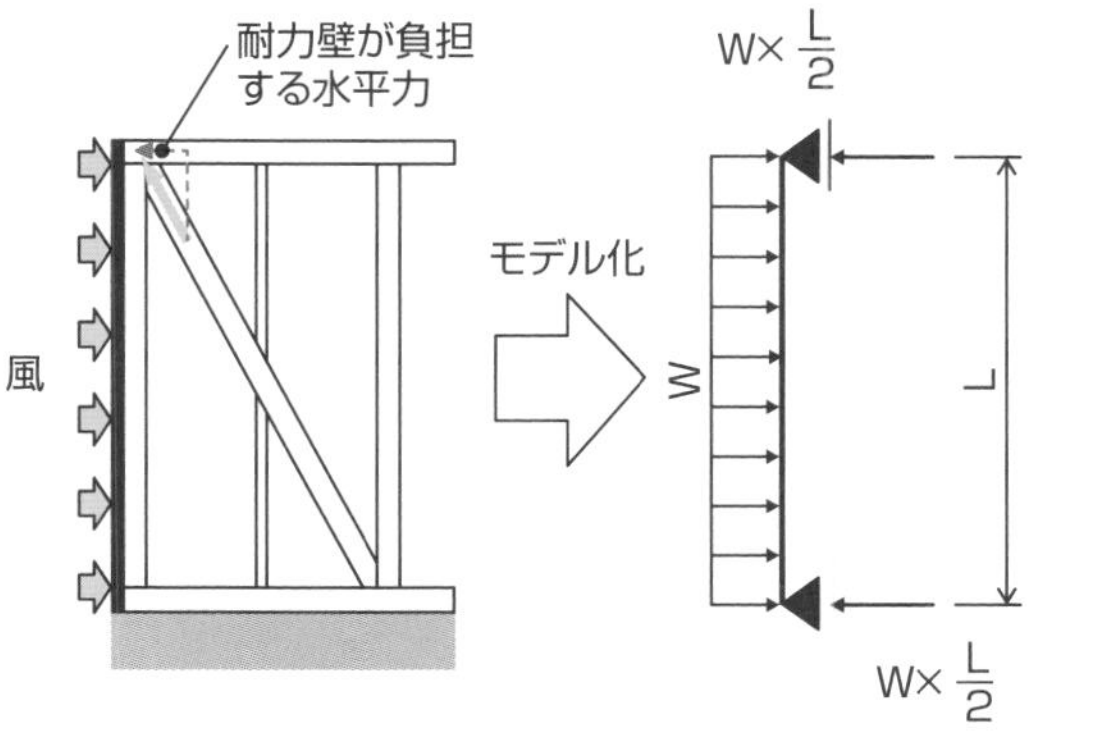

L=2.7mとすると、$W\times\frac{L}{2}=1.35\times W$

風圧力 $Q_W = A_W \times q \times C_f$

A_W：見付面積

q：速度圧（次式で計算する）

$q=0.6\times E\times V_0^2$ [N／㎡]

ここで、$E=E_r^2\times G_f$

E_r：平均風速の鉛直分布を表す係数

$H\leqq Z_b$　$E_r=1.7\ (Z_b／Z_G)^{\alpha}$

$H>Z_b$　$E_r=1.7\ (Z_b／Z_G)^{\alpha}$

H：建物最高軒高と建物最高高さの平均

Z_b、Z_G：地表面粗度区分の高さ（m）

G_f：構造骨組みガスト影響係数

地表面粗度区分	Z_G	Z_b	α	G_f
Ⅰ	250	5	0.10	2.0
Ⅱ	350	5	0.15	2.2
Ⅲ	450	5	0.20	2.5
Ⅳ	550	10	0.27	3.1

V_0：基準風速（m/s）

C_f：風力係数（風上側と風下側の合計）

$C_f=C_{pe}-C_{pi}$

C_{pe}：閉鎖型、開放型の外圧係数

C_{pi}：閉鎖型、開放型の内圧係数

住宅の場合、$C_{pi}=0$としてもよい。

壁面のC_{pe}値における、K_zは以下により求める。

$Z\leqq Z_b$　$K_z=(Z_b／H)^{2\alpha}$

$Z>Z_b$　$K_z=(Z_b／H)^{2\alpha}$

$H\leqq Z_b$　$K_z=1.0$

Z　：計算する部分の地盤面からの高さ[m]で、軒高または胴差高さ

積雪荷重

Point

- 雪の単位荷重、垂直積雪量、屋根形状係数で求める
- 積雪量に応じて長期荷重、短期荷重の選択をする

積雪荷重は建物への鉛直荷重

積雪荷重［図］とは、屋根に積もった雪によって建物に作用する鉛直荷重のことで、雪の単位荷重に垂直積雪量と屋根形状係数を乗じて求める。

雪の単位荷重とは、1㎡あたりの積雪量1㎝の重さで、20N～30Nが目安となるが、多雪区域などでは値が指定されている場合があるので、事前に確認する必要がある。

垂直積雪量は建設地の状況に応じて設定する。関東地域などでは30～50㎝が一般的であるが、これも単位荷重同様、多雪区域などにおいては指定されている場合があるので、事前に確認する必要がある。

屋根形状係数とは、屋根勾配による低減係数である。勾配が急になるほど低減されるが、雪止めを設置した場合は低減してはならない。

積雪荷重の位置づけは積雪量で違う

構造計算は、さまざまな荷重を組み合わせて部材に生じる応力を求めるが、積雪荷重は多雪区域か否かによって取り扱いが異なるので注意が必要である。

多雪区域以外では、積雪荷重は短期荷重に位置づけられているため、横架材などの安全性のチェック時に短期積雪荷重として用いる。

多雪区域では、積雪期間が比較的長いことから、長期荷重の検討時にも考慮する必要がある。また、短期荷重の確認では、積雪による短期荷重のほか、地震力や風圧力の検討時にも積雪荷重を考慮しなければならない。

部材の許容応力度との関係

木材の許容応力度には長期の積雪時と短期の積雪時についての割増や割引が規定されている。

一般区域で短期の積雪荷重に対する検討時には、短期許容応力度の0.8倍、多雪区域における長期の積雪荷重に対する検討においては、長期許容応力度の1.3倍の値を用いて安全性を確認することになる。

図 積雪荷重

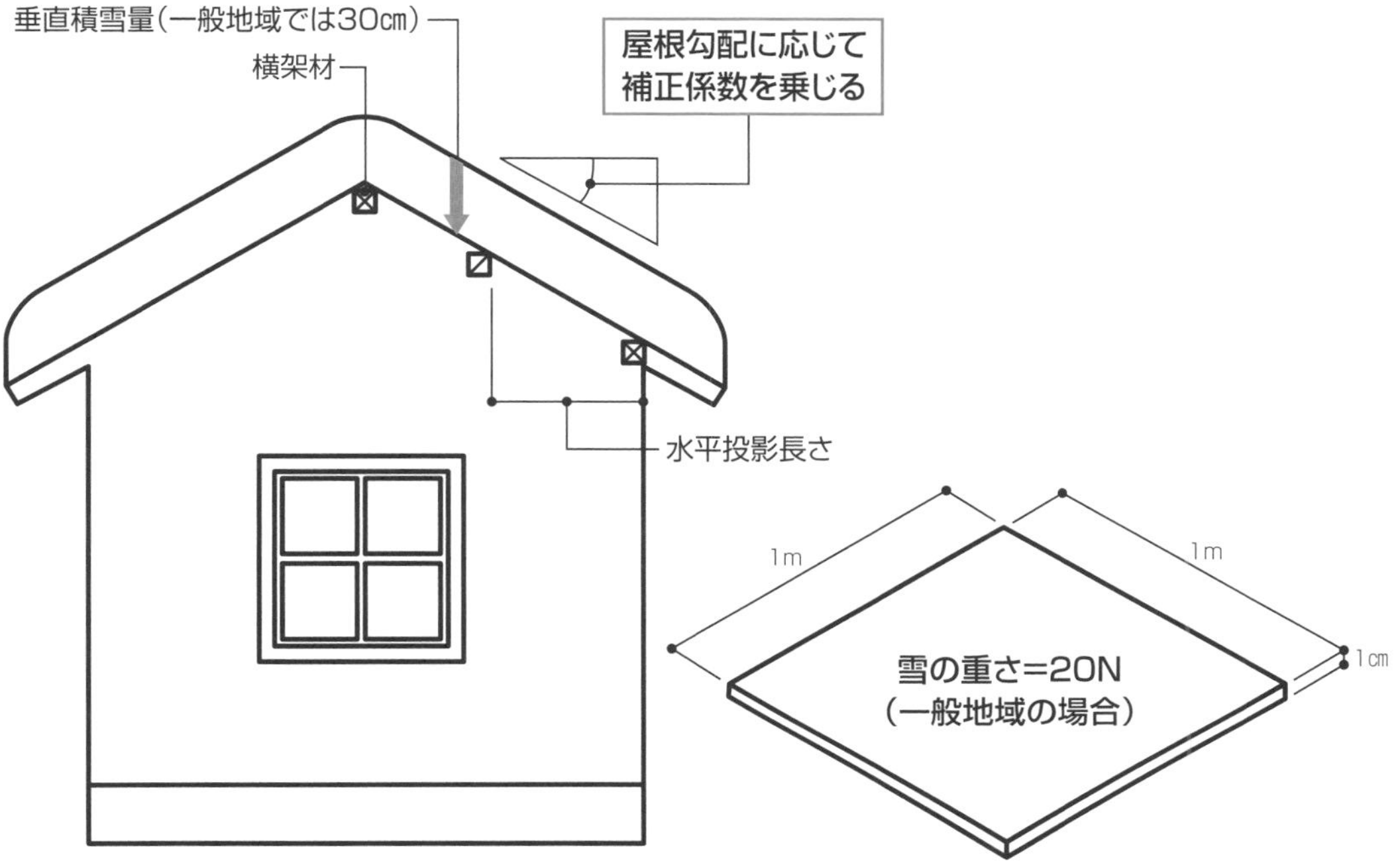

積雪荷重＝積雪の単位荷重×垂直積雪量×屋根形状係数μb

積雪の単位荷重（一般地）：特定行政庁の指定による。一般には20～30N/㎝/㎡

屋根形状係数$\mu b=\sqrt{\cos(1.5\cdot\beta)}$

β：屋根勾配（単位：度）。ただし、雪止めを採用している場合はμb=1.00

（例）一般地の場合

垂直積雪量：30㎝とすると、

短期用積雪荷重：ws＝20×30×1.00＝600N／㎡

＊積雪の単位荷重および垂直積雪量は、事前に特定行政庁に確認されたい

屋根勾配を30度とすると、

$\mu b=\sqrt{\cos(1.5\times30)}=0.840$

積雪荷重=600×0.840=504N/㎡

一般地域と多雪区域

Point
- 荷重の組み合わせは、施行令82条の規定による
- 多雪区域では、積雪時の地震と台風に対する検討を求められる

建設地で異なる荷重の組み合わせ

構造計算を行う場合には、これまで述べてきた各種の荷重（固定荷重、積載荷重、地震力、風圧力、積雪荷重）を組み合わせて、建物に作用する力を求める。これらの外力の組み合わせは施行令82条に規定されている［表］。

まず、建設地が特定行政庁が指定する多雪区域か、一般地域かによって組み合わせが異なる。

一般地域では、横架材や柱の座屈などを検討する際に、長期として固定荷重＋積載荷重、短期として固定荷重＋積載荷重＋積雪荷重を組み合わせる［図］。

また、梁上の耐力壁が水平力を受けた場合の検討では、固定荷重＋積載荷重＋耐力壁端部の柱軸力を用いる。

さらに、水平力に対する検討では、固定荷重＋積載荷重＋地震力または風圧力の組み合わせとなる。

多雪区域では、長期は一般地域の検討項目に加えて、積雪時長期として固定荷重＋積載荷重＋（0.7×積雪荷重）を用いる。

また短期は、地震力と風圧力の検討時に積雪荷重×0・35を加えた値を用いる。

地震と台風は同時に来ない前提

短期水平力による検討では、地震力に対する検討と風圧力に対する検討は別々に行うことになっている。つまり、地震と台風は同時に来ない前提となっているのである。地震と台風が同時に来る確率は極めて低く、同時に検討すると、建築費に多大な負担を強いることになるためだと思われる。

また積雪時に関しては、一般地域では積雪時の地震と台風に対する検討は求められていない。だが、多雪区域では積雪期間が長いことから、積雪荷重を考慮した地震力と風圧力の検討が求められる。そのときの積雪荷重は、最深積雪時の35％と規定されている。一般地域であっても、地震力と風圧力の検討には積雪時も考慮した設計としたい。

表 荷重の組み合わせ(令82条)

応力の種類	想定する状態	一 般	多雪区域
長 期	常時	G+P	G+P
	積雪時		G+P+0.7S
短 期	積雪時	G+P+S	G+P+S
	暴風時	G+P+W	G+P+W
			G+P+0.35S+W
	地震時	G+P+K	G+P+0.35S+K

G：固定荷重による応力　P：積載荷重による応力　S：積雪荷重による応力
W：風圧力による応力　K：地震力による応力

図 一般地域における短期荷重に対する検討項目のイメージ

●地震力・風圧力に対する耐力壁の検討　●地震力・風圧力に対する横架材の検討

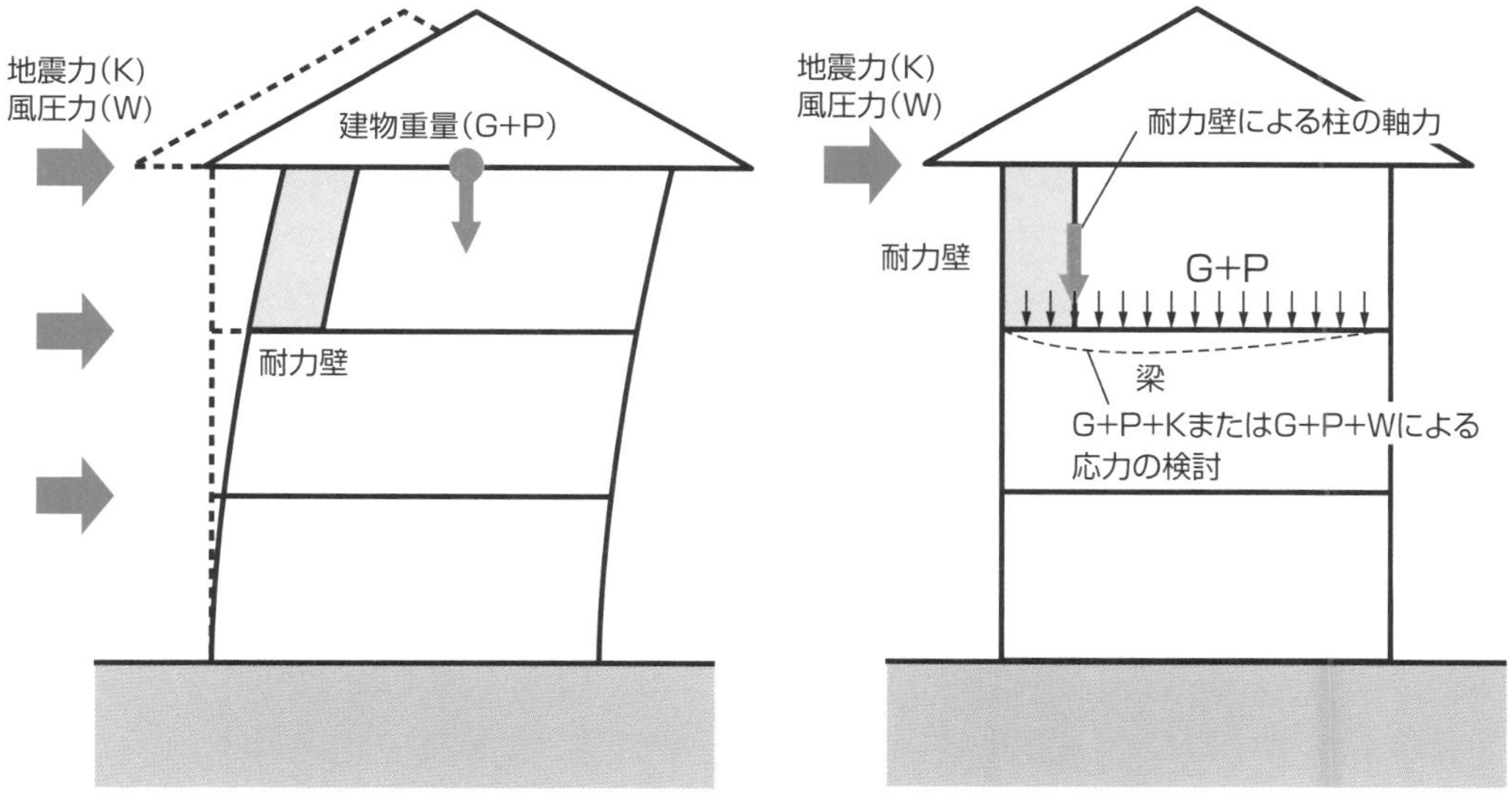

地震力(K)=建物重量×層せん断力係数
風圧力(W)=見付面積×速度圧×風圧力係数

許容耐力から求める剛性

Point
- 地震力、風圧力などに抵抗する要素が鉛直構面である
- 許容耐力と必要耐力が耐力要素となる

水平力に抵抗する鉛直構面

鉛直構面とは、地震力や風圧力などの水平力に抵抗する要素のことで、耐力壁もそれに該当する。

構造計算では、壁倍率が指定されている耐力壁はもちろんのこと、性能表示制度上で規定されている準耐力壁や垂れ壁・腰壁も耐力要素とすることができる。

また、それ以外の壁でも、大臣認定を取得したものや公的な試験機関での試験データがあるものなども耐力要素とすることができる［図2］。

鉛直構面にかかわる2つの耐力

鉛直構面を検討するには、以下の耐力を考える必要がある。

●**許容耐力**：耐力要素が負担することができる水平力の上限値で、最大耐力や特定変形角時の耐力など4つの指標から計算された値のうちの最小値とされている。

壁倍率が決められている耐力壁や準耐力壁等については、すでにこの指標から、壁倍率×1・96kN×壁長さという形で倍率が求められる。したがって、これを許容耐力に換算することとしている。

これらの壁の許容耐力を壁の通りごとに合計して、各壁通りの許容耐力としている。

●**必要耐力**：建物に作用する地震力や風圧力によって建物に生じる水平力を必要耐力という。検討にあたっては、地震力・風圧力のうちいずれか大きい値で検討すればよい。

許容耐力と必要耐力の関係

建物に作用する水平力は、床構面を通して耐力要素のある壁通りに伝達される［図1］。耐力要素のある壁通りは間取りによって左右されるため、必ずしも等間隔に並んでいない。そこで、壁通り間隔割合ごとに水平力が分配される。

各通りにある耐力要素の許容耐力の合計が、分配された水平力（必要耐力）より上回っていればよい。

図1 剛性は荷重と変形の関係で決まる

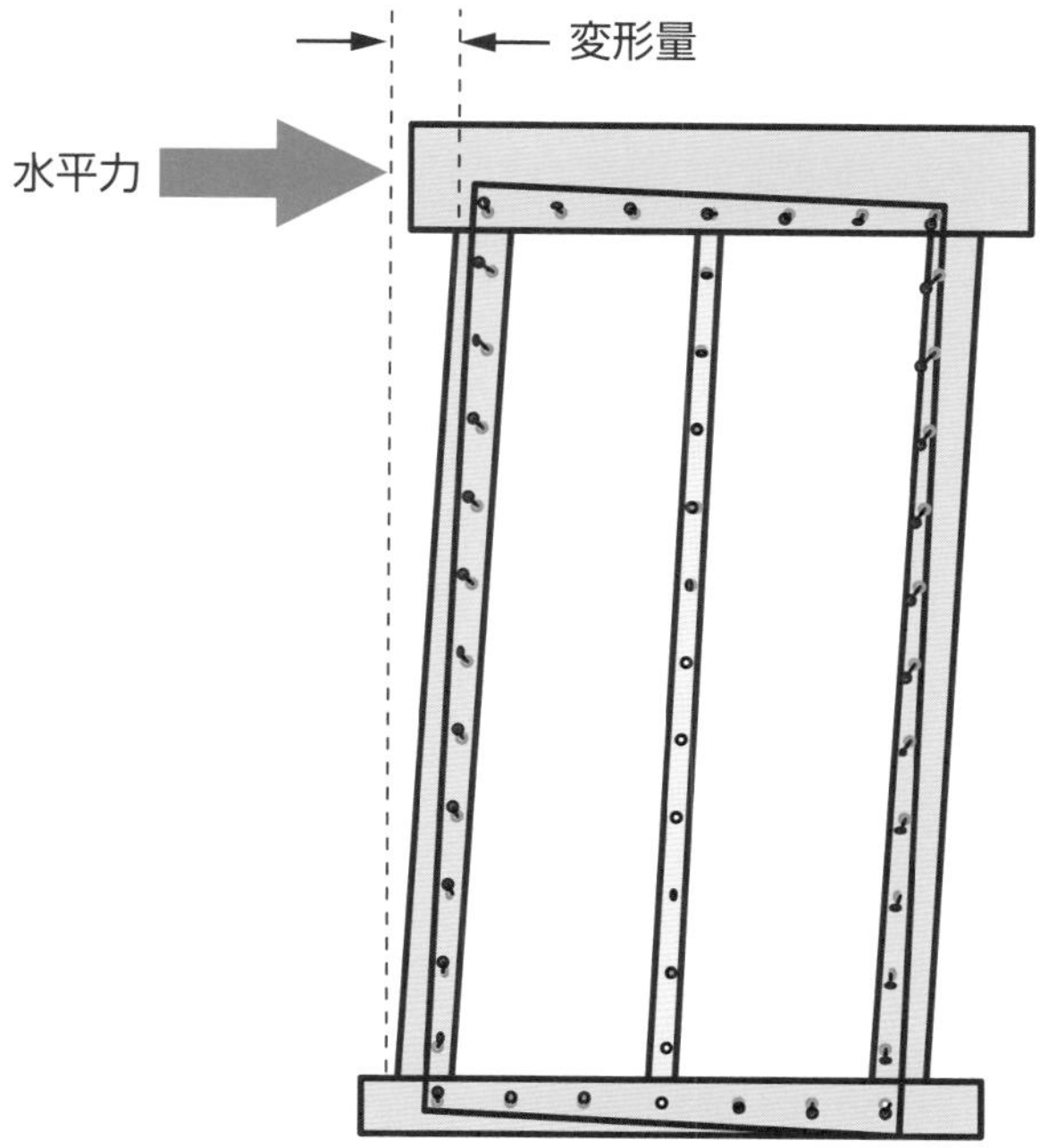

図2 水平加力試験によって得られたデータ

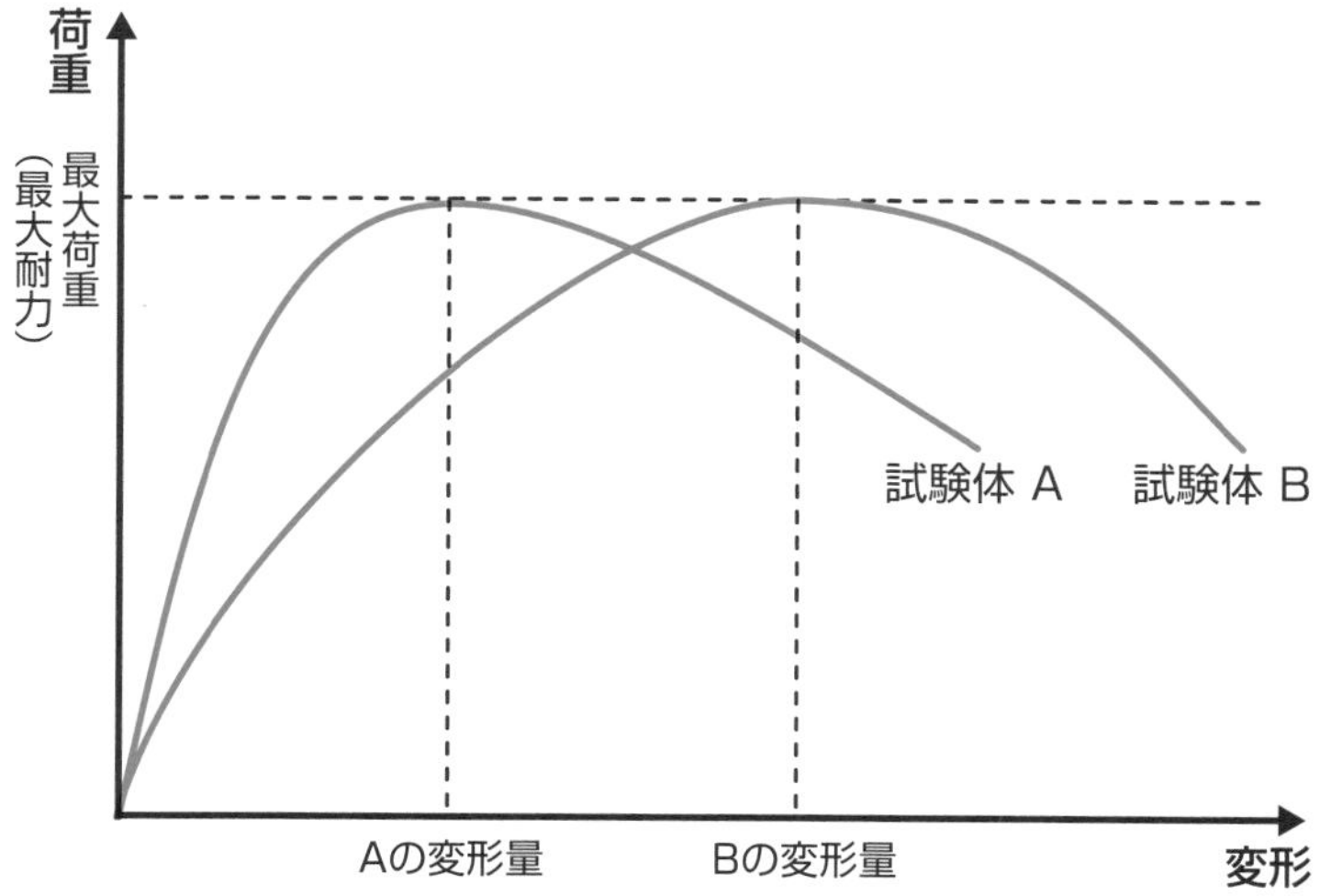

AとBの試験結果を比較した場合、最大荷重（耐力）は同じでも、変形のしにくさは異なる。変形のしにくさを「剛性」といい、変形しにくいAほど「剛性が高い」という

斜め壁と傾斜壁の検討

Point
- 斜め壁の許容耐力の作用点は壁の中央部になる
- 傾斜壁の条件は、水平面から60度以上傾いていること

斜め壁と傾斜壁の違い

通常、建物の設計では壁を直角に配置して間取りを構成するが、敷地形状やデザイン上から壁を斜めに配置することもある。平面上で斜めになっている壁を「斜め壁」という。また、北側斜線や道路斜線などの斜線制限上、壁が鉛直面に対して倒れているような壁を「傾斜壁」という。

斜め壁の許容耐力とは

構造計算では、水平力に対する検討は直角2方向で行うので、斜め壁はどちらにも属さないことになる。しかし、実態上は斜めになっていてもある程度は両方向に対して効果はあるはずである。その耐力を評価する方法として、斜めの角度に応じて許容耐力を分配する方法がある。

斜め壁の場合、力の分解を利用して許容耐力に$\cos\theta$と$\sin\theta$を乗じて求めると、各方向の力の合計が元の斜め壁より大きくなってしまう。そこで、直角2方向の許容耐力の合計が斜め壁の許容耐力と同じになるようにしなければならないことから、斜め壁の許容耐力は$\sin^2\theta$と$\cos^2\theta$を乗じて求める。また、その許容耐力の作用点は斜め壁の中央部となる。

傾斜壁の条件とは

傾斜壁は、鉛直構面が面と直交方向に傾いている状態で、水平面から60度以上であることが条件である。60度未満の場合は屋根構面または傾斜した水平構面として、水平方向成分を水平構面の検討に用いることができる。ただし、屋根構面や傾斜した水平構面として計算できるのは、面材耐力壁の場合で、筋かいを用いた軸組では適用できない。また、許容耐力は角度に応じた鉛直方向成分または水平方向成分となる。ただし、鉛直構面と水平構面を共有することはルール上できない。

なお、野地合板を垂木に留めた屋根構面の勾配が60度以上あっても、鉛直構面とはみなされない。

図1 斜め壁の分配

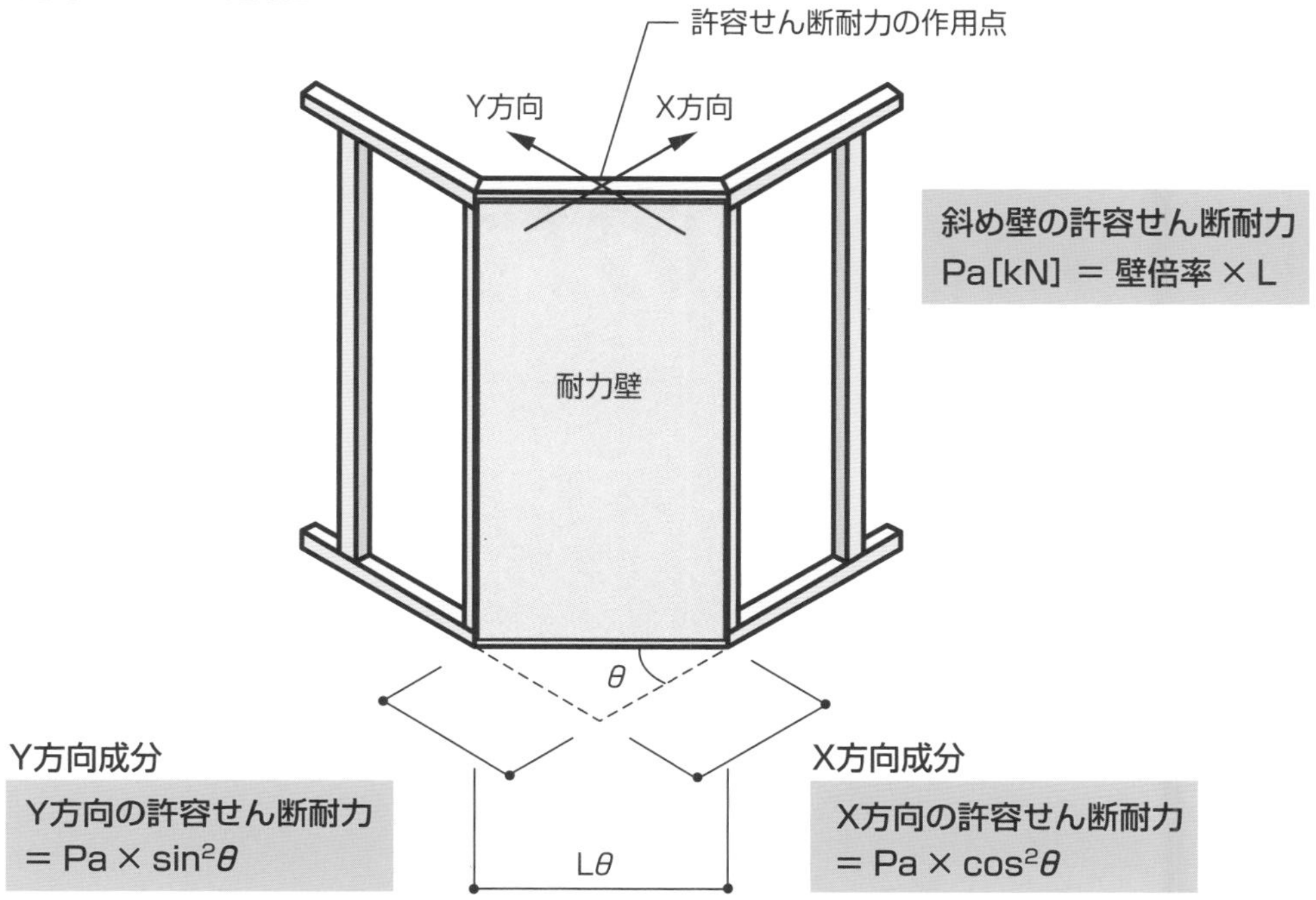

図2 傾斜壁に面材耐力壁の場合

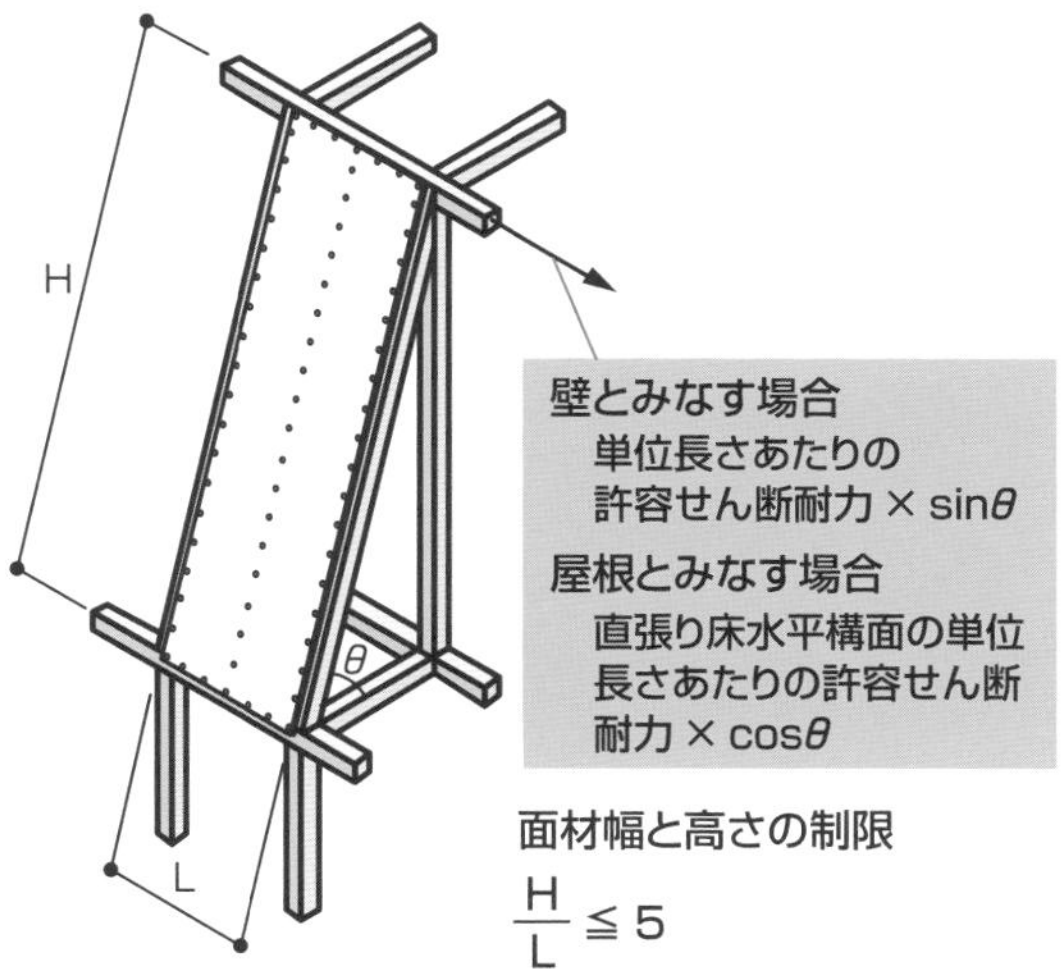

θ>60°　傾斜軸組を壁とみなす
θ≦60°　屋根とみなす

図3 傾斜壁に筋かいの場合

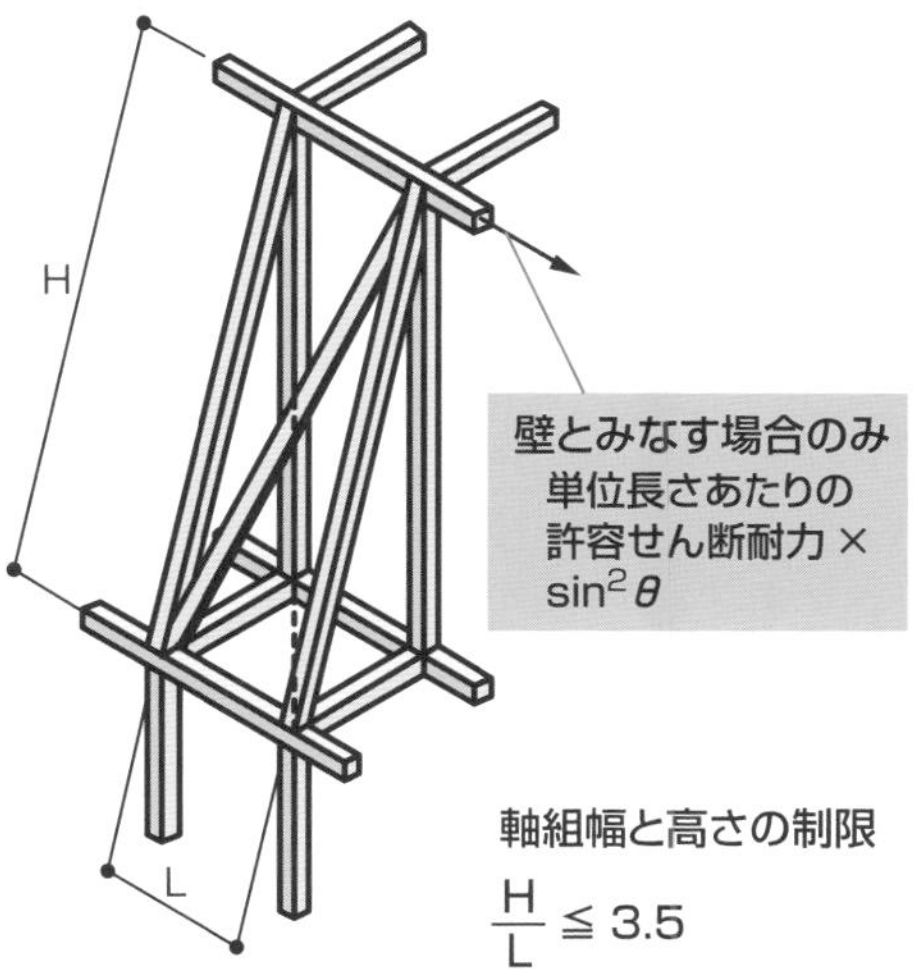

θ>60°の場合のみ

壁配置の片寄り

Point
- 水平構面は、床面が一様に平行移動することが前提
- 木造における偏心率の上限は0.3である

床構面のねじれを防ぐ壁の釣り合い

壁量計算や構造計算では、地震力や風圧力による水平力を耐力壁等に伝達する役割の水平構面は、床面が一様に平行移動することが前提となっている。

床面が平行移動するためには、耐力壁等が均等に配置されていることが重要になる。だが木造の場合、柱や壁の位置は部屋の大きさ・配置などを優先して決めるため、壁の位置や間隔は均等にならないのが一般的である。

壁配置の釣り合いが悪いと床構面にねじれが生じて、部分的に大きな変形が生じてしまう［図1］。これを避けるためには、設計時に壁の釣り合いを検証しておかなければならない。

釣り合いを確認する偏心率

壁の平面的な釣り合いは、偏心率で確認する。偏心率は重心と剛心のずれの量から求める。

重心は建物の重さの中心で、地震力の作用点と考えられる。

一方、剛心は耐力壁などが水平力に抵抗するときの中心である。

重心と剛心がずれている建物に水平力が加わるとねじれが生じる。このねじれやすさを示すのが偏心率である。建築基準法では、木造の場合、偏心率が0.3以下と定められている。

この偏心率は、偏心距離（重心と剛心の距離）を弾力半径で割って求める。弾力半径とは、ねじれにくさの指標で、剛心廻りのねじり剛性を水平剛性の総和で割った値の平方根で求めることができる［図2］。弾力半径は大きいほどよい。

木造3階建てと偏心率の関係

現在の許容応力度計算のルートでは、偏心率の計算を必要としない。しかしながら木造では、壁の片寄りの確認として四分割法か偏心率を選択するよう、仕様規定のなかで定められている。そのため、木造3階建ての構造計算を行う場合においては、偏心率計算を行い、仕様規定に適用するのが一般的である。

図1-1 床剛性が高い場合

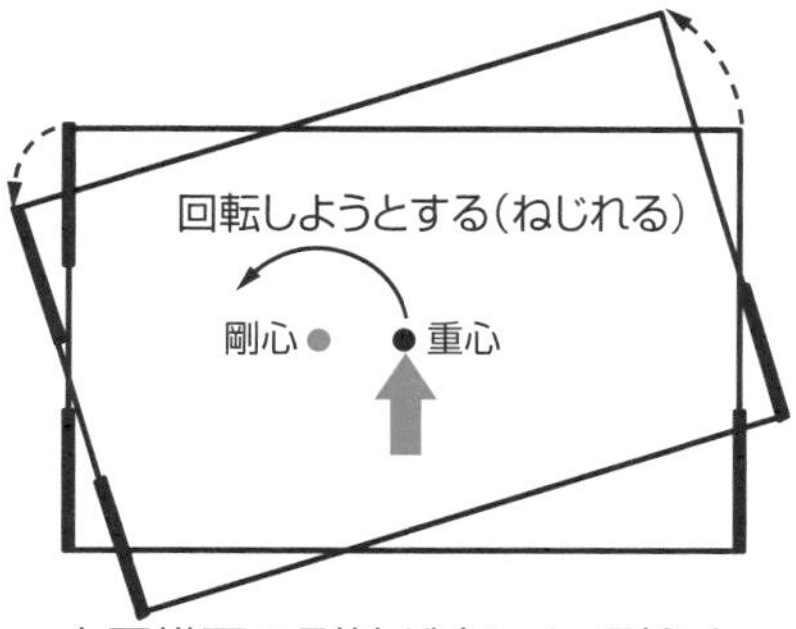

水平構面の剛性が高いと、剛心を中心として回転しようとする

図1-2 床剛性が低い場合

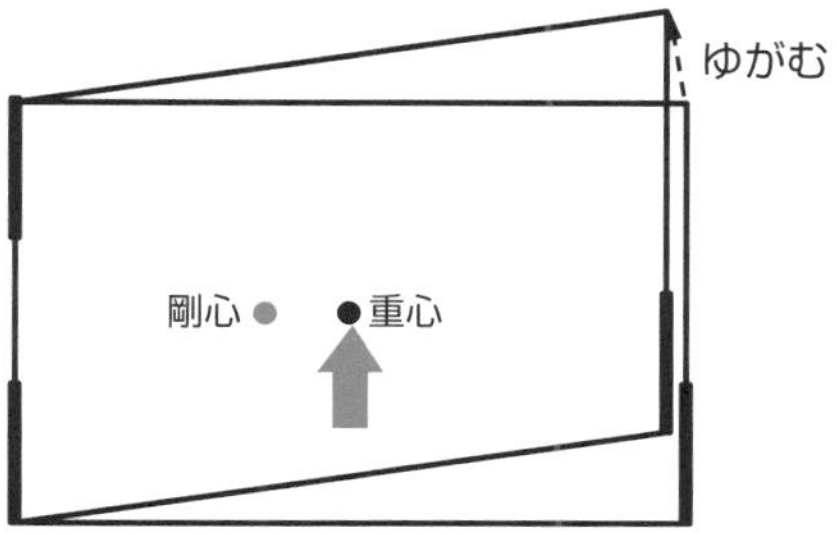

水平構面の剛性が低いと、水平構面自体が変形してしまう

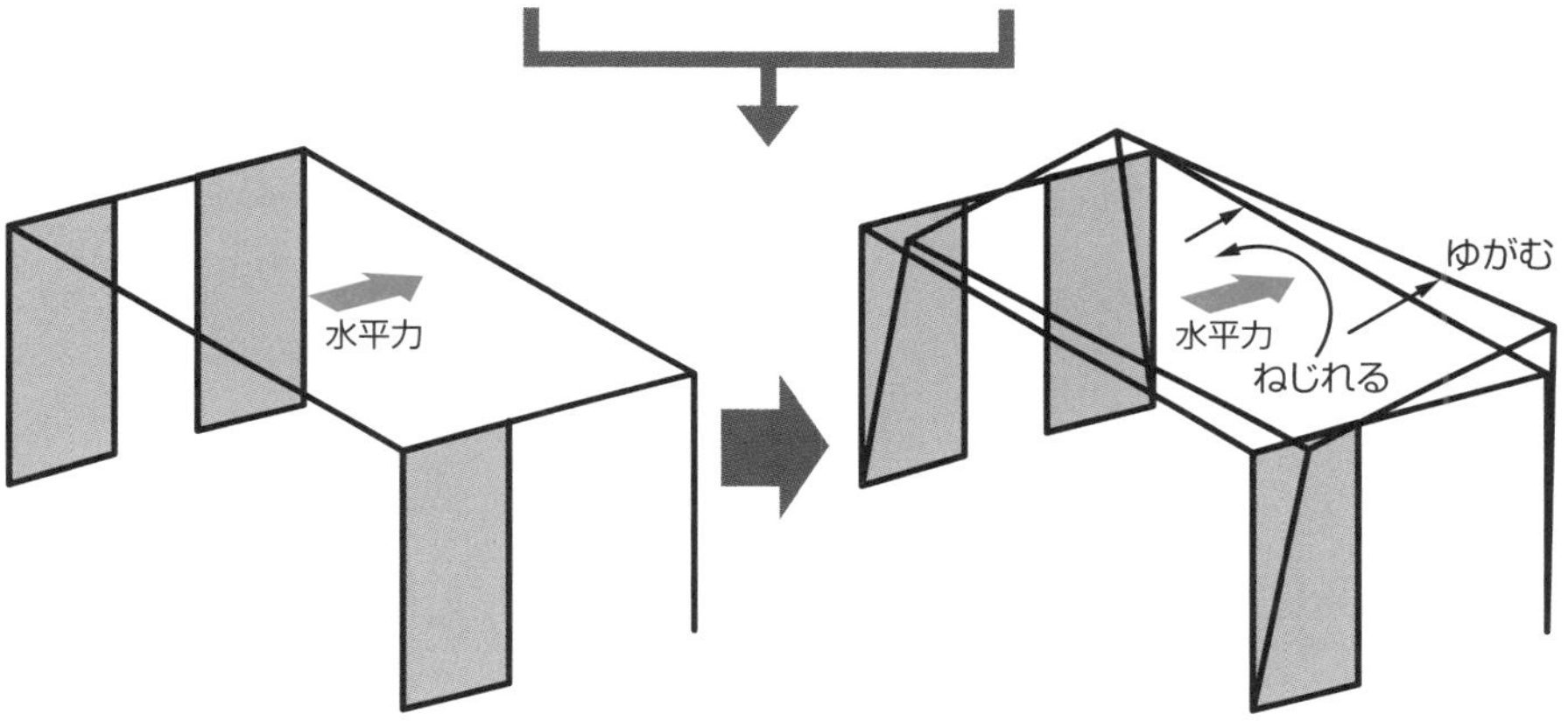

図2 偏心率の計算

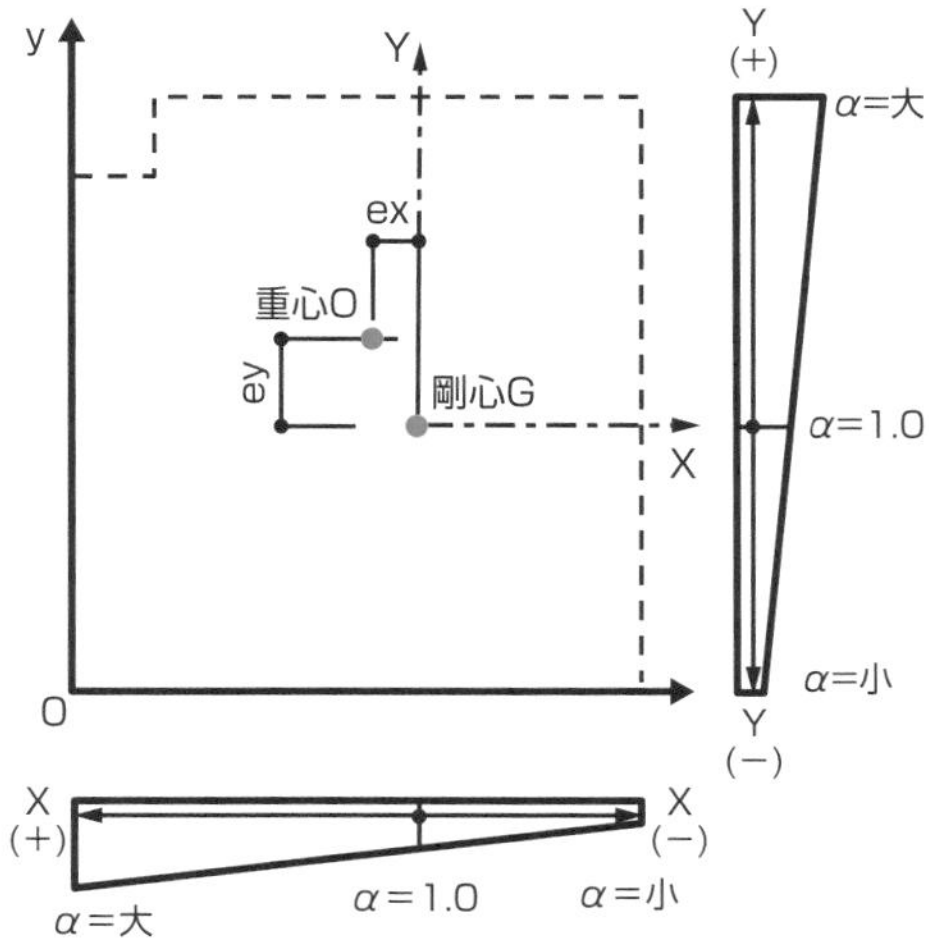

●偏心率とねじれ補正係数の計算式

$$Rex=\frac{ey}{rex} \qquad Rey=\frac{ex}{rey}$$

Rex：x方向の偏心率
Rey：y方向の偏心率
ey：y方向の偏心距離（重心と剛心のずれ）
ex：x方向の偏心距離（重心と剛心のずれ）

$$rex=\sqrt{\frac{K_T}{\Sigma Dx}}$$ ：x方向の弾力半径

$$rey=\sqrt{\frac{K_T}{\Sigma Dy}}$$ ：y方向の弾力半径

KT＝Jx＋Jy：ねじれ剛性
ΣDx：x方向の剛性の総和
ΣDy：y方向の剛性の総和
Jx：剛心Gを原点とする座標軸Xに対する、水平剛性Dxの2次モーメント
Jy：剛心Gを原点とする座標軸Yに対する、水平剛性Dyの2次モーメント

$$\alpha x=1+\frac{\Sigma Dx\cdot ey}{K_T}\cdot Y \qquad \alpha y=1+\frac{\Sigma Dy\cdot ex}{K_T}\cdot X$$

αx：x方向のねじれ補正係数
αy：y方向のねじれ補正係数
Y：剛心Gから求めようとする列（耐力壁が存在する列）までの距離（Y軸方向の距離）で、重心Oの側を正、逆側を負とする
X：剛心Gから求めようとする列（耐力壁が存在する列）までの距離（X軸方向の距離）で、重心Oの側を正、逆側を負とする

床の水平構面

Point
- 高倍率の耐力壁がより硬い水平構面を必要とする
- 水平構面は、軸材系、面材系の2系統で考える

硬さをより求められる水平構面

木造住宅の設計では、水平力に抵抗する要素としての耐力壁とその配置バランスが重視されてきた。その耐力壁が有効に働くかどうかは床の水平構面が十分に硬いことが前提となっているが、これまではあまり重視されてこなかった。施行令では火打ち材の設置をうたうだけで、その量や水平構面の硬さの指標は示されていないのである。これは、建築基準法が施行された当初、さほど高い倍率の耐力壁が使われておらず、量も多くはなかったからである。そのため、水平力を分配する床の水平構面はそこそこの硬さで十分だった。ところが近年、高倍率の耐力壁が常識化してきたため、相対的に床の水平構面の硬さが不足してきている。

鉄筋コンクリート造や鉄骨造では、床はもちろん鉄筋コンクリートで、鉛直構面の強さに対して水平構面が十分に硬いことを前提に計算例が示されている。いわゆる「剛床仮定」である。

木造の場合、火打ち材だけでは硬さが十分ではなく、「剛床仮定」は成立しない。そのため、必要な硬さを満たしているかどうかを計算で確認しなければならない。

2系統ある床の水平構面

床の水平構面の考え方は鉛直構面の耐力壁とほぼ同じであり、軸材系と面材系に分かれる。これらの耐力は、耐力壁と同様、合算が可能。また、耐力は床倍率や許容せん断耐力で表される。床倍率は大きいほど硬い床といえる。

軸材系の水平構面には、火打ち材や水平ブレースがある。火打ち材は長さが短く、水平構面にランダムに配置されるため、火打ち材1本当たりの耐力で表しにくい。そのため、ある範囲にある火打ち材と床面積の関係で火打ち材1本当たりの負担面積で倍率を区分している。

面材系では構造用合板やスギ板を横架材に釘打ちした構面などがあり、面材と釘・根太形式によって倍率が異なる。

図1 鉛直荷重を支える

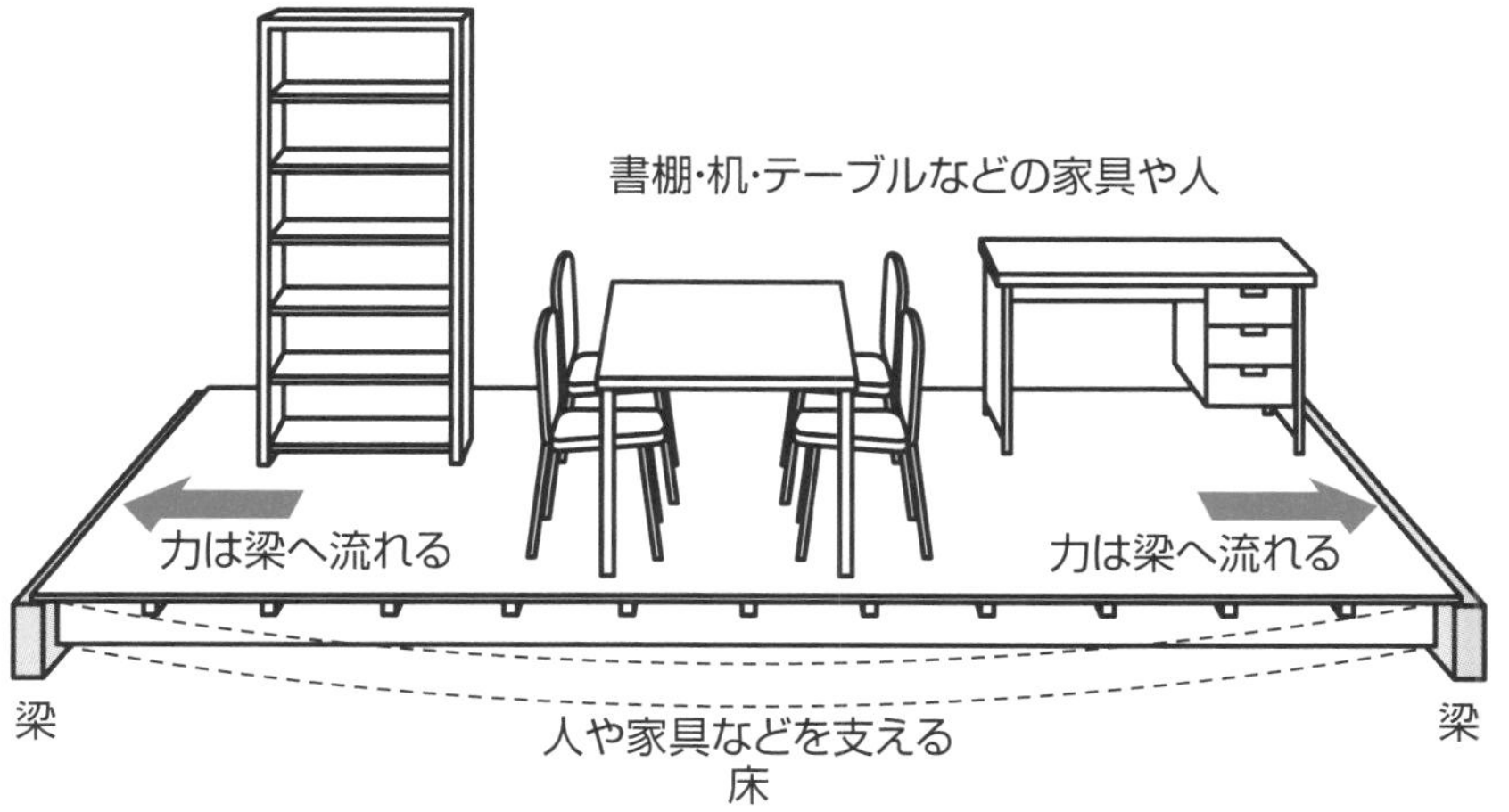

図2 水平力を耐力壁へ伝達する

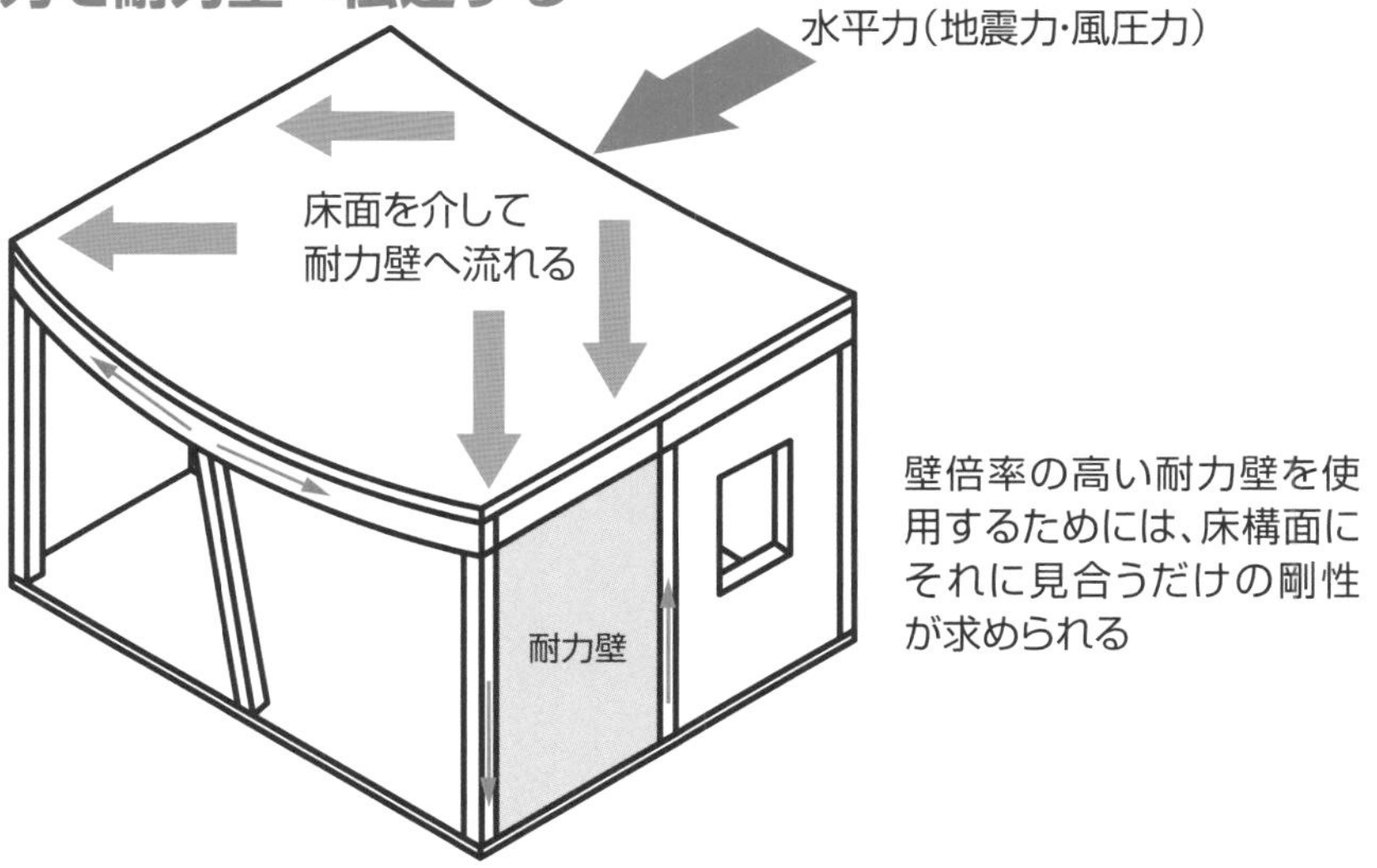

図3 床の水平構面と剛性の関係

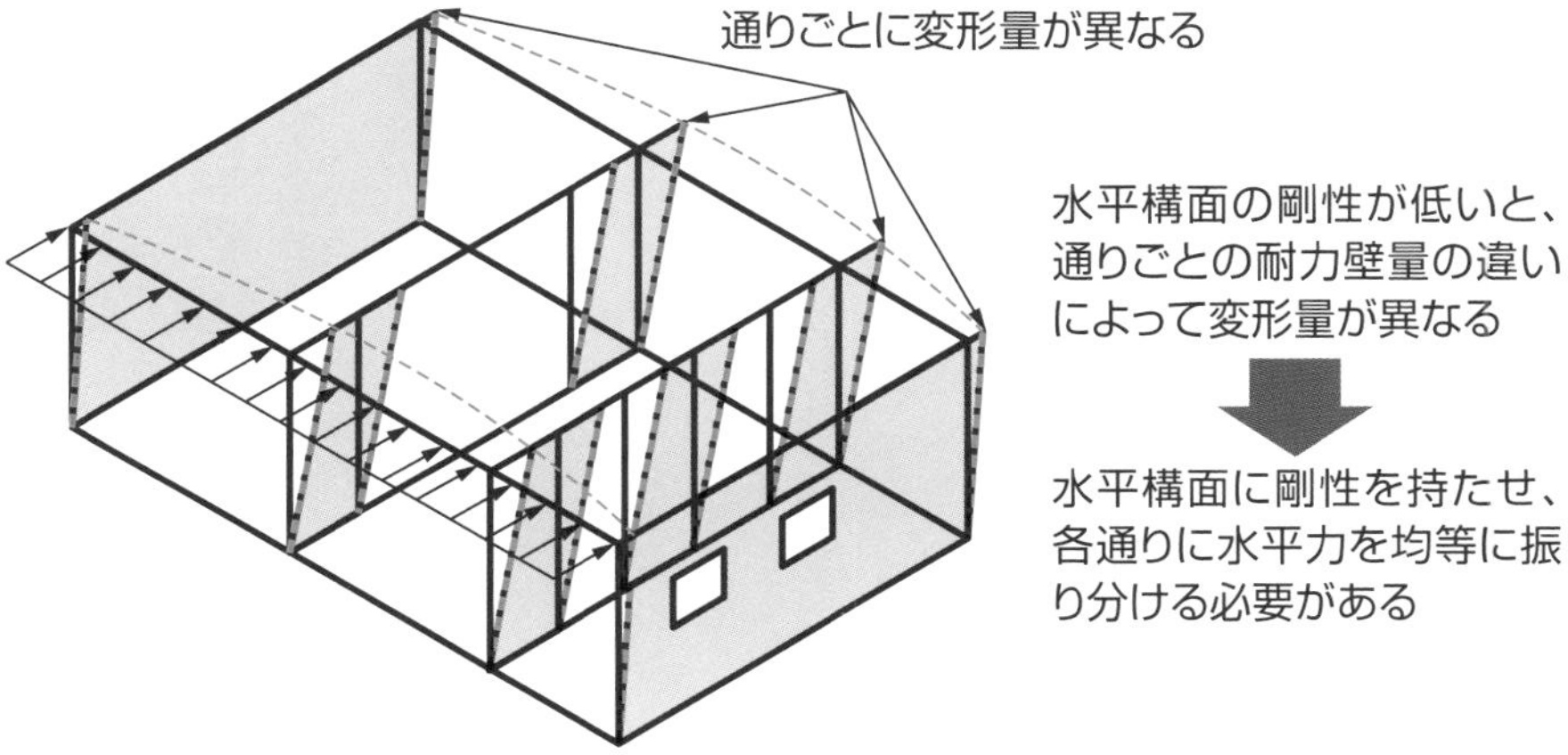

耐力壁線

Point

- 枠組壁工法は耐力壁線について細かく規定
- 軸組工法ではX方向とY方向の耐力壁線は独立して考える

耐力壁線への認識が異なる2工法

枠組壁工法では耐力壁線が当初から告示で位置づけられていたが、軸組工法ではそのような概念は定義されていなかった。在来軸組工法で初めて位置づけられたのは、品確法（2000年制定）の性能表示制度における壁量計算による耐震等級の確認方法のなかである。

構造計算としての許容応力度計算の計算方法の解説によると、当初は床の水平構面を「剛床仮定」のもとで解説していた。そのため、床の水平構面の計算そのものがなく、耐力壁線の考え方もなかった。その後解説書が改訂されて計算方法が例示されたときも、床の水平構面の計算のなかで、耐力壁線とは呼ばれていなかったのである。

耐力壁線の考え方

耐力壁線の考え方は、枠組壁工法、軸組工法の性能表示制度、許容応力度計算ではやや異なる［図1］。

枠組壁工法では壁を「耐力壁」「支持壁」「その他の壁」の3種類に分類しており、耐力壁のある通りを耐力壁線とし、耐力壁線相互の最大間隔を規定している。そのうえで床の水平構面の大きさをX・Y2方向の耐力壁線で囲まれた面積や縦横比で規制している。

軸組工法ではX方向とY方向の耐力壁線は独立している。すなわち、X方向の検討ではX方向の耐力壁線のみ検討し、Y方向の耐力壁線は関係しない。ここが枠組壁工法と大きく異なる。

また、性能表示制度では、ある一定の条件で耐力壁が集まっている通りを耐力壁線といい、その通りに水平力が確実に分配されることを前提としている。ただし、耐力壁線以外の通りに配置された耐力壁にも、当然ながら水平力は分配される。

許容応力度計算では、耐力要素が存在する通りをすべて耐力壁線というため、水平構面が短冊状に分割され、その構面単位で応力を検討するので、計算量が増大する傾向にある［図2］。

図1 耐力壁線の考え方

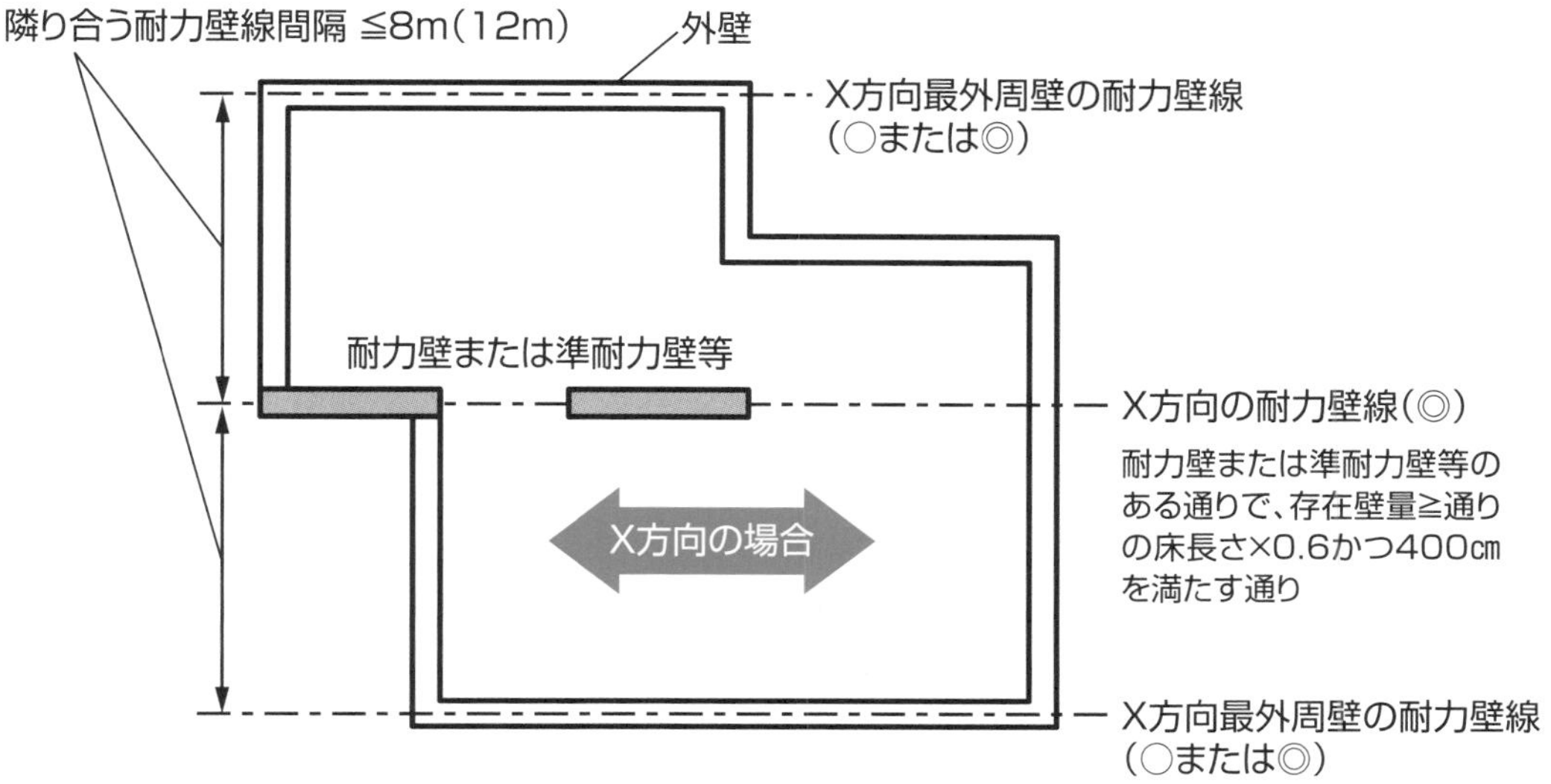

2000年制定の品確法で軸組工法にも
位置づけられた耐力壁線の概念

図2 水平構面は耐力壁の上部をつなぐ

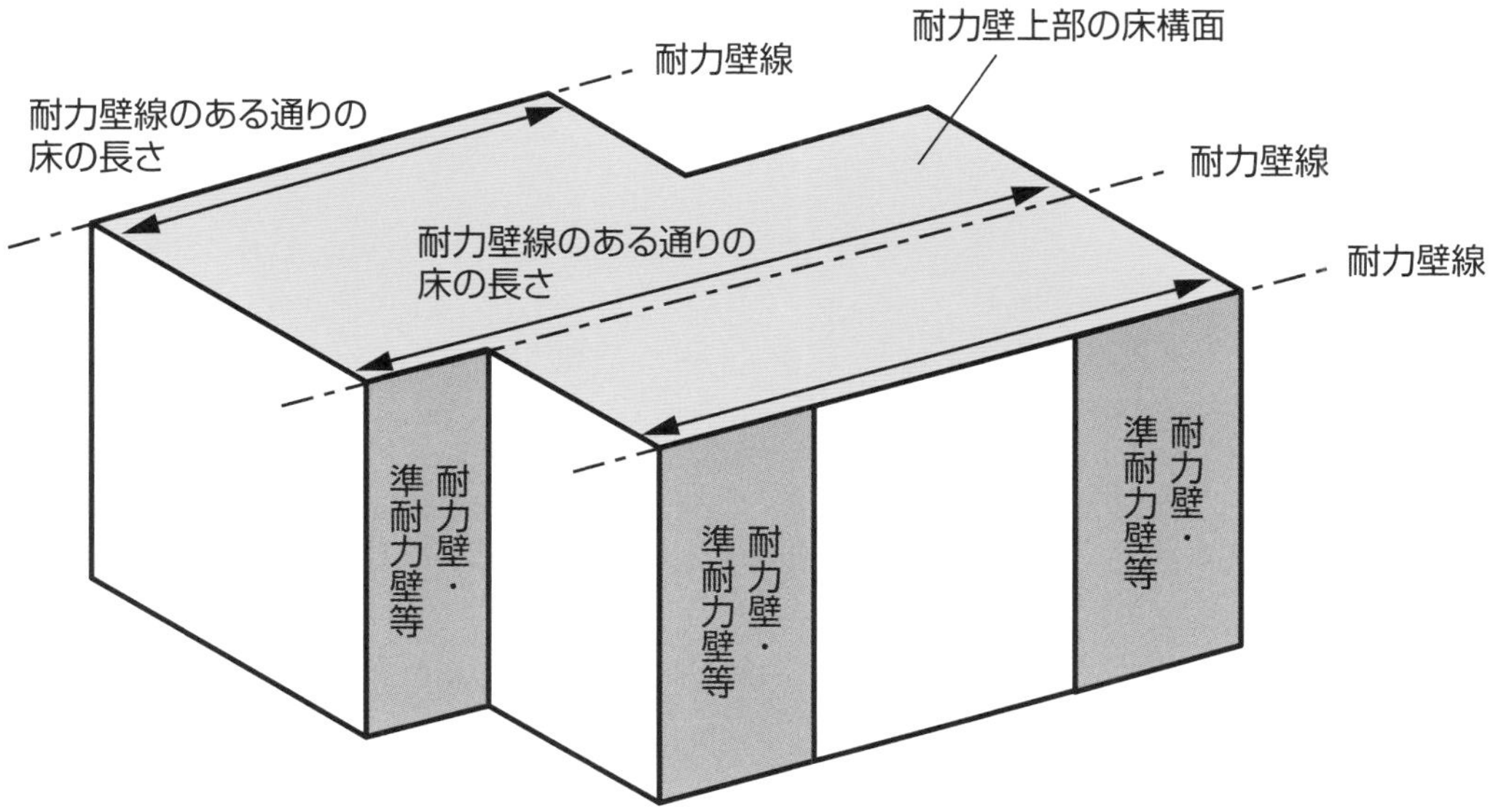

性能表示制度における、軸組工法の耐力壁線と床構面の考え方。
枠組壁工法と違い、床構面を一方向の耐力壁線で短冊状に分割して考える

屋根という水平構面

Point
- 床倍率は材料、留め付け方法、屋根勾配で分類される
- 水平力の伝達に重要な役割を果たすのは野地

傾斜角を持った水平構面

水平構面の種類は、床水平構面、勾配屋根水平構面、火打ち水平構面の3種に大別することができる。すなわち、屋根は傾斜角を持った水平構面ということができる。ここでは、そのような水平構面を勾配屋根水平構面ということとする［図1］。

屋根の形は建物ごとに異なり、代表的なものとして「切妻［図2］」「寄棟［図3］」「入母屋」などがある。さらにこれらの形を複合した屋根も多く設計されている。勾配屋根水平構面の床倍率は、これらの異なる屋根形状ごとには設定されていない。屋根を構成している材料、留め付け方法、屋根勾配などによって分類されている。

床倍率の考え方

屋根を構成する要素は、上から瓦などの屋根仕上材、ルーフィング材、野地、垂木、母屋、束、小屋梁となる。ここで重要なのは、どの部材が水平力の伝達に寄与するのかである。

軒桁部分に作用する水平力を建物内の耐力壁に分配するためには、面材としての構面が必要になる。そこから、重要な役割を果たしているのは野地だと分かる。しかしながら、野地は垂木に留められており、垂木は両端を棟木と軒桁に転がしで固定されている。

軒桁に作用する水平力は、一方から軒桁→垂木→野地→棟木→野地→垂木→軒桁と伝わる。このとき、寄棟は垂木が四方で留まっているが、切妻では妻壁部分の軒桁と垂木は留まっていない。

つまり、この部分は小屋束と母屋に垂木が留まっているだけなので、必ずしも直角方向の屋根の硬さとは同じではない。ただし、どちらの床倍率も安全率を含めて同じ数値が設定されている。

また、同じ屋根構成でも勾配がきつくなるほど水平力の伝達能力が劣ることが分かっている。したがって、屋根勾配がきつくなれば床倍率は小さな値となる。

図1 屋根構面の例

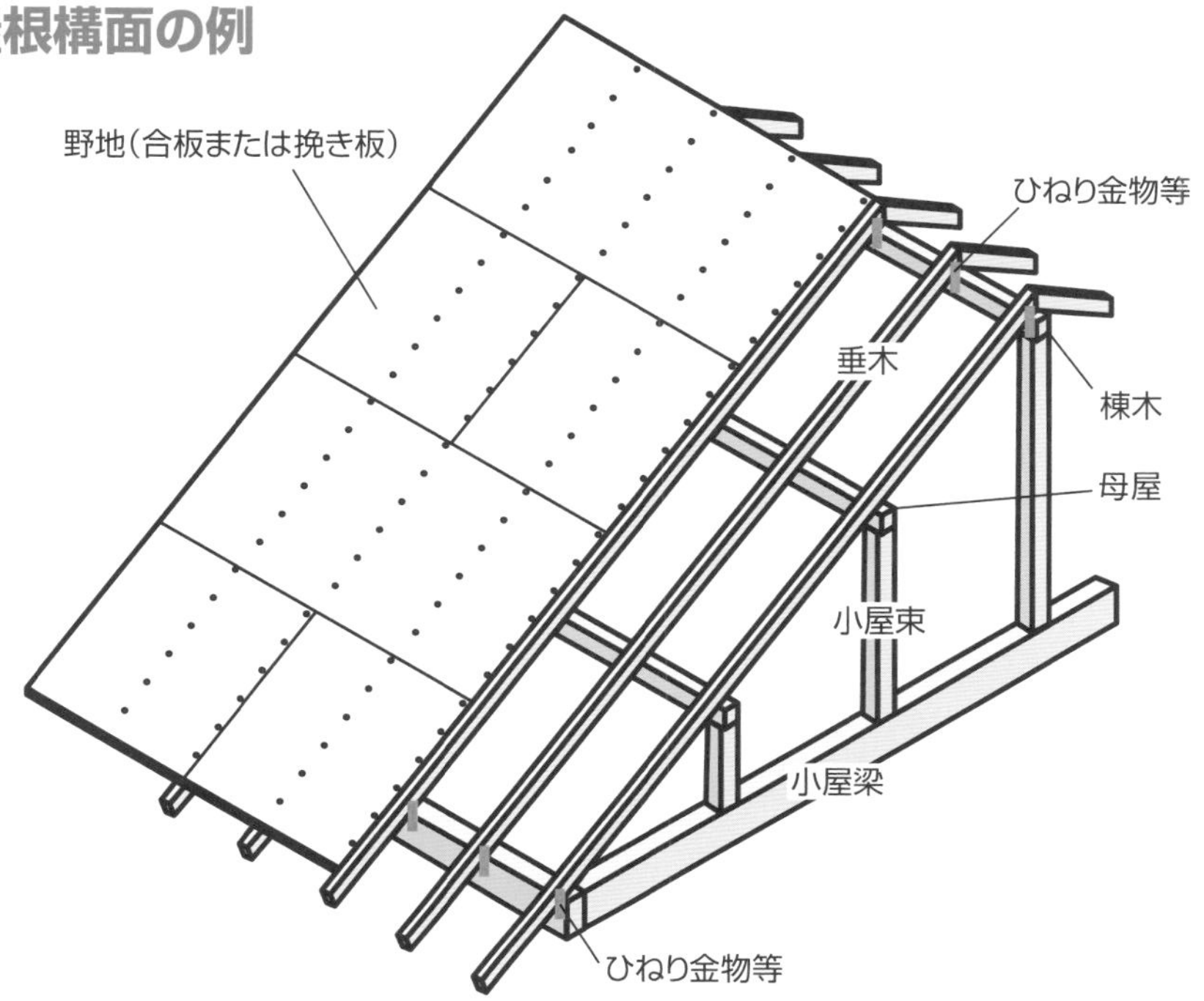

図2 切妻屋根

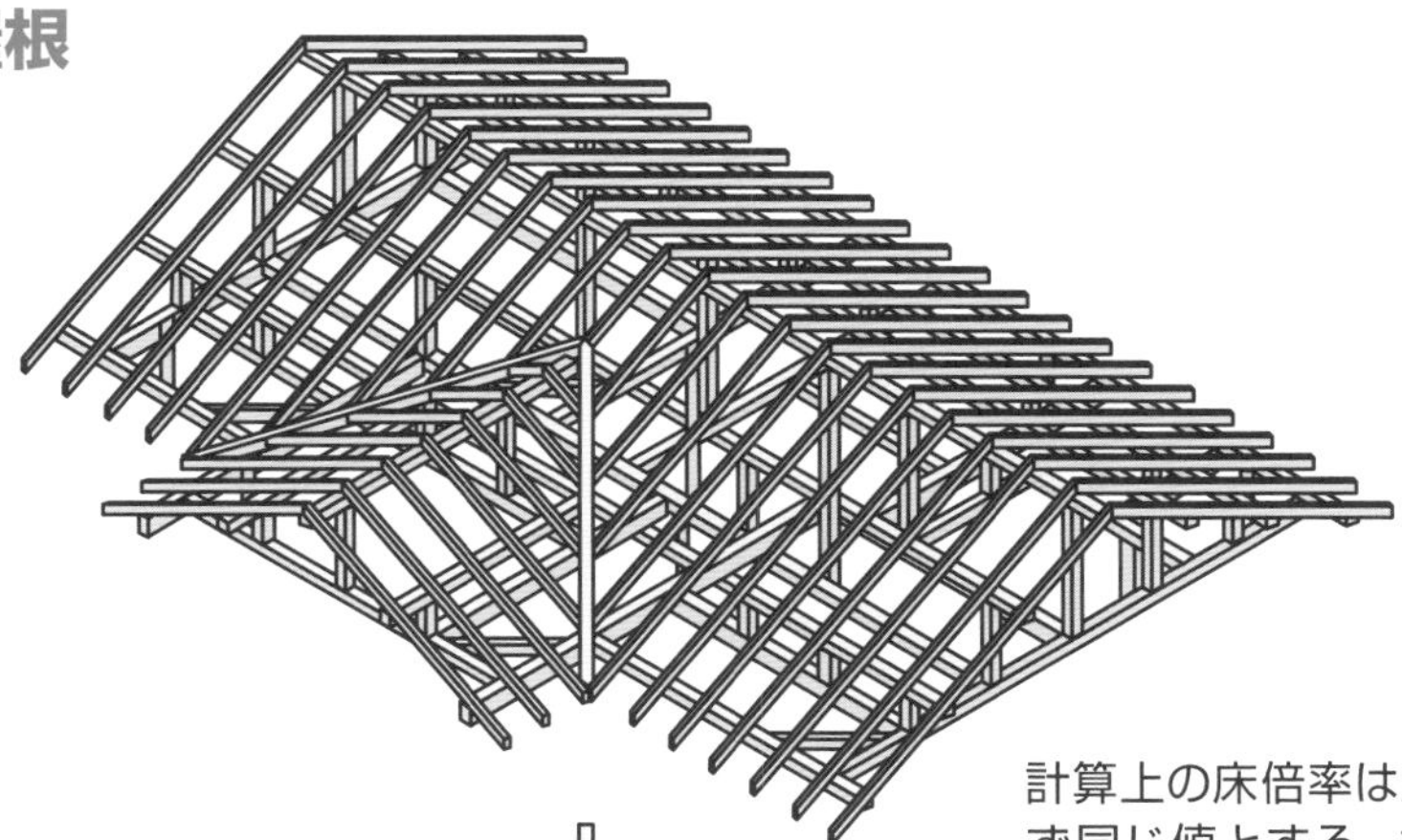

図3 寄棟屋根

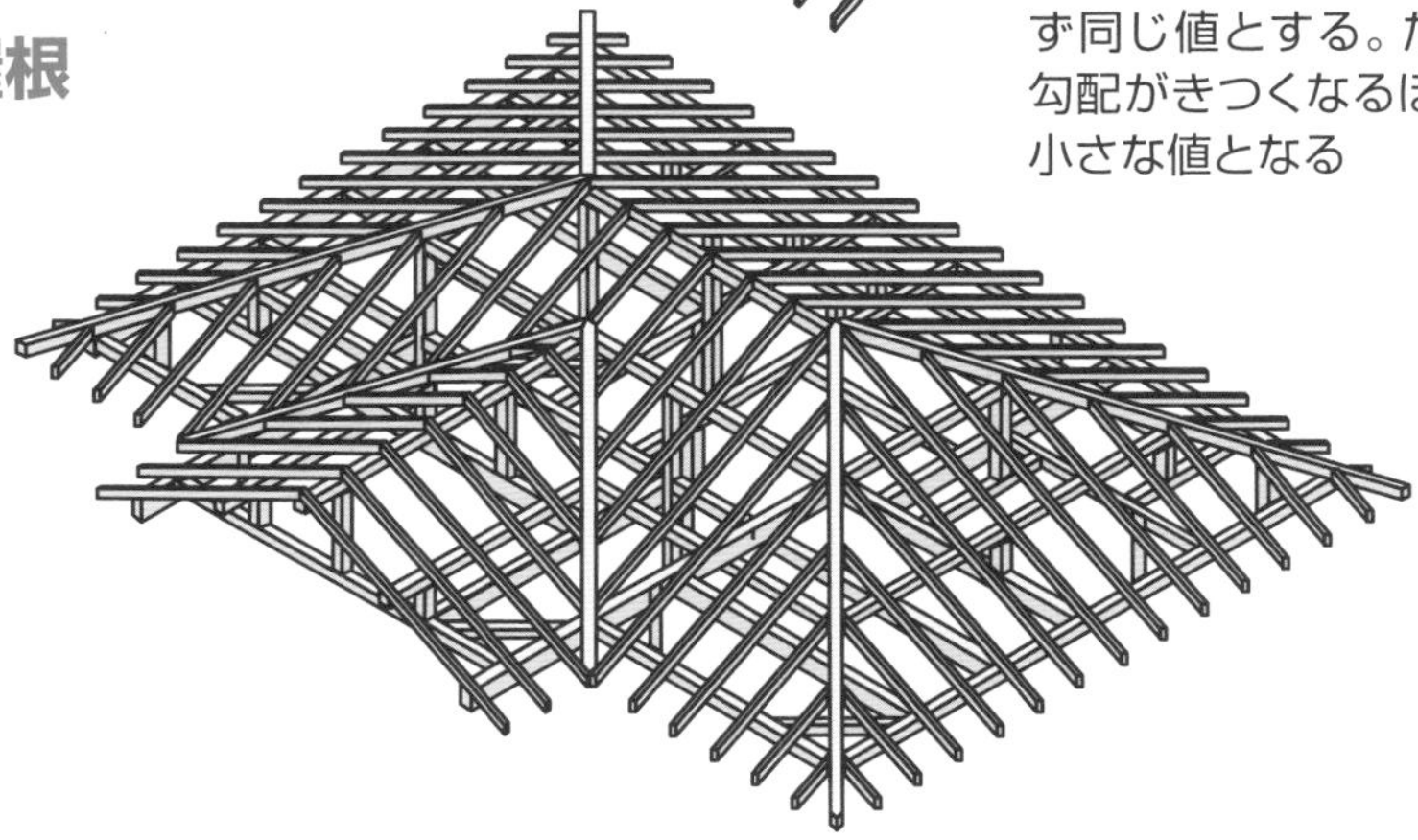

計算上の床倍率は屋根型によらず同じ値とする。ただし、屋根勾配がきつくなるほど床倍率は小さな値となる

水平構面の負担せん断力

Point

- 水平構面の硬さを決める耐力壁線の間隔
- 床構面の許容耐力を求める場合は、床倍率を用いる

集中荷重と分布荷重

地震力や風圧力等の水平力は、床構面を通じて階下の耐力壁に伝えられる。また、上階の水平力は耐力壁に伝わり、その耐力壁が載る水平構面に集中荷重として流れる。この集中荷重と床構面の等分布荷重は下階の耐力壁に流れる。

これらをモデル化すると、図1～3のような等分布荷重と集中荷重の組合せとすることができる。

床構面の両端にある耐力壁への力の伝達はせん断力であり、等分布荷重では端部が最も大きい値となる。また、床構面の途中に上階の耐力壁線が載る場合は、その分も端部せん断力に加算されることになるため、床構面には十分な硬さが求められる。

水平構面が弱いと、下階の耐力壁に力を伝達する前に床が壊れてしまい、耐力壁で水平力を負担する壁量設計の原則が成り立たないことになる。

水平構面に必要な硬さは耐力壁線の間隔が重要な要素を占めており、耐力壁線の間隔が広いほど硬い床が求められることになる。

床倍率の考え方

構造計算は、床構面の許容耐力と許容せん断力を用いて検討するが、分かりやすい考え方として、性能表示制度の構造に関する項目に登場する「床倍率」という概念がある。これは、耐力壁の壁倍率と同じように床構面にも硬さに応じて床倍率を与え、単位長さあたりの必要床倍率と存在床倍率を比較するものである。

図4は床構面と床倍率の一例である。床構面は面材を釘留めしたものだけでなく、火打ち材や勾配のある屋根構面も含まれ、それぞれの仕様に応じた床倍率が設定されている。そのため、施工の際にはこれらの要件を十分に検討する必要がある。

なお、許容応力度計算では床倍率に代えて、単位長さ当たりの許容せん断耐力を用いる。

図1 水平構面に加わる地震時水平力のモデル化

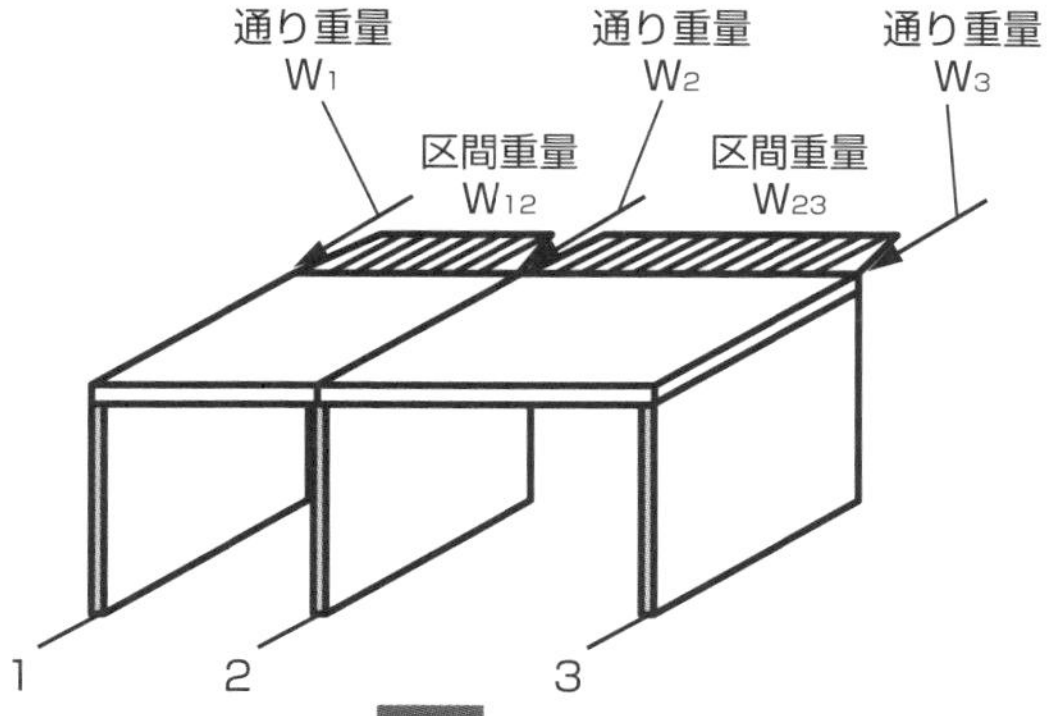

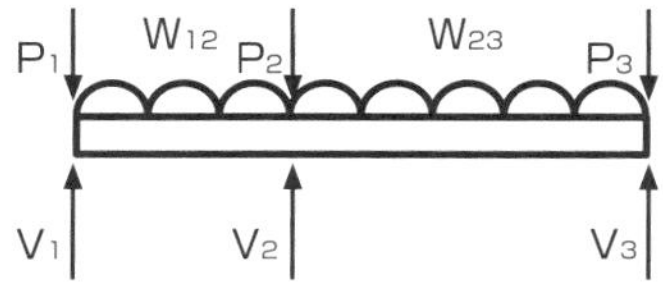

地震の水平力（P、V）は、区間重量（W12、W23）に応じてかかる

図2 水平構面に加わる強風時水平力のモデル化

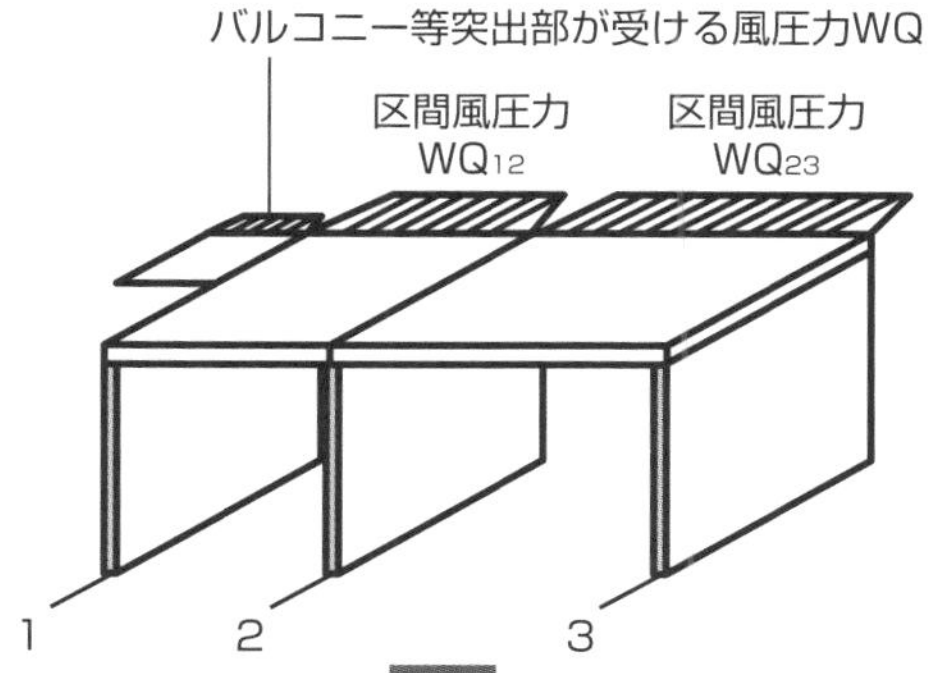

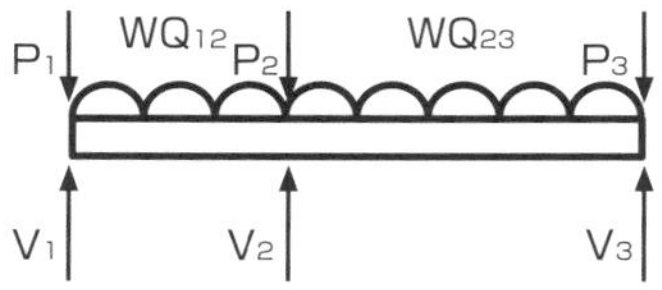

強風による水平力（P、V）は、区間重量（W12、W23）に応じてかかる

図3 地震時水平力のモデル化

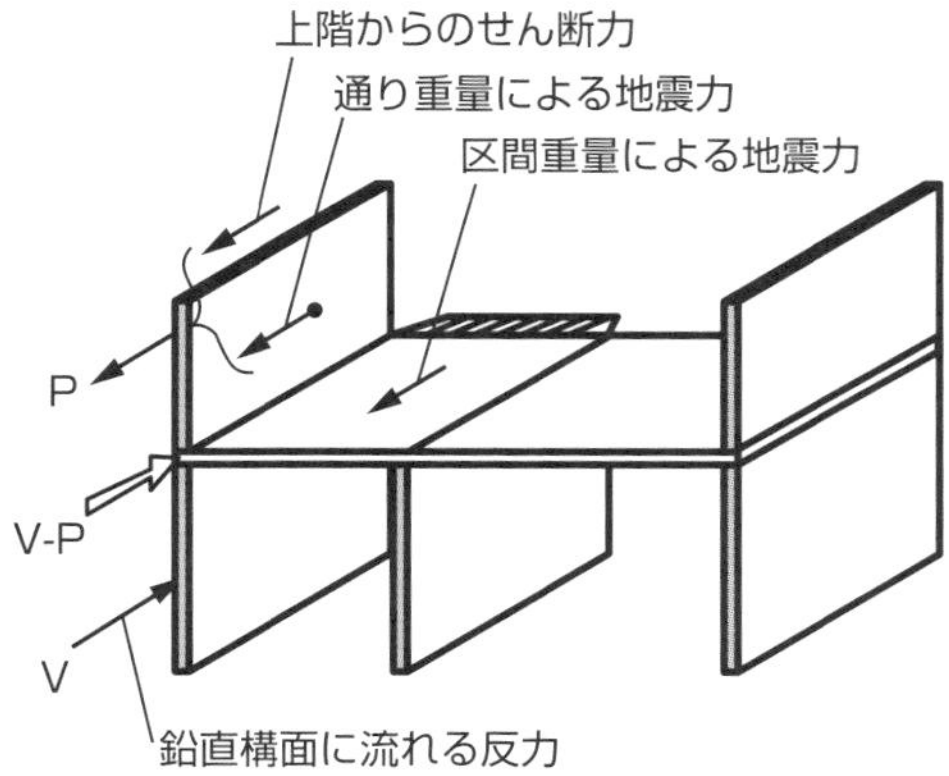

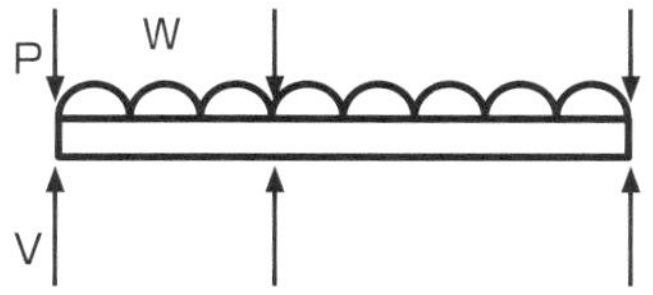

地震時の床構面に対する水平力Wは、P（上階からのせん断力、通り重量による地震力）とV（鉛直構面に流れる反力）となる

図4 性能表示制度の床仕様と倍率

●構造用合板（根太なし仕様）

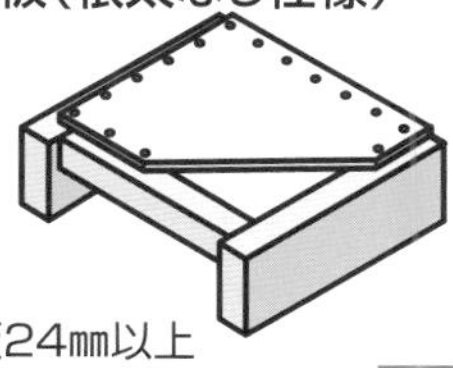

構造用合板24㎜以上
四周釘打ちN75@150以下→ 倍率：3.0

●構造用合板（根太あり仕様）

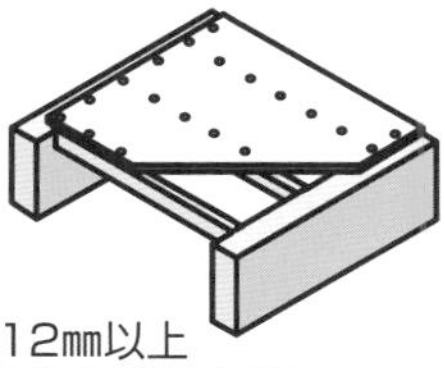

構造用合板12㎜以上
根太@340以下　落とし込み
N50@150以下→ 倍率：2.0

●杉板（根太あり仕様）

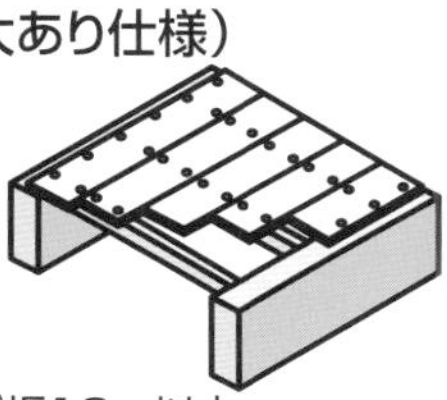

幅180スギ板12㎜以上
根太@340以下　落とし込み
N50@150以下→ 倍率：0.39

鉛直荷重による曲げとたわみ

Point
- 曲げとたわみが生活上の支障をきたさないことが重要
- 応力計算は単純梁で荷重ごとに計算し、合算する

梁が支える荷重とは

構造計算では、耐震性能や耐風性能を確保する水平力に対する検討が重要視される傾向にある。しかしながら、日常の生活では床の揺れやたわみなどによる生活上の支障が発生しないことも重要である［図1］。

床を支える梁に作用する力のうち、長期荷重としては、床を構成する部材や間仕切壁の重量（固定荷重）、床に載せられるであろう家具や什器、人の重さ（積載荷重）がある。また、短期荷重［図2］としては、屋根に積もった雪を支える柱の荷重（短期積雪荷重）や、地震力・風圧力によって発生する耐力壁端部の下向き荷重（短期地震力・風圧力）がある。

梁にはこれらの荷重を安全に支え続ける性能が求められる。このことは、部材に作用する応力が部材の持つ許容応力度以下であることと、梁が生活上の支障をきたさないたわみ量であることで確認する。

応力計算は単純梁で行う

構造計算で確認する応力は、曲げ、せん断、たわみである。長期荷重、短期荷重、積雪荷重（短期または長期）の種類ごとに、部材に生じる各応力の最大値と部材の許容応力度を比較する。

梁に作用する力は、上部荷重が柱から伝達される集中荷重、梁の上部に梁と平行に載る間仕切壁は等分布荷重、梁と直交方向に載る間仕切壁の荷重は集中荷重、小梁を受ける集中荷重、床荷重としての等分布荷重、梁上の耐力壁に作用する柱端部の軸力など、通常、複数の荷重が作用する［図3・4］。

これらの荷重に対する応力の計算は連続梁で行うことが望ましい。だが、計算式が非常に複雑であり、比較的小規模な構造体であるため、木造3階建てでは安全側の設計として単純梁で求める場合が多い。単純梁の計算では、計算式がそれほど複雑でなく、作用する荷重が複数ある場合でも荷重ごとに計算して、合算できるメリットがある。

図1 横架材に作用する応力

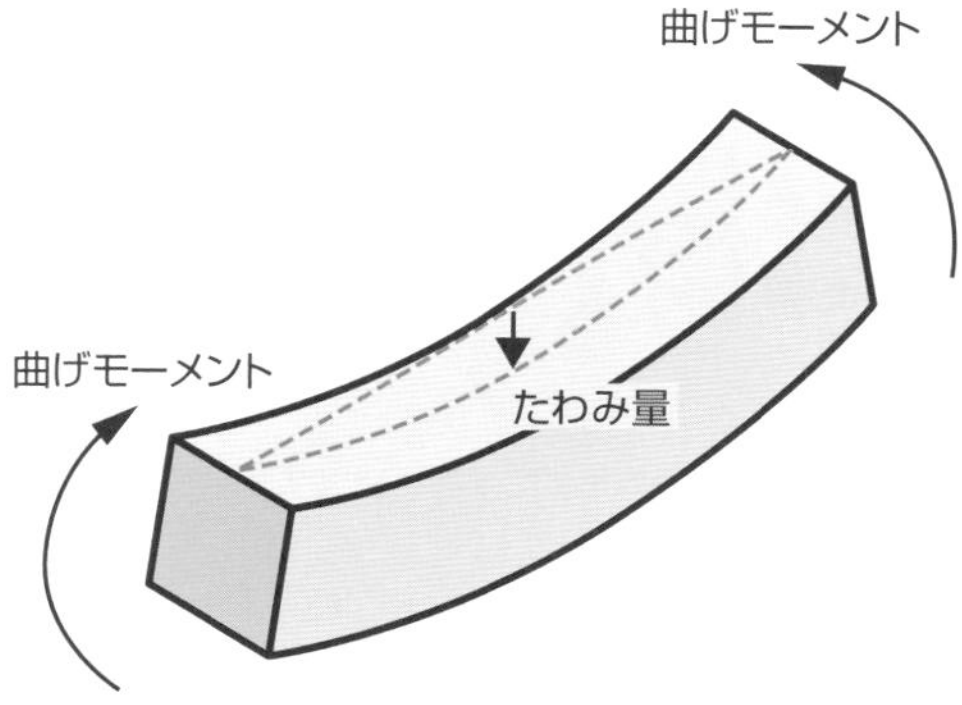

図2 梁上耐力壁による短期荷重

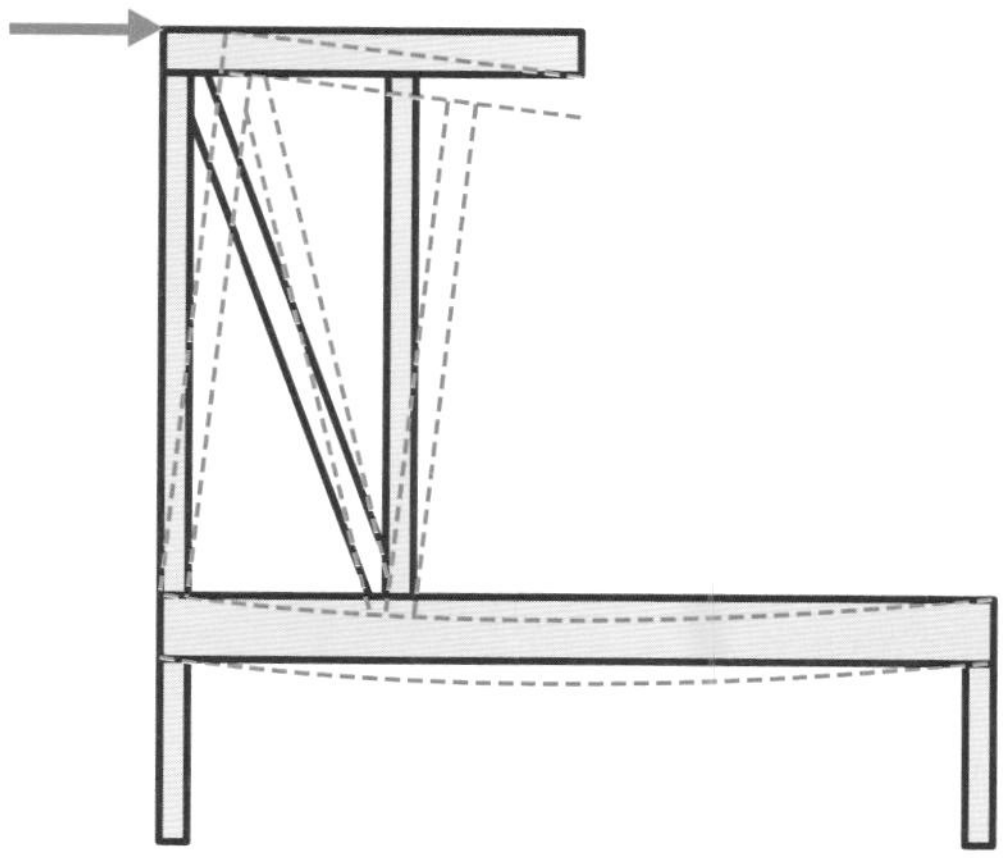

上階の耐力壁が取り付く柱の下に柱がなく梁で受ける場合は、梁がたわむだけ変形量が大きくなってしまう。できるだけ下階にも柱を設けること

図3 屋根からの荷重の流れ

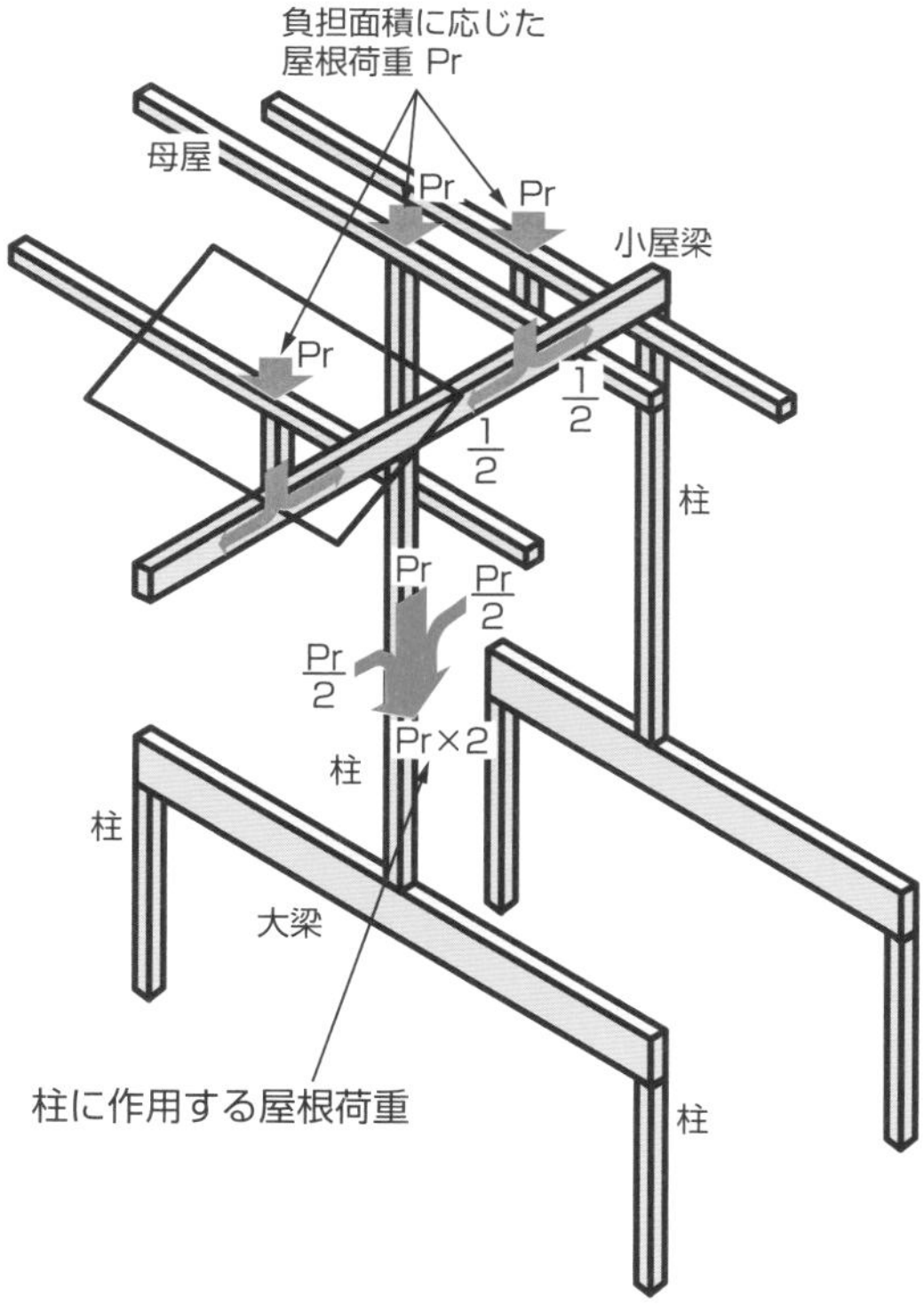

通常、梁には複数の荷重が作用するため応力計算は複雑だが、木造3階建てでは単純梁で求めることが多い

図4 床梁・大梁

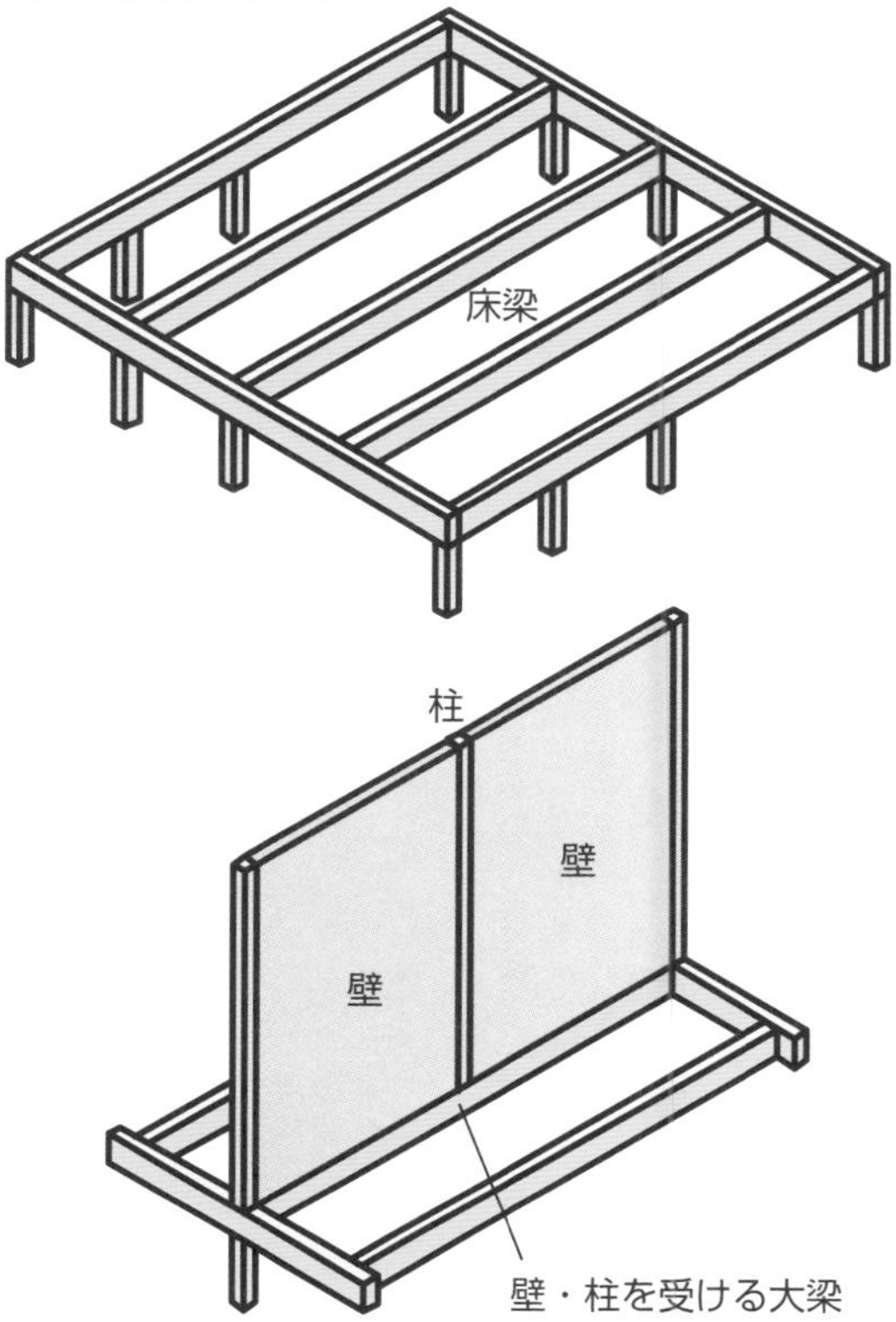

床梁・大梁には、柱や壁などから集中荷重、等分布荷重、軸力など複数の荷重がかかる

梁の仕口形状と断面欠損

Point

- 加工断面を知ることが正確な構造計算につながる
- 有効断面積、有効断面係数、有効断面2次モーメントが計算の3要素

加工断面が応力を決める

梁の構造計算を行うには、断面積や断面係数、断面2次モーメントを用いる。その際、梁の有効断面積を用いなければ、正確な応力は求められない。そこで、軸組工法における仕口や継手の加工断面を知っておく必要がある。

意外に多い梁の欠き込み加工

梁の側面に施される加工には、根太や火打ち材などの小径材断面を受ける「大入れ加工」、小梁を受ける「腰掛け蟻加工」「渡りあご加工」などがある。また、梁の上下に施される加工としては、柱を受ける「ホゾ加工」、梁の端部に施される加工では、「腰掛け蟻加工」「腰掛け鎌加工」などがある。このほか、梁端部の継手として「台持ち継ぎ」や「金輪継ぎ」「追掛け大栓継ぎ」などのほか、さまざまな加工断面がある。さらに、断面の大きさによって加工部の大きさが異なり、梁の片側か両側かによっても異なる［図1・2］。

これらの加工断面がどこにどのように施されるかを確認して、断面欠損が最大となる加工断面から残った部分を有効断面とするのが望ましい。

ここで注意しなければならないのは、梁の両側に加工部分がある場合で、加工部分がそろっていない（千鳥状に加工されている）場合である。見た目は片側ずつの欠損断面のうち大きいほうでよさそうだが、木材の繊維は加工部分で切断されているため、計算上は梁の一部で切断された繊維はすべて考慮しないことにしている。そのため、断面欠損が両側でそろっていなくても、有効断面としてはそろっているものとして考える［図3］。

計算に用いる低減係数は3種類

実際の計算では、想定される断面欠損の組み合わせをパターン化し、数種類で運用することが望ましい。このとき、有効断面積、有効断面係数、有効断面2次モーメントの3種類を用意する必要がある［表］。

図1 仕口加工の例

●短ホゾ　●蟻仕口

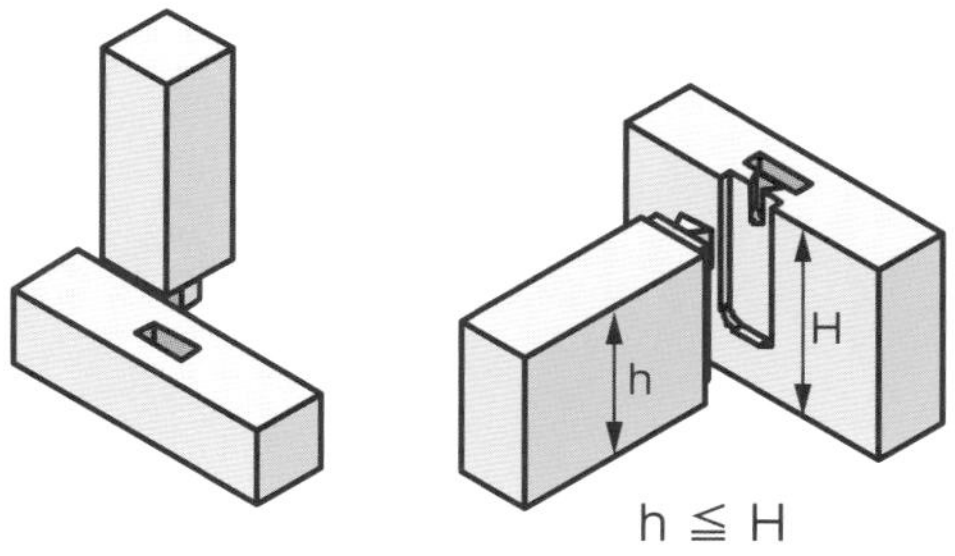

図2 継手加工の例

●腰掛け蟻継ぎ　●腰掛け鎌継ぎ

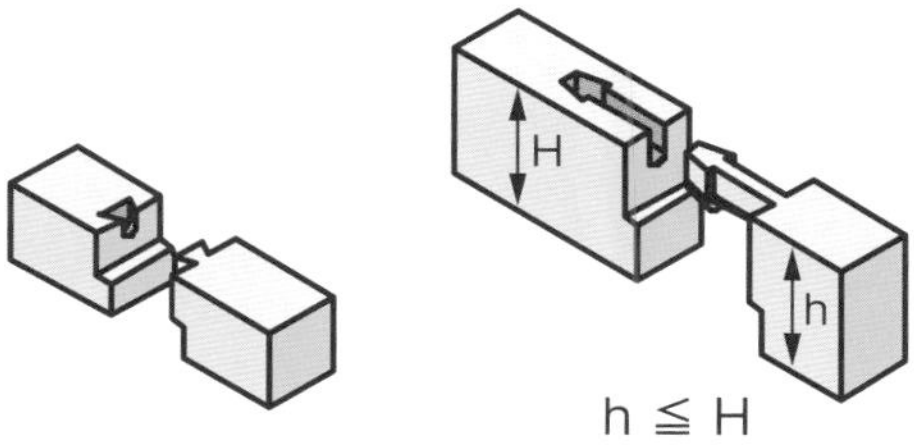

図3 梁の有効断面積の考え方

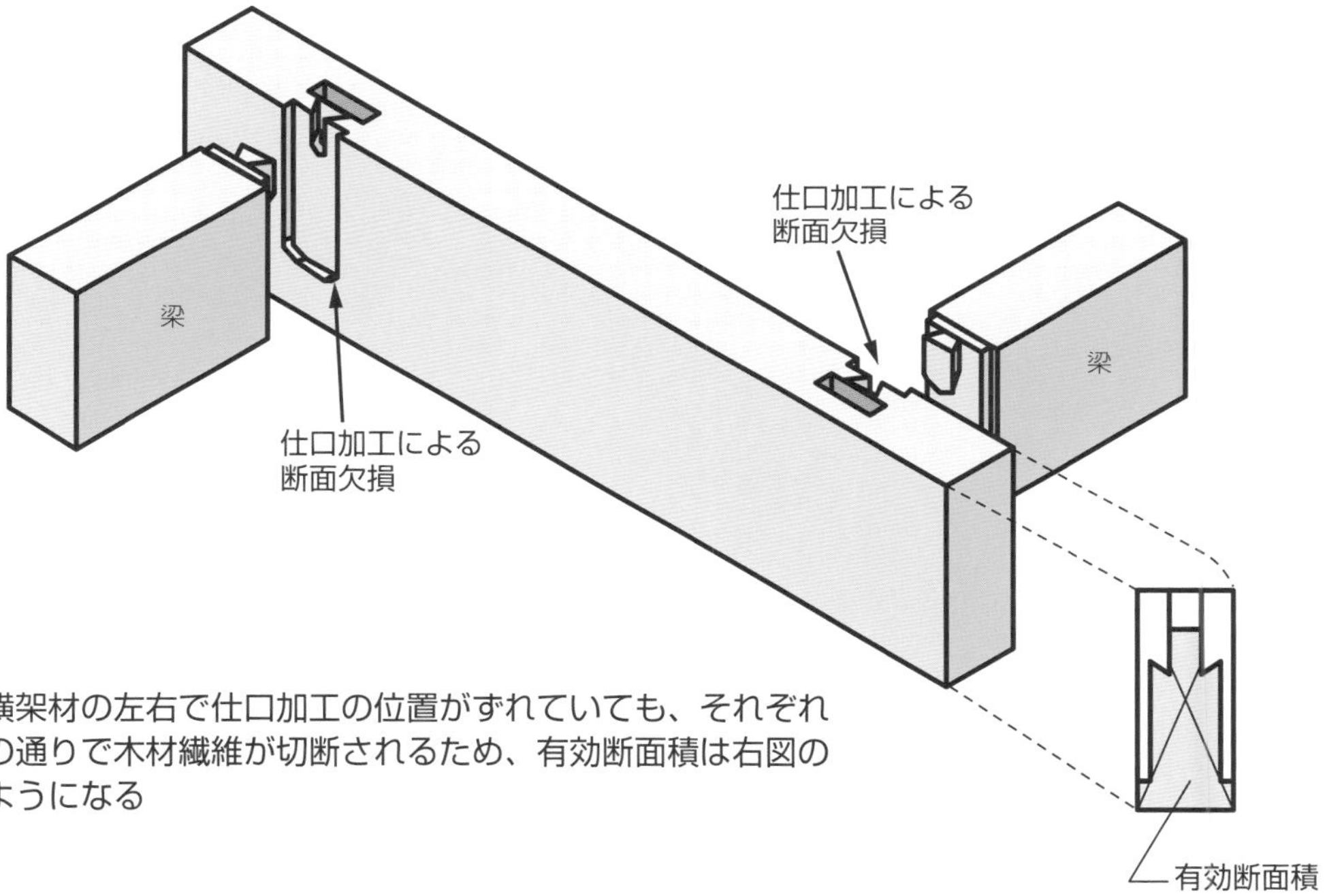

横架材の左右で仕口加工の位置がずれていても、それぞれの通りで木材繊維が切断されるため、有効断面積は右図のようになる

表 計算に用いる低減係数の設定例

	梁に梁や根太の仕口加工がある場合	
	片側	両側
有効断面積	梁の断面積 × 0.9	梁の断面積 × 0.8
有効断面係数	断面係数 × 0.9〜0.75	断面係数 × 0.8〜0.65

有効断面2次モーメント		
①スパン中間に小梁や柱などの仕口による欠損がほとんどない場合		低減なし
②スパン中間に、両側から小梁を受け、かつ、上階の柱を受ける仕口がある場合	当該梁せいが240mm未満	I'=0.7I
	当該梁せいが240mm以上	I'=0.8I
③上記以外の場合		I'=0.9I

柱の座屈と土台のめり込み

Point
- 吹抜けでは、通常の柱に対する以上の配慮が必要
- ホゾを用いる場合は、ホゾ穴を除いた有効断面積で計算

座屈を生じない柱

柱は建物の重さを支える重要な役割を担っている。柱の長さと太さの関係は重要で、重さを支えるのに十分な太さ（断面積）があっても、柱が長いと重さを支えきれずに曲がってしまう。この現象を座屈という［図1］。

施行令43条では、柱の長さと太さの関係を柱の小径として規定している。さらに同条6項では、柱の細長比も検討することが要求されている。ただし柱の小径の確認では、木造3階建てのように、構造計算時に柱の荷重に応じた座屈の検討を行う場合は、そちらを優先できる。

設計段階で注意する点としては、吹抜けなどを計画する場合の柱である。吹抜け面に面した壁に通し柱を設置すると、吹抜け面方向に柱を拘束する横架材（胴差）がないため、柱長さが2層分となってしまう。そのため、木造3階建てで一般的に用いられる12㎝角の柱では、太さが不足する場合がある。

土台のめり込みの考え方

柱が支えている重さは土台に伝わる。通常、土台は梁や桁と同じく木材を横使いしているので、木材繊維に対して直角方向に柱が載る［図2］。一般に、木材の繊維方向の強度と繊維に直角方向の強度を比較すると、繊維方向の強度が強い。したがって、柱の荷重によって土台がめり込みやすい。

めり込みの検討は、長期荷重と短期荷重について行う。特に短期荷重に対しては、長期荷重時の柱軸力に、耐力壁端部柱に作用する軸力を加えた値で検討する。

また、柱と土台にホゾが設けられている場合、ホゾの先端とホゾ穴底面との隙間が大きく、めり込みに対してホゾ先端で有効に力を伝達できない場合がある。そのため柱の断面積は、ホゾ穴を除いた有効断面積で計算する。

めり込みを防止するためには、柱と土台の間に金属プレートを挟み込むか、柱に間柱を釘打ちする方法がある。

図1 柱の座屈

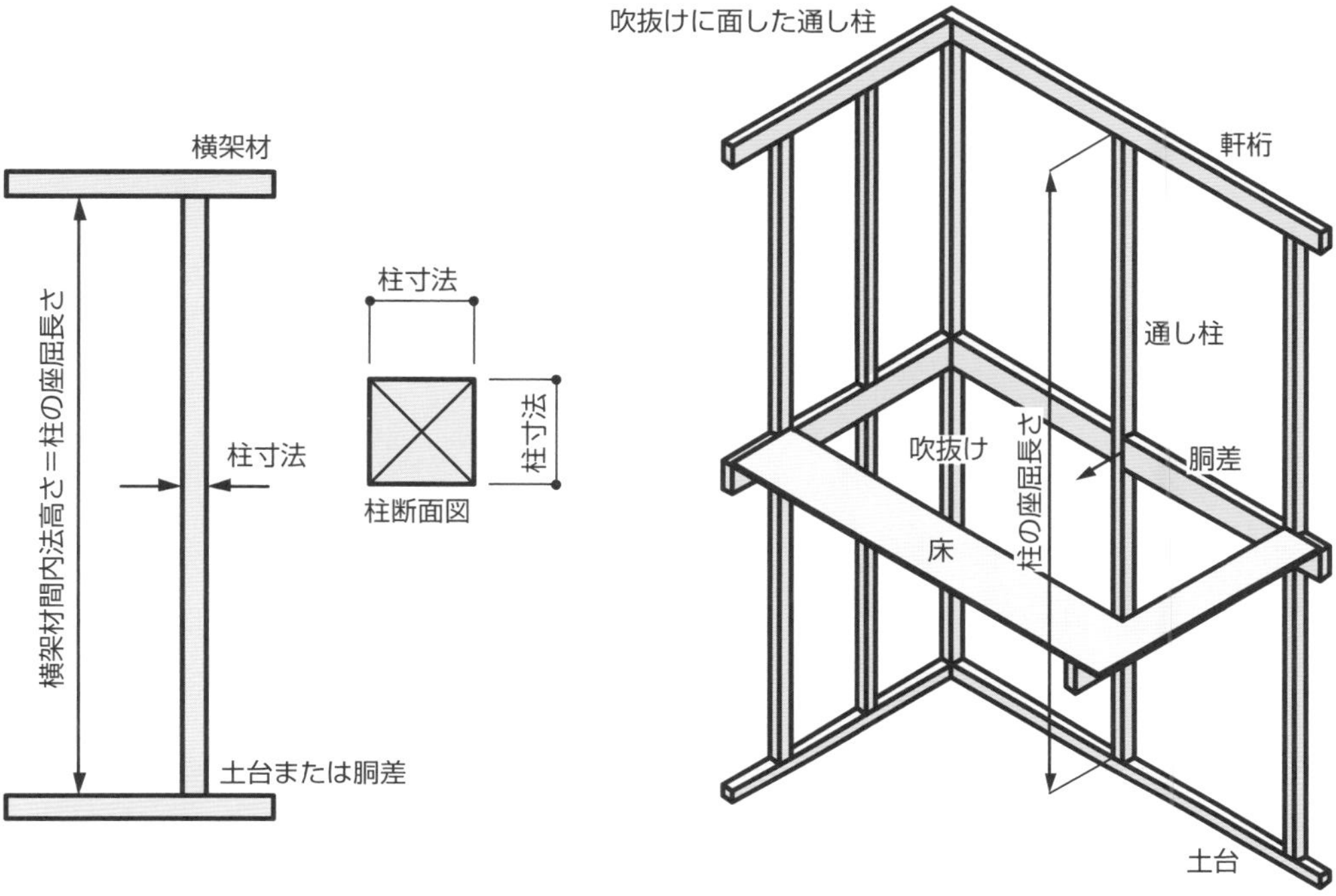

●有効細長比の検討式

$$\frac{\ell k}{i} \leqq 150$$

i ：断面の最小2次半径（$\sqrt{\frac{I}{A}}$）

ℓk：座屈長さ（木造の柱の場合は横架材間内法長さ）

I ：断面2次モーメント（$I=\frac{b \cdot h^3}{12}$ [cm^4]）

A ：断面積（A=b・h [cm^2]）

＊ 柱の断面が正方形の場合、b=h

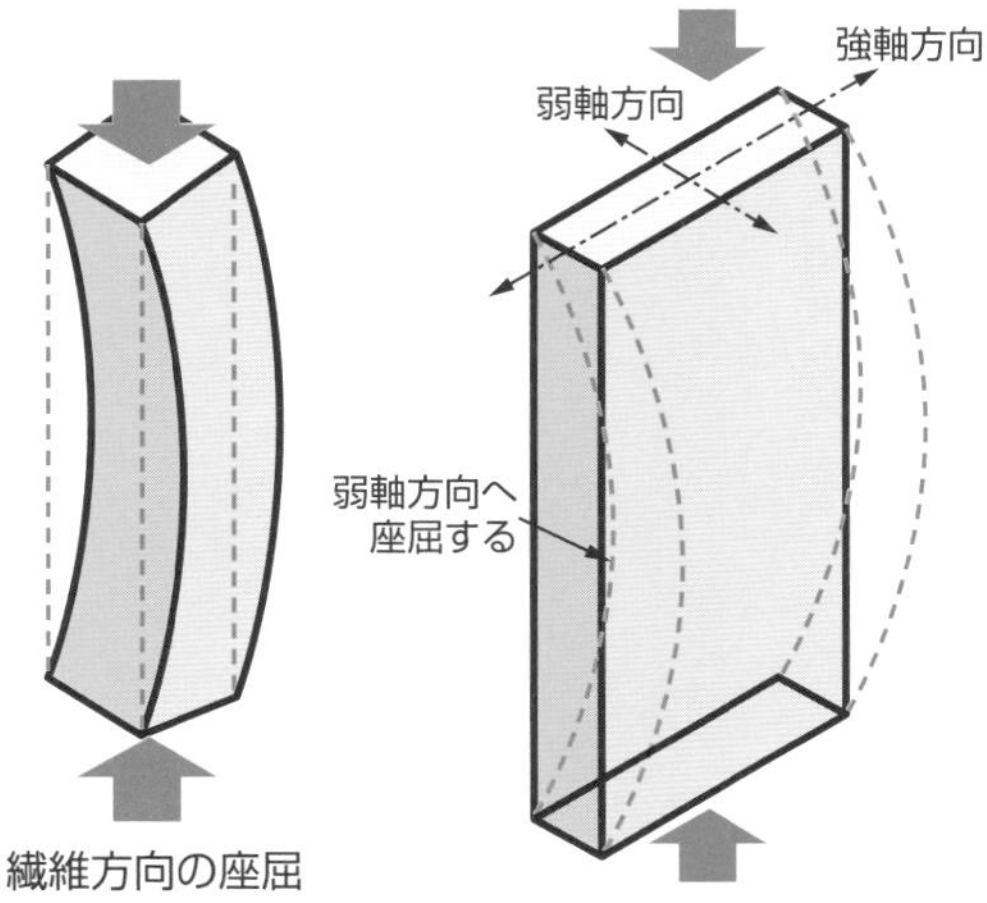

図2 繊維に直角方向のめり込み

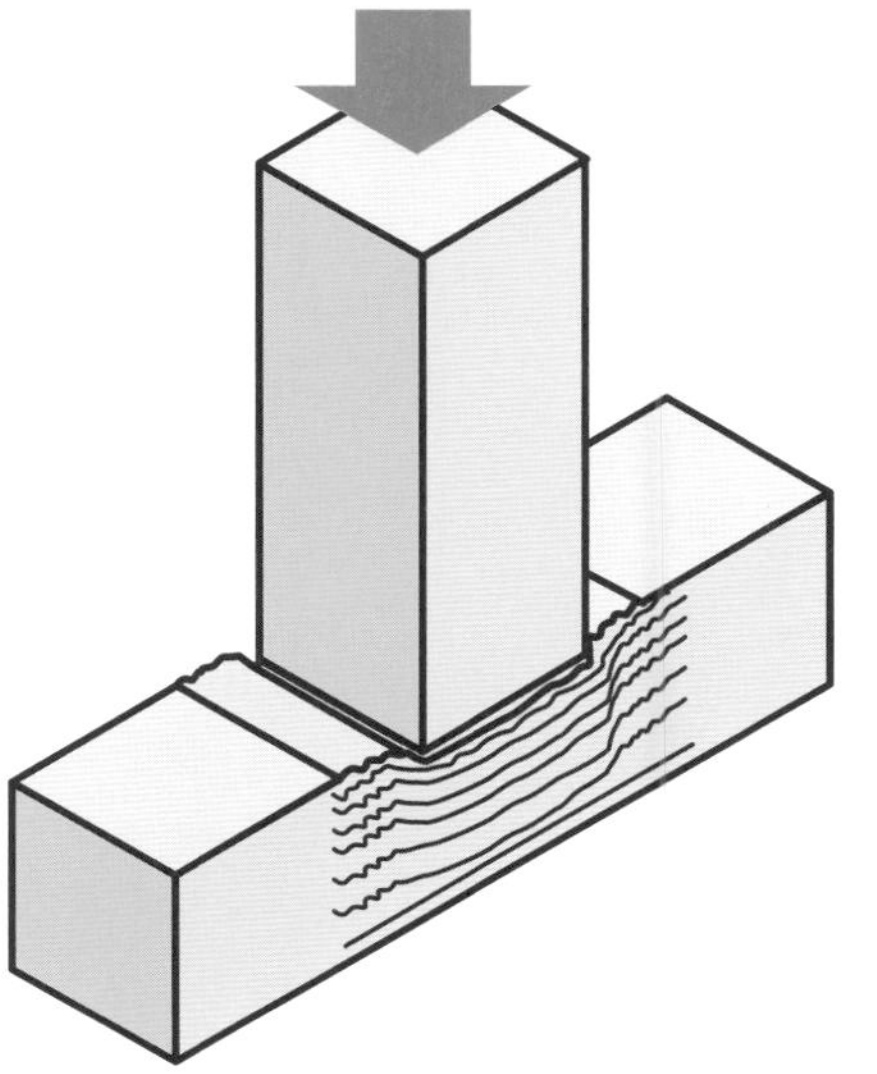

めり込み強度の小さい土台側にめり込む

接合部に有効な金物工法

Point
- 迅速、効果的な接合部加工として普及する金物工法
- 接合部の強度を安定させ、施工時間の短縮を可能にする

金物工法とは

一般の木造軸組工法では、木材の接合部を継手や仕口と呼び、木材の片方を雄木と呼ばれる凸型に加工し、受け側の木材には雌木と呼ばれる凹型の加工を施し、両者をはめ込むことで接合する方法を取ってきた。接合部の加工は複雑で、熟練した技能を持つ職人の技が問われる。

一方、一般に金物工法と呼ばれているものは、継手や仕口を梁受け金物やホゾパイプといった金物を介して接合する工法を指すが、金物工法といった呼び方は正式には存在しない。

機械化で進む金物工法

近年の木造軸組工法においては、熟練技能を持つ職人の高齢化に伴い、後継者への技能継承がうまく進まない現状がある。また、住宅コスト低減への対応から、軸組加工の機械化が急速に発展してきている。もちろん、従来の継手や仕口加工ができるプレカット機械が主流を占めてはいるが、加工断面が単純で加工精度も高い金物工法も急速に普及し始めている。

金物工法によるメリット

従来の継手・仕口の加工断面は、精度よくプレカットできるものの、加工が複雑なこともあり、機械加工でも時間がかかる。また、生産性があまりよくないことに加えて、端部の強度がどの程度なのかがよく分からないのが現状である。

これに対して金物工法は、端部を金物を介して接合し、留め具にはボルトやドリフトピンを用いるため、木材加工時間の大幅な短縮が可能となった。加えて、接合部は金属製品で構成されるため品質が安定し、接合部の強度を把握しやすい。また、強度にバラツキが少ないといったメリットがある。

ただし、金物工法をより有効に利用するためには、木材の品質が安定していることが望ましく、製材では乾燥材か集成材を用いることが望ましい。

図 金物工法

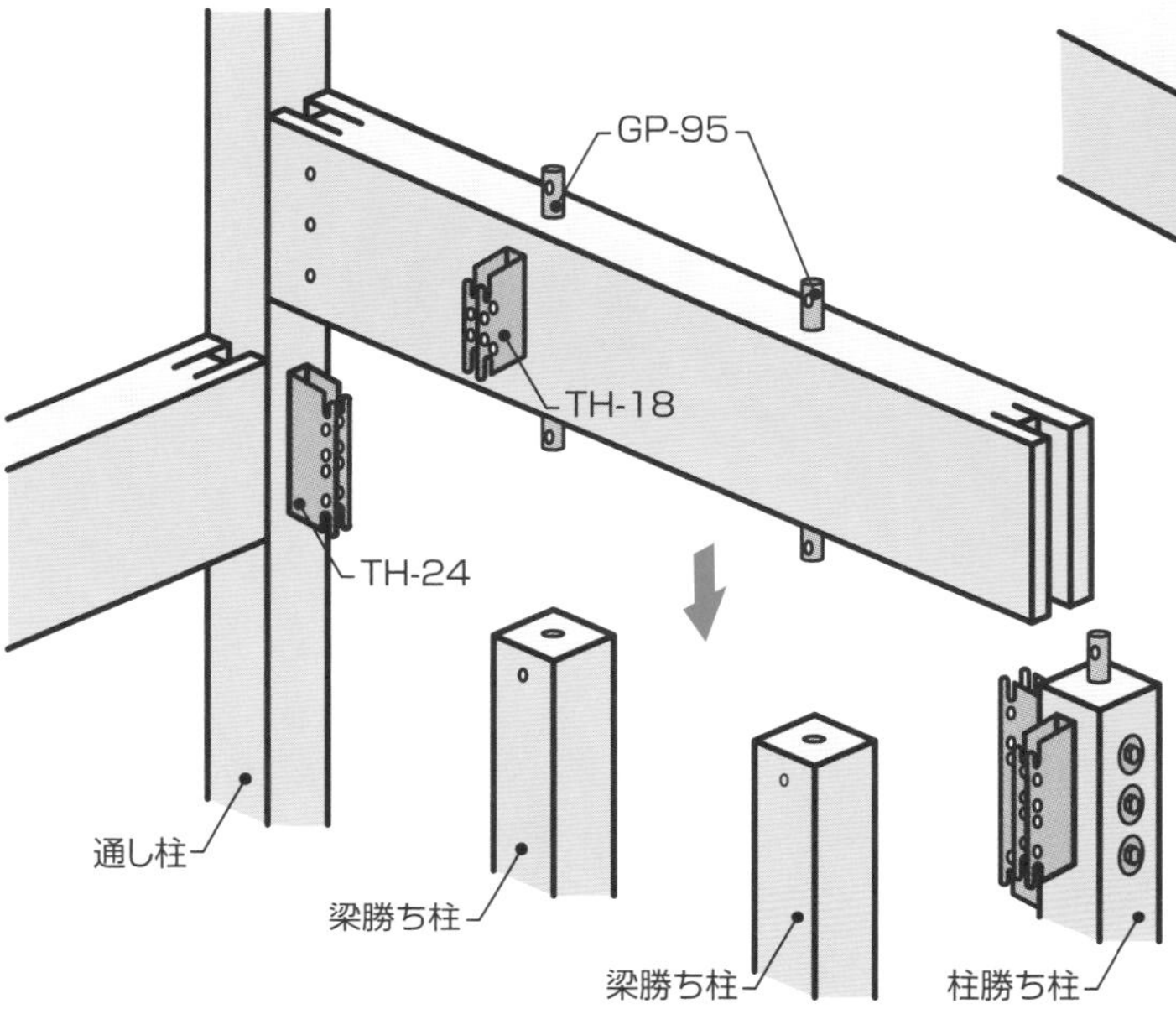

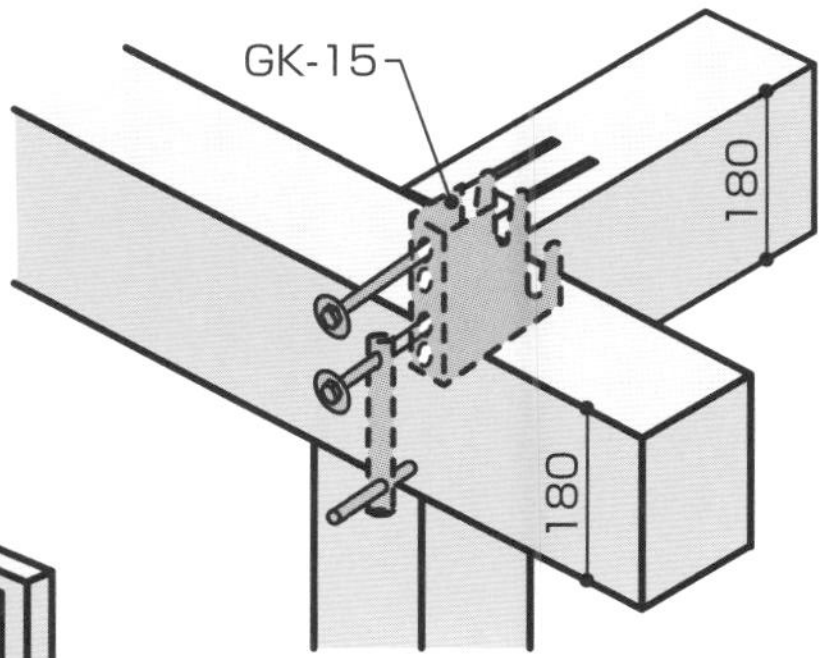

柱と梁の接合に使用される例

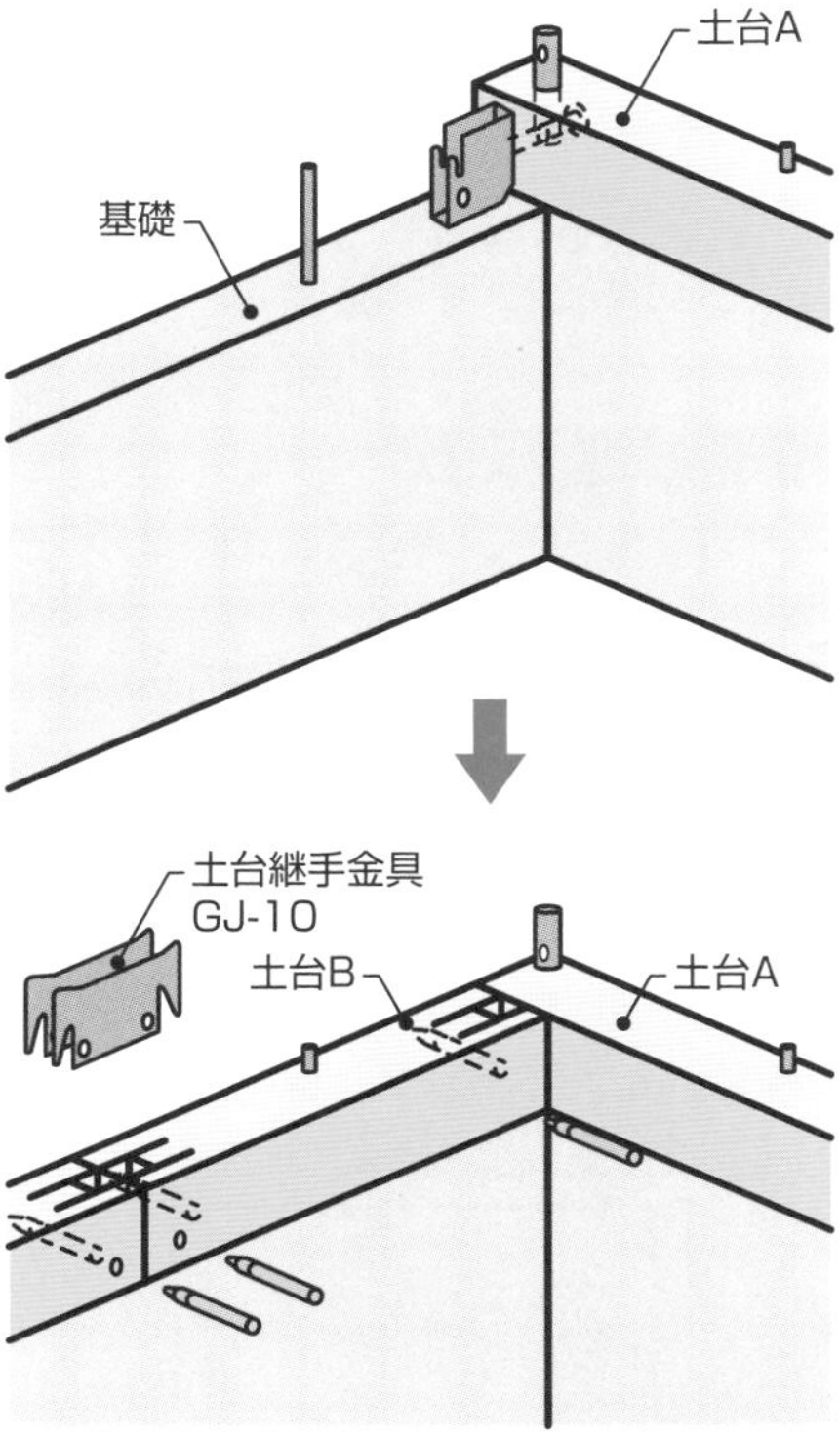

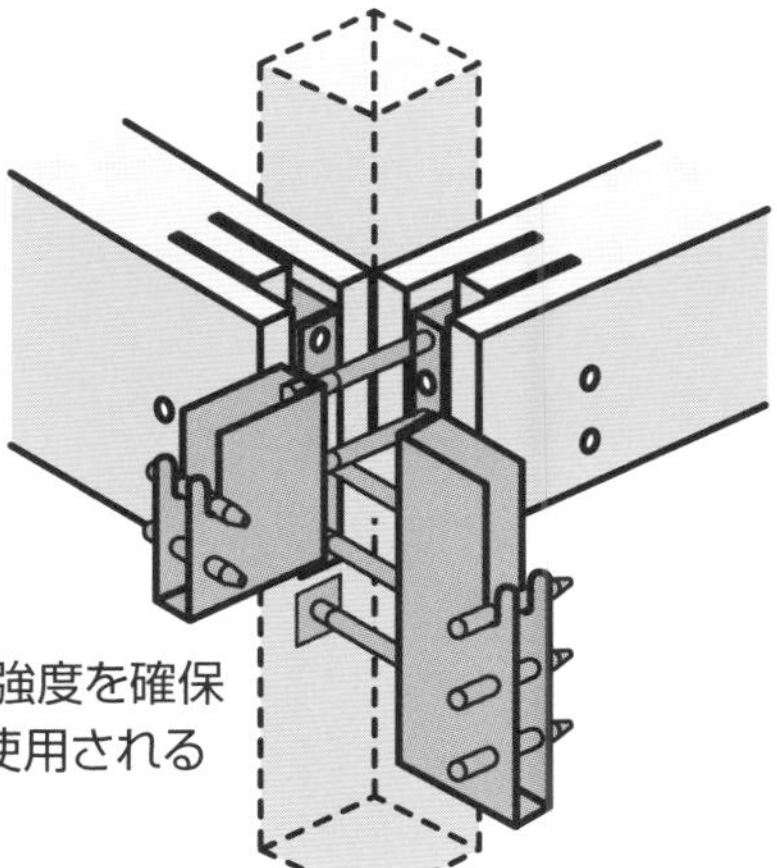

梁同士の接合強度を確保するためにも使用される

出典：（財）日本住宅・木材技術センター「梁受け金物」

土台の継手加工にも金物が使用される

出典：タツミ「テックワンP3金物技術資料」

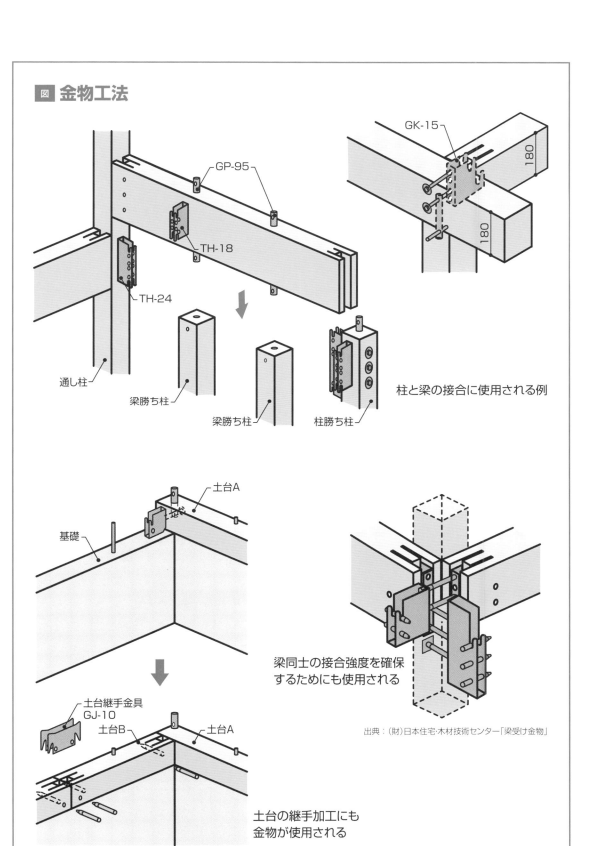

COLUMN 4

混構造のはなし

混構造は2つに分類される

混構造とは、一つの建物の柱や梁に異なる建築材料を使うものであり、建物全体に混在する場合と階ごとに構造が分かれる場合に分類される。ここでは、階ごとに構造が異なる場合について解説する。

建築基準法上の取扱い

混構造で多いケースとしては、1階が鉄筋コンクリート造か鉄骨造、2・3階が木造の場合である。これらは建築基準法6条1項3号に該当する。つまり、構造的には木造部分も木造としての扱いではなく、鉄筋コンクリート造や鉄骨造などと同じということである。したがって、壁量計算などの仕様規定に加えて許容応力度計算が必要となる。

構造上の特性について

1階が鉄筋コンクリート造、2・3階が木造の建物の場合を例に説明する。

構造計算上注意が必要なのは、地震力の与え方である。1階部分の重量が大きくなると、2・3階の層せん断力係数の分布係数Aiが大きくなり、2・3階部分の必要壁量が多くなる。このため、1階部分の重量が2階部分の重量の2倍を超える場合は、2階部分の重量の2倍を1階部分の重量とみなして2・3階のAiを求めることとしている。

通常の木造3階建てに比べて、地震力に対する必要壁量は2～3割程度は増加するので、プラン計画段階から壁の配置を意識することが重要である。

こうしたことから、混構造の構造計算では木造部分に作用する地震力が割増されていることになる。このため、1階と2階の接合部分に加わるせん断力も大きい値となるので、せん断力に対する検定もしっかり行わなければならない。

木造3階建ての各階の変位

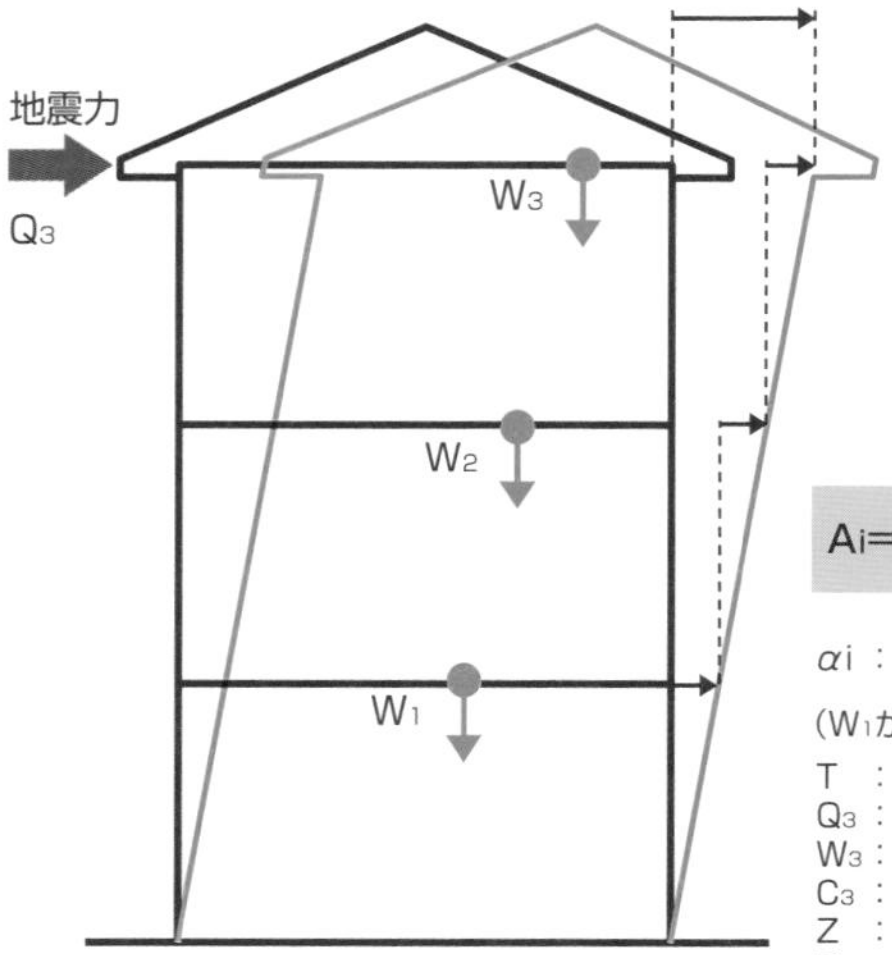

1階が鉄筋コンクリート造の場合

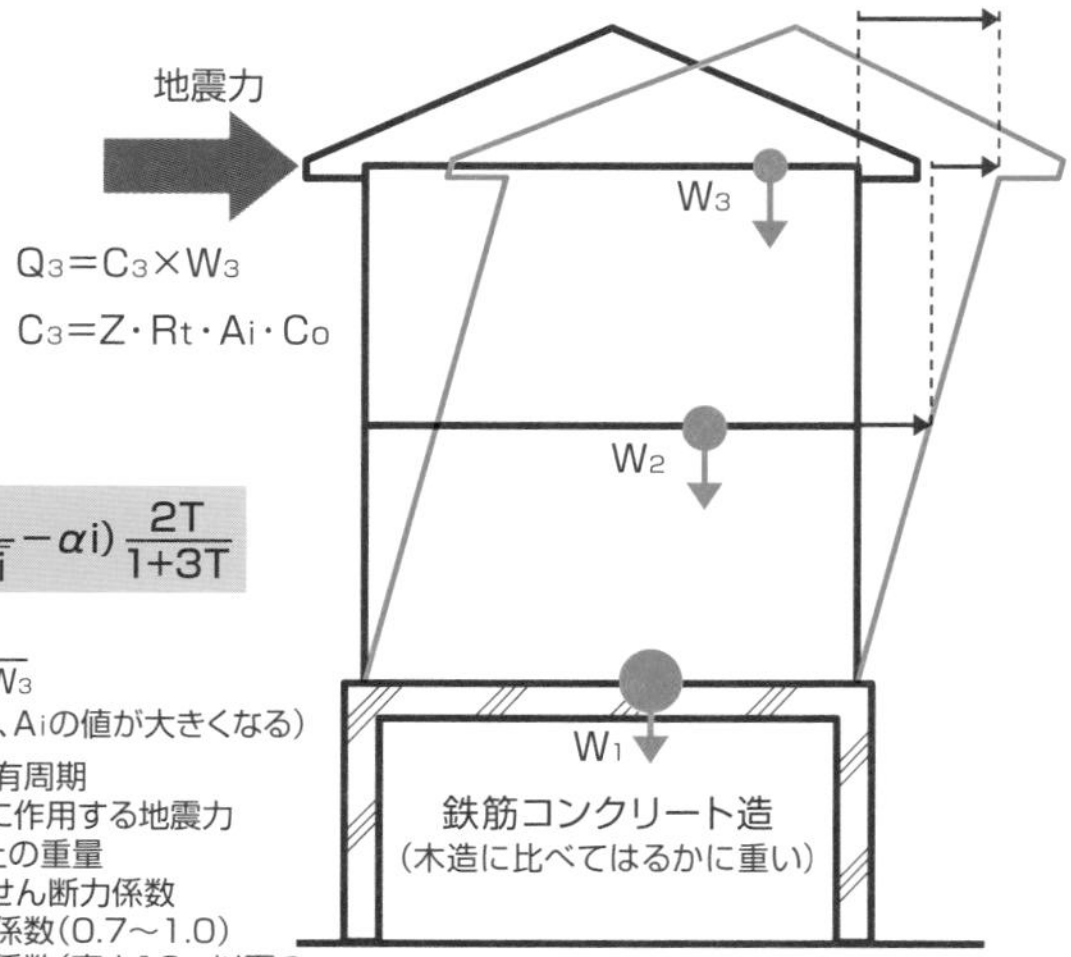

$$A_i = 1 + \left(\frac{1}{\sqrt{\alpha_i}} - \alpha_i\right)\frac{2T}{1+3T}$$

α_i ：$\dfrac{W_3}{W_1+W_2+W_3}$
(W_1が大きいと、A_iの値が大きくなる)

T ：建物の固有周期
Q_3：3階部分に作用する地震力
W_3：3階より上の重量
C_3：3階の層せん断力係数
Z ：地震地域係数(0.7～1.0)
R_t：振動特性係数(高さ13m以下の木造住宅の場合は1.0)
A_i ：層せん断力分布係数
C_o：標準せん断力係数(0.2以上)

5

建築計画

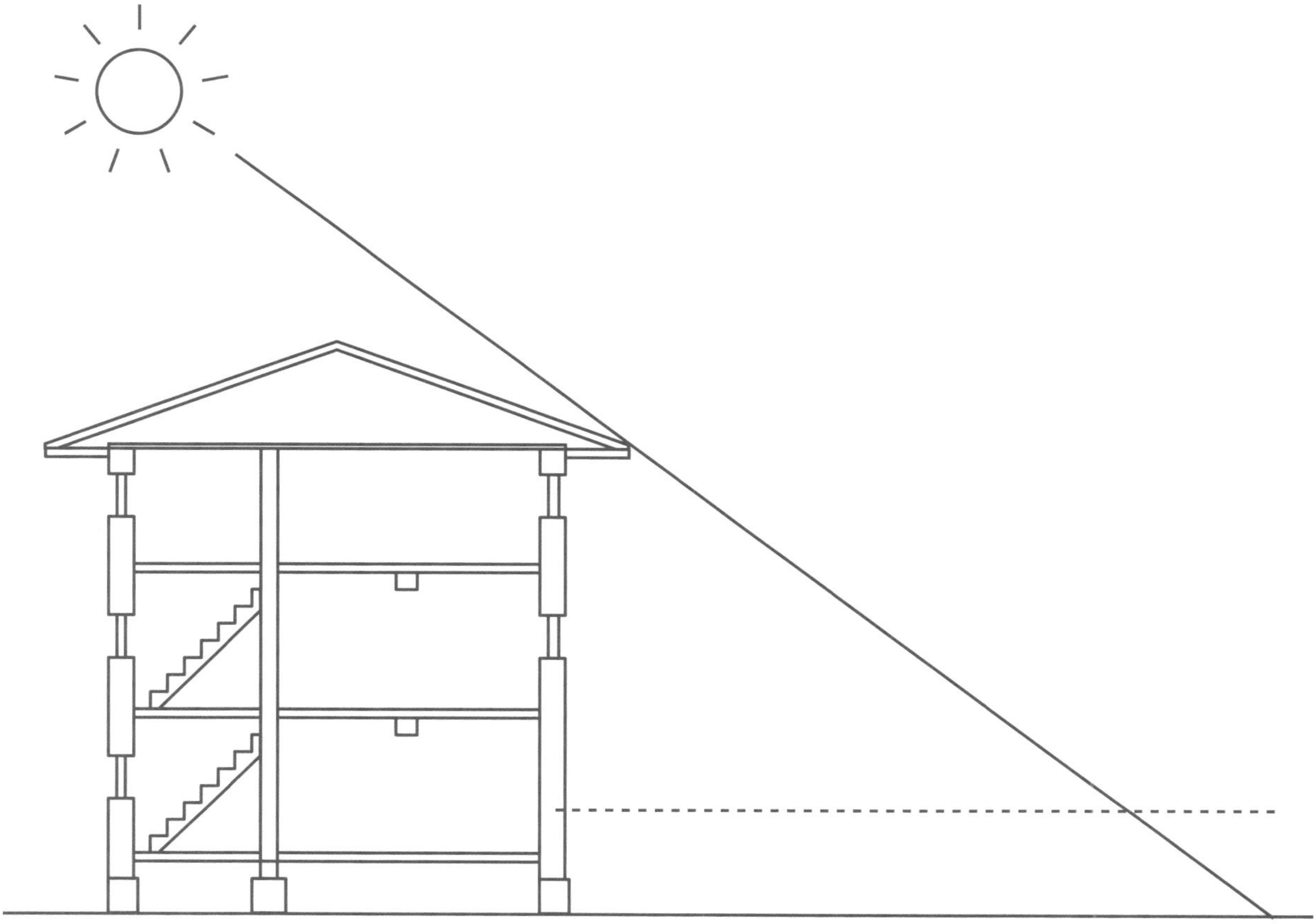

用途地域による建築物の制限

Point

- 第1・2種低層住居専用地域、田園住居地域に適用される絶対高さ制限
- 斜線規制は、道路周辺の日照・衛生・安全性確保を目的とする

建物高さによる制限

建築基準法では都市計画区域内を13の地域区分に分類し、建物の用途や規模を規制している。これと連動して、建ぺい率や容積率の制限と建物高さの制限がある。建物高さ制限には、建物の高さそのものを規制する絶対高さ制限と、道路や隣地からの距離で高さを規制する斜線制限がある。

絶対高さ制限は、第1・2種低層住居専用地域と田園住居地域に適用され、建物高さは10m（12m）以下にしなければならない［図1］。12mとすることができるのは、行政庁の都市計画で指定されている場合か、敷地面積が1500㎡以上で、かつ建ぺい率の限度に空地率を1割増しした空地を有する敷地で、特定行政庁が認めた場合である。

木造3階建ての場合、軒の高さは12m以下に抑えられるが、建物高さは屋根勾配があることから10m以下に抑えることは難しい。

道路・隣接地との距離による斜線制限

道路周辺の日照・衛生・安全性などを確保する目的で、建物の高さが一定勾配の斜線の内側に入るように規制しているものを道路斜線という。斜線の基点は前面道路の反対側の境界で、高さは道路中心線上の高さとする。勾配は、住居系地域では1・25、それ以外では1.5となる。ただし、建物を道路境界線より内側に建てる場合には緩和措置がある。また、第1・2種低層住居専用地域、田園住居地域、第1・2種中高層住居専用地域では、北側隣接地の日照を確保するために、北側斜線制限が設定されている［図2・3］。具体的には、真北方向の境界線上に敷地の平均地盤面から第1・2種低層住居専用地域と田園住居地域では5m、第1・2種中高層住居専用地域では10mの高さを起点として1・25の勾配の範囲内に建物が入っていることが条件となる。ただし、北側隣地の地盤面が高い場合などは緩和措置が設けられている。

図1 **建物と敷地の関係**

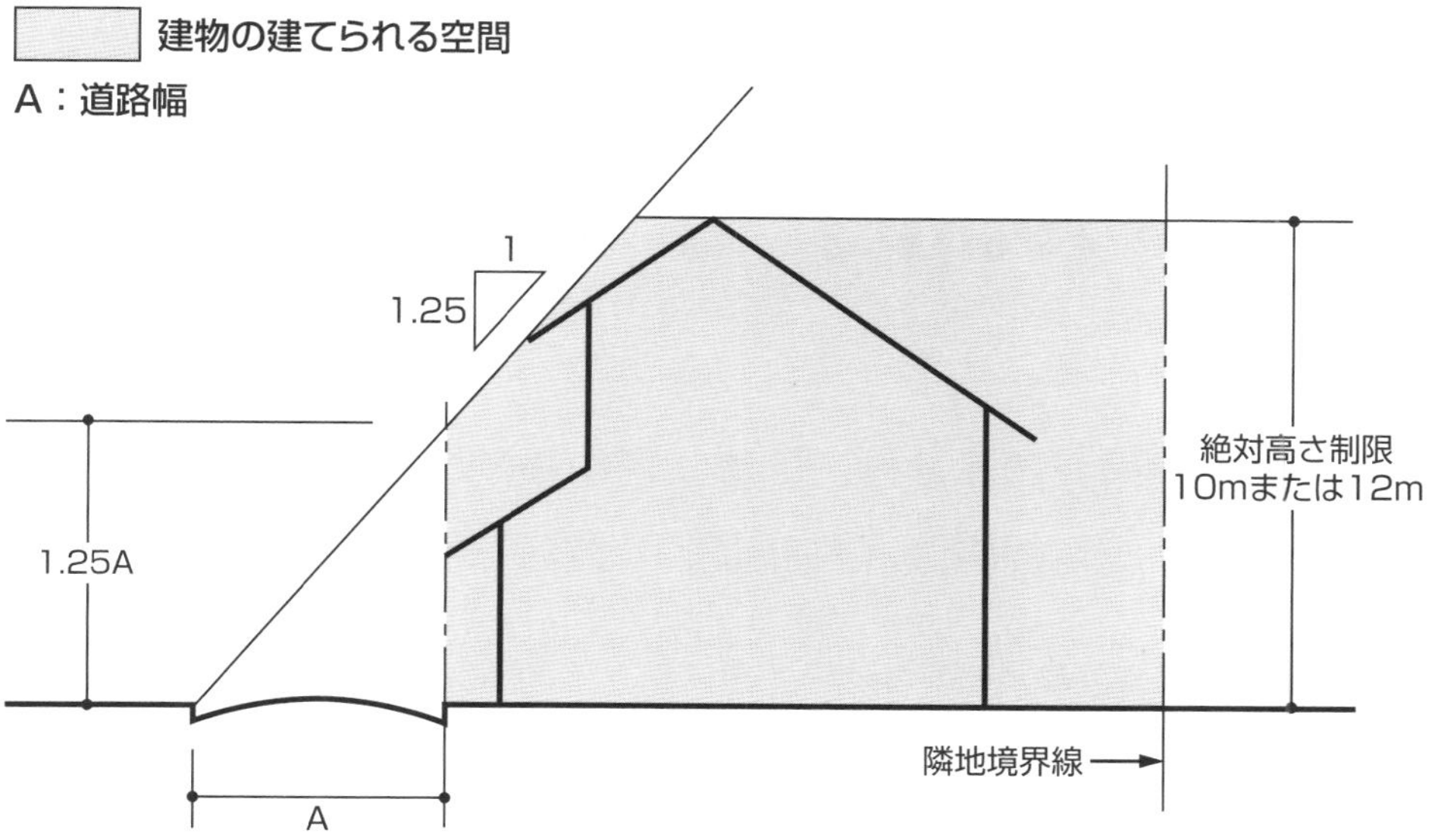

図2 **第1種・2種低層住専、田園住居地域の北側斜線**

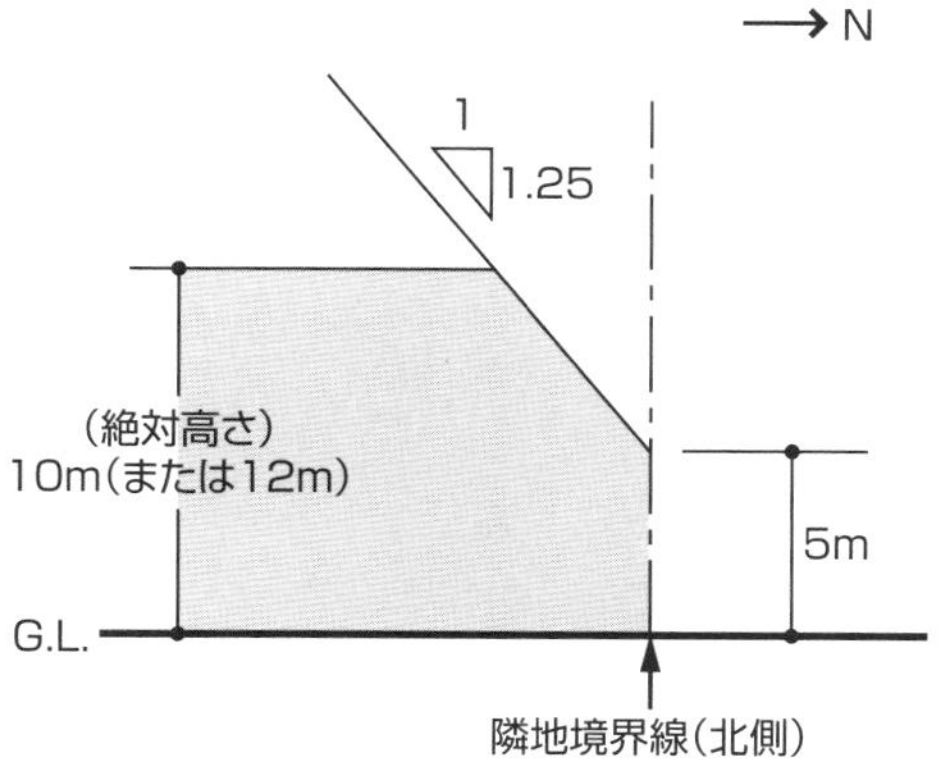

図3 **第1種・2種中高層住専の北側斜線**

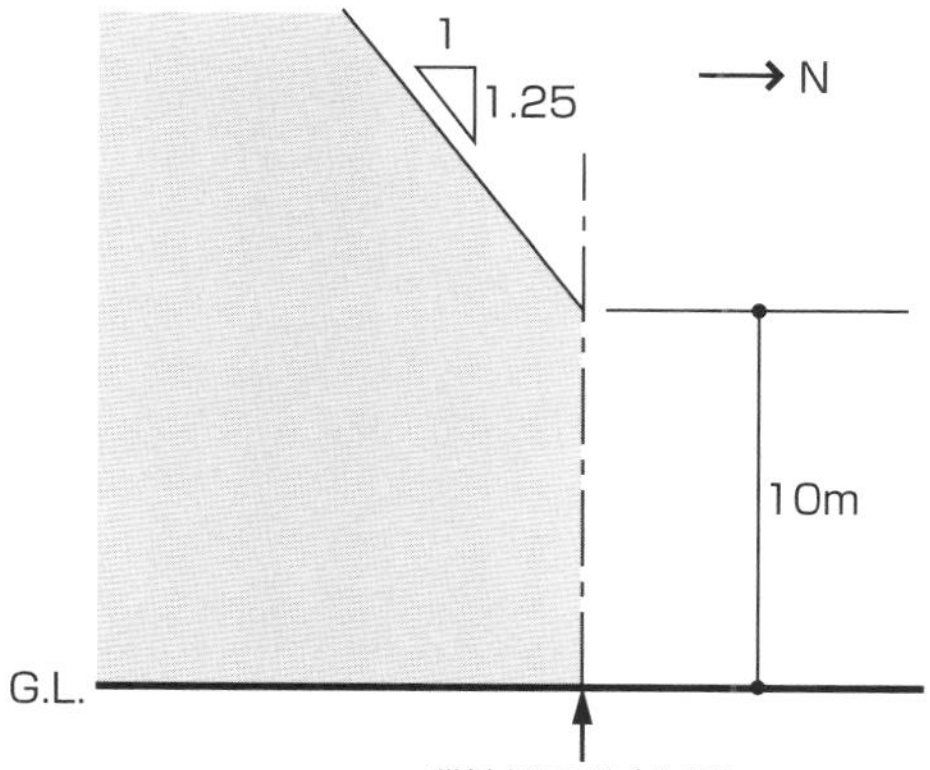

日影規制・平均地盤面

Point
- 住居系用途地域の建物は日影規制の対象となる
- 平均地盤面は、建物周囲の地盤の高低差で決まる

日影規制を受ける用途地域

日影規制とは、中高層の建物が近隣の敷地に落とす影の時間を制限し、日照条件の悪化を防ぐ目的で規制されている。

規制の概要は、敷地境界線から水平距離5m超10m以内と10m超の範囲で、冬至日の午前8時から午後4時までの8時間（北海道では午前9時から午後3時）に、それぞれの範囲に影がかかる時間を制限している。影の測点は用途地域によって異なり、平均地盤面から1.5m、4m、6.5mのいずれかとなる。

対象となる建物は用途地域ごとに高さや階数で規定されている。住居系地域では、高さが10mを超える建築物が対象となるため、木造3階建ては対象となる可能性が高い。さらに第1・2種低層住居専用地域、田園住居地域では、軒高7m超の建築物や地上3階建て建築物も対象になる［図1］。

一方、商業地域、工業地域、工業専用地域には日影規制はない。ただし、これらの敷地に建つ建物でも、住居系地域に隣接する場合で影が落ちるときには、影が落ちる側の用途地域の日影規制を受けることになる。逆に、日影規制の対象区域内に建つ建物が商業地域などの制限対象区域外に影を落とす場合には、規制の対象にはならない。

平均地盤面と日影規制の関係

建物の高さを決めるためには、地盤面の高さを決める必要がある。建物が建つ地盤は水平だと思われがちだが、傾斜地やカーポートに接する建物など、建物周囲に接する地盤面は一定でない場合が多い。

建物周囲が地面に接する位置の平均の高さを平均地盤面といい、その接する位置の高低差が3mを超える場合は、高低差3m以内ごとの平均の高さをそれぞれ平均地盤面という。

ただし、日影規制における測定水平面の高さの基点となる平均地盤面は、高低差3m以内には区切らず、敷地全体で1つの平均地盤面とする［図2］。

図1 日影規制

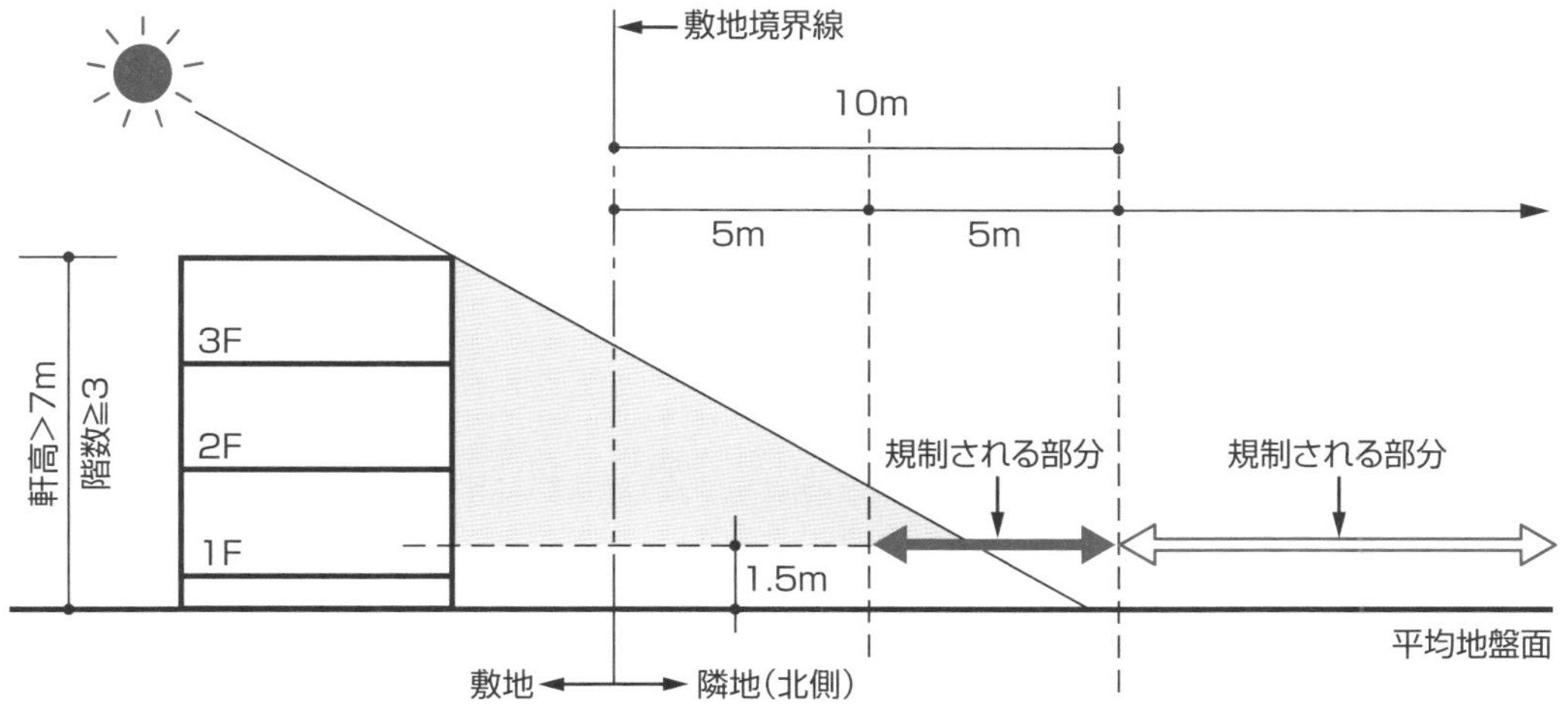

図2 平均地盤面

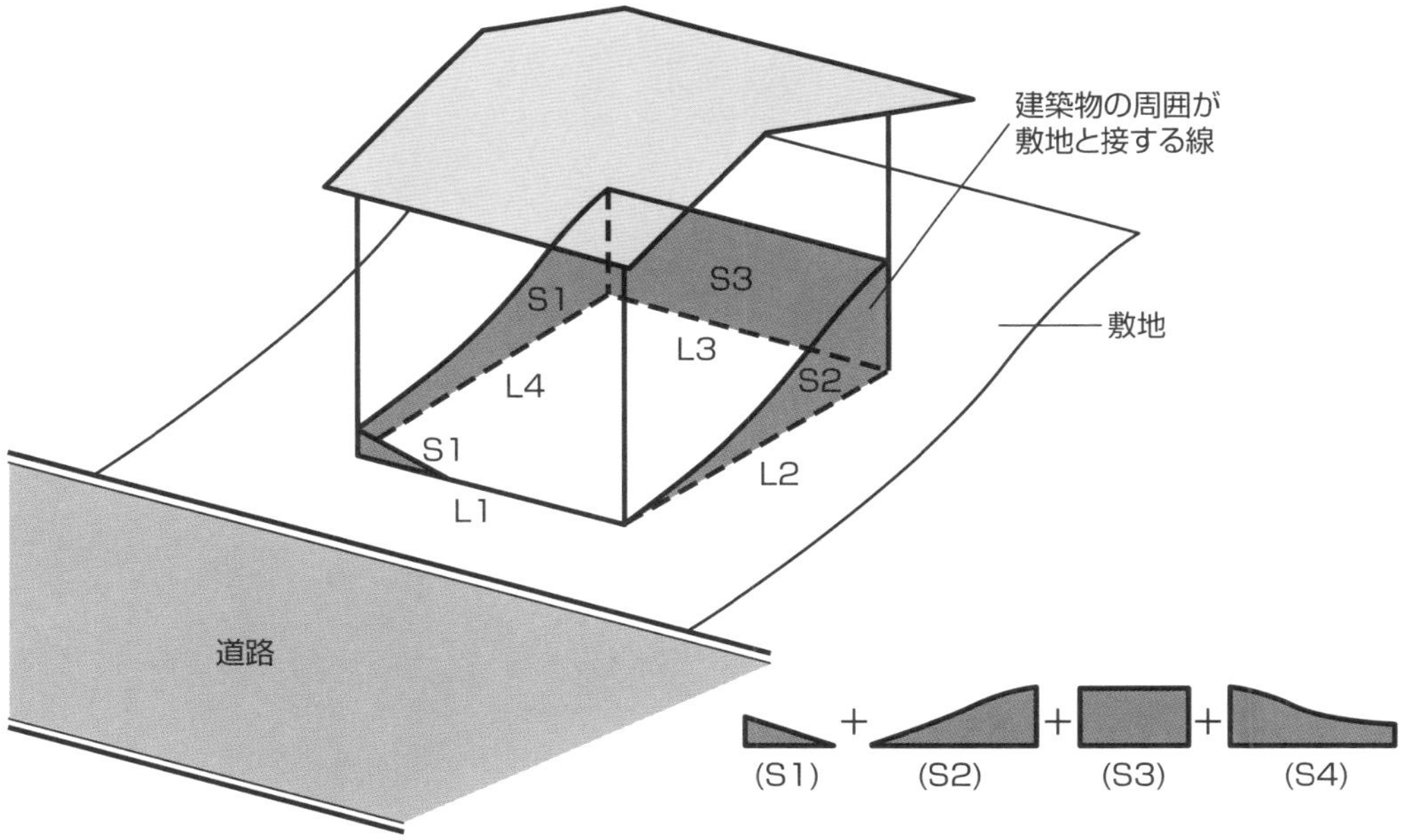

建築物の周長　L＝L1+L2+L3+L4

地面の高低差により建築物の周囲が地面と接する面積　S＝S1+S2+S3+S4

$$建築物の平均地盤面 = \frac{\Sigma S}{\Sigma L} = \frac{S1+S2+S3+S4}{L1+L2+L3+L4}$$

採光計算

Point
- 1居室につき、居室床面積の7分の1以上の有効採光面積が必要
- 窓の位置の工夫、隣地からの距離が採光の確保につながる

採光と居室床面積の関係

住宅の居室には、原則としてその居室床面積の7分の1以上の採光に有効な開口部面積（有効採光面積という）を持つ開口部を設けなければならない。

有効採光面積［図1］とは、その居室の開口部ごとの面積に、その開口部から隣地境界線までの水平距離と開口部の中心から直上にある建築物の各部分までの垂直距離の関係（採光関係比率［図2］）から算出される係数（採光補正係数）を乗じて得られる面積を、開口部ごとに求めて合計したものである。

この計算を行うにあたり、開口部の直上に庇や出窓、軒先など突出物が複数ある場合には最も小さい採光関係比率をとる。また天窓などの開口部は、採光補正係数が算定値の3倍、開口部の外側に90㎝以上の幅の縁側等がある場合は算定値の0.7倍とし、採光補正係数が3を超える場合は3とする。

3階建ての場合は、1階居室の有効採光面積が不足しがちになるため、隣地からの離れを取る配置とするか、窓の位置を道路に面する外壁に計画するなどの工夫が必要である。

また商業地域、近隣商業地域内にある住宅の居室で、外壁の開口部を有する居室と開口部のある壁で居室が区画されている場合は、その2室が一定の基準を満たせば、その開口部の面積を採光に有効な面積とすることができる。なお、採光補正係数の算定式は、用途地域ごとに定められている［図3］。

水平距離と開口部の特例

採光補正係数は、算定式から求めた値であっても、開口部が道路に面する場合で算定値が1未満になるとき、また、道路に面しない場合で算定値がマイナスになるときには、値を0か1とする。

なお、開口部が道路、公園等に面する場合には、水平距離を道路の反対側または公園等の幅の2分の1だけ隣地境界線の外側にあるものとみなすことができる［図4］。

図1 有効採光面積の算定方法

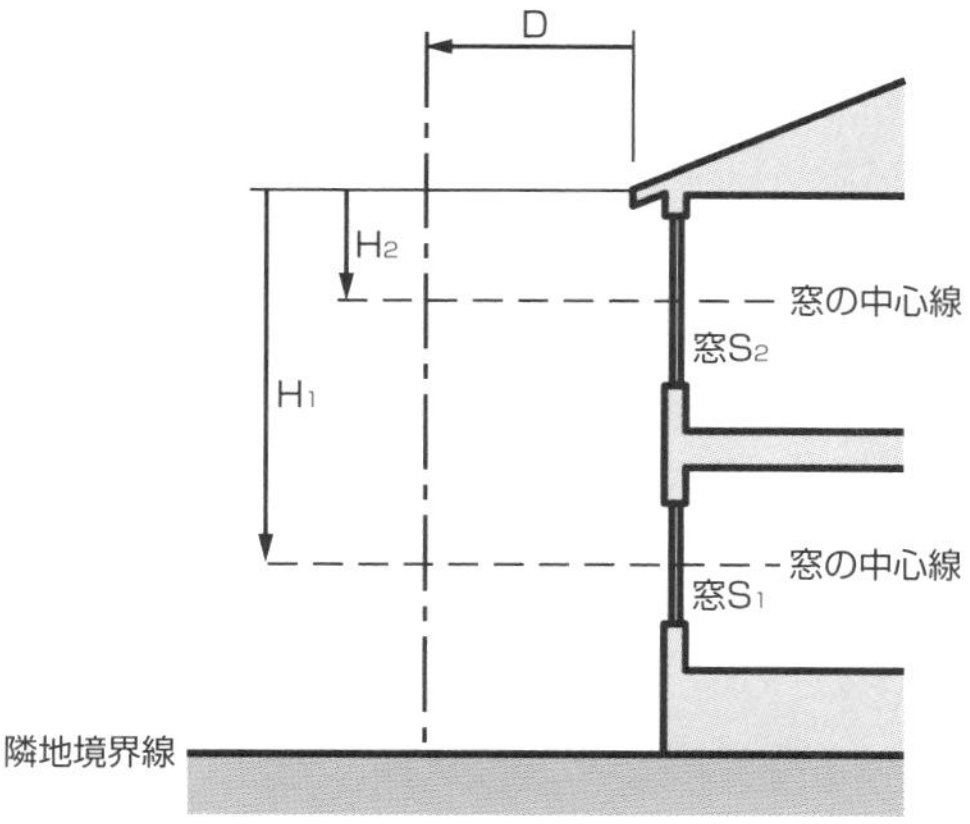

住居系地域の場合
1階の開口部の採光補正係数Aは、$A=D/H_1\times6-1.4$
2階の開口部の採光補正係数Aは、$A=D/H_2\times6-1.4$
　S_1：1階の居室の開口部面積
　S_2：2階の居室の開口部面積
したがって、

有効採光面積 ＝ 開口部面積 × 採光補正係数
1階：$S_1\times(D/H_1\times6-1.4)$
2階：$S_2\times(D/H_2\times6-1.4)$

図2 採光関係比率の求め方

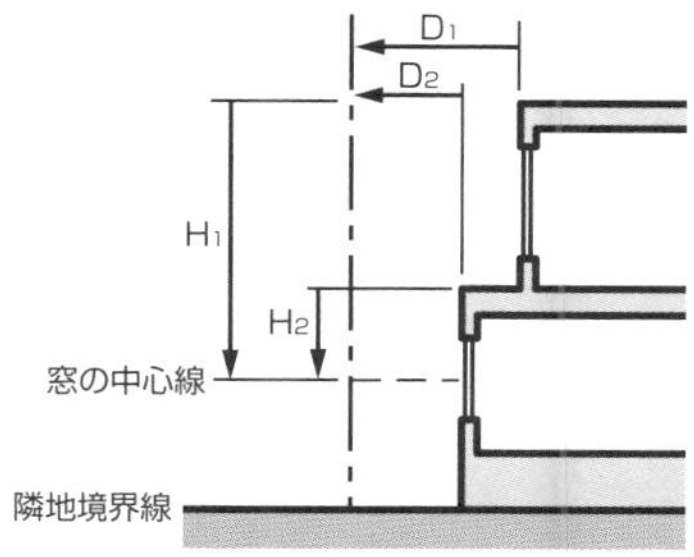

採光関係比率は、D_1/H_1およびD_2/H_2のうち最小値をとる（この図の場合はD_1/H_1となる）

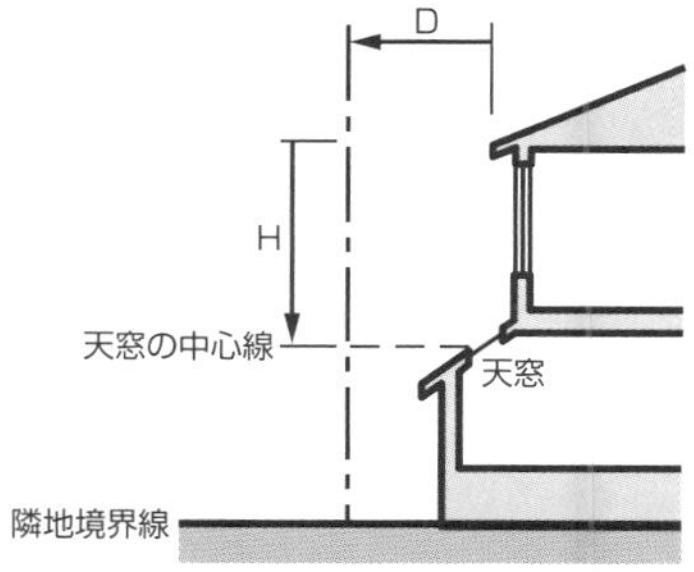

採光関係比率はD/Hとなる

図3 開口部のある壁で区画された居室の有効採光面積の算定

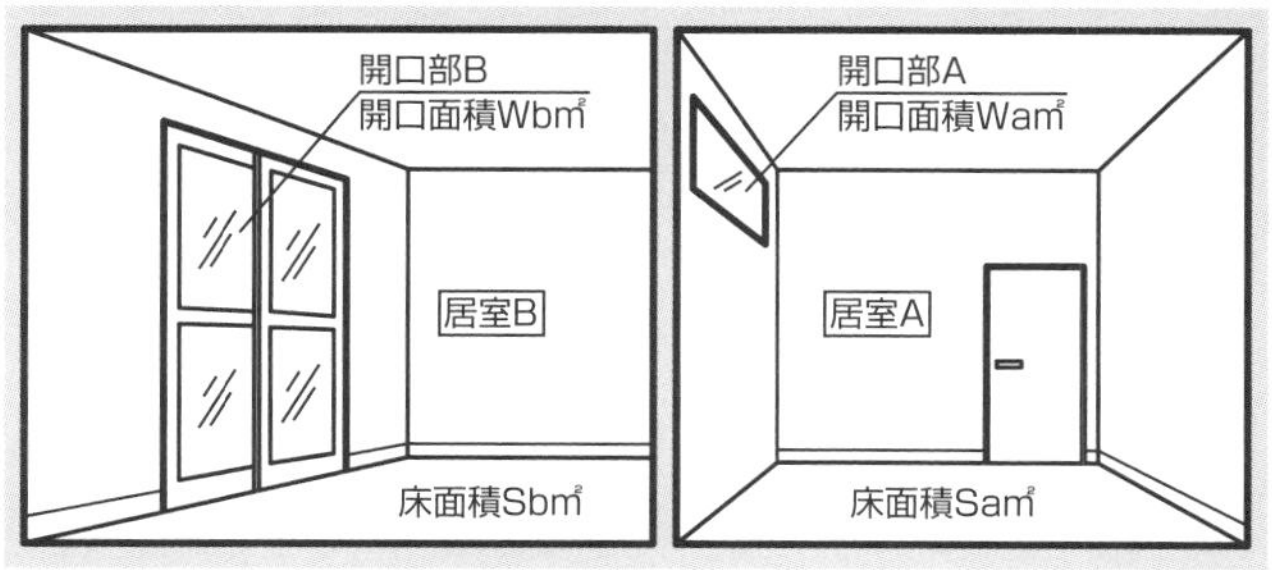

Wa≧Sa/7
かつ
Wb×K≧(Sa+Sb)/7
（K：開口部Bの採光補正係数）

商業系地域の住宅に設けられる居室で上記の算定式を満たすものは、開口部Aの開口面積Waを居室Aの採光に有効な開口面積とすることができる

図4 道路・川等がある場合の水平距離の取扱い例

●道路に面する場合

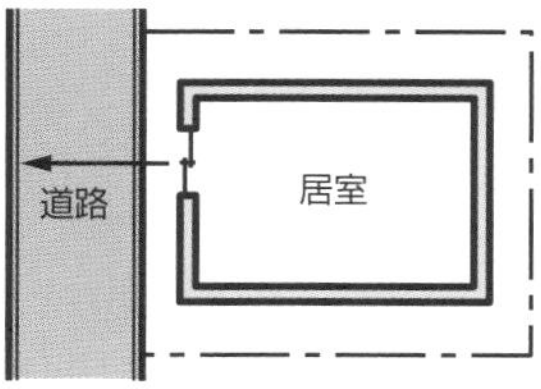

道に面する場合は、道の反対側の境界線にあるものとする

●川や公園に面する場合

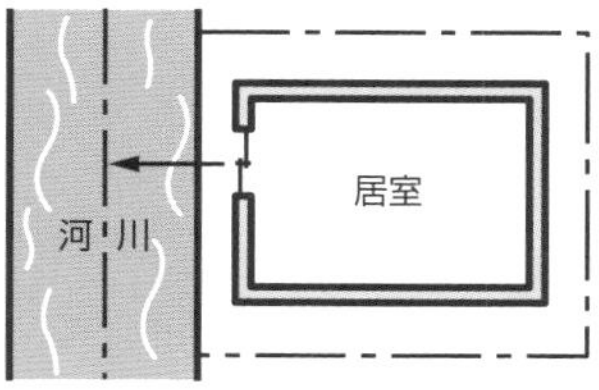

川、公園、広場等に開口部が面する場合は、その幅の1/2だけ隣地境界線の外側の線にあるものとする

●道路の反対側にさらに川や公園がある場合

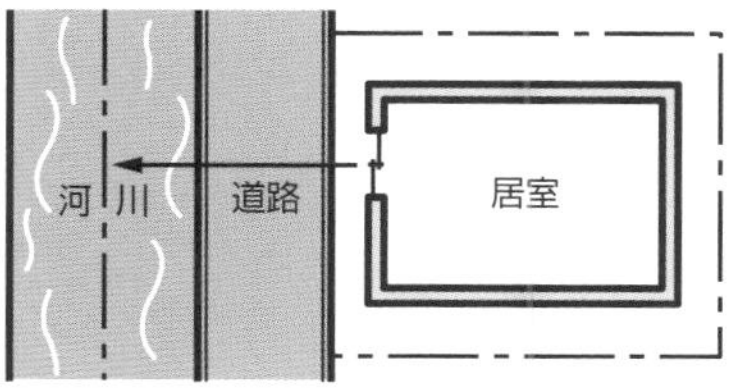

道の反対側にさらに川等がある場合は、この川等に面するものとして、その幅の1/2だけ隣地境界線の外側の線にあるものとする

＊一般的な取扱い例であり、異なる見解の場合もある

天井・床の高さ、地下の居室

Point
- 居室の天井高さは2.1m以上でなければならない
- 床の高さは床が木造かそれ以外で規制が異なる
- 地下の居室には衛生面に配慮した設備が必要

居室の天井とそれ以外の天井

住宅等の居室における天井の高さは2.1m以上でなければならない。ただし、トイレや洗面室、クロゼット、納戸など居室以外の室や廊下等には、天井高さの制限はない。

天井の高さとは床面から天井面までの高さであるが、勾配天井など、1室内で天井の高さが異なる部分がある場合や、1室内でスキップフロアなど床高さが異なる場合には、その平均の高さとなる［図1］。

木造の床とそれ以外の床

最下階の居室の床が木造の場合は、その床の高さを直下の地盤面から45㎝以上高くしなければならない。また、外壁の床下部分には、壁の長さ5m以内ごとに面積300㎠以上の換気口を設け、そこにネズミなどの小動物の侵入を防ぐための設備を設置する必要がある。

ただし、床下をコンクリート・たたき等で覆う場合は適用除外となる。したがって、ベタ基礎のように耐圧盤のコンクリートの厚さが15㎝程度あるものは適用除外となる。そのため、必ずしも5m以内に換気口を設置する必要はない。また、基礎断熱工法などで床下空間も含めて断熱する場合にも適用除外となる［図2］。

防湿設備が求められる地下居室

住宅の居室で地階に設けるものは、壁や床の防湿等について衛生上必要な措置を取らなければならない。

具体的には、空堀りに面した開口部、換気設備、湿度を調節する設備のどれかを設置しなければならないことになっている［図3・4］。

また、直接土に接する外壁等の構造は、水の浸入を防止するための防水層を設けるか、直接土に接する部分を耐水材料でつくり、かつ居室側を2重壁等にする必要がある。

このほか、国土交通大臣が「居室内に水が浸入しないもの」と認定したものとしなければならない。

図1 天井の高さ

●下がり天井の例
（室の断面が一様の場合）

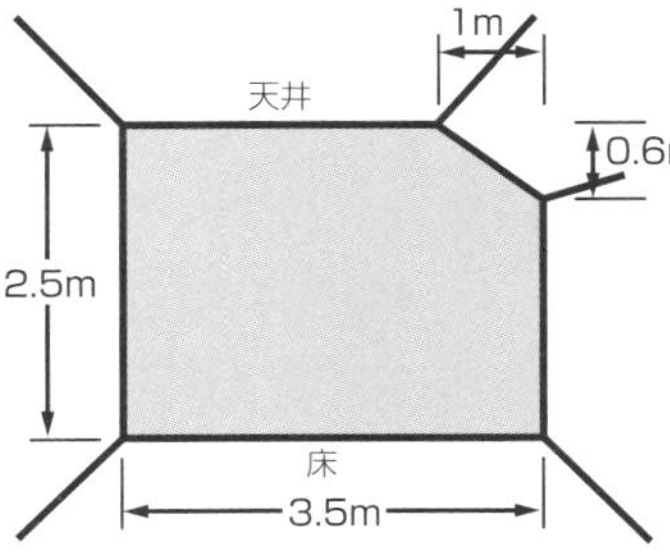

平均天井高＝

$$\frac{3.5\times2.5-1\times0.6\div2}{3.5}=2.41\,(\text{m})$$

●床に段差がある例
（室の断面が一様の場合）

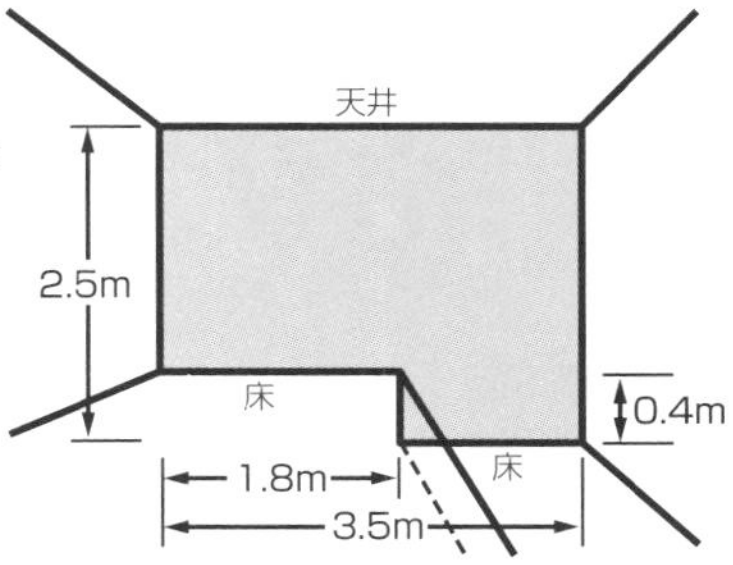

平均天井高＝

$$\frac{3.5\times2.5-1.8\times0.4}{3.5}=2.29\,(\text{m})$$

下がり天井や床に段差があるなど、一室で天井高さが異なる場合は、その平均の高さとする

天井高算定の原則：

$$平均天井高=\frac{室の容積}{室の床面積}$$

室の断面が一様の場合：

$$平均天井高=\frac{室の断面積}{室の床の長さ}$$

図3 防湿措置

●防湿措置をしない場合

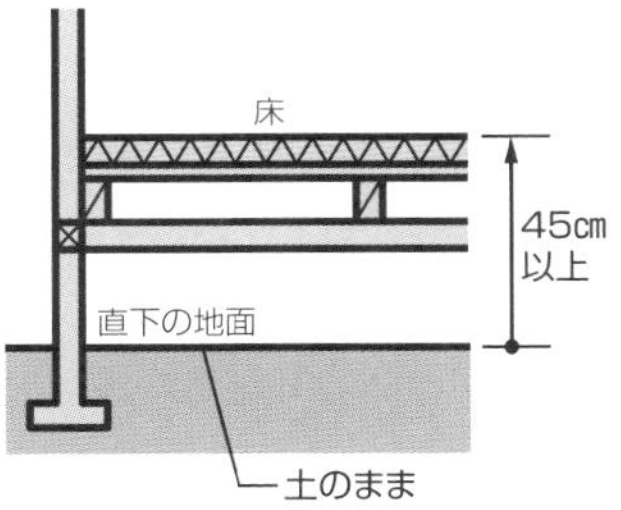

●防湿措置をする場合

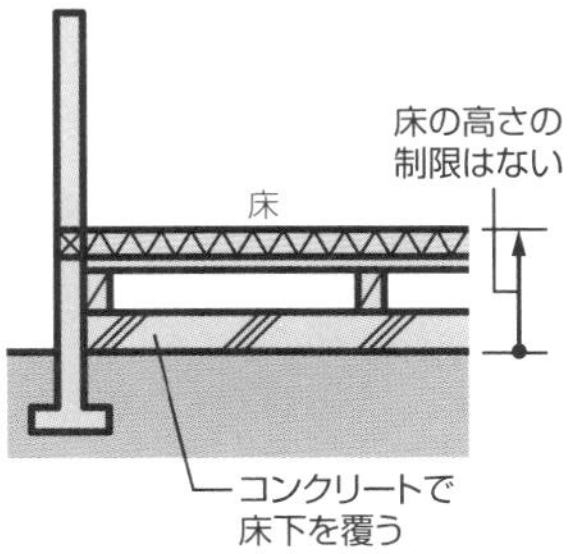

図2 床下換気口

外壁の長さ5m以下ごとに、300cm²以上の床下換気口を設ける

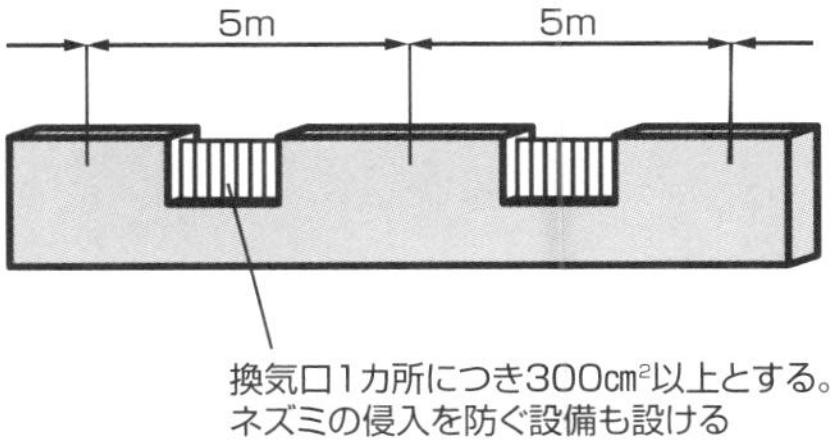

図4 地階に居室を設ける場合の構造例

●空堀りに面する開口部を設ける場合

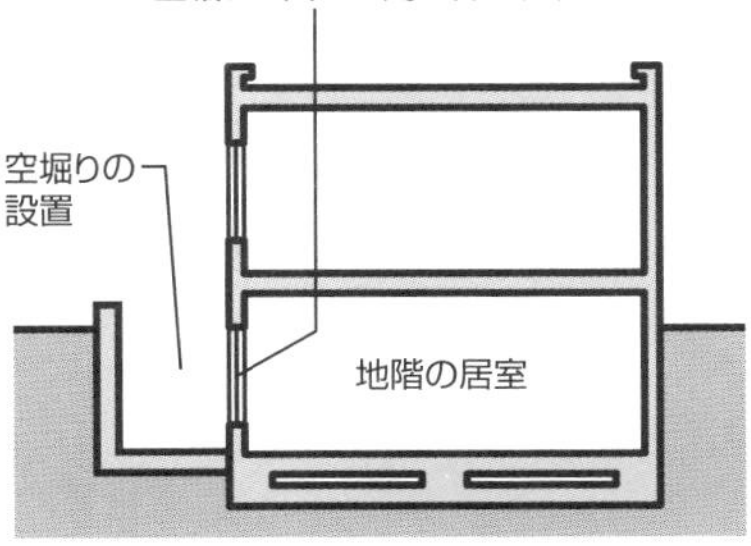

●換気設備を設ける場合

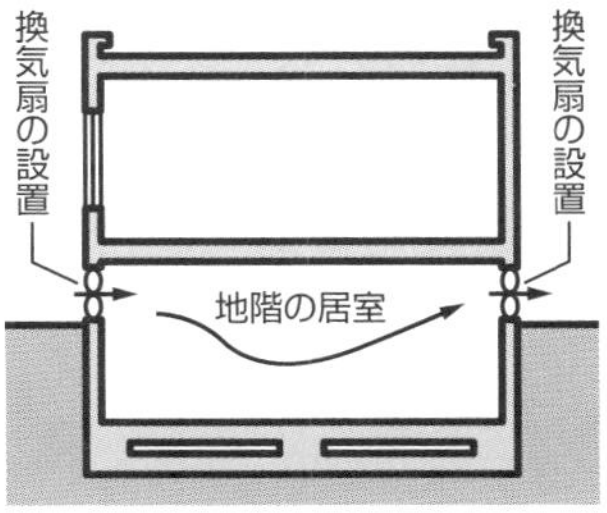

●湿気を調整する設備を設ける場合

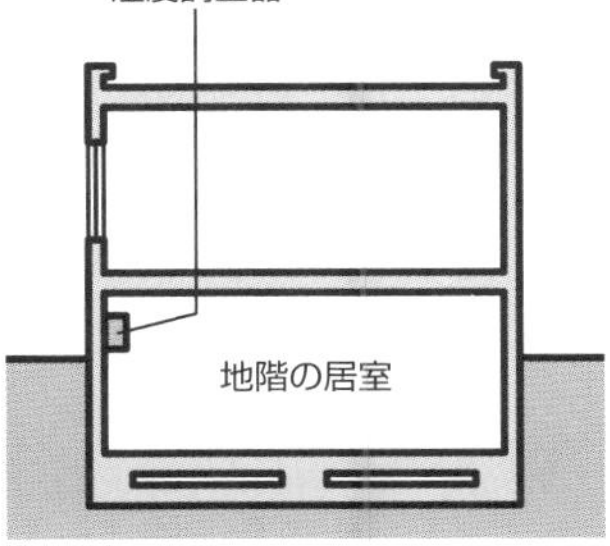

排煙窓の計画

Point
- 木3住宅の排煙設備は、窓による自然排煙で対応する
- 開閉機構、窓高さによっては、小さな窓でも十分に要件を満たせる

木3住宅で求められる排煙設備

火災時にはたくさんの煙が発生して部屋に充満するため、居住者が煙に巻かれて亡くなる事故が後を絶たない。そのため建築基準法では、避難時間のかかる3階建て住宅の居室について、部屋にたまった煙を排出する設備（排煙設備と呼ぶ）を設けることを規定している。

この排煙設備には、機械的に吸い出す「機械排煙設備」と、天井付近に設けた窓を開放して煙を排出する「自然排煙設備」がある。3階建て住宅の場合は、「自然排煙設備」とすることがほとんどである。

窓面積と窓の開放機構の関係

自然排煙は天井から80㎝以内の窓を「排煙上有効な窓」として扱い、この窓の開放面積が、居室の床面積の50分の1以上となるように配置することが求められる。天井から80㎝以内に煙を排出する窓があれば、天井高さ240㎝の場合、煙の下端は床から160㎝となり、人が立っていてもぎりぎり煙に巻かれない高さとなる。この「排煙上有効な窓」は、引き違い窓の場合は実際に開く面積（引き違い窓の約半分）、開き窓や滑り出し窓の場合は開く角度に応じて取り扱いが異なってくるため、窓面積と共に窓の開放機構も十分に考慮して選択する必要がある［図1］。

たとえば8畳（13・2㎡）の居室の場合、必要排煙面積は13・2÷50＝0・26㎡となる。天井から30㎝の位置より下に高さ120㎝×幅120㎝の引き違い窓を設けるとすると、有効排煙面積は（80㎝－30㎝）×（120㎝÷2）＝0.3㎡となり、必要排煙面積を超えるので要件を満足することとなる。

このように、比較的小さな窓でも必要排煙面積を満足することができ、開閉方法は自動、手動を問わない。だが、窓を天井付近に設ける必要があるため、非常時にも容易に開閉できるように、開閉機構や窓高さを十分に検討しておきたいものである［図2］。

図1 排煙上有効な面積の算出（天井面から下方へ80㎝以内）

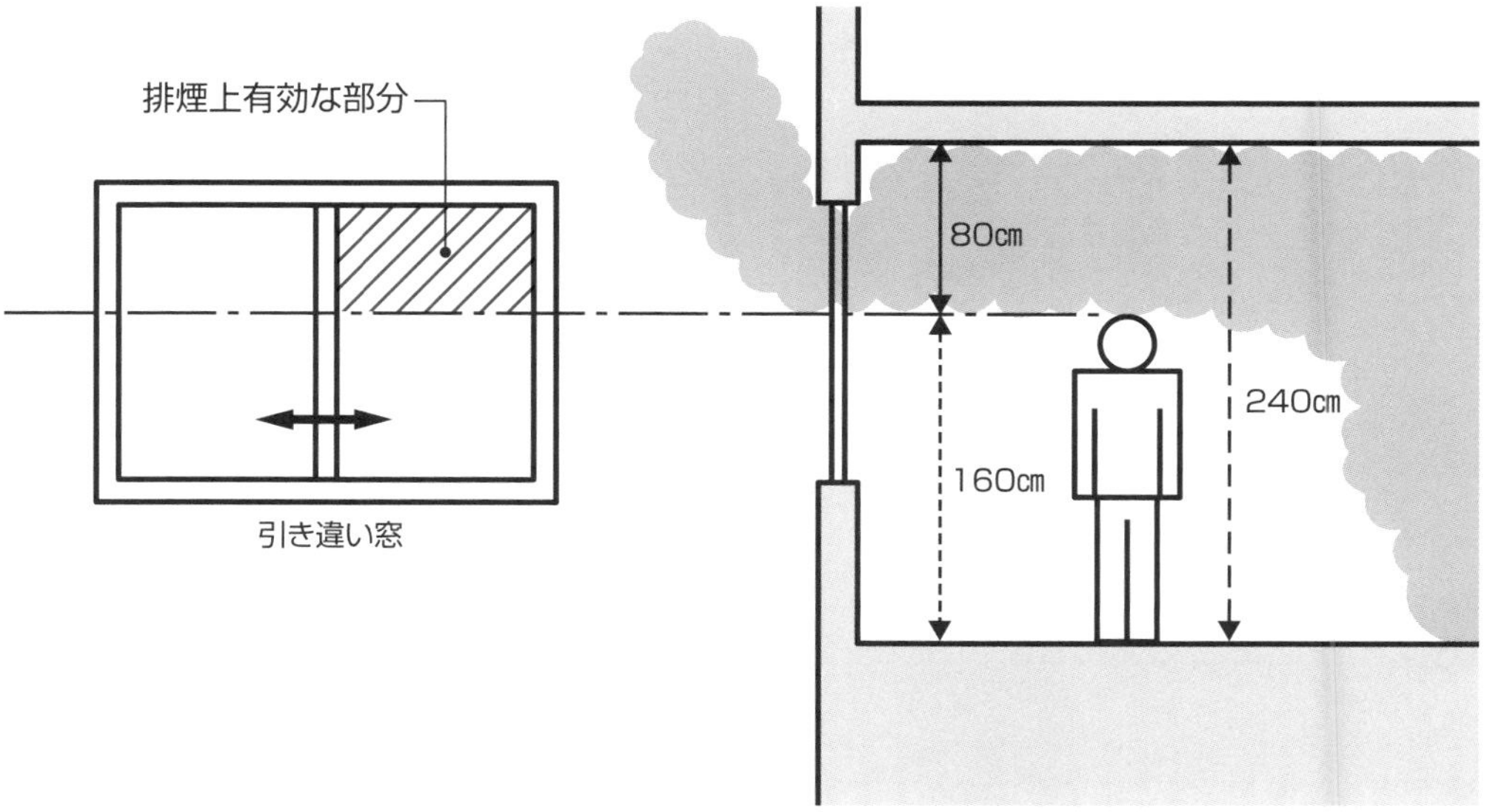

図2 回転窓、内倒し窓などの排煙上有効な面積の算出（天井面から下方へ80㎝以内の部分に限る）

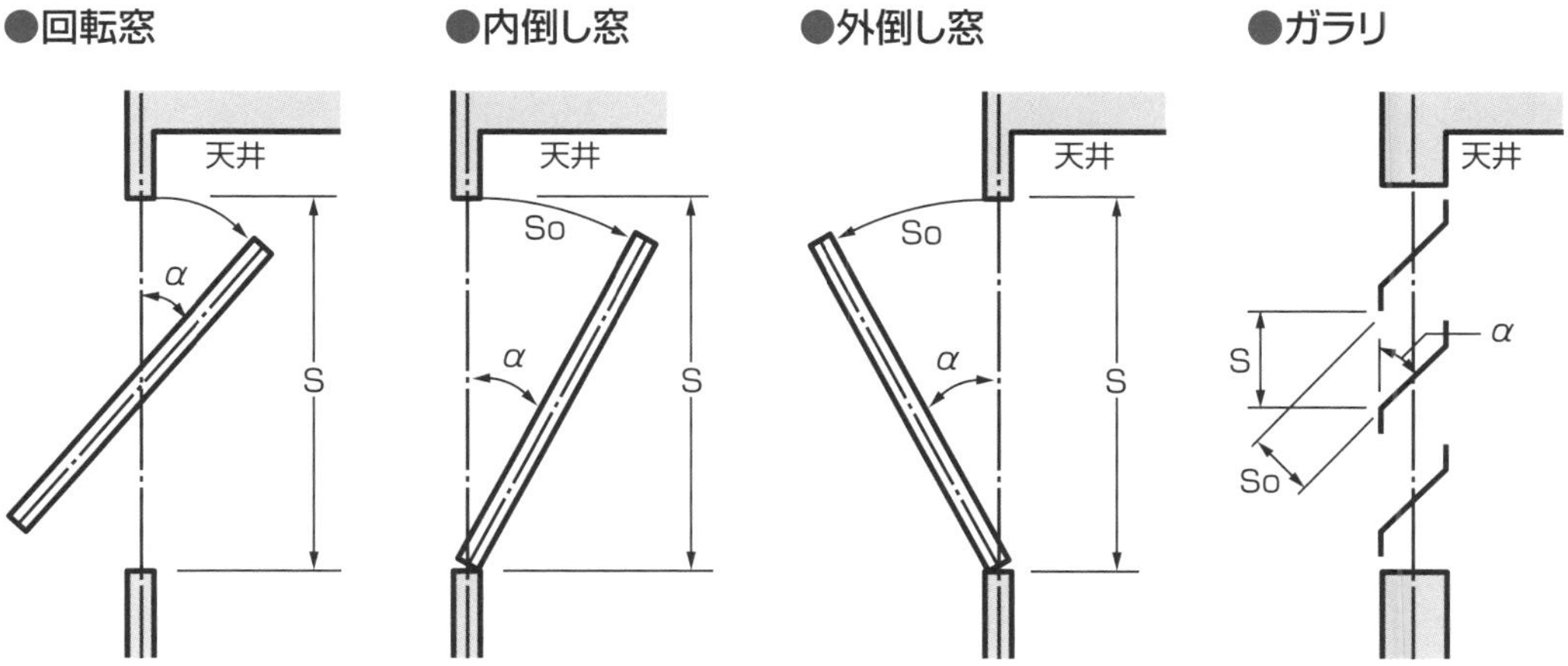

90°≧ α ≧45° のとき　So＝S
45°＞ α ≧ 0° のとき　So＝ α ／45°×S

避難路と非常用進入口

Point
- 防火区画の設置、非常用進入口の設置が求められる
- 屋外避難場所の設置で救助を待てるとより安全になる

木3住宅に規定される避難路

通常、火災時の避難には階段を使う。仮に火災が拡大して階段から逃げられない場合は、窓などから飛び降りたり、バルコニーなどで消防隊の救助を待つことになる。しかし3階建て住宅では、2階建てと比較して建物の階数が1つ増えることで、火災を発見するまでの時間や避難時間がかかるうえに、窓から飛び降りると大惨事になる可能性が出てくる。

そのため準耐火建築物等では、3階建てで床面積が200㎡を超えると、階段室を他の室と防火区画（竪穴区画と呼ぶ）して、避難路である階段室への火炎の進入を防ぐよう規定している。

また、前面道路に面した3階部分には、取り残された居住者が消防隊に救助してもらいやすくするために、直径1m以上の円が内接する等の大きさの非常用進入口（ほとんどが代替進入口を設置している）を設けることを規定している［図1］。

求められる屋外避難場所

建築基準法では、2階建てから3階建てになることで、①避難路の確保のための竪穴区画と、②消防隊が救助するための非常用進入口（代替進入口）の設置が必要となってくる。

これら2つの規定を守ったうえで、さらに避難安全性を向上させるためには、屋外で1次的に避難・待機する場所を確保することが考えられる。

火災時には、火災が起こった部屋以外でも室内に煙が充満する可能性があるため、室内で消防隊の救助を待つことが難しい場合が想定される。その際には、新鮮な空気がたくさんあるバルコニーや庇の上など、1次的に屋外で救助を待つことができれば、火や煙に巻かれるリスクがより小さくなる。

そこで平面計画時には、各部屋から階段やバルコニーなど、少なくとも2方向へ避難できるようにし、救助を待てるように計画しておくと、より安全な建物になるだろう［図2］。

図1 2階建てと3階建ての避難計画の違い

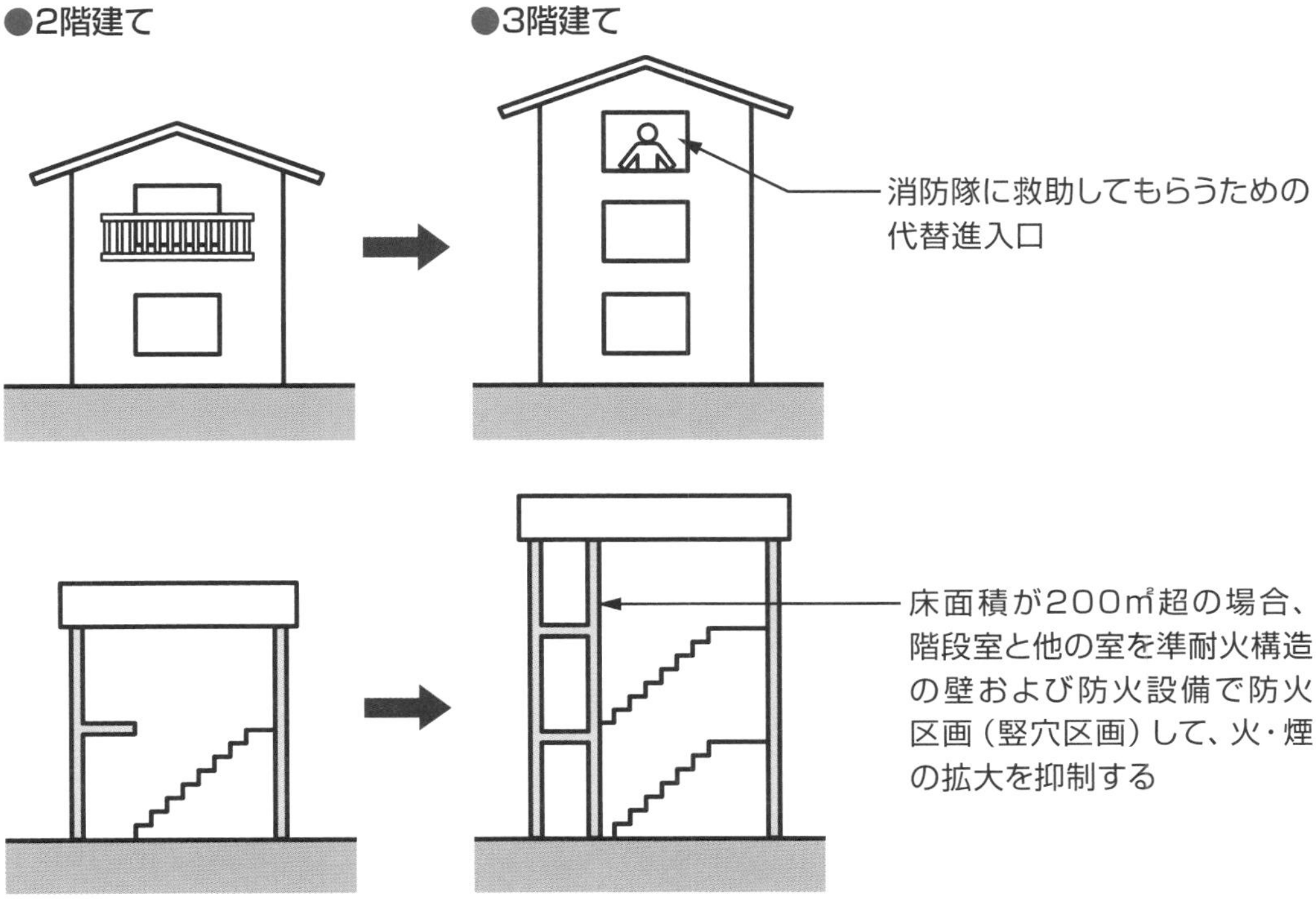

図2 2方向避難の確保

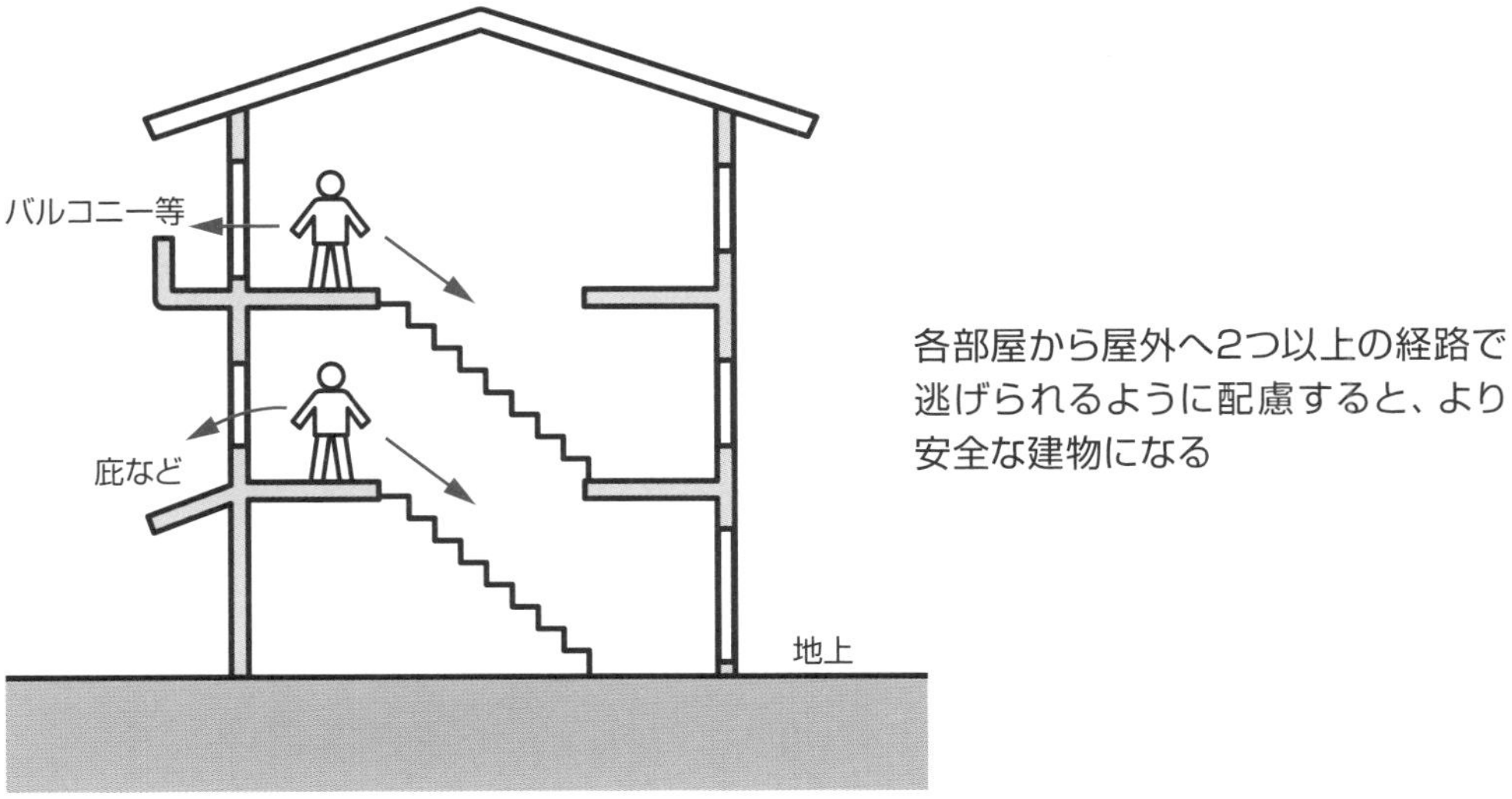

各部屋から屋外へ2つ以上の経路で逃げられるように配慮すると、より安全な建物になる

給水設備と排水設備

Point
- 必要十分な口径の選択が給水設備の要となる
- 排水方式は自治体ごとに決められ、設計者は選択できない

直接給水と並列給水

給水設備とは、敷地や建物内で使用する「水」に関する設備全般をいう。敷地内の道路近くに設けられた止水栓までは水道事業者が管轄する水道設備だが、止水栓から敷地内の水道管を分配する設備は給水設備となる［図］。

水道設備の引き込み状況や管径などは管轄の水道事業者で確認することができる。また、現地では実際に引き込まれている管径や水圧も確認できる。

給水引き込み管のサイズは、3階建ての戸建住宅であれば、直接給水方式を前提として20㎜～25㎜の口径が目安となる。口径が大きいほど分岐した各部の水量を確保しやすいが、口径に応じた水道加入金や負担金を求めている地域もあるので、必要以上の口径を設置しないほうがよい。

給水設備の施工には直列方式と並列方式（ヘッダー配管）がある。直列方式は配管長さが短くてすむメリットがあるが、水栓を一斉に使用した場合、末端部ほど水が出にくくなるデメリットがある。一方、ヘッダー配管方式はヘッダーという分岐管から各部へ並列で配管されるため、どの水栓からも一様の水圧が得られる利点があり、戸建住宅では主流となりつつある［写真］。

自治体で異なる排水方式

排水の種類には、便器からの汚水、キッチンや洗面台・浴室からの雑排水、屋根・庭からの雨水の3種類がある。

排水の排出方式としては、3つの排水をまとめて同じ下水道に排出する合流式、雨水を別に排出する分流式、雨水を敷地内で地中に浸透させる方式などがある。

排出方式は自治体ごとに決められているため、事前に管轄の下水道課に出向き、設備の埋設状況や排水方式などを調査する必要がある。なぜなら、雨水浸透方式の場合には、排水設備を埋設するための敷地が必要になり、建物配置計画に影響をおよぼす可能性もあるからである。

図 戸建住宅の給排水の仕組み

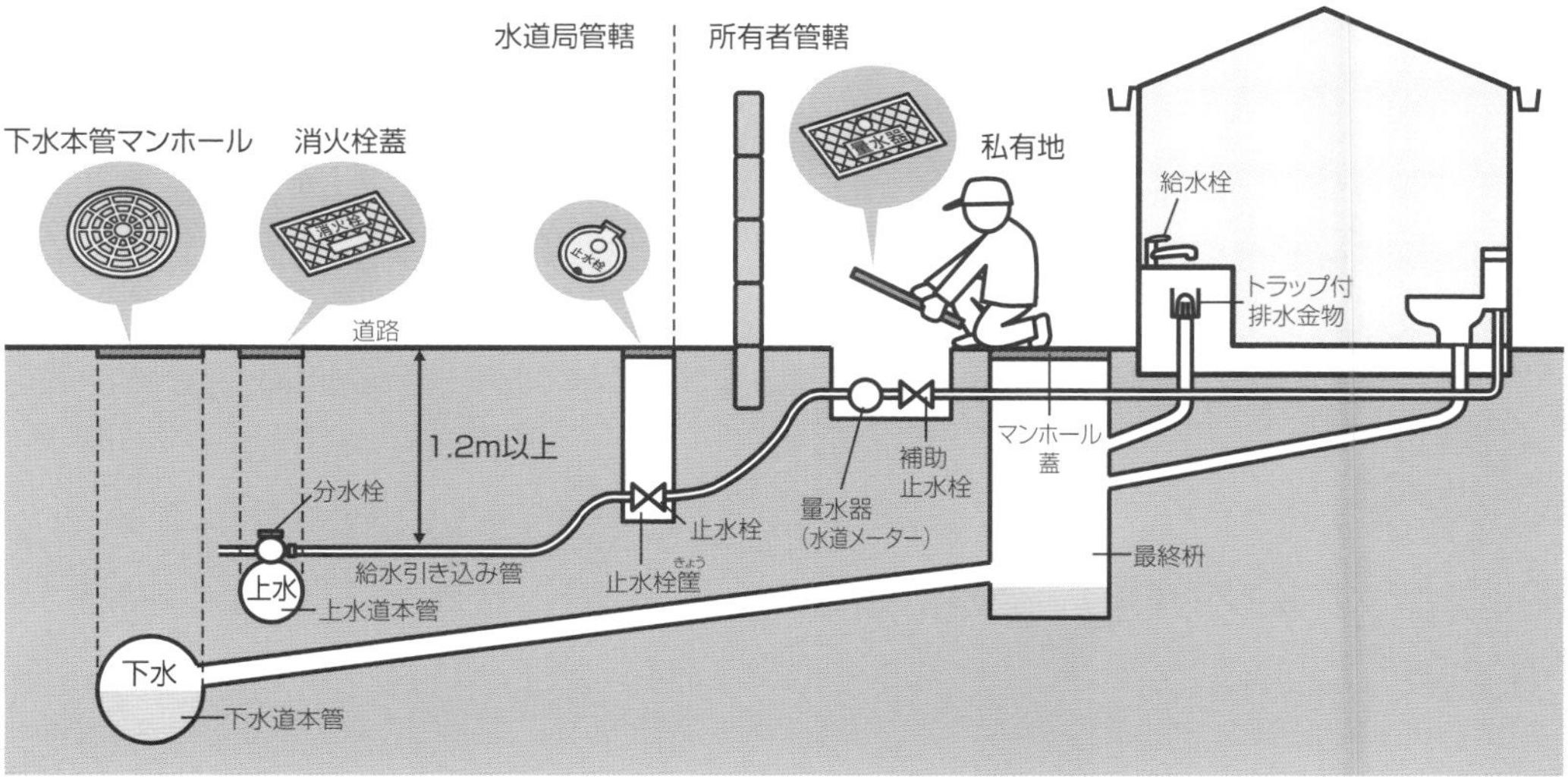

写真 給水設備施工例

●床下のヘッダー配管

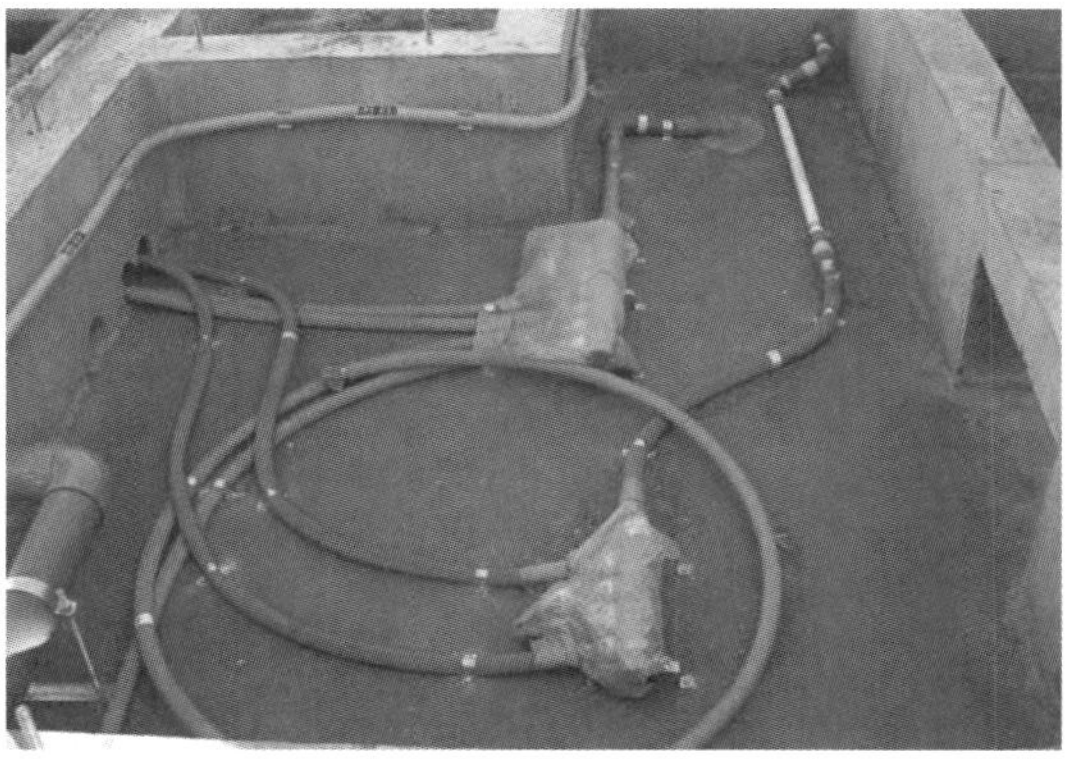

並列で配管するため、どの水栓からも一様の水圧が得られる

●建物外周部の排水管施工の様子

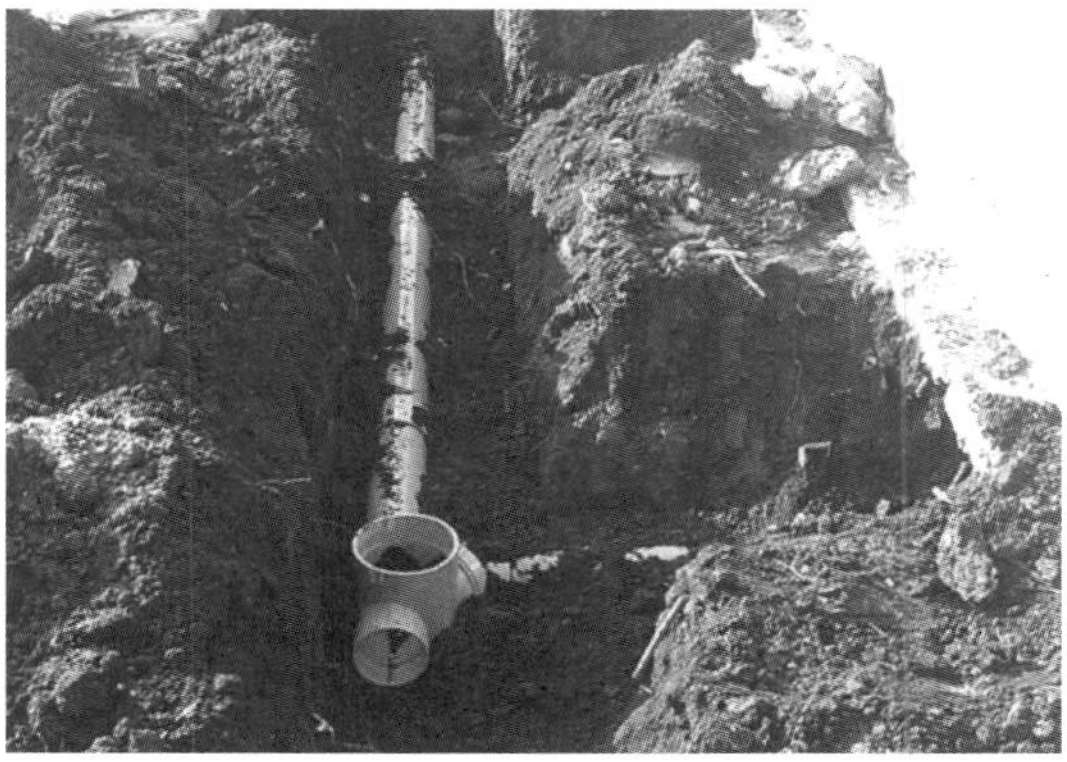

自治体によって決められた排出方式に合わせて施工

パイプシャフトの設計

Point
- パイプシャフトは、平面上、各階で同じ位置に計画する
- 横方向は、梁の位置を十分に配慮した構造が必要となる

縦方向のパイプシャフト

給排水設備を2階または3階に計画する場合、給水管や排水管を2階または3階の床下まで施工しなければならない。また、1階から2階、2階から3階へは、壁に沿って配管を立ち上げなければならない。この縦配管を囲う空間がパイプシャフトまたはパイプスペースである。多くの図面では「P.S」と記入されている。

2階にトイレ、キッチン、浴室などがある場合には、汚水・雑排水管、給水・給湯配管が1階のPS内を通ることになる。また3階に水廻りの設備を計画する場合には、PSを1階と2階で、平面上同じ位置に計画することが望ましい。

パイプシャフトの位置を計画する場合、そのサイズが重要になる。戸建住宅の場合、汚水排水管は直径が75～100㎜、雑排水管は50～75㎜、給水・給湯管はそれぞれ20㎜程度ある。ただし、排水管類は管を流れる水や汚物の音が建物内に伝わらないように防音シートを巻くため、実質的な外径は汚水排水管で150㎜程度となる。

これらの設備配管が納まるようなパイプシャフトとするには、サイズは有効で200㎜は必要である。

また、下地材と石膏ボードで厚さが45㎜程度は必要なことから、躯体表面から石膏ボード表面までのサイズは250㎜程度となる。これらの壁が自然に納まる位置を計画する。

横方向のパイプシャフト

床下の水平方向への移動は天井裏空間を利用することができるが、木造の場合は通常、梁は貫通させないため、梁下端と天井材のクリアランスで横切らなければならない。

横引き管には水勾配も必要なので、余裕のある空間を確保する必要がある。そのためには、横引き配管経路上に大きな梁が横切らないように、事前に構造図のチェックを十分にしておく必要がある。

図 パイプシャフトの計画例

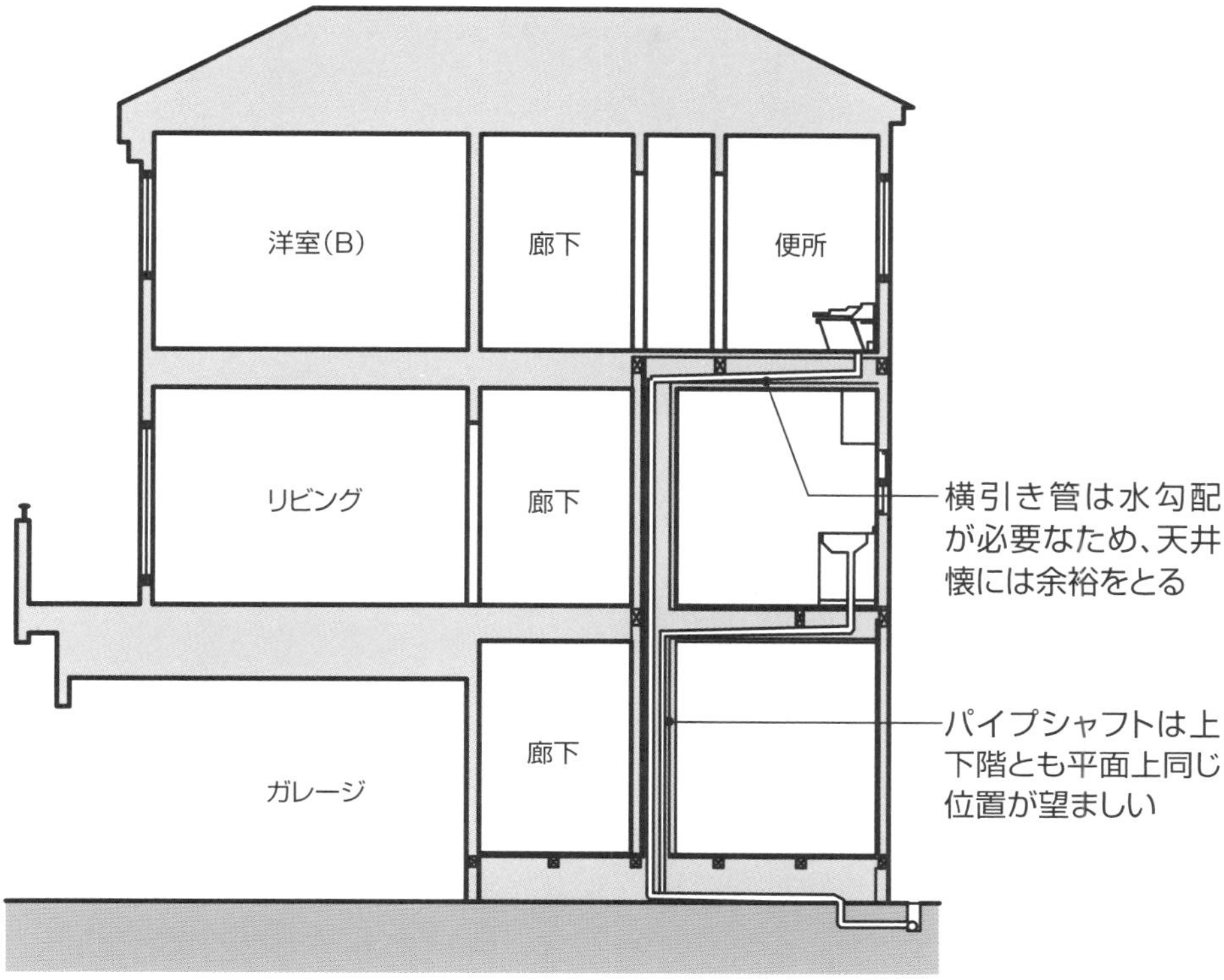

写真 パイプシャフトの施工例

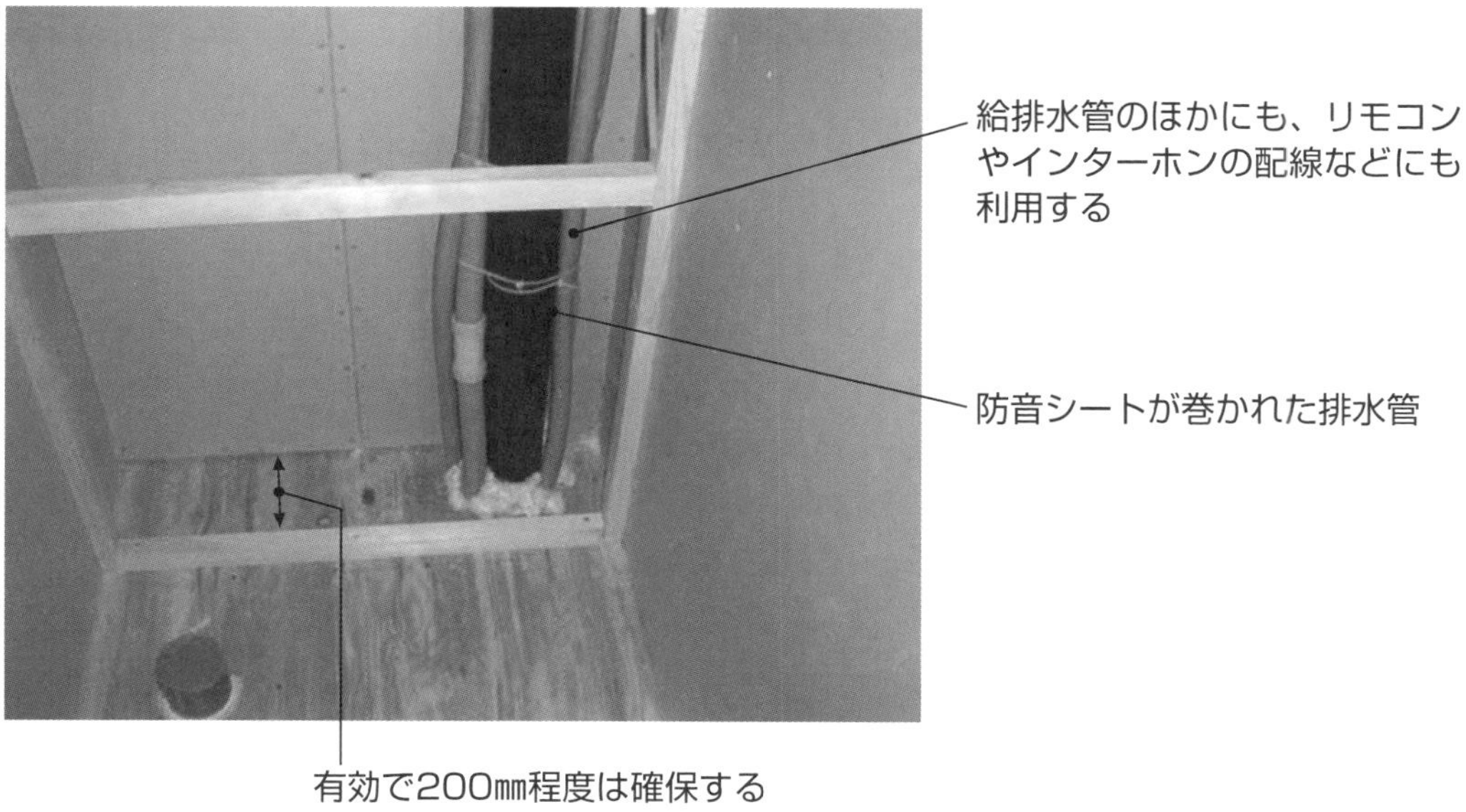

エレベーターの設置条件

Point

- ホームエレベーターは、業務用と異なる規制がある
- 設置には、エレベーター用の確認申請が必要となる

ホームエレベーターとは

ホームエレベーターとは、戸建住宅に設置する2～3人乗りの家庭用エレベーターのことで、業務用とは区別されている。主に高齢者・身体障害者などが住む住宅に利用されているケースが多いが、3階建ての住宅では利用者によらず設置する場合もある［図1］。

ホームエレベーターには、走行範囲が最下階床から最上階床までの距離が10m以下、走行速度30m／分以下、積載重量200kg以下、エレベーター内床面積1.1㎡以下という規制がある。

なお、ホームエレベーターには、ワイヤーロープをモーターで巻き上げるロープ方式と、籠を下から油圧ジャッキで上げ下げする油圧式［図2］がある。

設計上注意すること

木造3階建てでホームエレベーターを計画する際は、まず、防火区画の適用を受けるかどうかを検討する必要がある。準防火地域内で延床面積が200㎡以下であれば適用を受けない。200㎡を超える場合は、エレベーター扉前付近を「遮炎性能」「遮煙性能」のどちらも満たす防火設備で区画する必要がある［図3］。

また、エレベーターは籠の両側に設置されたガイドレールに沿って上下する。このガイドレールは建物躯体に取り付けられるため、建物躯体がしっかりしていなければならない。このため、木造では耐力壁量を割り増したり、エレベータシャフト周囲の床を剛床にするなどの対策を施すことが望ましい。

さらに確認申請では、建物とは別にエレベーター用の確認申請と完了検査が必要である。また建築基準法では所有者に法定点検が義務付けられている。

このことは、ホームエレベーターが増改築でも設置できることを意味しており、必ずしも新築時に設置する必要はない。ただし、計画段階からエレベーター設置を想定した空間を確保しておき、当初は吹抜けや物入れなどとして利用するなどの対応が必要である。

図1 ホームエレベーターの計画例

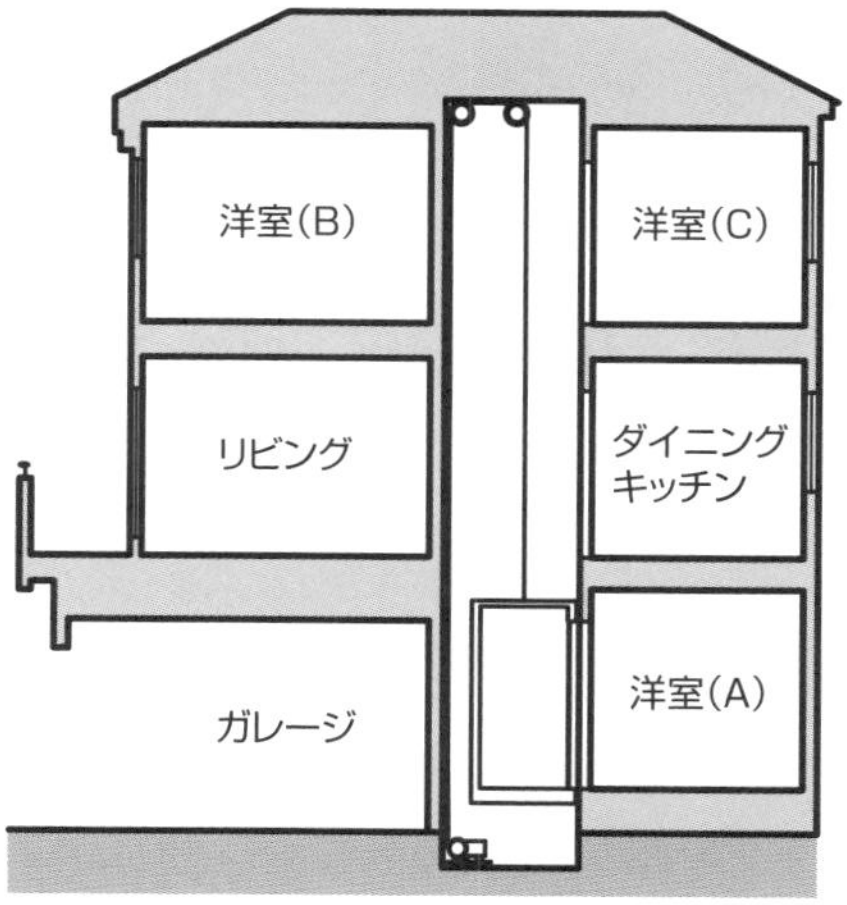

図2 油圧式エレベーターの構造

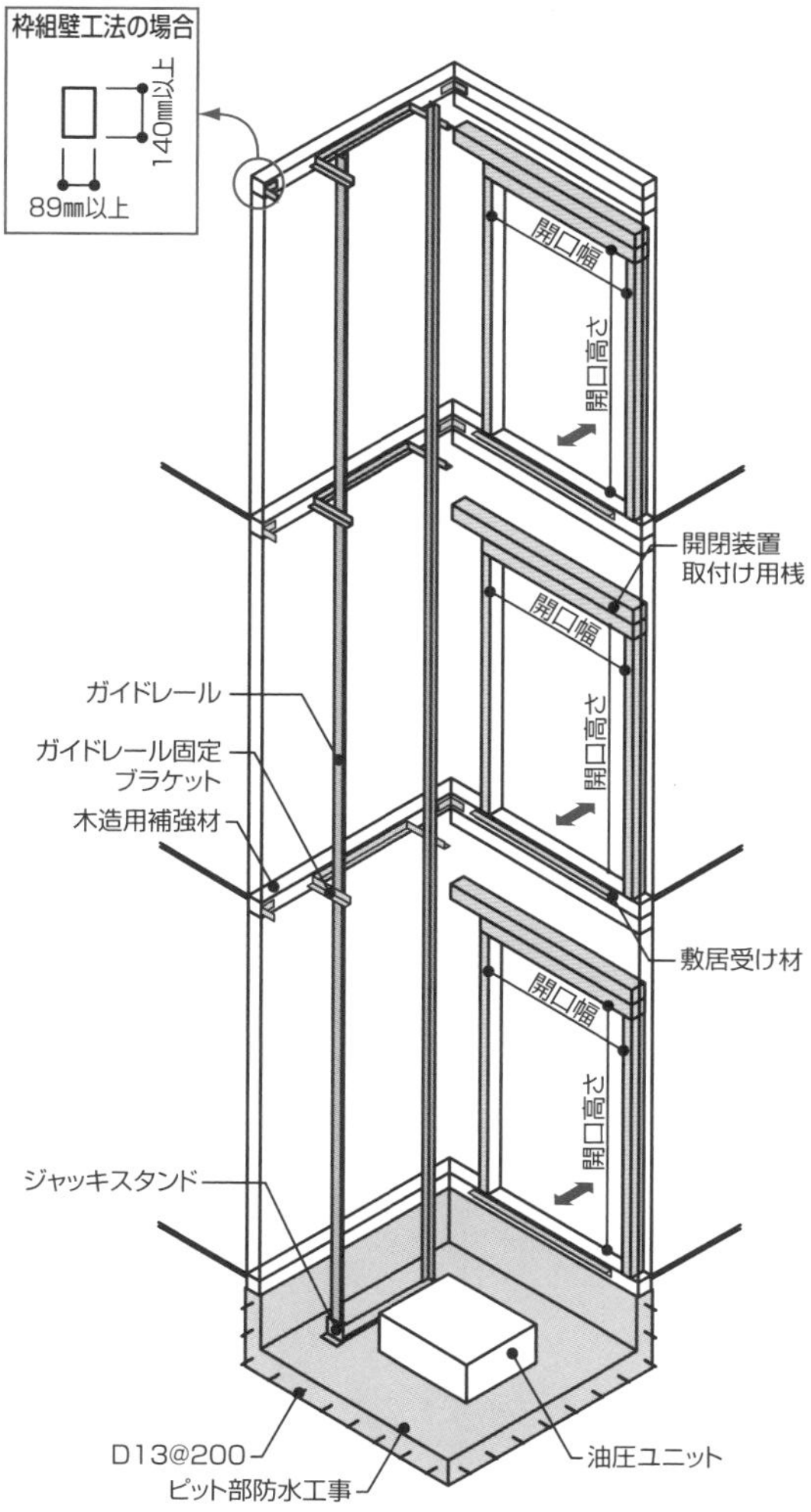

図3 エレベーター設置断面図

●NEW1608パーソナル

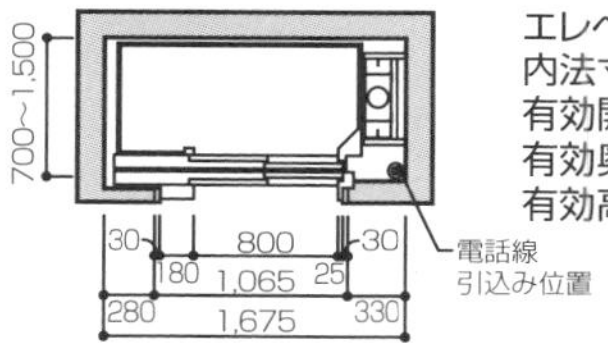

エレベータールーム
内法寸法
有効開口：1,300
有効奥行：605
有効高さ：2,000

●NEW1208パーソナル

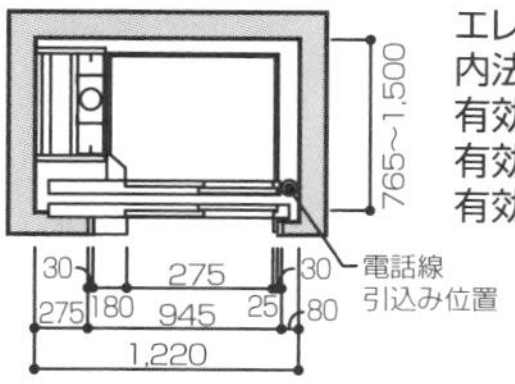

エレベータールーム
内法寸法
有効開口：770
有効奥行：570
有効高さ：2,000

●NEW0812パーソナル

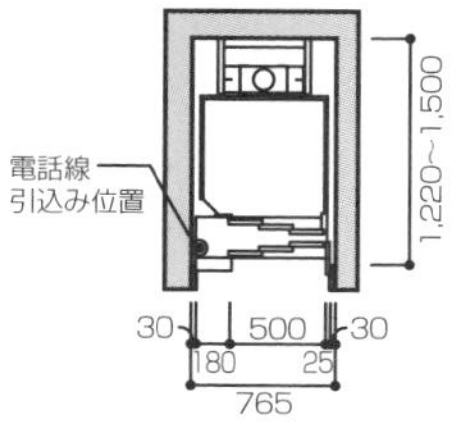

エレベータールーム
内法寸法
有効開口：650
有効奥行：650
有効高さ：2,000

●NEW0816パーソナル

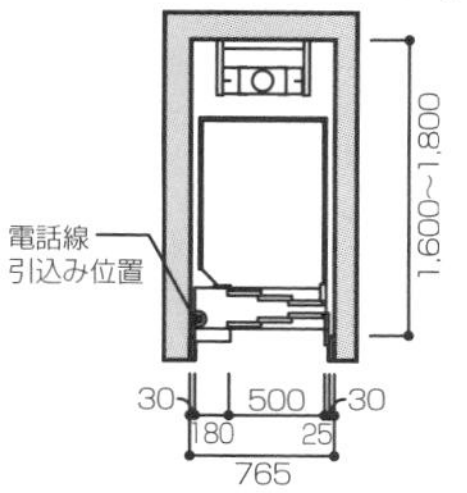

エレベータールーム
内法寸法
有効開口：650
有効奥行：900
有効高さ：2,000

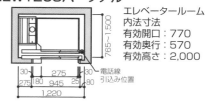

火災警報器の設置場所と種類

Point
- 寝室、台所、階段室に火災警報器の設置が義務づけられている
- 煙式が望ましいが、台所等では誤作動を防ぐ意味で熱式も許可されている

すべての新築住宅に設置を義務化

2006年6月から、消防法ならびに市町村条例により、新築するすべての住宅に火災警報器等の設置が義務化された。

住宅用火災警報器とは、火災の発生を未然にまたは早期に感知し、警報音で居住者に知らせる設備のことで、異常を感知した警報器だけが警報音を出すものでよいことになっている。メーカーからは、安全性をより高めるため、複数の警報機を連動させて警報音を出すものも発売されている。

設置する場所は、寝室（普段就寝している部屋で、子供室なども含む）、台所、階段室が対象となる［図1］。

3階建ての住宅においては、火災警報器を設置しない階で就寝に使用しない居室が2階以上連続する場合、火災警報器から2階離れた居室のある階段に設置することになっている。つまり、寝室がある階から2つ下の階の階段に設置する必要があるのである（当該階段の上階の階に住宅用火災警報器が設置されている場合を除く）。また、寝室が避難階（通常は1階）のみにある場合は、居室がある最上階の階段に設置することになる［図2］。

基本は煙式の警報器

感知器には煙式と熱式があり、火災を早期に発見するには煙式が望ましいとされている。台所も煙式が望ましいが、面積が狭く調理による煙などが滞留しやすい場合には、熱式にして誤報を防ぐなどの工夫がよいとされる。

火災警報器の設置位置は天井面から50㎝以内の高さの壁面で、天井に取り付ける場合は、側面の壁や梁形などの凸部側面から60㎝以上離すこととなっている。また、エアコンなどの吹き出し口からは1.5ｍ以上離して取り付けなければならない。

傾斜天井に設置する場合の決まりは特に規定されていないが、天井面の高い位置に取り付けるよう計画するのが望ましい。

図1 火災警報器の設置場所

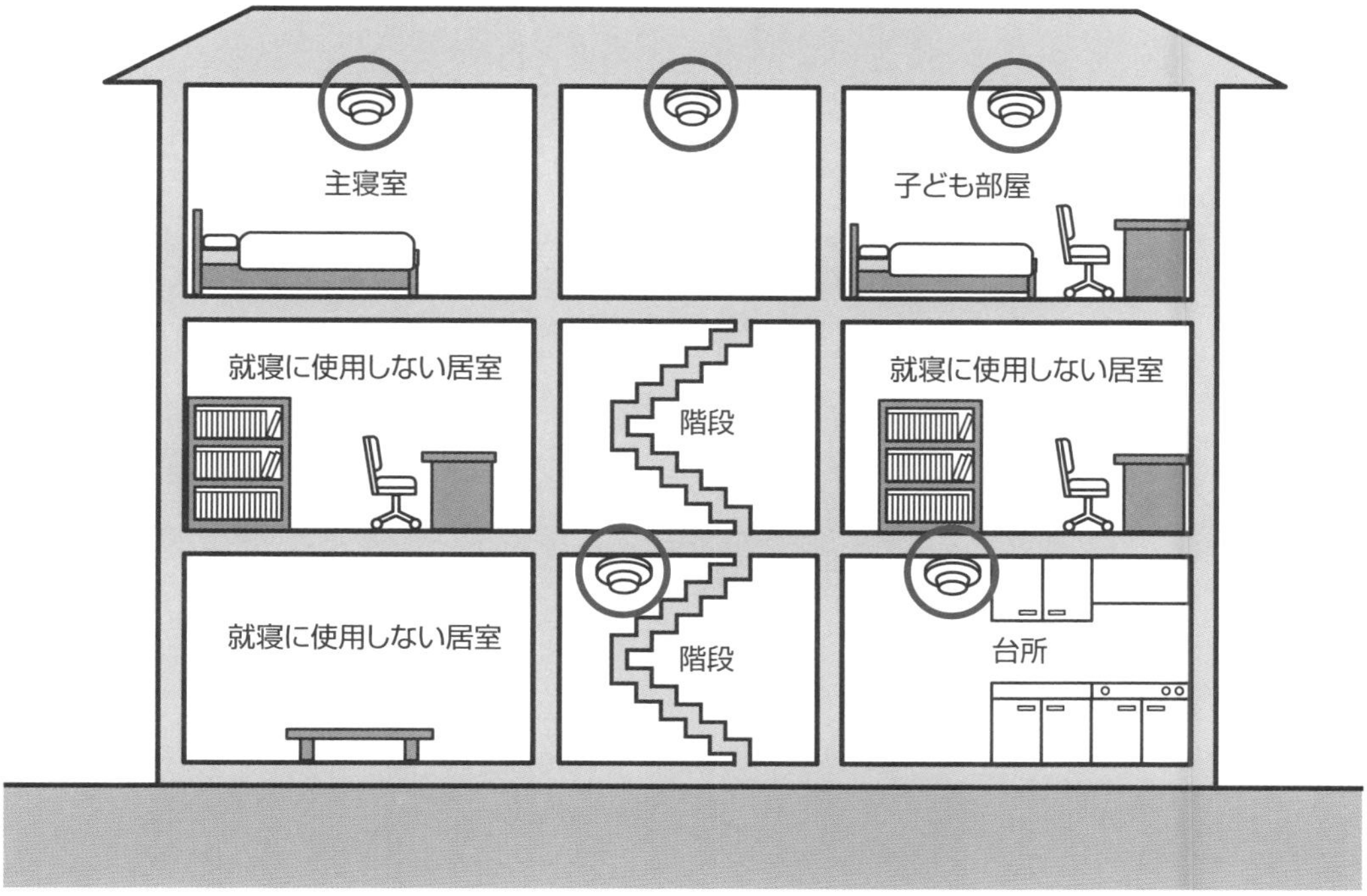

図2 迷いやすい火災警報器の設置場所

●3階にのみ寝室がある場合

●3階に子ども部屋、1階に寝室と台所がある場合

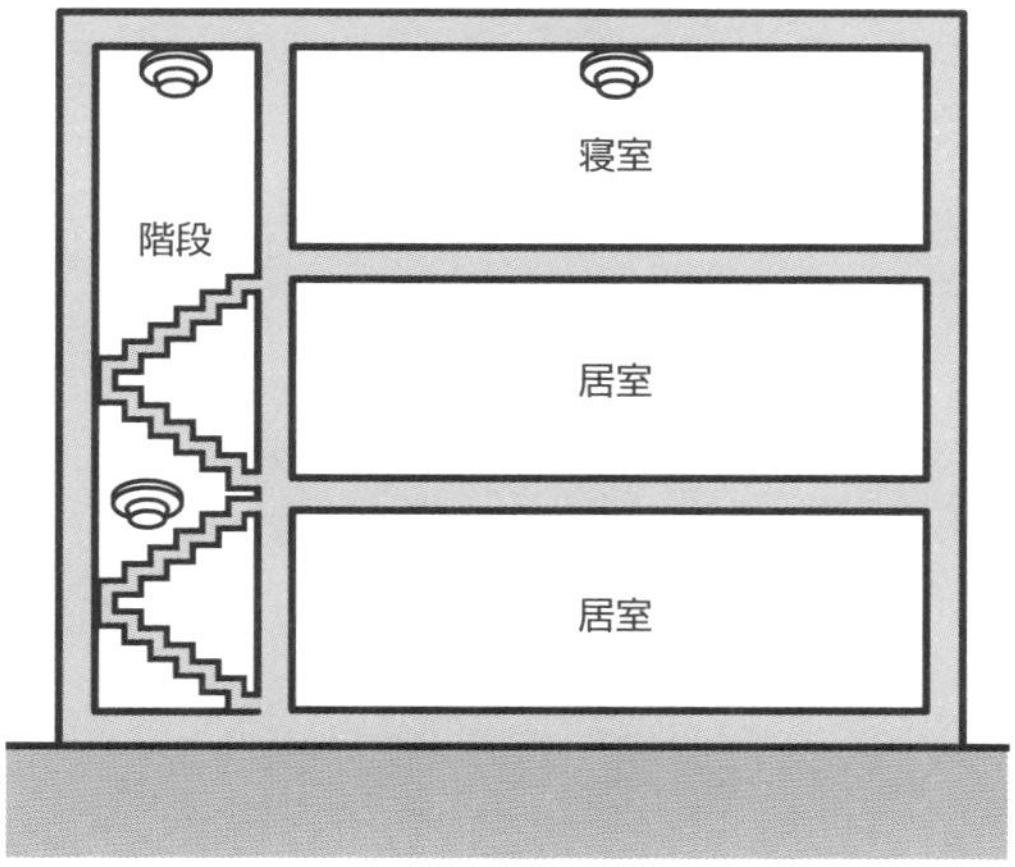

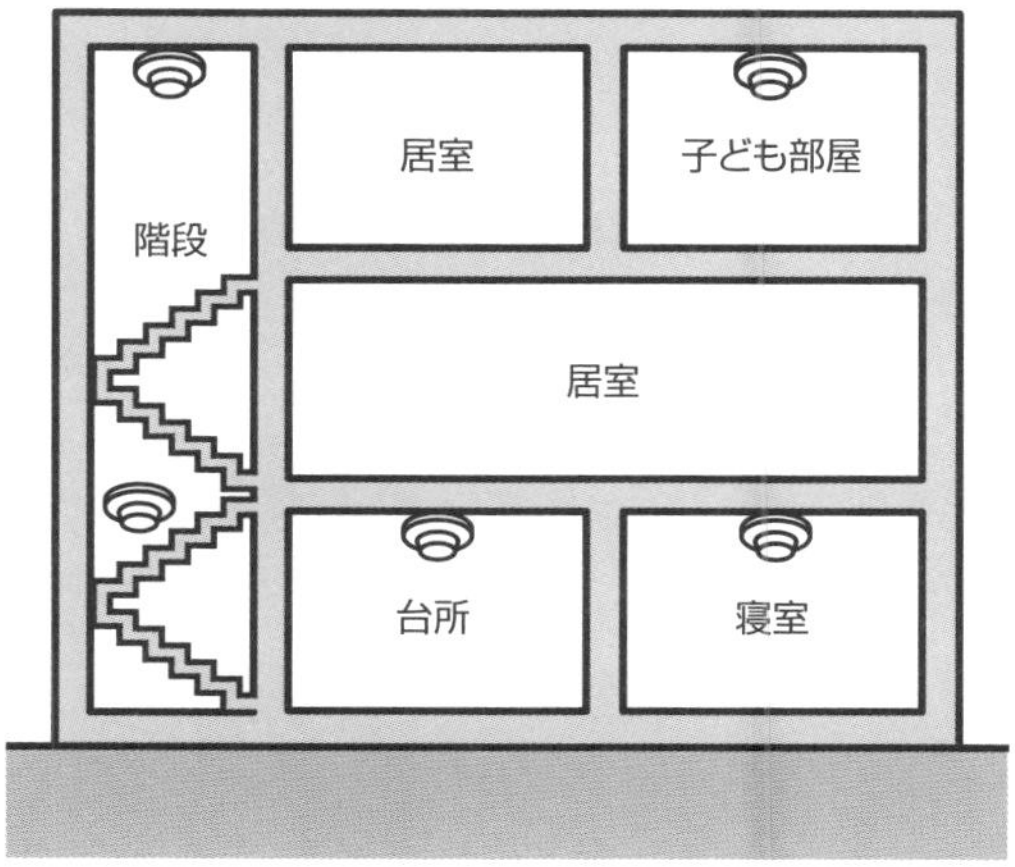

仮囲い、山留め、足場の設置

Point
- 高さ13mを超える木造建築には、仮囲いが義務づけられる
- 山留めは基礎工事、根切り工事の深さ、地質によって実施

施行令による仮囲いの設置要件

建築工事を行う際には、工事現場の建築物や工作物の倒壊等による危害の防止、近隣居住者や通行人への安全の確保を目的として、敷地の周囲に仮囲いを設置するのが望ましい。施行令では、建築する建物の構造が木造の場合、高さ13m、軒高9mを超えるとき、木造以外では2階以上の建築物のときに、高さ1.8m以上の仮囲いが義務付けられている。仮囲いの材料に決まりはないため、既存の塀等も条件を満たせば仮囲いとみなせる［図1］。

1.5m以上の掘削時に必要な山留め

基礎工事や地下室工事の根切り工事で地盤面を1.5m以上掘削する場合は、掘削面が崩れないように山留めを設置する。深さが1.5m以下であっても、崩れやすい地盤であることが分かった場合には、安全確保のために山留めを行うのが望ましい。

山留めには親杭横矢板工法、ソイルセメント柱列工法、シートパイル工法などがある。住宅など比較的小規模な工事では親杭横矢板工法が適している。

建物外周部の工事に必要な足場

建築工事で建物外周部の工事を行う際に必要な作業床を確保するのが、足場である［図2］。これには3種類ある。

●**丸太足場**：木製丸太をなまし番線を使って組み上げるもので、比較的低層建物の足場として用いられる。

●**単管足場**：直径5cmの鋼管で組まれた足場に作業床を敷き並べる方法で、一側足場と本足場がある。本足場が基本だが、建物外周部に空きがない場合などは、一側足場でもよい。

●**枠組足場**：あらかじめ組まれた鋼製枠組を積み上げる方法で、比較的大規模な建物の足場として採用される。

この他に、木造など勾配のある屋根で6寸勾配以上の場合には、作業中の滑落防止を目的として、屋根面の足場と軒先の転落防止ネットの設置が義務付けられている。

図1 足場の例

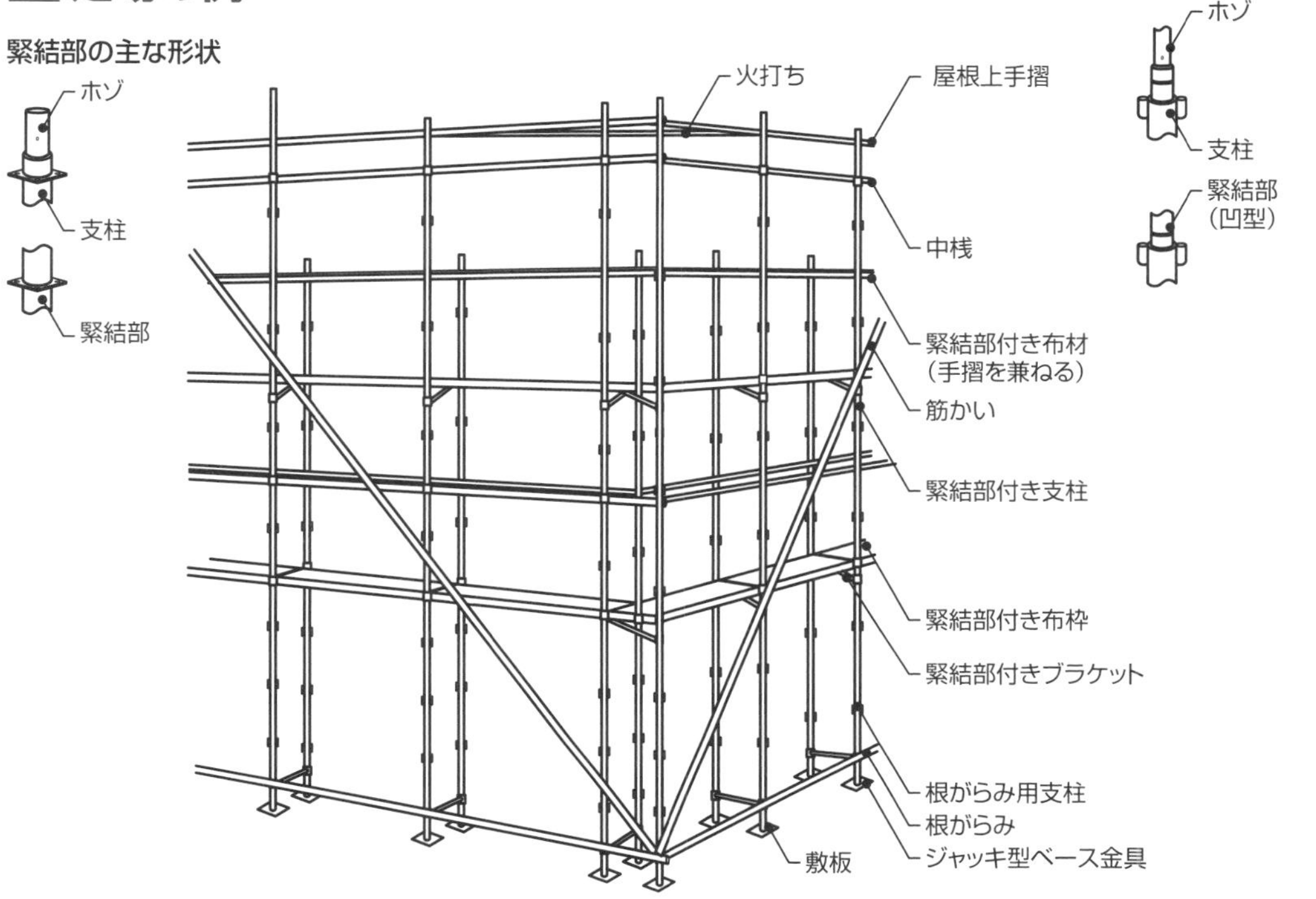

図2 転落防止用安全ネットの例

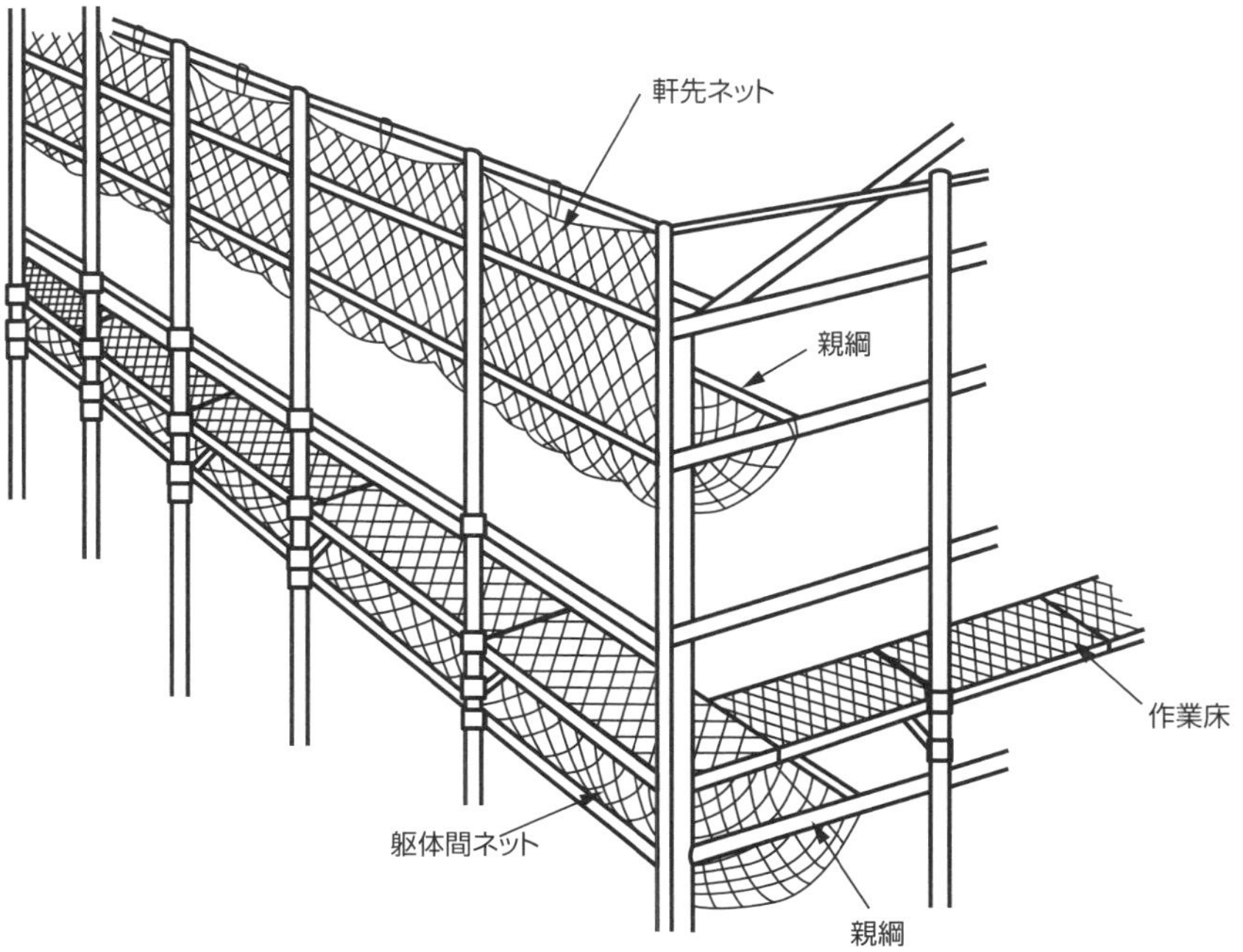

地盤に応じた改良工事

Point
- 地盤の状況を詳細に調査把握し、改良工法の選択を行う
- 建物全体の重量、基礎形式が地盤改良の主要要素となる

地盤改良の4工法

地盤の長期許容応力度（地耐力ともいう）に応じた基礎の形式が、告示で定められている。この値は実際に建物を支える状態の支持力のことで、地盤改良工事などを行った後の値である。

木造3階建ての建物を支える地盤を得るための改良方法としては、浅層混合改良、ソイルセメントコラムによる柱状混合改良、鋼管圧入による地盤改良がある。また、大臣認定を取得した工法もある。

浅層混合改良による地盤改良

地盤面下1～1.5ｍの土にセメント系固化剤を攪拌して混ぜ合わせ、地盤の水分と反応させて固める方法で、軟弱地盤層が浅い位置に薄く存在する場合などに用いる［図1］。

柱状混合改良による地盤改良

直径50～60㎝の円柱状に掘削し、掘削土にセメントミルクを混入させて柱状の固い地盤をつくる方法で、柱状改良ともいわれる。基礎直下に最大1.8ｍ間隔で設置する。

建物荷重は事実上、この柱状改良体で支持するため、先端部は支持層に到達している必要がある。また施工限度は8～10ｍのため、支持層もこの範囲内にある場合に適用できる［図2］。

鋼管圧入による地盤改良

前述のソイルセメントコラムに変わって鋼管を用いる方法で、深さは20ｍ程度まで可能である。

鋼管は杭に間違えられるが、杭基礎として認められるのは告示の規定を満たしたものに限られるので、注意が必要である。

大臣認定による地盤改良法

地盤改良の方法として、大臣認定を取得した工法がある。これを採用する場合は、認定書の記載事項をよく確認して、間違いのないように運用しなければならない。

図1 浅層混合改良の概要

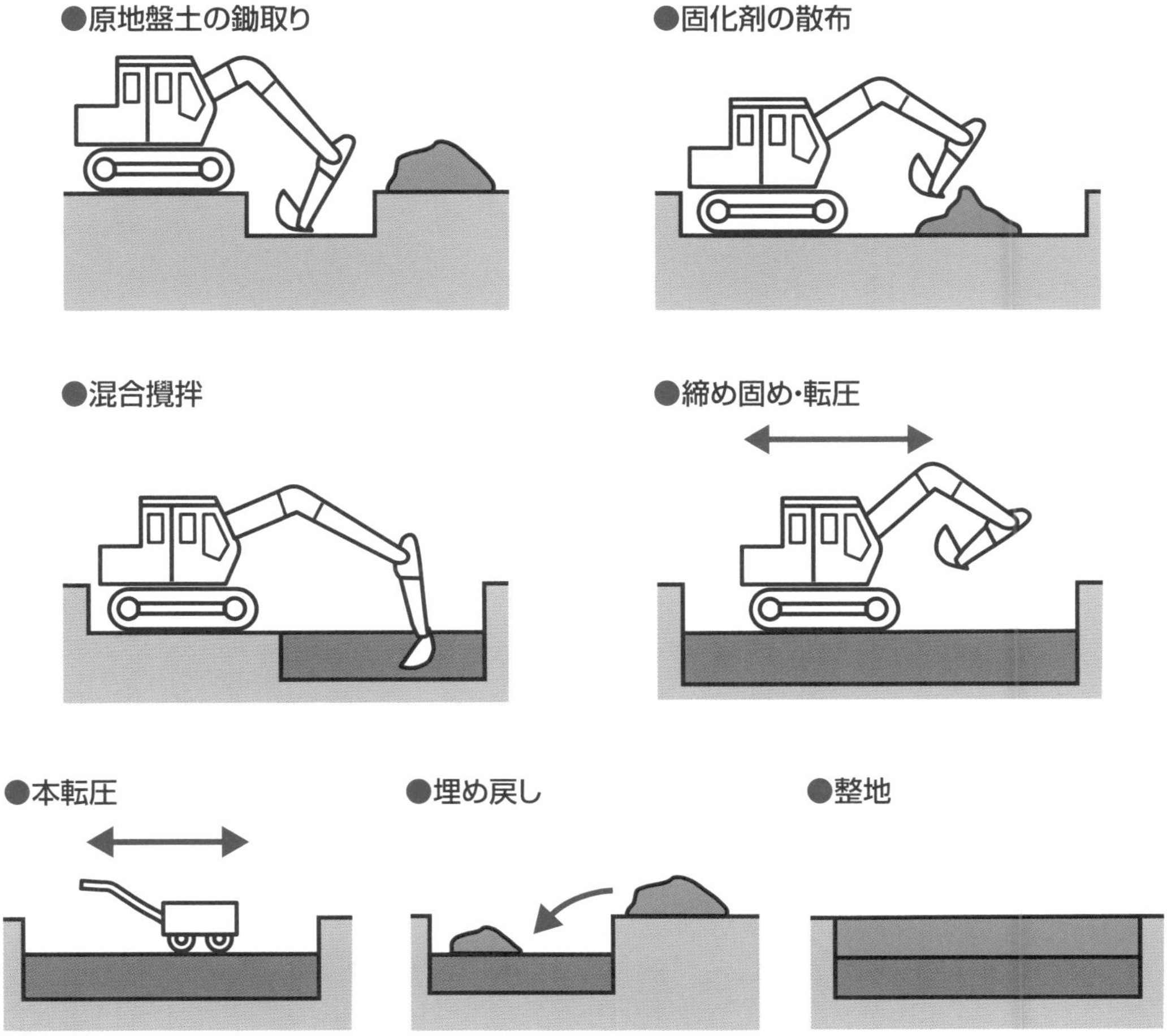

図2 ソイルセメントコラムの概要

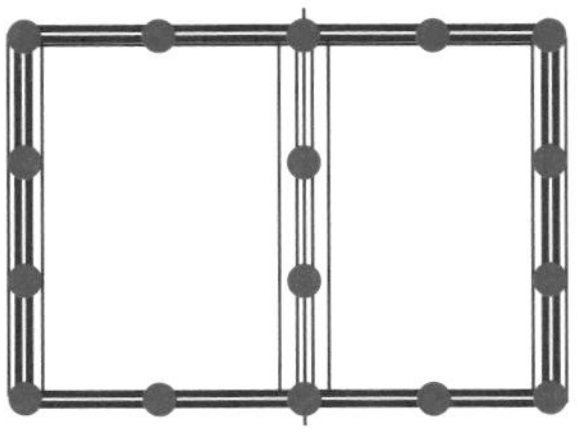

最大1.8m間隔で、基礎直下に柱状の固い地盤をつくる

●施工時の設備概要

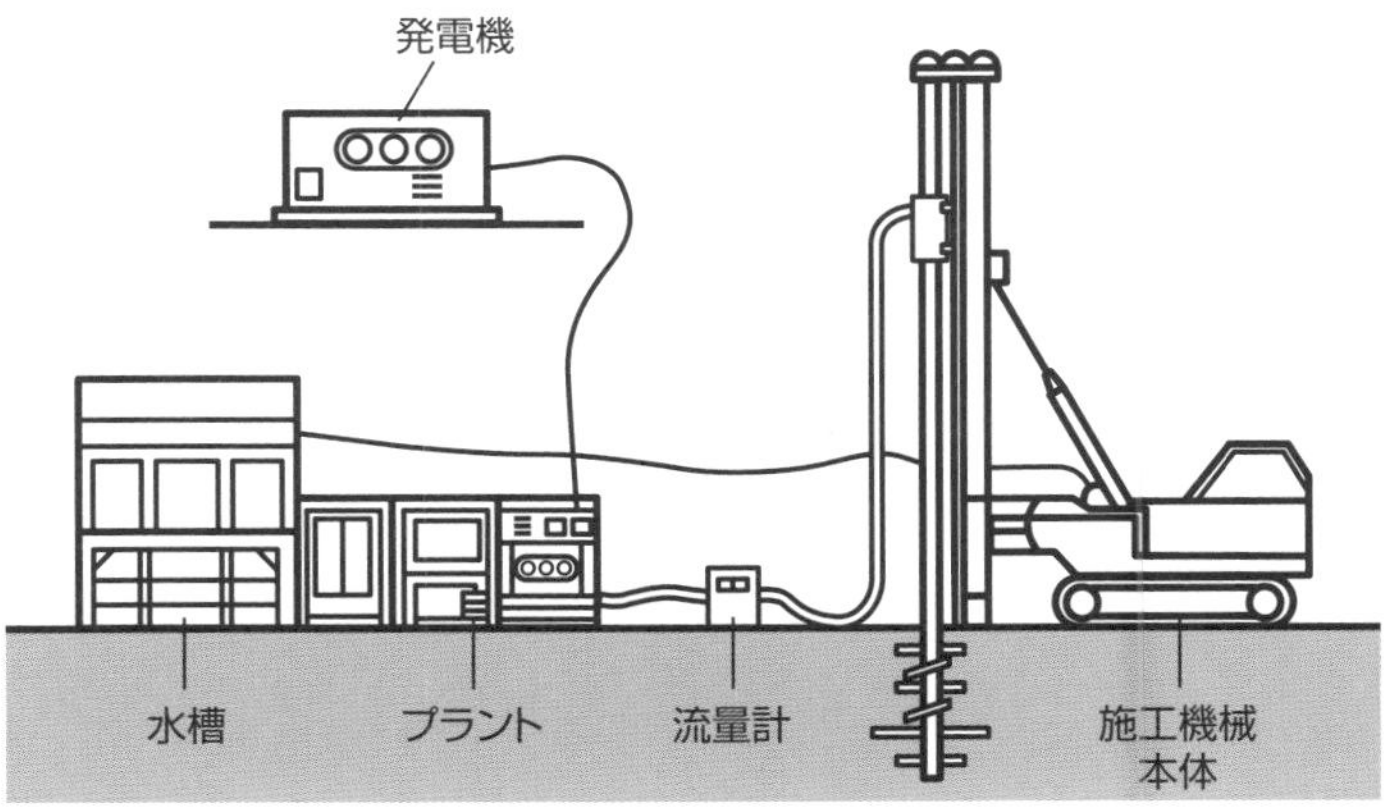

基礎のあり方と材料

Point
- 鉄筋量、コンクリート断面は構造計算で決まる
- 木造2階建てとは異なった観点での材料選択が必要

基礎工事の考え方

基礎の仕様は告示1460号でも例示されているが、一般的には、個別に構造計算を行って鉄筋量やコンクリート断面を決定する。

ソイルセメントコラムや鋼管圧入による地盤改良を行っている場合は、その頭部は基礎底盤に埋め込んではならない。なぜなら、ソイルセメントコラムや鋼管は「杭」ではなく「地盤改良」の一種だからである。そのため、杭のように基礎の底盤に埋め込んで基礎と一体化することにはなじまず、地業底で止める処理としなければならないことになっている。

木造3階建ては、その重量が鉄筋コンクリート造に比べて軽いため、基礎形式も木造2階建てに用いる形式を補強したものに近い。したがって、施工が比較的容易にできるのが特徴である。ただし、コンクリートの厚さや鉄筋の種類・間隔・太さは構造計算によって決められることから、鉄筋のかぶり厚さ、継手・定着長さや余長などは、鉄筋コンクリート基準にしたがって施工する。

JIS規格に則った材料選択

3階建て建物の基礎に用いるコンクリートは、指定建築材料として日本工業規格（JIS）の規定が適用される。そのため、発注時には配合計画表の提出を求め、基礎の底盤と立ち上がりのコンクリート打設ごとに現場で受け入れ検査［写真2］（スランプ・塩化物イオン量・空気量等）を実施しなければならない。使用する鉄筋も、JIS規格品を指定するか、性能試験成績書が添付された材料を指定する必要がある。

また配筋工事については、木造2階建ての基礎で用いられている、いわゆる「組み立て鉄筋」は、そのまま3階建てで使用できるとは限らない。なぜなら、3階建て建物は認定範囲外のものが多いからである。したがって、鉄筋については必ず認定書を取り寄せて確認する必要がある。

写真1 告示による仕様の例

●ソイルセメントコラム

ソイルセメントコラムは、地盤改良の一方法として用いられる

●ベタ基礎

ソイルセメントコラムによる地盤改良を行った場合は、その頭部を基礎底盤に埋め込んではならない

写真2 受け入れ検査の概要（スランプ値、空気量他）

立ち上がりのコンクリート打設ごとに、現場で実施する

耐力壁・準耐力壁の設置

Point
- 金物の使用で筋かいは引張力にも有効になった
- 取り付け方の工夫で耐力壁、準耐力壁を組み合わせる

筋かいの取り付けと柱頭柱脚の留め付け

筋かいは、その断面寸法によって壁倍率が異なるため、断面寸法ごとに留め付け方法が決められている。2000年以前は、筋かいは圧縮力にのみ抵抗するため、引張力に対して抵抗できない留め付け方が一般的だった。だが2000年の改正で、筋かい端部の金物の仕様が告示化され、引張力にも有効に働くようになった［図1］。

告示の仕様を具体化した製品として、㈶日本住宅・木材技術センターが認証する「Zマーク表示金物」がある。また、金物メーカー各社が告示と同等として販売している金物もある。

豊富な構造用面材の取り付け

告示1100号に規定されている構造用合板や構造用パネル、パーティクルボード、MDFなどを耐力壁として用いる場合は、告示に示された釘を使って、指定された間隔を守って留め付けなければならない。このとき、原則として面材は四周が構造躯体に直接釘留めされていなければならない。また、面材に換気扇などの開口部を設ける場合は、柱や間柱を傷つけない大きさで、開口部周囲に受け材を取り付け、釘留めしなければならない［図2］。

木造3階建ての構造計算を行う場合には、これらの耐力壁のほか、「準耐力壁等」も地震力や風圧力等の水平力に抵抗する要素として算入できる。

準耐力壁等は、壁量計算では認められていないが、品確法（住宅の品質確保の促進等に関する法律）の性能表示制度における評価方法基準で定められた、耐震等級の確認方法では認められている。

準耐力壁等には、面材が留め付けられた壁のうち、四周が釘打ちされていなくても、縦列が柱・間柱に釘打ちされていれば一定以上の耐力が期待できるとした準耐力壁と、窓等の開口部の上下にある、垂れ壁や腰壁がある。これらは一定の条件の下に限り耐力要素として算入することができる［図3］。

図1 筋かい耐力壁と端部の接合金物（例）

●筋かい金物（BP-2）の概要

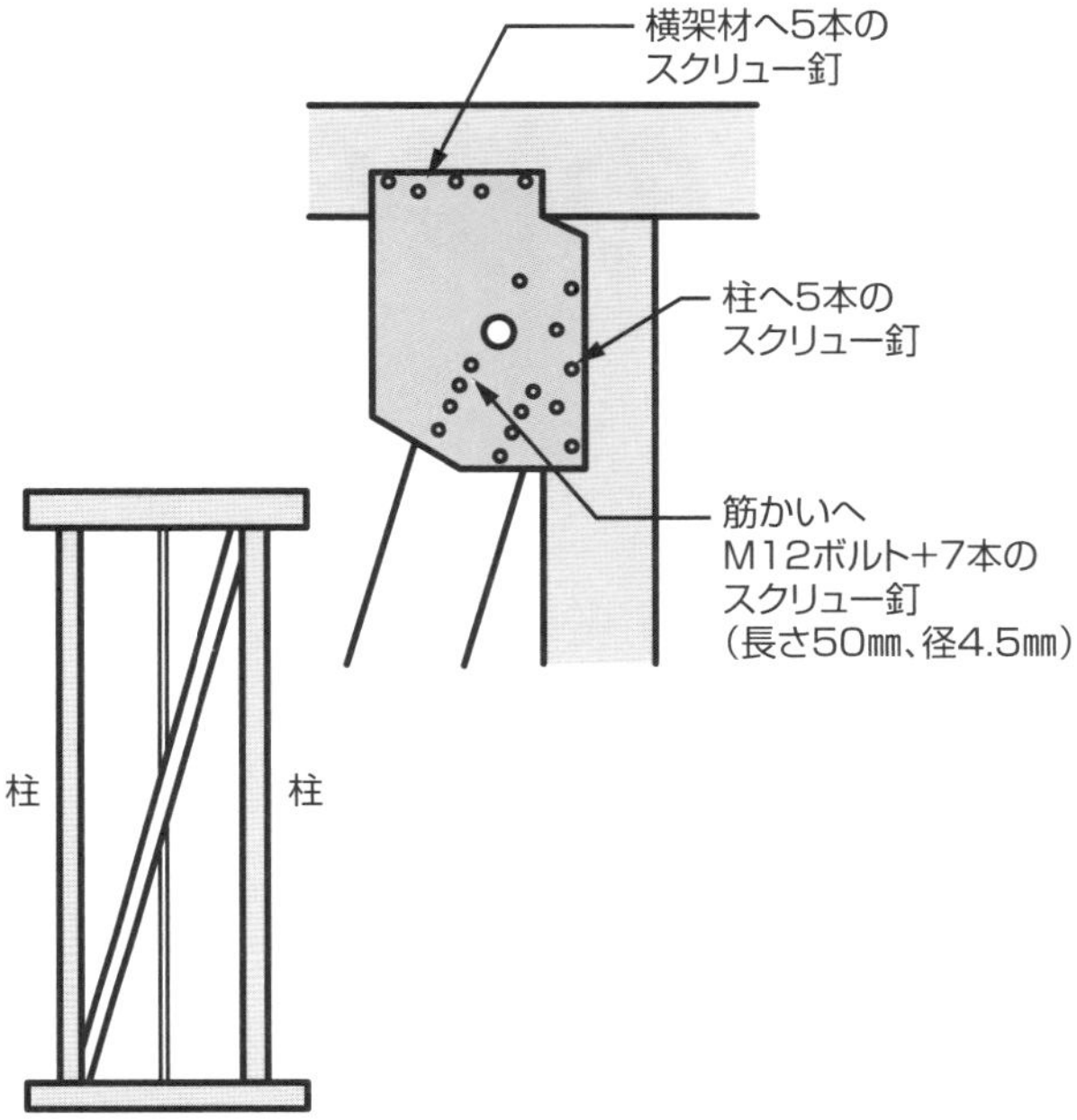

図2 面材耐力壁の留め付け例

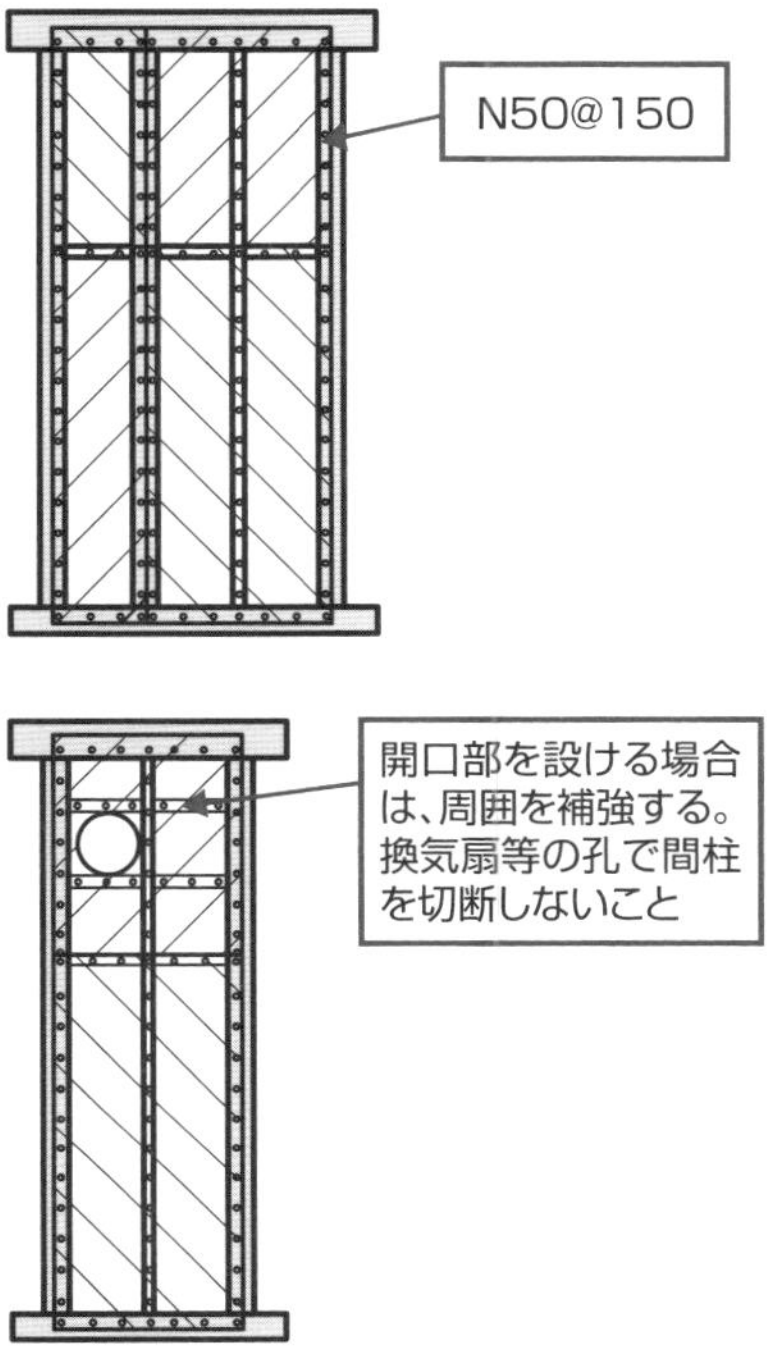

図3 準耐力壁等の条件

●準耐力壁

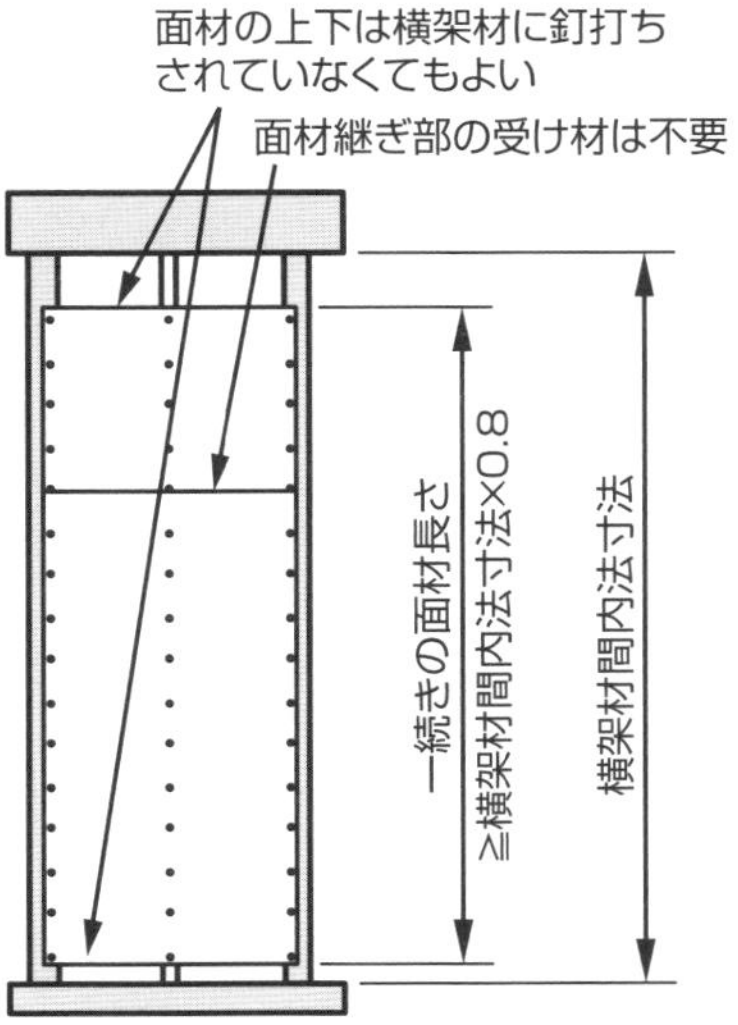

●垂れ壁・腰壁

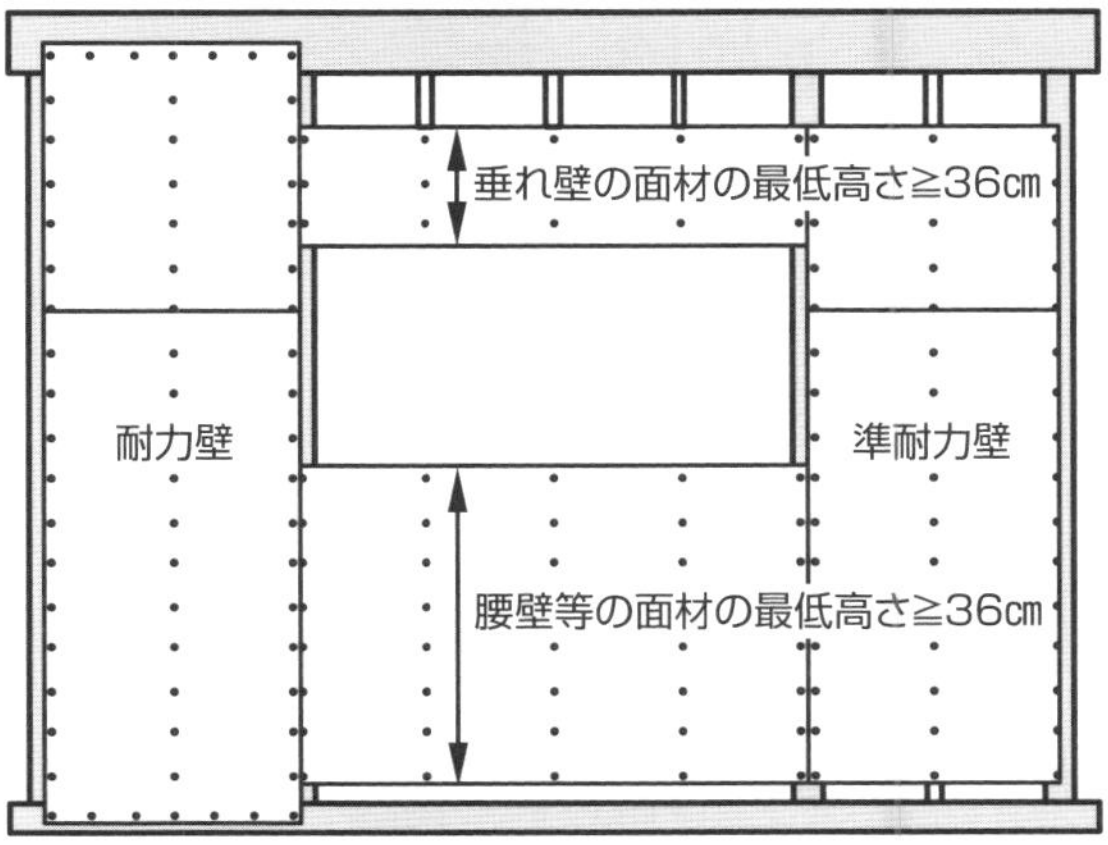

＊ 腰壁等の両側には必ず耐力壁または準耐力壁があること

継手・仕口、通し柱の接合方法

Point
- 金物の使用で接合部の強度を増す
- プレカット加工の際は、設計段階から組み合わせを作図する

継手・仕口とその接合方法

木材の接合部は、一方を凸型に加工し、他方を凹型に加工して組み合わせる「継手」と「仕口」によって接合される［図1］。これらの加工は熟練した大工が行っており、木材相互をガタつくことなく接合することができる。

最近では、プレカットの機械でもある程度の加工はできるため、必ずしも熟練した大工が必要ではなくなったが、加工できる種類は限られている。

プレカット加工を行う場合は、あらかじめ伏図の作成段階で、プレカット機械と連動したソフトウエアを用いて作図するか、加工できる種類のみを組み合わせて作図する必要がある［図2］。

地震力や風圧力に対して、継手・仕口の強度は必ずしも十分ではない。柱の端部はホゾと呼ばれる加工で横架材に差し込まれるが、耐力壁端部の柱では大きな引抜力が発生し、そのままでは引き抜けてしまうため、金物で接合しなければならない。

横架材の仕口などでも、地震力や風圧力などの水平力によってある程度建物が変形すると、接合部が外れやすい。そのため、羽子板金物などで留め付けておかなければならない［図3］。

通し柱と横架材の接合

木造では、通し柱の設置が義務付けられている。通し柱は2つの階の柱を1本の柱で通すことからこう呼ばれている。

通し柱の中央部には階間の梁が接合される。通し柱の胴体部分に差し込むことから、胴差とも呼ばれる。胴差と通し柱の接合部は柱と土台の接合部の関係と同じく、梁の端部をホゾ加工し、通し柱に差し込む形状となる。

この接合部が建物の変形などによって外れると、建物の崩壊につながるため、しっかりと固定されていなければならない。一般には、かね折り金物や引寄金物などで留め付けるが、許容応力度計算では引抜力に見合った金物を指定することになる。

図1 継手と仕口

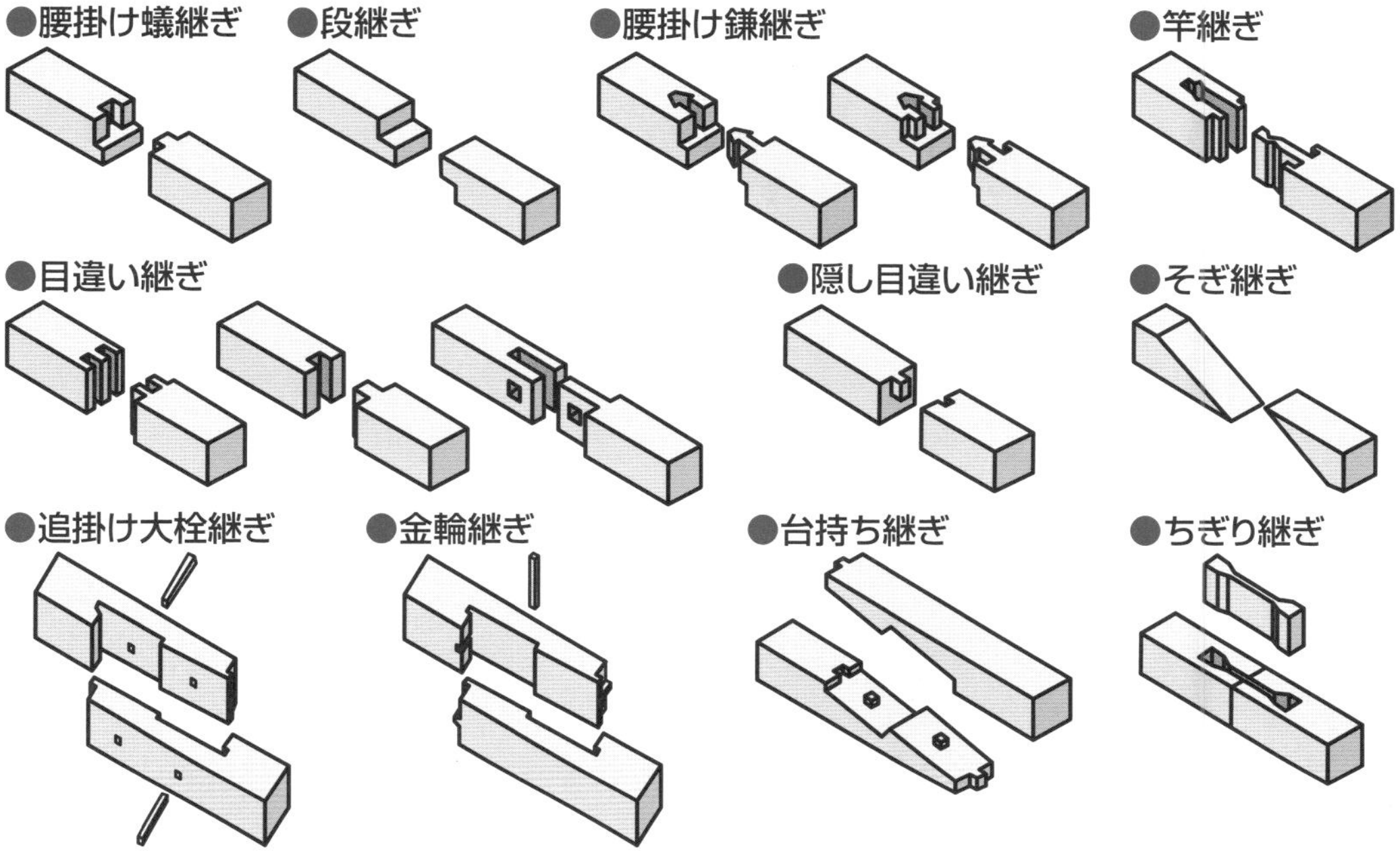

図2 プレカットで多く用いられる継手と仕口

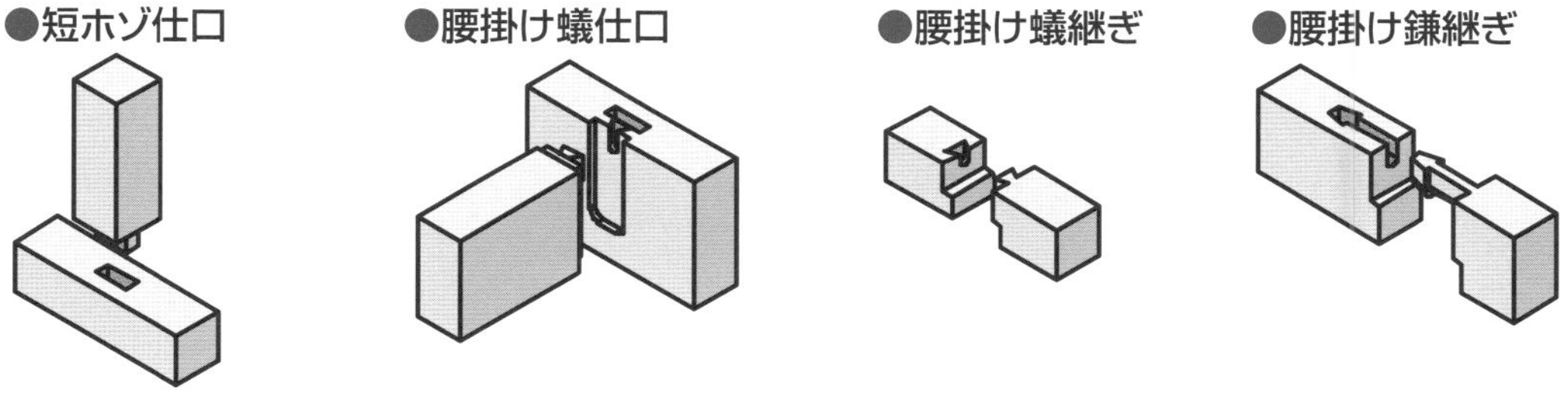

図3 金物の使用例

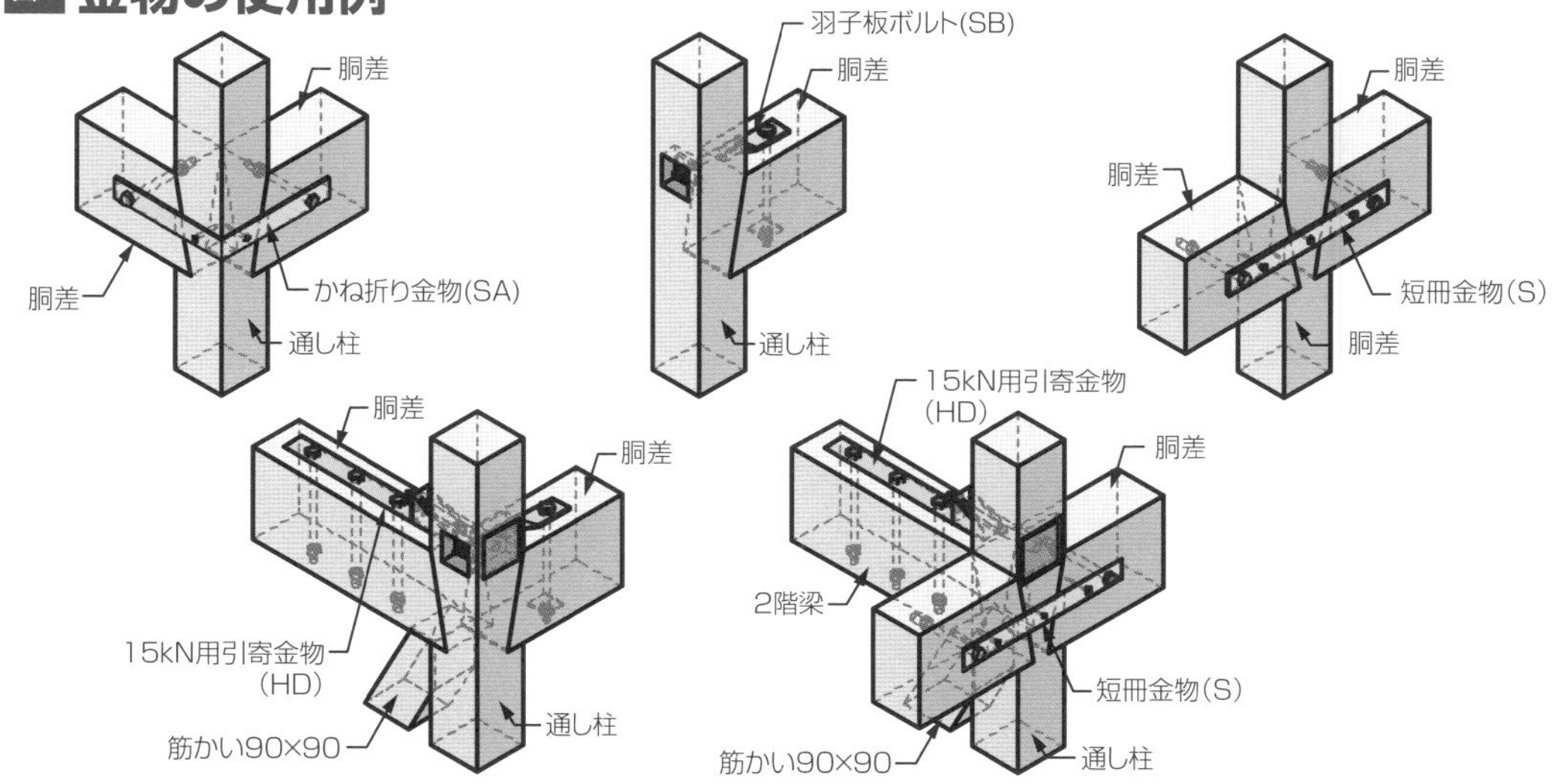

COLUMN 5

建築基準法と性能表示の基準の違い

性能表示制度の生い立ち

性能表示制度は2000年施行の「住宅の品質確保の促進等に関する法律」で位置づけられており、建築基準法では対応していない、建物の長寿命化や居住者の快適性・省エネ性に対する指標と、耐震性や耐風性能などの建築基準法より上位の性能を表示するための任意の制度。住宅の品質を10分野33項目に分類して、その性能に応じた等級や情報開示を行う。いわゆる住宅性能の「ものさし」の役割を果たす。設計評価を申請する場合には、耐震等級と劣化対策等級、維持管理等級、温熱環境の4分野9項目が必須項目として評価が実施される。

なお、「長期優良住宅の促進等に関する法律」では、性能表示制度の耐震性能や耐久性能、維持管理対策などの項目で決められた性能を満たすことが求められている。

◆耐震性能の変化

建築基準法における耐震性の条件は2つ。①数十年に1度の地震でも住み続けられる、②数百年に1度の地震でも倒壊しないで命を守れる。

一方、性能表示制度における耐震性は3つ。①等級1：基準法レベル、②等級2：数十年に1度発生する地震の1.25倍の地震に対しても住み続けられ、数百年に1度発生する地震の1.25倍の地震に対しては倒壊しない、③等級3：それぞれの1.5倍。

1995年の兵庫県南部地震が等級3程度とされており、住宅の耐震性能に対しては、もはや建築基準法レベルの耐震性能ではニーズに耐えられないことを意味している。

◆劣化対策への対応

建築基準法は施行令で木造建物の地盤面から1m以内の高さにある柱や土台に有効な防腐措置を義務づけているが、具体例は示していない。性能表示制度は3つの劣化対策等級を規定している。①等級1：基準法レベル、②等級2：日常のメンテナンスで60年間、③等級3:90年間使用できる方策。

◆温熱環境の変化に伴う省エネ基準の改訂

建築基準法では、その目的から居住者の快適性など感性に関する項目は規定していない。これを補完するため「エネルギーの使用の合理化に関する法律」（省エネ基準）を制定し、基準値は時代のニーズに応じてその都度改訂している。性能表示制度はこれに合わせ、断熱等性能等級で等級1～4、一次エネルギー消費量等級で等級1～5が用意されている。

◆高齢者に対する対応

これも建築基準法では規定されていないが、性能表示制度では、建物内の対策の程度に応じて等級1から4までランク分けをして表示することになっている。

防犯性能の強化

核家族化や共稼ぎ世帯の増加に伴う地域環境の変化により、空き巣などの被害が急増している。これらの状況を踏まえ、2007年、性能表示制度に「防犯に関すること」が追加された。その特徴は、窓の位置や大きさ、鍵の種類などの具体的な例示である。

住宅品質に関する10項目

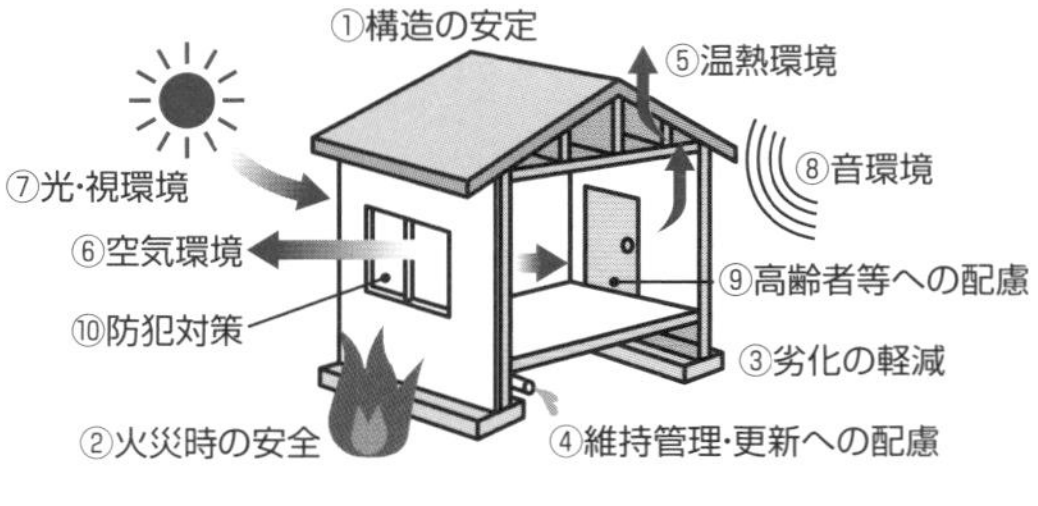

6 確認申請

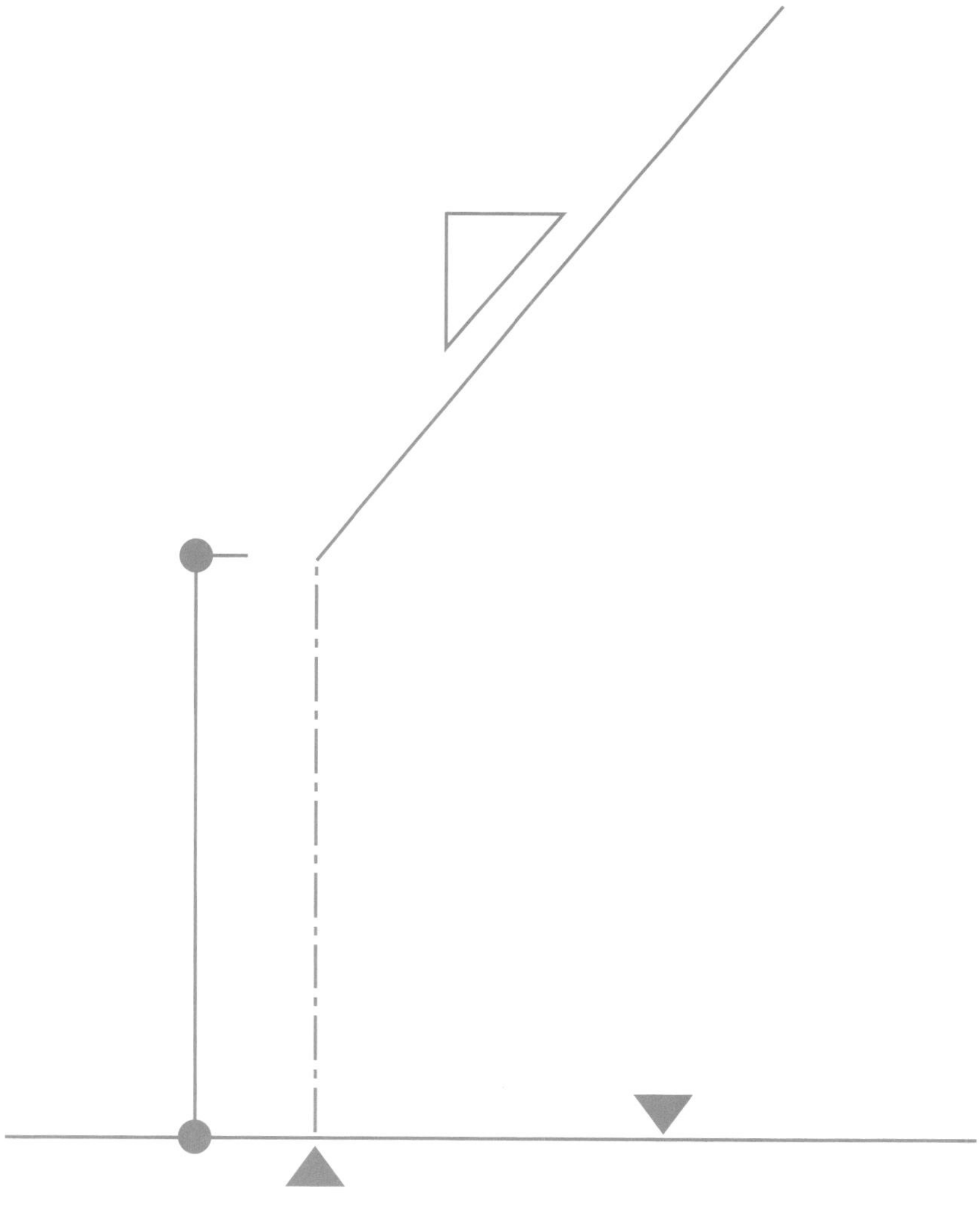

Keyword 089

法6条、法6条の3

建築確認申請の手続きとは

Point 3階建ては特例にはならない

建築確認の要否

建築基準法は建築する際の根幹となる法律で、国民の生命・健康・財産の保護のため、建築物の最低基準を定めている。

建築確認・検査の手続きには、確認・中間・完了の申請がある。各申請は決められた工程時に申請を行い、計画内容が法に適合しているかを確認する手続きである。この確認を客観的に行うため、一定の資格を有する者（建築主事等）に受ける手続きが、建築確認である。建築物の用途・構造・規模の区分で規定されており、計画地の区域区分によって申請の要否がある［表2］。

たとえば、木造3階建てで用途が一戸建て住宅の場合は、法6条1項2号に該当する。木造2階建てで用途が共同住宅、その部分が200㎡を超える場合は法6条1項1号に該当する。また、都市計画区域内で木造2階建て、用途が一戸建て住宅の場合は、法6条1項4号に該当する。これらは確認申請が必要となる。都市計画区域外の木造2階建てで用途が一戸建て住宅の場合は、確認申請は必要ない。

申請先は

確認を客観的に行うため、一定の資格を有する者（建築主事等）に申請をする。従来、建築確認・検査は自治体の「建築主事」しか行えなかったが、1998年法改正より、民間の「指定確認検査機関」でも行えるようになった。どちらで交付したものも同様の効力をもつことになる。機関によって、計画地や建物規模により取り扱えない場合もあるので事前に確認が必要である。建築主事に提出した場合は、審査期間の日数に規定があり、指定確認審査機関に提出した場合は、それぞれの契約による。提出先は確認・検査ともに同様の提出先でなくてはならない規定はないが、仮に検査を異なる機関で受ける場合、確認申請の内容の確認などに時間がかかることもあるので、事前に提出先に確認しておくとよい。

表1 建築基準法にもとづく体系

建築基準法とこれにもとづく法令	区分	制定する機関
建築基準法	法律	国会
建築基準法施行令	施令	内閣
建築基準法施行規則	省令	国土交通大臣
国土交通省告示	告示	国土交通大臣

表2 確認申請が必要な建築物

区 域	法6条1項	用途・構造	規 模	建築(新築、増築、改築、移転)	大規模の修繕 大規模の模様替
全国一律	第1号	法別表1(い)欄の特殊建築物	床面積200㎡超	○	○
	第2号	木造	階数3以上	○	○
			延べ面積500㎡超	○	○
			高さ13m超		
			軒の高さ9m超		
	第3号	木造以外	階数2以上	○	○
			延べ面積200㎡超		
都市計画区域	第4号	1～3号以外		○	×
準都市計画区域					
準景観地域					
知事指定区域					

木造3階建ては、表の太枠内に該当する

○:確認申請が必要　×:確認申請が不要

表3 建築物の建築に関する確認の特例(法6条の4)

1	法68条の10第1項の認定を受けた型式
2	認定型式に適合する建築物の部分を有する建築物
3	法6条1項4号に掲げる建築物で建築士の設計にかかわるもの

1、2:認定型式の建築材料または建築物の部分を用いる建築物。
たとえば、認定型式に適合する壁、工作物など

3　:たとえば、木造2階建て住宅など

建築確認の流れ

Point 確認申請にかかわる手続き

建築確認に必要な手続き

木造3階建てを建てる場合、3段階の申請を行う。申請者は、基準法で決められた図面等を、建築主事等に申請を行う。確認が行われ、「確認済証」を受けて工事が可能となる。工事の途中の決められた工程で中間検査を受け、「中間検査合格証」を受けると工事が続けられる。工事完了後、完了検査を受け「検査済証」を受けると、建物を利用することができる。

●消防同意とは

計画地の消防長などが防火規定（避難経路や火災警報器の設置、火気使用室の内装等）を確認し同意をする（消防法7条）。7日以内を期限として建築主事等に連絡される。建築主事等は、建築基準法を確認するにあたり、同意を得なければならない。

建築確認審査に先行して同意事務を行う地域や、消防用の図書（図面の大きさ等）を定めている地域もあるので、申請者は事前に相談することも必要である。

同意が不要な場合は、消防通知となる。

●構造計算の適合性判定について

計算方法によって、構造計算適合性判定の申請が必要となる。申請は、申請者が都道府県知事または構造適合性判定機関に行う。第三者の立場で構造に特化し、確認審査等に関する指針（法18条の3）に従って判定を行い、内容が適合されると構造判定適合通知書が交付される。確認済証の交付に、適合された適合性判定通知書（またはその写し）の添付、適判申請の副本が必要となる。

構造計算適合性判定の申請は、確認申請とは別に行えるが、確認申請に提出された申請図書と構造適判の申請図書が同様内容であることが求められる。作成、訂正は相違がないように注意したい。確認機関同様、同じ機関でも認可内容が異なる場合があるので、計画地が業務範囲となっている判定機関か事前に確認しておくとよい。

図 申請の流れ

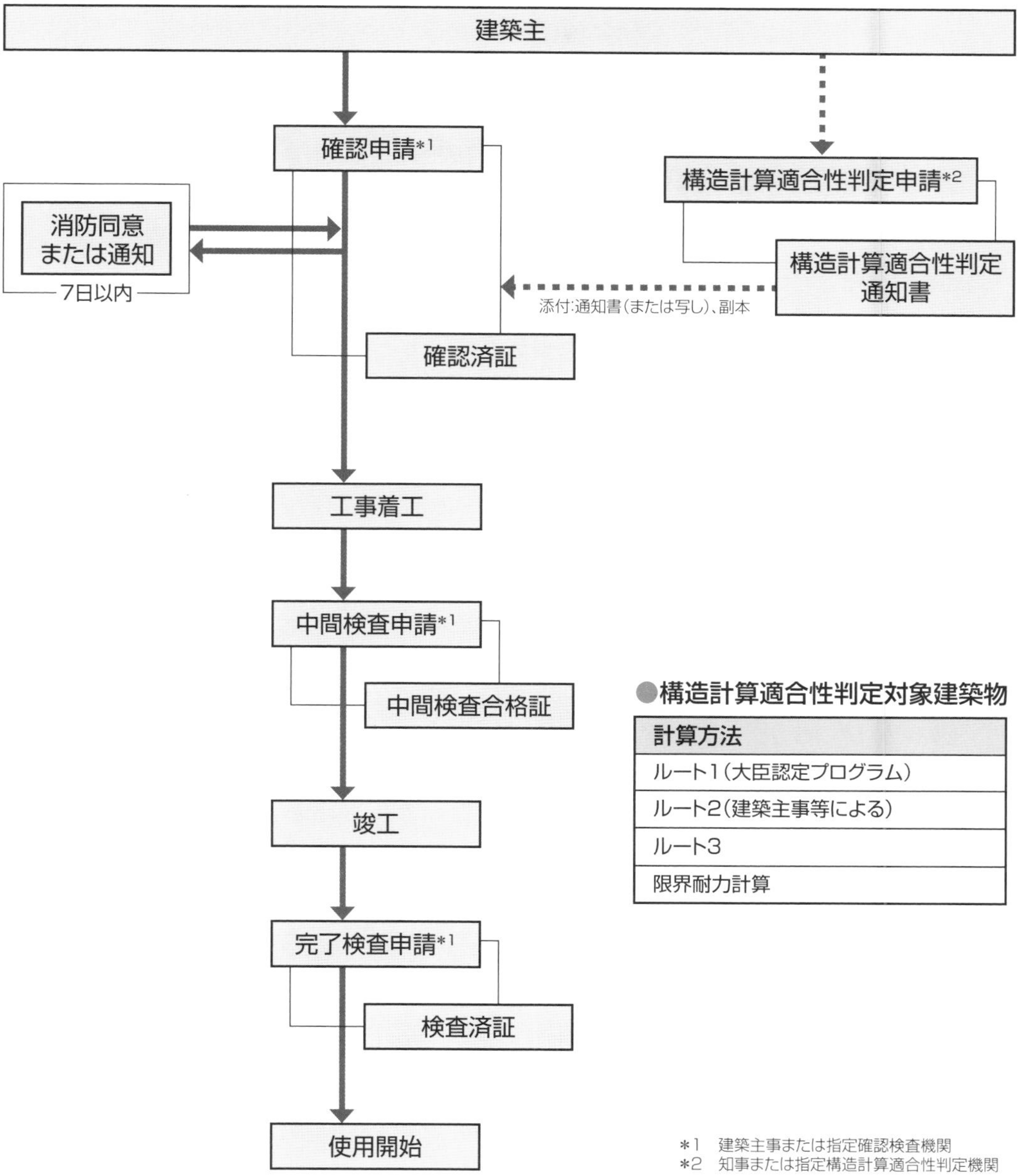

●構造計算適合性判定対象建築物

計算方法
ルート1（大臣認定プログラム）
ルート2（建築主事等による）
ルート3
限界耐力計算

*1　建築主事または指定確認検査機関
*2　知事または指定構造計算適合性判定機関

計画段階で必要な準備

Point
- 敷地の用途地域、道路、建築制限が重要になる
- 消防同意については事前協議を十分に行う

事前準備

設計を開始するため、事前の準備として、計画地の事前調査を行い、設計条件を確認する。

建築関係の諸法令は年々複雑さを増している。事前に必要な情報や手続きに不足が無いよう、計画時の事前調査・相談は入念に行い、申請段階で認識の相違が出ないように準備をすることが求められる。

事前準備として必要なこと

●事前調査

調査は、計画地の特定行政庁などの担当部署に行き、計画地における規制や支障の有無を調査する。

計画地とその周辺の道路種別等、上下水道の埋設位置、用途地域、容積率、建ぺい率、高度地区の確認、その他建築基準法、都市計画法、関係法令、都道府県知事条例等の法的規制の有無、計画地内に用途境がある場合や、計画道路の有無等、道水路台帳、指定図の確認も重要な準備である。

特定行政庁によってはホームページで情報を公開していることもある。

計画地の現地調査も行い、前面道路、隣地や周辺状況、敷地と敷地周辺の高低差、擁壁の有無や安全性などに注意が必要になる。

●許可申請の要否

法令上禁止されていることなどを行政庁が判断し、許すことで確認申請受付の前提条件の許可もある。

許可があるまで確認申請の受付をできないこともあるので、事前に把握しておく。

●その他

給排水・ガス・電気などの引き込みに関する事前調査や消防との協議も申請前に十分に行っておく必要がある。

特に消防同意が必要な建築物や地域は、申請受付後の消防同意の段階で、補正できない事項があると、消防同意が得られないまま建築主事等へ返送されることもあるので、注意が必要である。

表 建築基準関係規定（令9条）

法律	適用条項	内容
消防法	＊ 9条	火を使用する設備、器具等に関する規則
	＊ 9条の2	住宅用防災機器の設置
	15条	映写室の構造および設備の基準
	17条	消防用設備等の設置、維持
屋外広告物法	3～5条	広告物の表示および広告物を掲出する物件の設置の禁止または制限
港湾法	40条1項	分区内の規制
高圧ガス保安法	＊ 24条	家庭用設備等設置等
ガス事業法	＊ 162条	基準適合義務
駐車場法	20条	建築物の新築または増築の場合の駐車施設の付置
水道法	＊ 16条	給水設備の構造および材質
下水道法	＊ 10条1項	排水設備の設置等
	＊ 10条3項	排水設備の設置・構造
	30条1項	都市下水路に接続する特定排水施設の構造
宅地造成等規制法	8条1項、12条1項	宅地造成に関する工事の許可および変更の許可
流通業務市街地の整備に関する法律	5条1項	流通業務地区内の規制
液化石油ガスの保安の確保および取引の適性化に関する法律	＊ 38条の2	基準適合義務
都市計画法	＊ 29条1・2項	開発の許可
	＊35条の2第1項	変更許可等
	＊ 41条2項	建ぺい率等の指定
	＊ 42条	開発許可を受けた土地における建築物の制限
	＊ 43条1項	開発許可を受けた土地以外における建築物の制限
	＊ 53条1項	建築の許可
特定空港周辺航空機騒音対策特別措置法	5条1～3項	航空機騒音障害防止地区および航空機騒音障害防止特別地区内における建築の制限等
自転車の安全利用の促進および自転車等の駐車対策の総合的推進に関する法律	5条4項	自転車等の駐車対策の総合的推進
浄化槽法	＊ 3条の2第1項	浄化槽による尿処理等
特定都市河川浸水被害対策法	＊ 8条	排水設備の技術上の基準に関する特例

＊ 木造3階建てで関係する可能性のある項目

確認申請時のポイント

Point
- 申請の図書と書類をそろえる
- 書類、図書間の相互の表記内容の確認を行う

申請時の注意点

「建築確認・検査制度の厳格化」を中心に、関連法を含めた大幅な改正が行われた。建築基準法の手続き規定も含まれ、それまでの申請手続きも大きく変更された。その後、建築確認手続き等運用改善により補正方法等の改善があり、申請の添付図書および明示事項を明確にし、審査する建築主事等が申請内容をより詳細に把握できるように整備された（2010年6月）。申請をしない（申請者側）、審査をしない（審査側）といった法令違反に対する罰則も強化されたので注意したい。

申請期間を短縮するには

●**記載を省略しない**　確認申請とは建築基準法関係規定に適合するかを確認審査等に関する指針に基づいて確認を受ける手続きであり、図書に示された情報で行われる。必要な記載がないと審査上、法に適合するか判断ができない。当たり前と思っても明示すべき事項であれば記載するとよい。

●**図書間の整合を取る**　意匠、構造、設備等、各専門の設計者が分担して設計図書を作成した場合、情報共有を怠らず共通事項を整合して記載するよう注意する。また、重複表示を最小限にしておけば、変更後の不整合を防げる。

●**事前協議を行う**　申請前に事前調査し、担当部署と協議をしておけば、事前に準備が行えて、並行して進められる手続きがあれば時間短縮につながる。申請時の認識の相違も防げる。

確認申請の受付時のチェック

受付時、申請図書がそろっているか（部数、必要書類など）、建物概要（計画地、規模など）を確認する。特に、必要書類に不足がないか、設計者の記名があるか、書類の表記内容に不足がないか、図書相互の整合が取れているかなどは要確認。そのほか、設計者の確認として、資格と建物規模、構造に応じた業務範囲の確認、定期講習の受講歴の確認なども行われる。

表1 審査のポイント

	ポイント	内容
1	添付図書の確認	必要図書の添付有無
2	資格者の確認	・設計者や工事監理者の資格と建築士登録、定期講習の受講状態等、建築物の資格範囲 ・建物規模や計算方法等より構造計算適合性判定を要否
3	構造計算適合性判定の確認	構造計算書類で構造計算適合性判定を要するか判断
4	書面の整合	確認申請書の内容 （第１面と第２面、第２面と建築計画概要書第１面等）
5	記名	確認申請書第２面に記載された設計者の「作成または確認した設計図書」に記名がされているかを確認
6	図面の整合性	・正本と副本 ・意匠図と構造図 ・意匠図相互（例：平面図と立面図） ・構造図相互（例：床伏図と軸組図） ・意匠図と設備図　など
7	明示すべき事項の確認	建築計画が建築基準関係規定に適合しているかを施行規則１条の３に基づき、適用条文ごとに明示すべき事項を確認（平19国交告835号）
8	各審査	意匠審査、構造審査、設備審査
9	その他	大臣認定書の写し*

＊ 大臣認定を使用した場合で、審査側が確認できない場合

表2 構造計算書のチェック

	図書	内容
1	安全証明書	・設計者の押印 ・作成日、表示内容と申請書
2	構造計算書	・構造計算チェックリスト ・作成日、構成（表紙、目次、通しページ付記など） ・荷重根拠 ・入力情報と構造図（通り芯、部材入力、断面仕様など） ・構造図と構造計算書の出力情報 ・断面検定結果と断面リスト ・一貫計算（電算出力の修正有無など）、判定結果　など
3	地盤調査書	地盤状況、改良内容など

確認申請図書

Point
- 申請図書を作成した全員の記名が必要
- 安全証明書とは

申請図書について

実際の建築工事用としては、さまざまな図面が作成されるが、申請図書は、建築基準法で定められている書類、図書を作成して申請する。規則1条の3より、図書の明示すべき事項を各図書に行うが、図書によっては明示すべき事項が多くなり、情報量が多く表記が煩雑になる。その場合は、判読しやすいように表記することを優先し、図書を分けることも可能である。

必要な図書とは

提出の部数は、正本・副本の2部が必要である。正本の写しが副本であるため、内容は同様であることが求められる。

確認申請書は第1面～第6面で構成される。様式が定められているため、各自で変更することはできない。法改正で頻繁に改められているので、申請先のホームページから最新の書式を入手するとよい。内容は、併せて添付する図書の作成者等や建物の情報である。設計を行った設計図書に設計者の記名をする（法改正2021年1月）。

同じ情報を別の書類に記載することがあるので、書類の体系を把握しておけば作成時の作業軽減や変更時の連携先も分かりやすくなり、整合が取りやすくなる。また、申請は建築主が行うことになっているが、設計の専門知識が必要なため代理者による申請が多い。その場合は委任状が必要である。

図書は建築物の用途、規模、構造、計画地の地域区分等により、適用範囲が異なる。適用される条文ごとに図書の種類、その図書に記載する「明示すべき事項」が規定されている（規則1条の3）。

木造3階建ての対象とする図書は、表1、表2～表3（該当条文）となる。表の構成は次の通り。

・表1：すべての建築物に必要な図面
・表2：該当条文ごとの規定
・表3：構造計算書関係
・表4、表5：認定書、構造等

表 木造3階建て（一戸建て住宅）に必要な申請図書（規則1条の3）

申請書類等	確認申請書
	建築計画概要書
	委任状*
	安全証明書
	その他（許認可の写しなど）*
表1	・付近見取図 ・配置図 ・各階平面図 ・床面積求積図 ・2面以上の立面図 ・2面以上の断面図 ・地盤面算定表 ・基礎伏図 ・各階床伏図 ・小屋伏図 ・構造詳細図
表2	・2面以上の軸組図 ・構造詳細図 ・使用構造材料一覧表 ・法20 ～ 86条の9* 使用建築材料表 シックハウス関連書類 採光計算 仕上表 電気・設備図 換気関連（仕様・構造） 給気・排気図 配管関連（系統・仕様・構造）
表3（4）	・構造計算チェックリスト ・基礎・地盤説明書 ・略伏図 ・部材断面表 ・荷重外力計算書 ・応力計算書 ・断面計算書 ・屋根ふき材等計算書
表4、表5	大臣認定書写し*
	その他

＊ 申請内容により必要

構造計算書の構成

Point
- 安全証明書の添付が必要となる
- 構造計算書の構成を明確にする

構造計算書の構成

規則1条の3より、構造計算書の内容や明示すべき事項が定められている。木造3階建てでルート1の計算をした場合は、規則1条の3表3（4）に該当する。構造計算書を作成するにあたり、一貫構造計算プログラムを利用することがある。この場合、プログラムから出力された計算書、プログラムに入力した数値の根拠やプログラムの計算処理によらない部分の検討などとあわせて構造計算書を作成する。そのため、全体構成が分かるように作成することが必要となる。

構成として、表紙、構造計算書の全体構成が分かる目次、建築物の概要、各計算結果等、通しページの付記をする。構造計算書は単独で設計図書となるため、表紙に設計者の記名が必要となる。たとえば、建物上部と建物基礎部を分担して構造設計をしている場合、それぞれの担当部分に表紙を作成したうえで、担当部分が分かるように記名する。

安全証明書

「構造計算によって建築物の安全性を確かめた旨の証明書」（以下「安全証明書」）も、先の法改正によって追加された書類である（建築士法20条2項）。書式は、施行規則により様式が定められている。建築物の規模に関係なく、建築主自らが構造計算をしている場合を除いて、「構造計算」を行っていれば必要となる。構造計算を共同で行った場合は連名で署名。住所については、建築士個人の住所または建築士事務所の所在地を記載してもよい。

作成は棟ごとに必要となる。表記内容は、確認申請書の内容との整合性に注意する。

一級建築士でなければ設計できない建築物（建築士法3条1項）に該当し、建築基準法20条1項1号または2号に該当する場合、構造一級建築士の関与が必要となり、安全証明書の添付は不要となる。

図1 構造計算添付図書

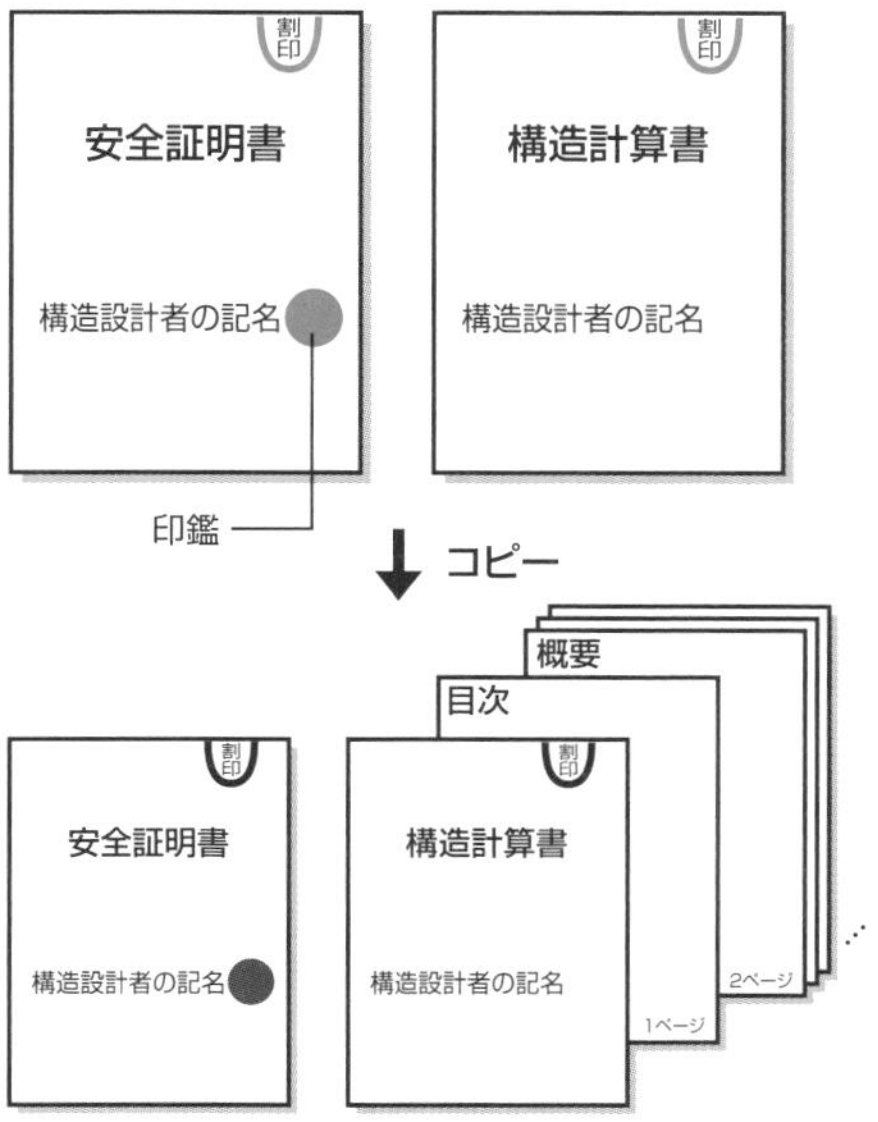

表 目次構成の例

	構成内容
1	建築物の概要
	構造上の特徴
	構造計算方針
	適用する構造計算
	使用プログラムの概要
2	仮定荷重
3	二次部材等の設計
4	基礎・地盤の設計
5	構造計算チェックリスト
6	電算出力
7	その他(根拠資料写し等)

図2 安全証明書の記載例(木造3階建ての一戸建て住宅で許容応力度計算を行った場合)

第四号の二書式(第十七条の十四の二関係)(A4)

構造計算によって建築物の安全性を確かめた旨の証明書

建築士法第20条第2項の規定により、別添の構造計算書によって下記の建築物の安全性を確かめたことを証明します。

令和　年　月　日

・押印は写しのためコピー
・共同設計の場合は連名のこと

(1級)建築士　(国土交通省)　登録第　号
住　所　(事務所の住所でも可)
氏名　印

(1級)建築士　(国土交通省)　登録第　号
住　所　(事務所の住所でも可)
氏名　印

(1級)建築士　(国土交通省)　登録第　号
名称
所在地
電話　番

委託者　殿

建築物の所在地	○○県○○市○○区1-1-1
建築物の名称及び用途	(仮称)○○○ビル　用途：事務所
建築面積	○○○○.○○ ㎡
延べ面積	○○○○.○○ ㎡
高さ	1 最高の高さ　○○○.○○m 2 最高の軒の高さ　○○○.○○m
階数	地上 ○○ 階　地下 ○ 階
構造	木造　一部　－　造
建築物の区分	1 建築基準法(以下「法」という)第20条第1号に掲げる建築物 2 法第20条第2号に掲げる建築物 ③ 法第20条第3号に掲げる建築物 4 法第20条第4号に掲げる建築物
別添の構造計算書に係わる構造計算の種類	1 建築基準法施工令(以下「令」という)第81条第1項に定める基準に従った構造計算 2 令第81条第2項第1号イに規定する構造計算 3 令第81条第2項第1号ロに規定する構造計算 4 令第81条第2項第2号イに規定する構造計算 ⑤ 令第81条第3項に定める基準に従った構造計算 6 その他(　)
別添の構造計算書に係わる構造計算の方法	① 国土交通大臣が定めた方法によるもの 2 国土交通大臣の認定を受けたプログラムによるもの
当該構造計算に用いたプログラム	1 名称 (*構造計算プログラム*) 2 国土交通大臣の認定　□ 有　■ 無 3 認定番号 (　)
備考	

1 高さ60mを超える建築物
2 大規模な建築物
3 中規模な建築物
4 小規模な建築物

1 時刻歴応答解析
2 ルート3または同等計算
3 限界耐力計算
4 ルート2または同等
5 ルート1または同等計算
6 令137条の2にもとづいて行う耐震診断など

令137条の2または令137条の12の場合には、その旨を記載
建築物の部分、ほかの建築士がいる場合の部分を記載
法68条の10第1項の新邸を受けた型式の部分を記載

＊ 表中の斜体の文字は、内容の説明。色文字は特に留意する事項

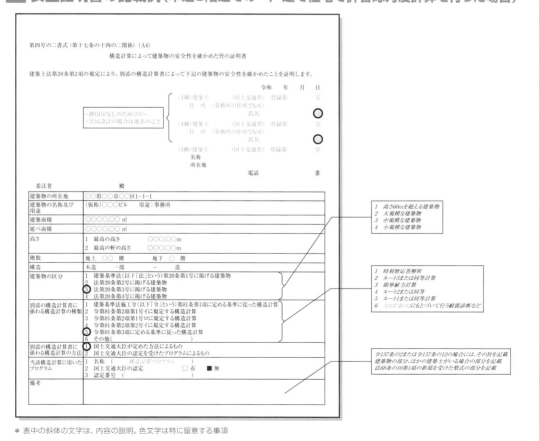

構造計算にかかわる図書

Point
▌プログラムによる構造計算を行う場合は、構造計算チェックリストの添付が必要

構造計算書の内容

先の法改正で構造計算概要書が添付図書として追加されたが、その後の法改正により、現行では添付が不要となった（規則1条の3）。構造設計者の設計意図を正確に伝達することを目的として、先の構造計算概要書のうち、「構造上の特徴」「構造計算方針」「適用する構造計算」「使用プログラムの概要」の抜粋した表示事項（以下、「構造上の特徴等」）は残り、構造計算書に記載することが求められている。

構造計算チェックリスト

プログラムを用いた場合は、大臣認定の有無にかかわらず、チェックリストの添付が必要となる。大臣認定無し（その他のプログラム）の場合、特に様式の規定などはなく、プログラムによる構造計算によって安全性を確かめることができる建築物の構造の種別、規模その他の使用条件に適合するかを照合する事項の明示が必要となる（規則1条の3表3）。

一貫計算プログラムからの出力

大臣認定プログラム（図書省略）以外の一貫計算プログラムの場合、原則として、すべての階および方向、全部材について省略せずに出力する。

建築基準法より、「プログラム」とは電子計算機の指令で一の結果を得ることができるものとある。審査では、出力時の計算時刻のヘッダーやページ数、計算結果などに不自然な点がないことを確認する。ワーニングなどが出力された場合、設計者の見解を表記する。

一貫計算プログラムの形式は、入力数値により計算結果を判定されることが多い。NGがないこと（検定値が1を超えない等）を出力結果で確認する。プログラムに入力された内容と、構造図に記載されている内容の整合も確認する必要がある。

そのほか、構造計算に利用した根拠資料なども併せて添付する。

図 構造上の特徴等の記載方法

【構造上の特徴】

建物の平面規模、階数、構造種別、構法
建物の平面・立面形状の特徴
軸組部材と接合構法の種別
鉛直構面の水平力抵抗要素種別
水平構面の抵抗要素の接合部の種別
基礎の構造形式と地下室や高基礎および擁壁有無
その他の特徴（令3章3節の規定でただし書を適用し仕様規定を除く等）

【構造計算方針】

構造計算ルート
令46条2項の適用有無（壁倍率利用しない、フレーム等）
地盤の許容応力度算定方法（地盤種別の判定方法、液状化の判定等）
設計用地震層せん断力の算定方法
鉛直荷重と水平力に対する応力計算と断面検定を行った部材とその方法（偏心率）
水平力に対し応力計算と検定を行った水平力抵抗要素とその方法（層間変形角）
基礎の検討
その他特殊な事項の設計方針（小屋裏、土圧、斜め壁、スキップフロア、突出階段等）

【適用する構造計算】
【イ.適用する構造計算の種類】
□保有水平耐力計算
□許容応力度等計算
■令第82条各号及び令第82条の4に定めるところによる構造計算
【ロ.鉄骨造における適用関係】 本建物は該当なし
□平成19年国土区通省告示第593号第1号イ
□平成19年国土交通省告示第593号第1号ロ
【ハ. 平成19年国土交通省告示第593号各号の基準に適合していることの検証内容】
（参照頁　）

【使用プログラムの概要】
【イ.プログラムの名称】 ●●●
【ロ.国土交通大臣の認定有無】
有（認定プログラムで安全性を確認）・有（その他）・(無)
【ハ.認定番号】
【ホ.構造計算チェックリスト】（参照頁　●●　）

軽微な変更と計画変更

Point
- 建築計画に変更が生じたら手続きを行う
- 計画変更確認の申請は、確認申請フローと同じ

建築計画の変更時の手続き

建築確認を受けた後、工程が進むなかで、計画について変更を余儀なくされることがある。その場合、確認済証交付時の建築計画と、実際の建築計画が異なることになるため、変更手続きが必要となる。変更内容によって、「軽微な変更」と「計画変更確認」の手続きがある。計画の変更にかかわる確認を要しない軽微な変更の内容は、施行規則3条の2（1～16号）に定められている［表1］。高度な計算や検討によらず、建築関係規定に適合が確認できるもので、これに該当しない内容は、原則として計画変更確認となる。当該変更内容による結果が元の確認申請の内容より不利な変更になるものに対して、変更後の安全性が確認できたとしても、それは計画変更となる。

変更手続きは変更部分の工事の着手前までに行う必要がある。万一、変更部分の工事着工前までに手続きが終了せず、計画変更の確認済証が間に合わない場合は、工事を止める事態となってしまうこともある。変更が生じた場合には十分な注意が必要である。

変更手続きの流れ

軽微な変更は、軽微な変更説明書等で変更内容を示し、検査の申請（中間申請書第3面11欄または完了申請書第3面10欄に記載）の際に併せて提出し、検査を受ける。

計画変更確認は、確認申請と同様の流れとなる。したがって、変更の内容が計画変更確認の場合は、変更に関わる部分の確認申請が必要となる。内容確認が取れるまで、次の工程には進めない。申請書は確認申請書の第1面を「計画変更」の第1面とし、第2面以降は、確認申請と同様（変更がない場合）の書式である。変更内容によって手続きの流れが異なり、さかのぼることができないため、変更が生じることが判明した際、変更手続きの要否、方法は事前に申請先と相談しておくとよい。

表1 計画変更の確認申請を要しない軽微な変更（建築基準法施行規則3条の2）

号	変更事項	明らかに軽微な変更と判断できるもの
1	敷地に接する道路の幅員	幅員が広くなるもの*
	敷地が道路に接する部分の長さ	
2	敷地面積、敷地境界線の位置	敷地面積が増加する場合*
3	建築物の高さ	建築物の高さが減少する場合*
	建築物の地盤面	
4	建築物の階数	建築物の階数が減少する場合
5	建築面積	建築面積が減少する場合*
6	床面積	床面積の合計が減少する場合*
7	用途	類似の用途相互間
8	構造耐力上主要な部分の位置	基礎杭、間柱、床版、屋根版、横架材*
9	構造耐力上主要な部分である部材の材料または構造	12号表*
10	構造耐力上主要な部分以外の部分の材料及び構造、位置	屋根ふき材、内装材、外装材、帳壁等*
11	構造耐力上主要な部分以外の部分である天井の材料もしくは構造、位置	*
12	建築物の材料、構造	表*
13	井戸の位置	*
14	開口部の位置および大きさ	*
15	建築設備の材料、位置、能力	*
16	その他	平28国交告1438号

＊ その他条件あり

表2 変更手続きに必要な申請図書

変更の手続き	申請図書
軽微な変更	軽微な変更説明書 変更前の内容が分かる図書（最新の確認済証を取得した際の図書） 変更後の図書
計画変更	計画変更確認申請書 委任状（代理者に委任する場合） 建築計画概要書 変更前図書一式（先の確認申請を変更する場合） 変更の内容が分かる図書 変更後の図書 ＊ 構造計算書を変更した場合:構造計算書、安全証明書、構造計算チェックリスト

中間申請・完了申請

Point
- 木造3階建てでは中間検査が必要
- 確認申請・中間申請・完了申請それぞれで、申請図書が異なる

特定工程後に必要な中間申請

中間申請は、法6条1項の規定による工事のうち、特定工程にかかわる工事として法7条の3で定められている。全国一律で、階数3以上の共同住宅の2階床および梁の配筋、または特定行政庁が指定する工程であり、木造3階建て一戸建て住宅は後者に該当する。特定行政庁が指定する工程が2回の場合もあるので、確認が必要である。工程を終えた日から4日以内に中間申請書（規則4条の8）を提出し、中間検査を申請しなければならない。中間申請書第1面、2面は変更がなければ確認申請書と同様に記載し、第3面は工事の概要、第4面は工事監理の状況を記載する。書ききれない場合など、同内容を別に添付することもできる。申請を受理した建築主事等は4日以内に検査をしなければならない。中間検査では、提出された書類の審査、検査前に施工された工事にかかわる建築物の部分およびその敷地が建築基準関係規定に適合するかを目視検査する。また、軽微な変更があれば、その内容が建築基準関係規定に適合しているかの確認も行う。適合していると判断された場合、建築主に中間検査合格証が交付され、特定工程後の工事を行える。

工事完了後に必要な完了申請

法6条1項の規定による工事を完了したときは、工事が完了した日から4日以内に完了申請書（規則4条）を提出し、法7条による完了検査を申請しなければならない。

検査では、確認済証交付時の図書どおりに実施されたか、建築物の目視検査を行う。間取りや開口部の位置・大きさ、火気使用室の内装仕上げ、換気設備（換気・シックハウス）、階段の幅・踏み面・蹴上、バルコニーの手摺、斜線、住宅火災機器の設置などが建築基準関係規定に適合していると判断された場合、建築主に検査済証が交付され、この交付を受けて建築物の使用が可能となる。

表1 中間申請・完了申請に必要な書類

	中間申請	完了申請
申請書	○	○
委任状	△	△
確認申請書類*	○	○
現場写真	○	○
軽微な変更説明書	△	△
特定行政庁が定める書類	○	○
その他	△	△

＊ 確認申請と同一申請先に提出の場合は不要

○：添付必要　△：申請内容により必要

表2 中間申請・完了申請の審査内容

審査事項等	内容
申請書・添付図書等の整合	申請書、添付図書の有無、書類について記載事項の相互の整合 設計者・工事監理者の資格の業務範囲の確認
軽微な変更の内容の確認*	書類の内容が「軽微な変更」に該当するかの確認
中間検査	目視検査 検査前に施行された建築工事が確認に要した図書のとおり実施されたかを確かめる
実施検査	目視検査 建築工事が確認に要した図書のとおり実施されたか確かめる ・申請書に記載された工事監理の状況 ・写真 ・特定行政庁が規則で定める書類による検査 ・目視 ・簡易な計測機器等による測定 ・動作確認

＊ 軽微な変更がある場合

道路

Point

- 道路の幅員は原則として4m以上
- 敷地の接道義務は2m以上

建築基準法上の道路とは

「道路」とは建築基準法施行令第3章の都市計画区域・準都市計画区域内に限り、幅4m以上の公道、私道が該当する。ただし、特定行政庁が6m以上とする場合もある。日常目にするすべてが建築基準法の道路とは限らないので、建築計画の際、敷地に接する道がどの種別になるか、道路台帳で確認することが必要である。

●敷地との関係

都市計画区域内の敷地は、原則として法に定める道路に2m以上接しなければならない。この接道条件が満たされない場合、建築はできない［図1］。

ただし、木3や共同住宅等の特定建築物については、地方公共団体が条例により制限することができる。東京都の場合、安全条例によって路地状部分の幅は4m以上でなければならないと定められている。この意味で、事前に計画地の条例の確認も必要といえる。

道路幅員とは、道路中心線に直交する水平距離で測られる道路幅の最小寸法のこと［図2］。地方公共団体では地域性にあわせて、建築物規模や用途による前面道路の幅員や敷地の接道長さ、路地状部分の延長距離の規定について条例で制限を付加している場合もある。

●道路の種別について

4m未満の道沿いの敷に新しく建築物を建てる場合は、確認申請時に道路幅を4m確保するため、道路の中心線から2m敷地側に後退させた位置を道路境界としなければならない（法42条2項［図3］）。

予定道路に接した敷地の場合は、特定行政庁が認めて許可した建築物の容積率が予定道路の幅員で算出され、敷地面積には算入されないなど注意が必要となる。また、大きな敷地を細分化して利用する場合に、新たに道路を築造しなければ建築物の敷地として認められないことがある。この場合、特定行政庁に「道路位置の指定」申請する必要がある。

図1 接道義務

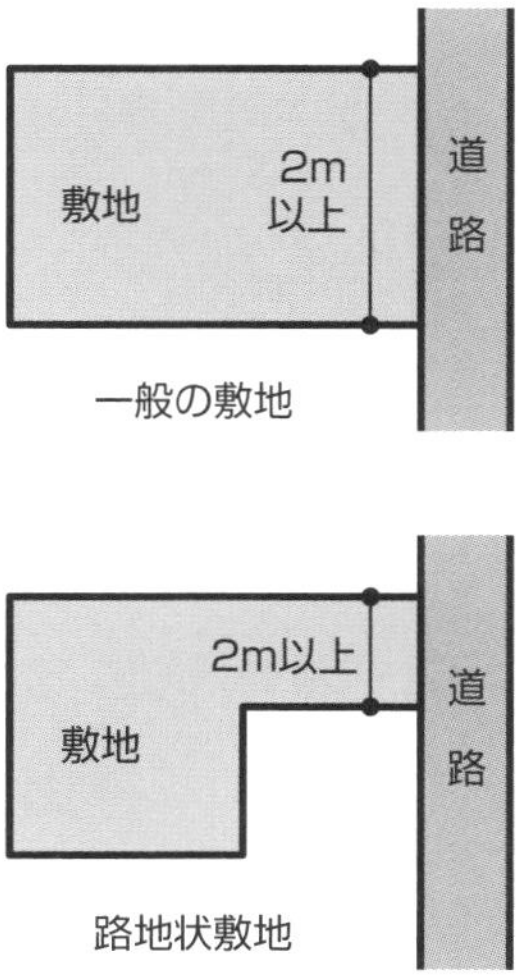

図2 道路幅員

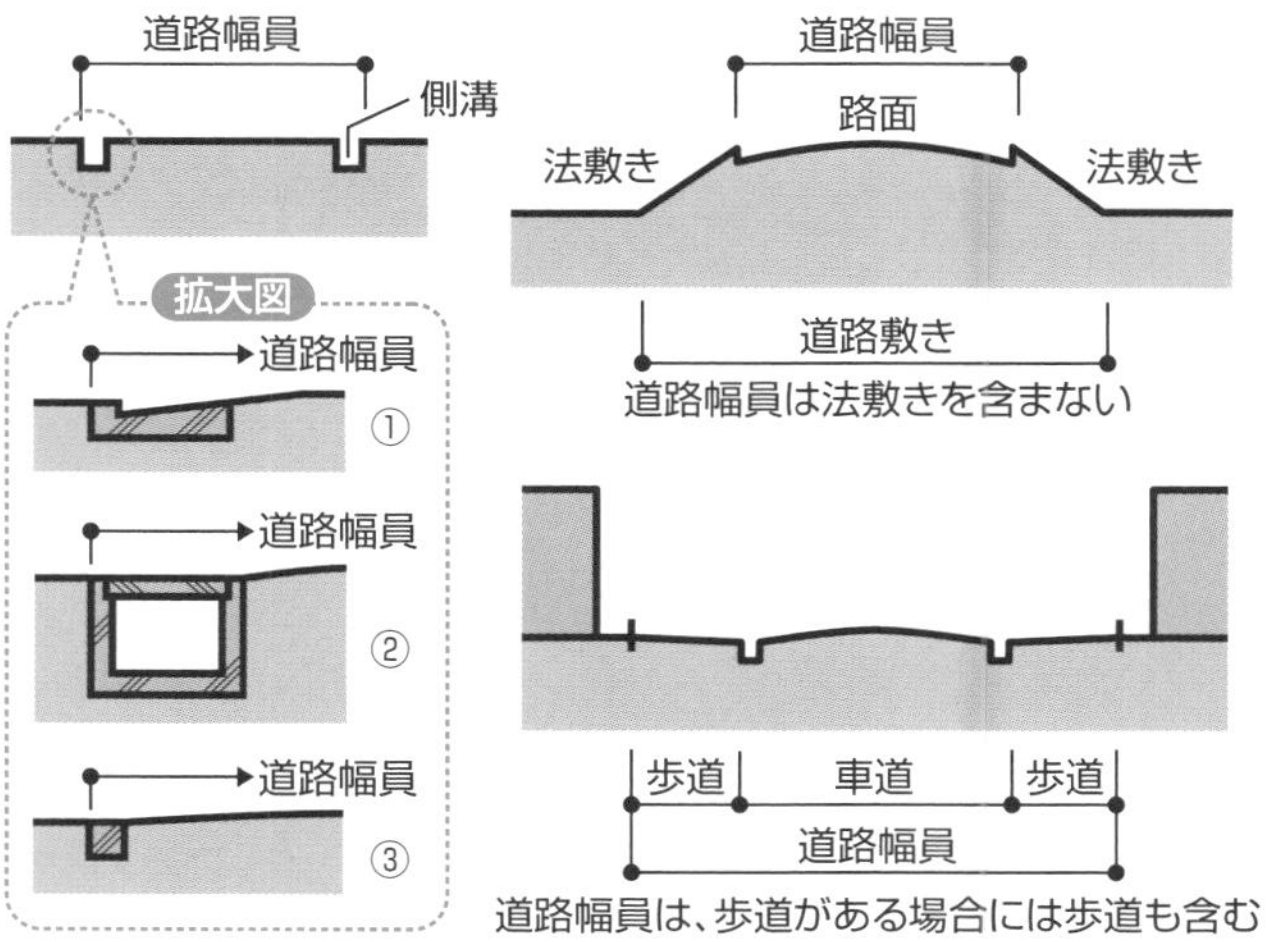

図3 2項道路の取扱い

●道路の両側に広げられる場合

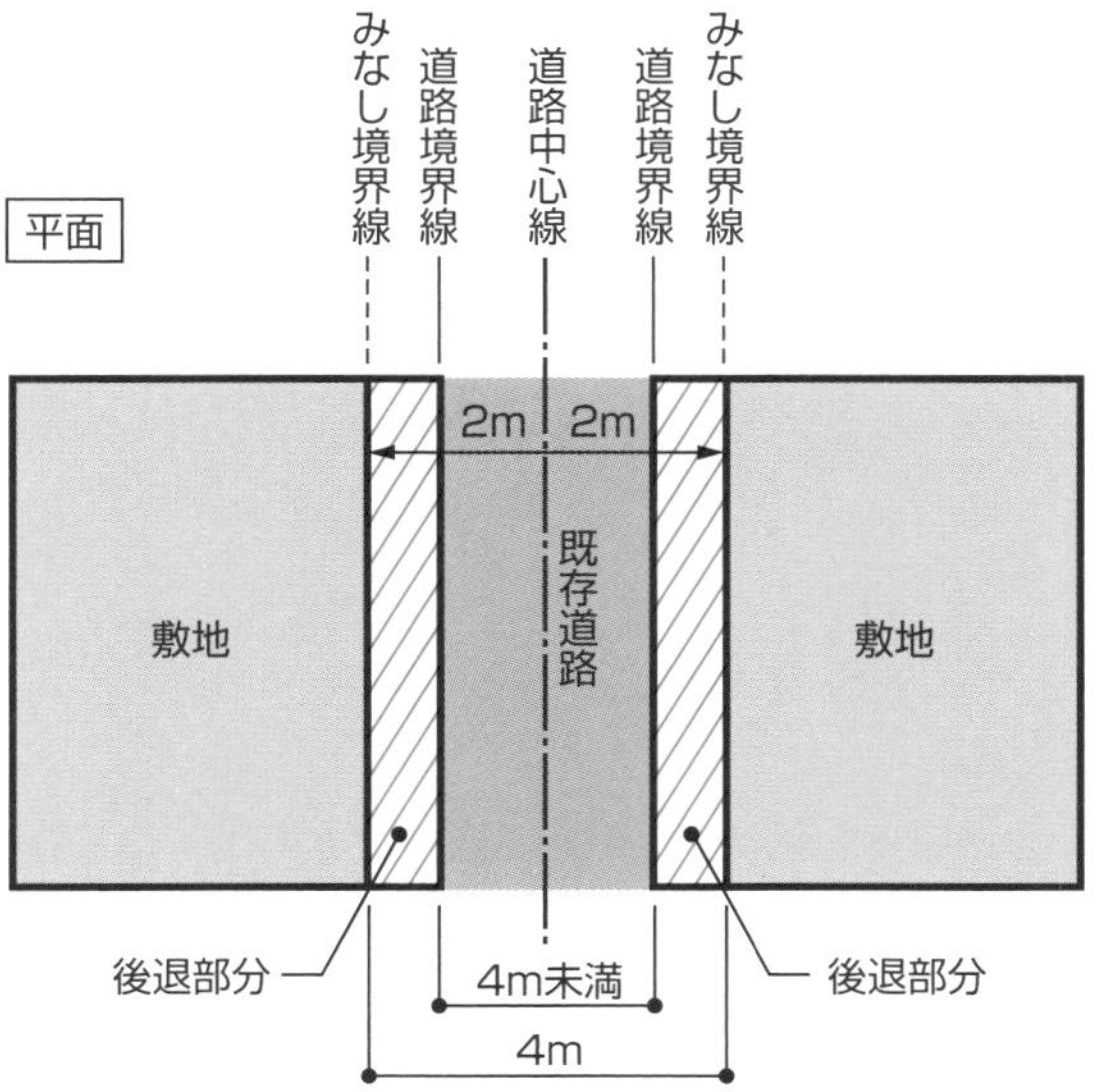

●道路の片側にしか広げられない場合

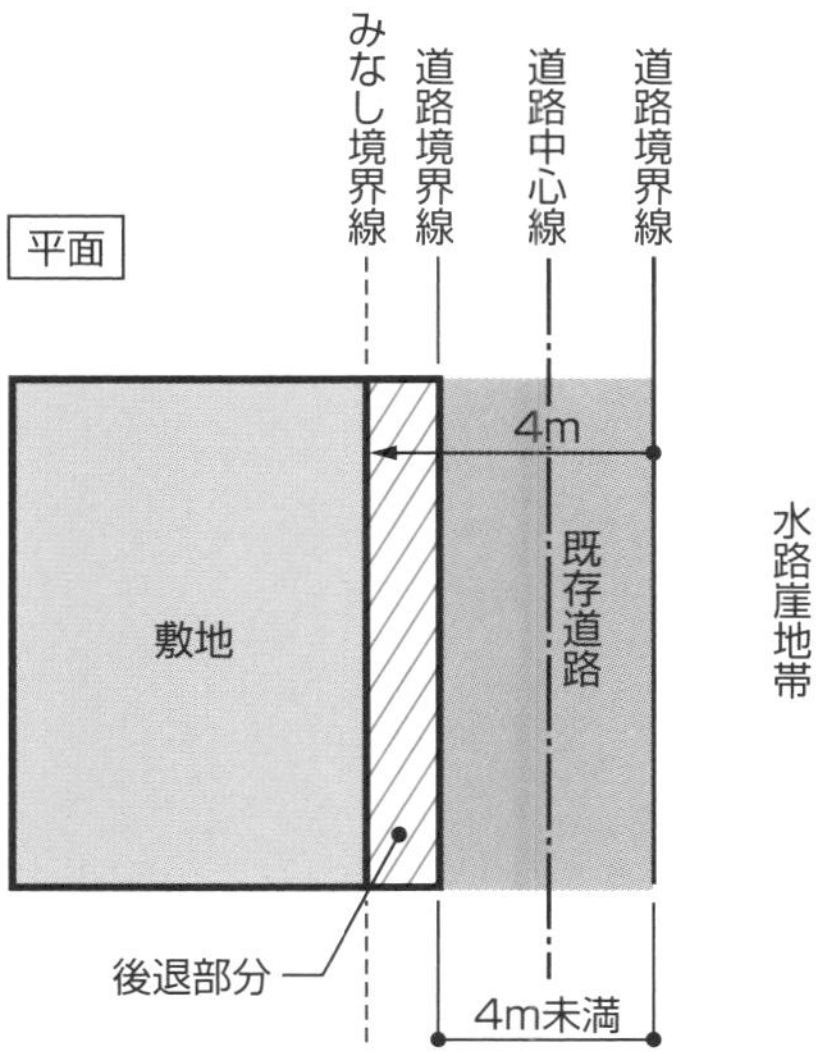

用途地域による制限

Point
- 敷地の用途地域が建築物の用途を制限する
- 複数の異なる用途地域にわたる敷地は、過半を占める用途地域の制限を受ける

地域環境を守るための用途規制

敷地は、自然的条件や社会的条件など現況や推移を考えて区域が決められている。そのなかで、都市計画区域内では都市計画法にもとづき、住宅系、商業系、工業系で13種類の用途地域と無指定区域が定められている［表］。用途地域ごとに建築物の用途を規制し、用途の混在による環境の違いを防いでいるのである。用途地域別に建築可能な建築物は、建物用途と規模で規定されている（法別表2）。風土や地域の特性によって、特定行政庁が条例で定めている場合があるので、用途地図で建設地の用途区分を事前に確認することが必要である。

たとえば戸建住宅、共同住宅、長屋等は工業専用地域以外であれば建築が可能である。

複合用途に関する制限

1つの建築物の中にいくつかの異なる用途が含まれている複合用途の場合、原則としてそれぞれ異なる用途ごとに建築できるかを判断し、1つでも当てはまれば建築できないことになる。

たとえば第1種低層住居専用地域内の場合、1階が独立した店舗で2、3階を住宅とする建築物は、1階の独立した店舗は禁止されているので、このような複合用途の建築物は原則として建築できない。

ただし、店舗部分が一体的に利用される兼用住宅といわれる形態のものについては、令130条の3各号に定める一定の用件に該当する規模のものであれば建築できる［図2］。

敷地が異なる用途地域にまたがる場合

建築する敷地が2以上の異なる地域、地区にわたる場合、敷地内の建築物の位置に関係なく、敷地の過半を占める用途地域を敷地全体の用途地域とみなす。たとえば、近隣商業地域と第2種住居地域にわたる敷地で第2種住居地域が過半を占める場合、この敷地の用途上の判断は第2種住居地域となる［図3］。

表 用途地域の種類と趣旨（都市計画法9条）

号	用途地域の種類	趣　旨
1	第1種低層住居専用地域	低層住宅の良好な住居の環境を保護するための地域
2	第2種低層住居専用地域	主に低層住宅の良好な住居の環境を保護するための地域
3	第1種中高層住居専用地域	中高層住宅の良好な住居の環境を保護するための地域
4	第2種中高層住居専用地域	主に中高層住宅の良好な住居の環境を保護するための地域
5	第1種住居地域	住居の環境を保護するための地域
6	第2種住居地域	主に住居の環境を保護するための地域
7	準住居地域	道路の沿道として地域の特性にふさわしい業務の利便の増進を図りつつ、住居の環境を保護するための地域
8	田園住居地域	農業の利便の増進を図りつつ、低層住宅の良好な住居の環境を保護するための地域
9	近隣商業地域	近隣の住宅地の住民に対する日用品の供給を行うことを主たる内容とする商業の利便を増進するための定める地域
10	商業地域	主として商業の利便を増進するため定める地域
11	準工業地域	主として環境の悪化をもたらすおそれのない工業の利便を増進するため定める地域
12	工業地域	主として工業の利便を増進するため定める地域
13	工業専用地域	工場の利便を増進するため定める地域

図1 第1種住居専用地域内の複合用途建築物の例

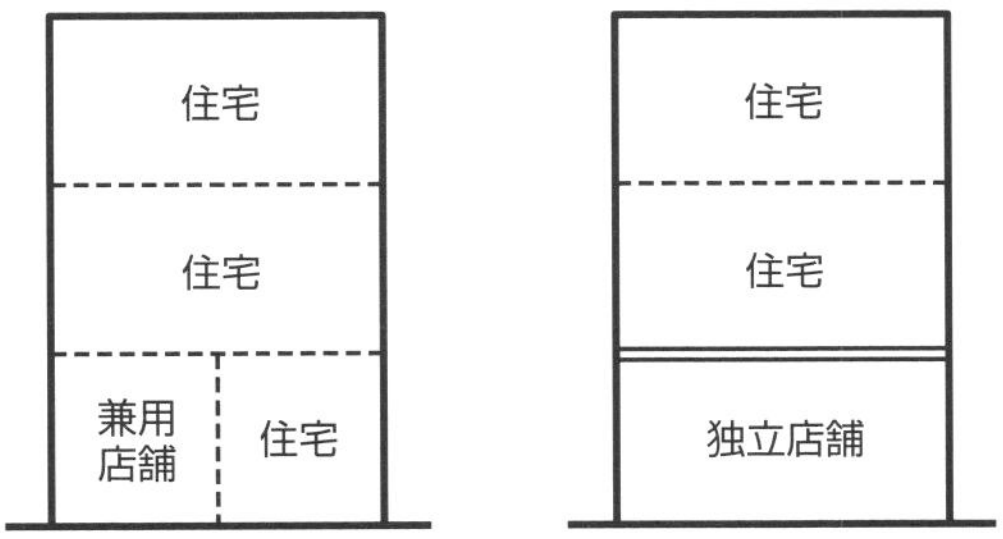

1階は一戸建て店舗兼用住宅（令130条の3の要件に適合するもの）、2·3階は専用住宅なので可

2·3階は1戸の住宅であるが、1階は独立した店舗なので不可

図2 2つの用途地域にまたがる場合

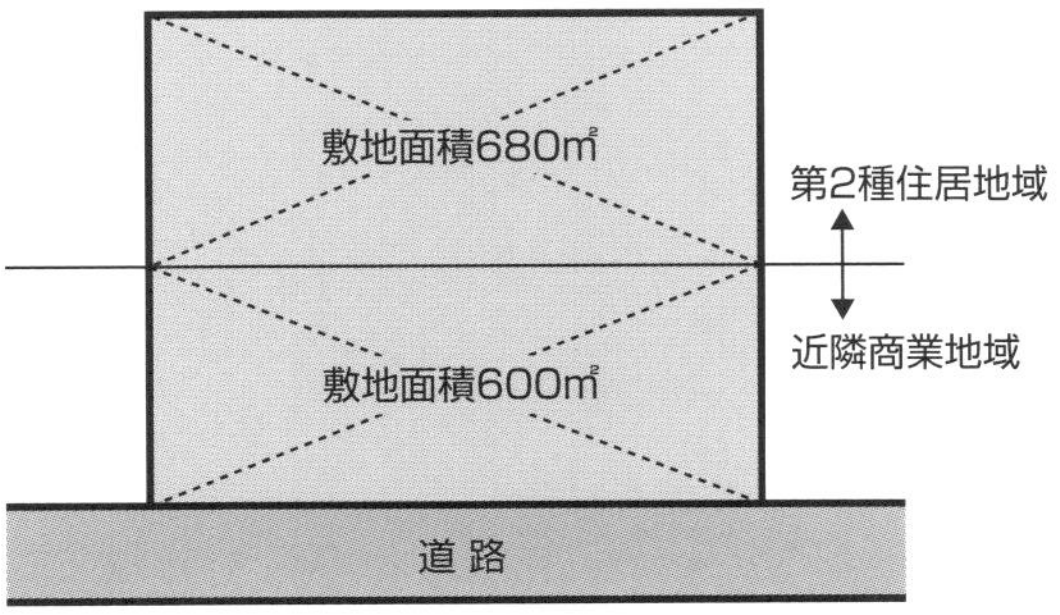

建築物の位置に関係なく、敷地の過半の属する用途地域の制限を受ける。
この敷地の場合は、第2種住居地域の制限を受ける

Keyword

100

法52条、53条

建ぺい率・容積率

Point

- 建ぺい率は用途地域に応じた都市計画で定められている
- 容積率にはさまざまな緩和措置がある

建ぺい率

建ぺい率［図1］とは敷地面積に対する建築物の建築面積の割合である。これは、用途地域に応じて敷地内に一定の空地を確保することにより、通風、日照、採光、防火等に配慮するものである。建ぺい率の制限は用途地域に応じて都市計画で定められており、木造3階建てか否かで特に制限は異ならない。ただし、角地（特定行政庁が指定する基準に合致する場合に限る）の場合には、1割緩和される。

建ぺい率を算定する際に用いる建築面積は、建築物の外壁かそれに代わる柱の中心線で囲まれた部分の水平投影面積で測定する（令2条1項2号）。軒や庇等が外壁の中心線から1m以上突き出ている場合は、その先端から1m引いた残りの部分が建築面積に算入される［図2］。その建築面積に指定された割合を乗じ、計画した敷地に対する建築面積の割合が許容建ぺい率より下回っていればよいとされている。

容積率

容積率［図1］とは敷地面積に対する建築物の延べ面積の割合である。建ぺい率の制限と同様、建築物の構造の種別が木造であるか否かは関係ない。用途地域別に制限の割合の範囲が定められている。また、特定行政庁が用途地域ごとに定めた指定容積率がある。この場合、容積率が指定容積率を超えないようにしなければならない。

緩和措置の対象は次の通り。①次の各部分床面積の一定の範囲を限度として床面積に算入しない。「自動車車庫等の部分1／5」「備蓄倉庫部分1／50」「蓄電池設置部分1／50」「自家発電設備設置部分1／100」「貯水槽設置部分1／100」「宅配ボックス設置部分1／100」。②昇降機の昇降路に定める部分、共同住宅または老人ホーム等の共用廊下および階段部分は算入しない。緩和措置の算定後に残った延べ面積が、容積率を算定する際の対象面積となる。

図1 建ぺい率と容積率の考え方

計算例：敷地概要

敷地面積	200.00㎡
容積率対象延べ面積	119.66㎡
建築面積	49.69㎡
用途地域	第1種低層住居専用地域
建ぺい率	40%
容積率	80%
前面道路	6.0m

●容積率

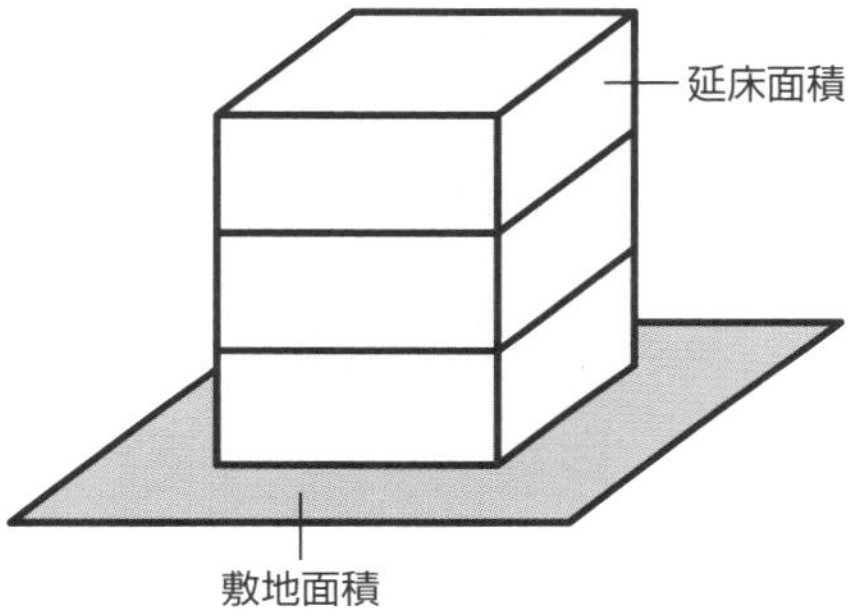

延床面積／敷地面積　≦ 容積率
119.6／200=0.598 ≦　0.80 →OK

●建ぺい率

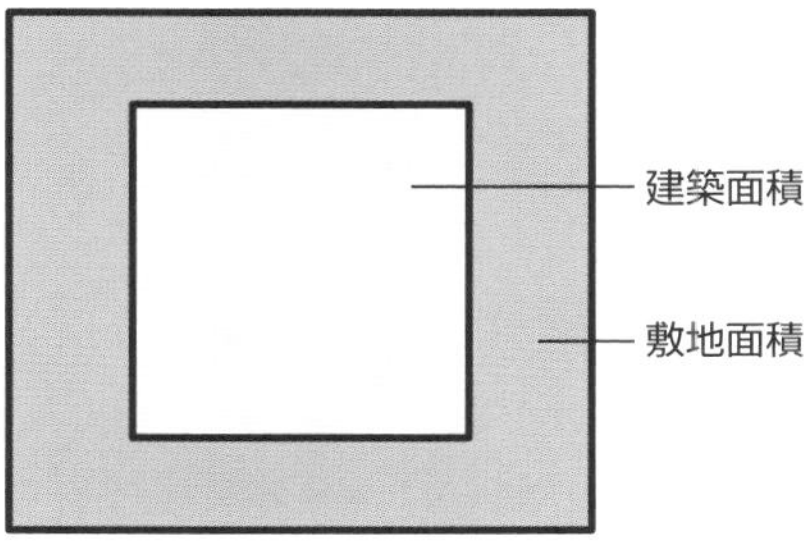

建築面積／敷地面積　≦ 建ぺい率
49.69／200=0.248 ≦　0.40 →OK

図2 軒・庇等の建築面積の算定例

●軒・庇の出が外壁の中心線から1m以上の場合

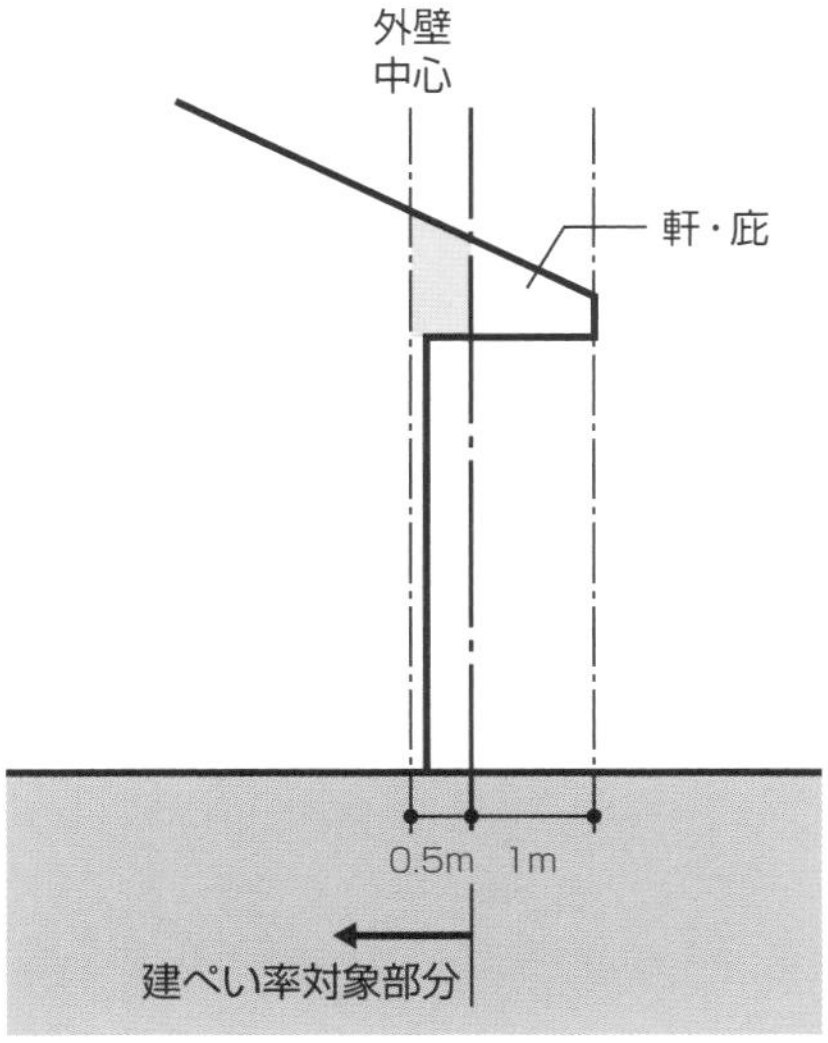

●軒・庇の出が外壁の中心線から1m以内の場合

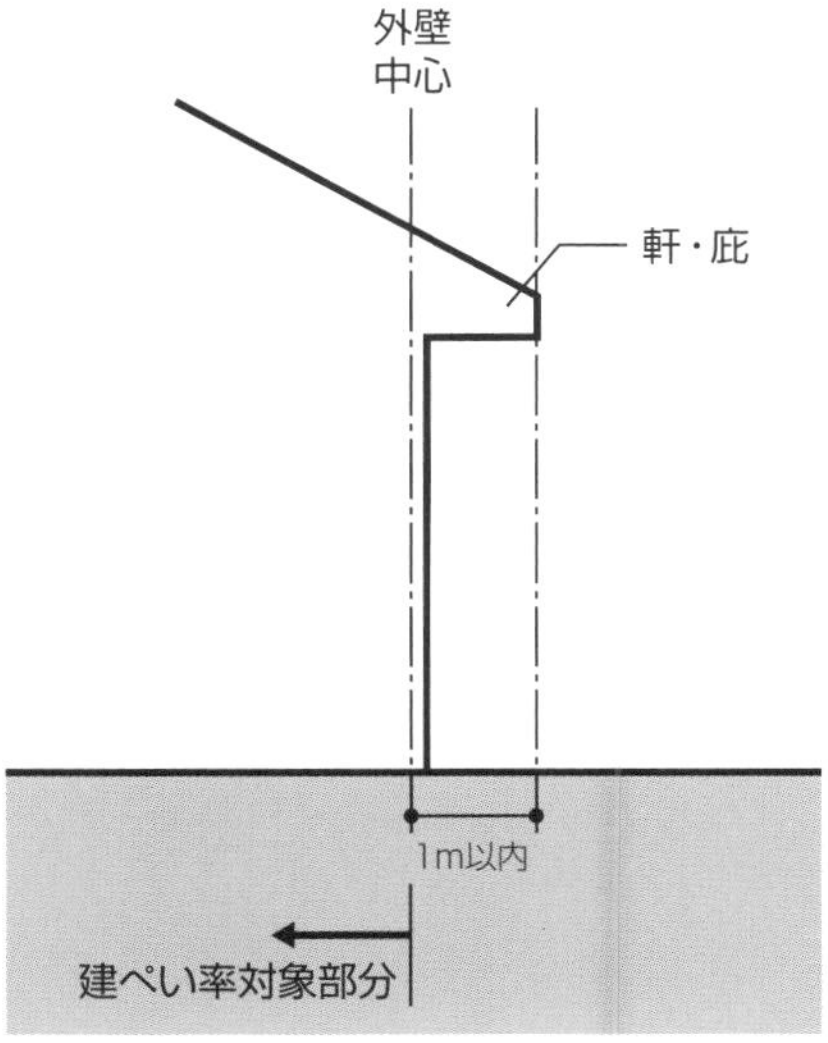

高さ

Point
- 高さを基準に、日照、衛生、安全性からの制限がある
- 高さ10m以下であれば、日影規制を受けない

大きさによる制限

建築物には、高さを基準にしたさまざまな制限がある。以下にその内容を見ていくことにする。

●**高さ制限** 都市計画区域内、準都市計画区域内では、市街地の環境への配慮などから、いくつかの高さ制限が定められている。対象は建築物の高さで、用途、構造に関係なく同一である。

●**道路斜線** 都市計画区域と準都市計画区域内ですべての用途地域に適用され、道路の幅との兼ね合いで建築物の高さを規制するもの。周辺の日照、衛生、安全性などの確保を目的としている。道路斜線の起点は、敷地の前面道路の反対側を境界線とし、高さの基点を道路中心線上の高さとする［表1、図1］。

●**隣地斜線** 隣地境界周辺の日照や採光、通風を確保することを目的とした高さ制限である。第1、2種低層住居専用地域、田園住居地域は適用されない。高さは敷地の平均地盤面から算定する［表2、図2］。

●**北側斜線** 建築物の北側の環境、日照確保を目的とした建築物の高さ制限である。第1、2種低層住居専用地域、田園住居地域、第1、2種中高層住居専用地域内に適用される。真北方向の敷地境界線や道路境からの建築物の各部までの水平距離で決まる高さを制限する［表3、図3］。

●**日影規制** 建築物からできる影が、冬至日において周囲の土地に一定時間かからないようにすることにより、日照環境を確保するための建築物の高さ制限である(法56条の2)。地域の気候、風土等地域性があることから、条例で指定することができる(法68条の9)。

規制対象となる建築物は用途地域によって異なる。たとえば、第1、2種低層住居専用地域内では、軒高さ7mを超える建築物または階数3以上の建築物が規制の対象となる。また、条例により高度斜線が規制される場合もあるので、事前確認が必要である。

＊「真北」は「磁北」と同意ではなく、地理上の真北を指す

表1 道路斜線の適用範囲および斜線勾配関係(抜粋)

建築物がある地域または区域	V (法52条1項、2項、7項および9項による容積率の限度)	距離(m)	数値
第1種低層住居専用地域 第2種低層住居専用地域 第1種中高層住居専用地域 第2種中高層住居専用地域 田園住居地域 第1種住居地域 第2種住居地域 準住居地域	V≦20/10	20	1.25
	20/10<V≦30/10	25	
	30/10<V≦40/10	30	
近隣商業地域または 商業地域内の建築物	V≦40/10	20	1.5
	40/10<V≦60/10	25	
	60/10<V≦80/10	30	
	80/10<V≦100/10	35	
準工業地域、工業地域または 工業専用地域内の建築物	V≦20/10	20	1.5
	20/10<V≦30/10	25	
	30/10<V≦40/10	30	
用途地域の規定のない 区域内の建築物	V≦20/10	20	1.25 または 1.5
	20/10<V≦30/10	25	
	30/10<V	30	

図1 道路斜線の適用例(法56条1項1号)

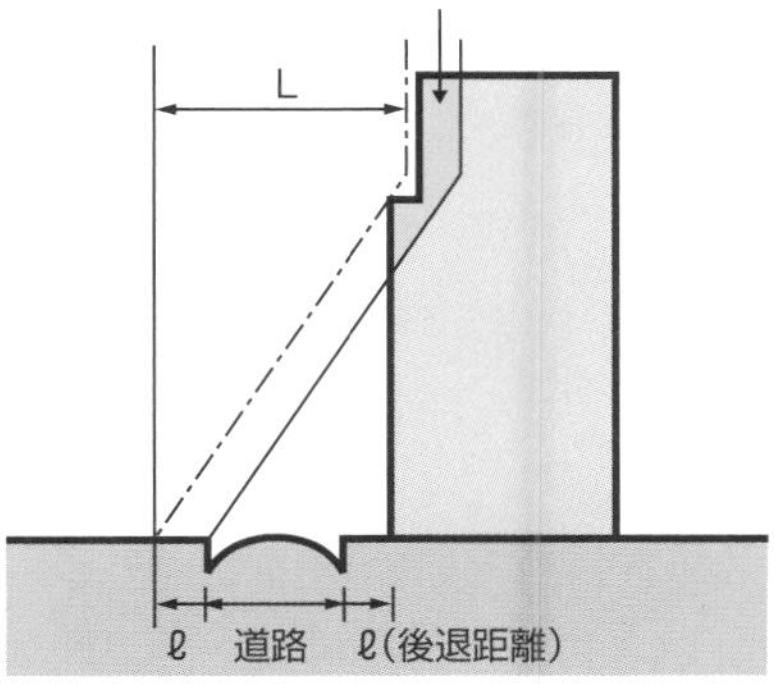

L:基準容積率に応じて定められる距離(表1)
ℓ:測定位置は反対側の道路境界からとなるが、後退があれば緩和される

Lまでが、1.25または1.5の勾配[表1]で高さ制限される範囲

表2 隣地斜線の適用範囲

適用地域	立上りの基本高さ	勾配
第1種中高層住居専用地域 第2種中高層住居専用地域 第1種住居地域 第2種住居地域 準住居地域 田園住居地域	H>20m	1.25
	H>31m*	2.5*
近隣商業地域 商業地域 準工業地域 工業地域 工業専用地域	H>31m	2.5
高層住居誘導地区内で、住宅用との床面積≧延べ面積×2/3	H>31m	2.5
用途地域の指定のない区域	H>20m	1.25または
	H>31m*	2.5*

* 特定行政庁が都市計画審議会の議を経て定める

図2 隣地斜線制限(法56条1項2号)

●住居系用途地域

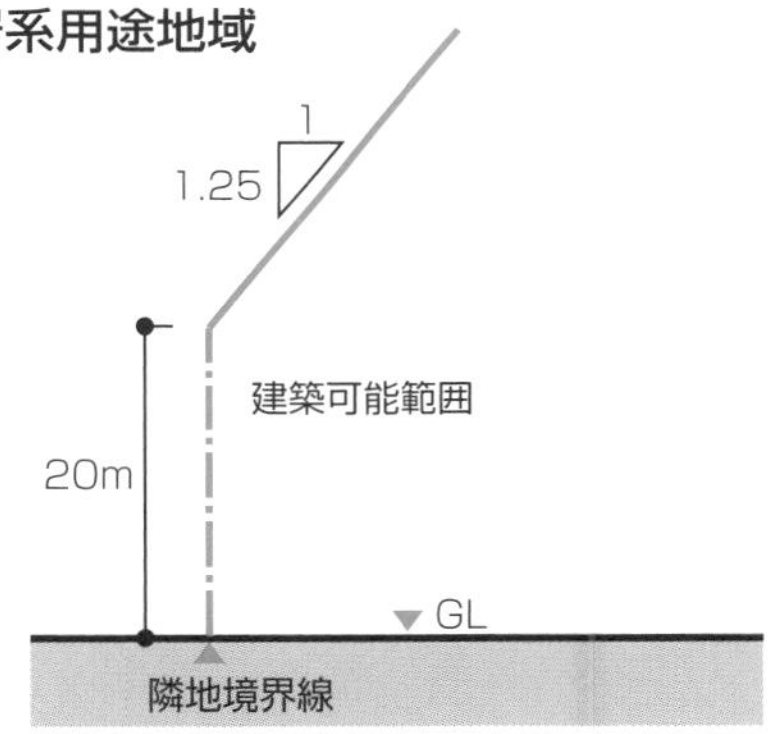

隣地斜線制限には道路斜線のような適用距離がない

表3 北側斜線制限(法56条1項3号)

適用条件	制限内容
第1・2種低層住居専用地域	5m+1.25L*1
第1・2種中高層住居専用地域	10m+1.25L*1・2

*1 Lは建築物の各部分から前面道路の反対側の境界線、または隣地境界線までの真北方向の水平距離
*2 日影規制が適用される場合は除外

図3 北側斜線

●第1・2種低層住居専用地域の場合

都市計画において定められた高さの限度以上には建築できない

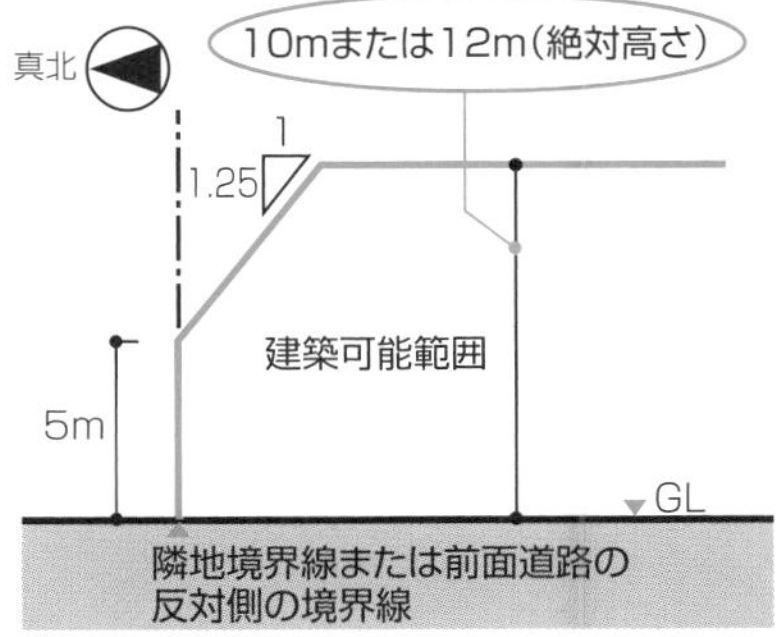

天空率

Point
- 天空率により、道路斜線、隣地斜線、北側斜線が緩和対象となる
- 天空率での申請には、その根拠となる添付図書を提出する義務がある

天空率

従来の斜線制限は建築物の立面により高さの制限をする。天空率はこれと同等程度以上の通風・採光等の環境を考慮するための指標であり、建築物全体で空の見える割合を制限する。

天空率により緩和対象となる斜線制限は、法56条「道路斜線、隣地斜線、北側斜線」である。日影規制、高度地区は緩和対象とならない。また、道路斜線、隣地斜線、北側斜線に代えて利用できるので、同様の条件下で、構造や用途には影響せず、建物高さにより制限される。

計画する建築物（計画建築物）の天空率を、各高さ制限に適合する建築物（適合建築物）の天空率以上であることを確認する。各高さ制限により適合建築物は異なるのでそれぞれを計画建築物の天空率と比較する。

天空率での申請のポイント

天空率で申請を行うと、それらの根拠となる添付図書の提出が義務づけられる。審査の際、重要となるポイントは以下の通りである。

●**適合建築物が正しく区分されているか**　幅、奥行き等、天空率を比較するための元となる適合建築物の確認。

●**測定ポイントが正しく配置されているか**　適合建築物が決まれば測定ポイントも決まるが、測定位置、高さ、ピッチが正しいか判断。

●**天空率計算の結果が正しいか**　最終的な判断は、計画建築物の天空率が申請上必要となる全ポイントに対して、各適合建築物よりも上回っていることの確認。

設計者はソフト等を利用できるが、審査側は添付図書の確認のみとなるため、添付図書での計算結果の合否判断ができるようにするため、天空図における「求積図」、「正射影図」等を添付するとよい（規則1条の3表2(29)）。敷地形状が複雑なものなど、判断基準が異なる場合があるので、申請先に事前に相談しておくとよい。

図1 正射影投影法による天空図（立面／平面）

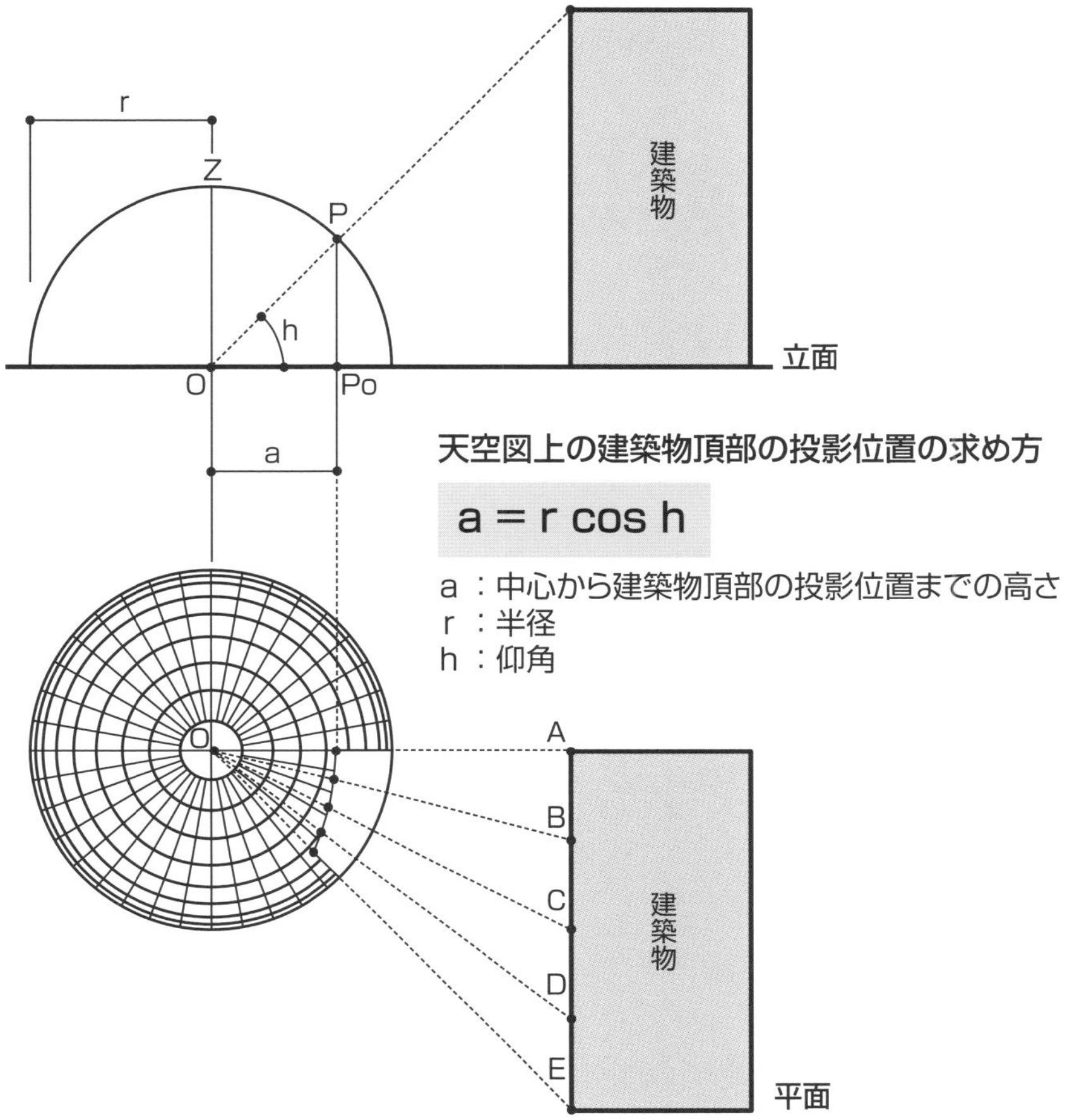

図2 天空図（正射影投影法）の概念

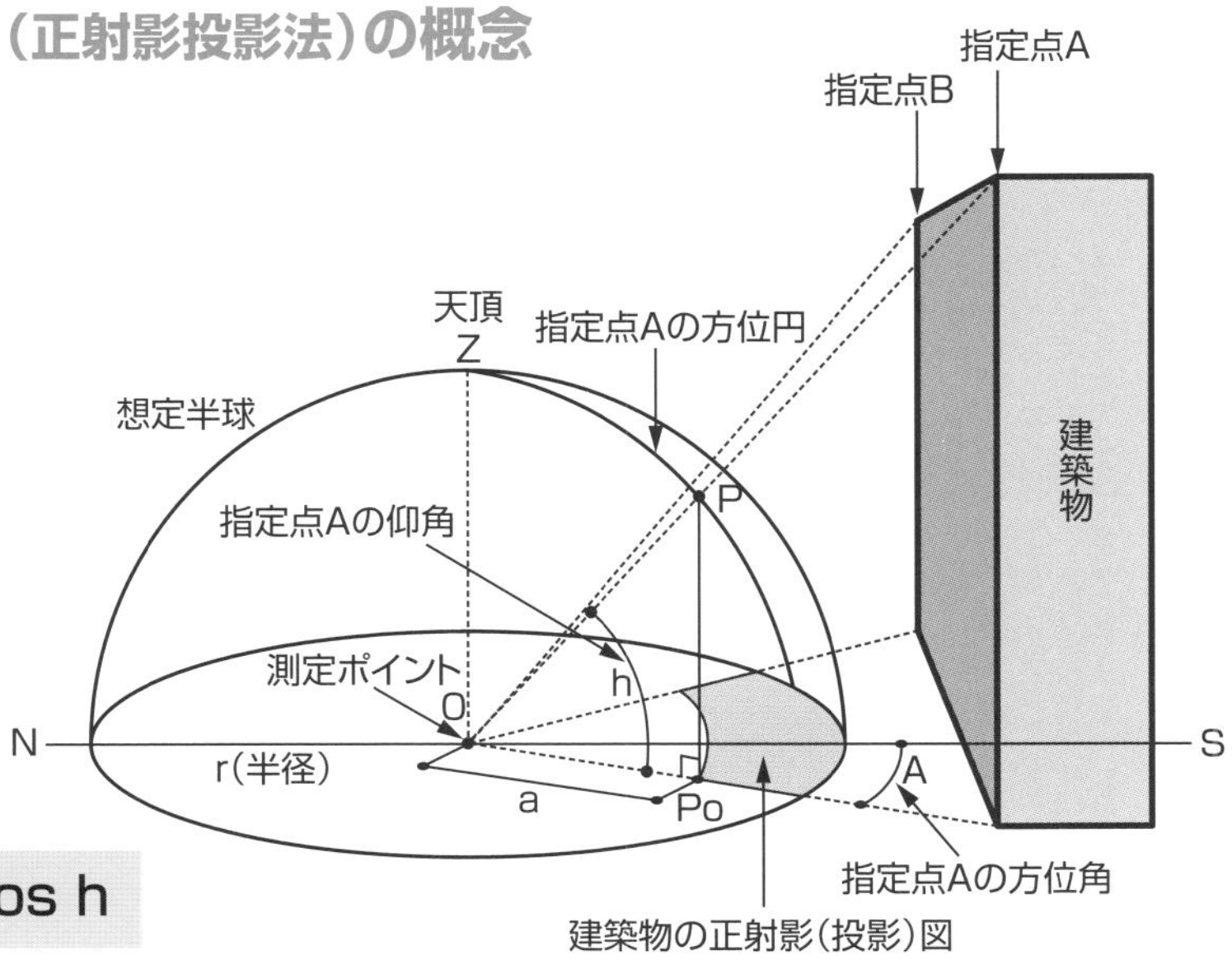

$a = r \cos h$

採光・排煙・換気

Point
- 居室が無窓居室にならないための、採光・換気・排煙に必要な開口面積が定められている
- 有効開口面積は必要開口面積以上でなくてはならない

室内関連の諸要素を考える

室内の環境についても検討が必要で、確認申請時には検討内容の添付が必要となる。

●居室の採光（法28条1項）

居室には採光上必要な開口面積が定められている。

採光に必要な開口部面積を算出する際に床面積に乗じる割合は、居室の用途で異なる。住宅や共同住宅の場合、各居室の床面積に7分の1を乗じて必要採光面積を求める。

また、計画建物の有効採光面積と必要採光面積を算出し、有効採光面積が必要採光面積以上になることを確認する［図1］。これを満たさない場合、居室として扱えないことになる。

●居室の換気（法28条2項）

すべての居室に換気上必要な開口面積が定められている。

居室床面積の20分の1以上を開放できる窓を設けなければならない。これを満たさない居室は換気上無窓居室となる。自動閉鎖窓は有効な開口部とならない、引き違い窓等は開口部の半分が有効開口面積となるなど、取扱いに注意が必要となる［図2］。火気使用室にあっては酸欠等の事故防止から、燃焼器具の換気量の検討が必要である。

●排煙の検討（令116条の2）

排煙上の無窓居室にならないかどうかの検討が定められている。

居室床面積の50分の1以上を開放できる窓を設けなければならない（必要開口面積）。

天井から下方80㎝以内にある開口を排煙に有効な開口部とし、有効開口面積を求める。そのうえで、有効開口面積が必要開口面積以上になることを確認する［図3］。

●確認申請時の記載図書

木造3階建てでは、採光・換気・排煙の検討が必要となる。

垂直距離、開口寸法の根拠、算定式、検討結果などを図書に記載する（規則1条の3表2（10）（14））。

図1 採光関係比率（D/H）の算定例

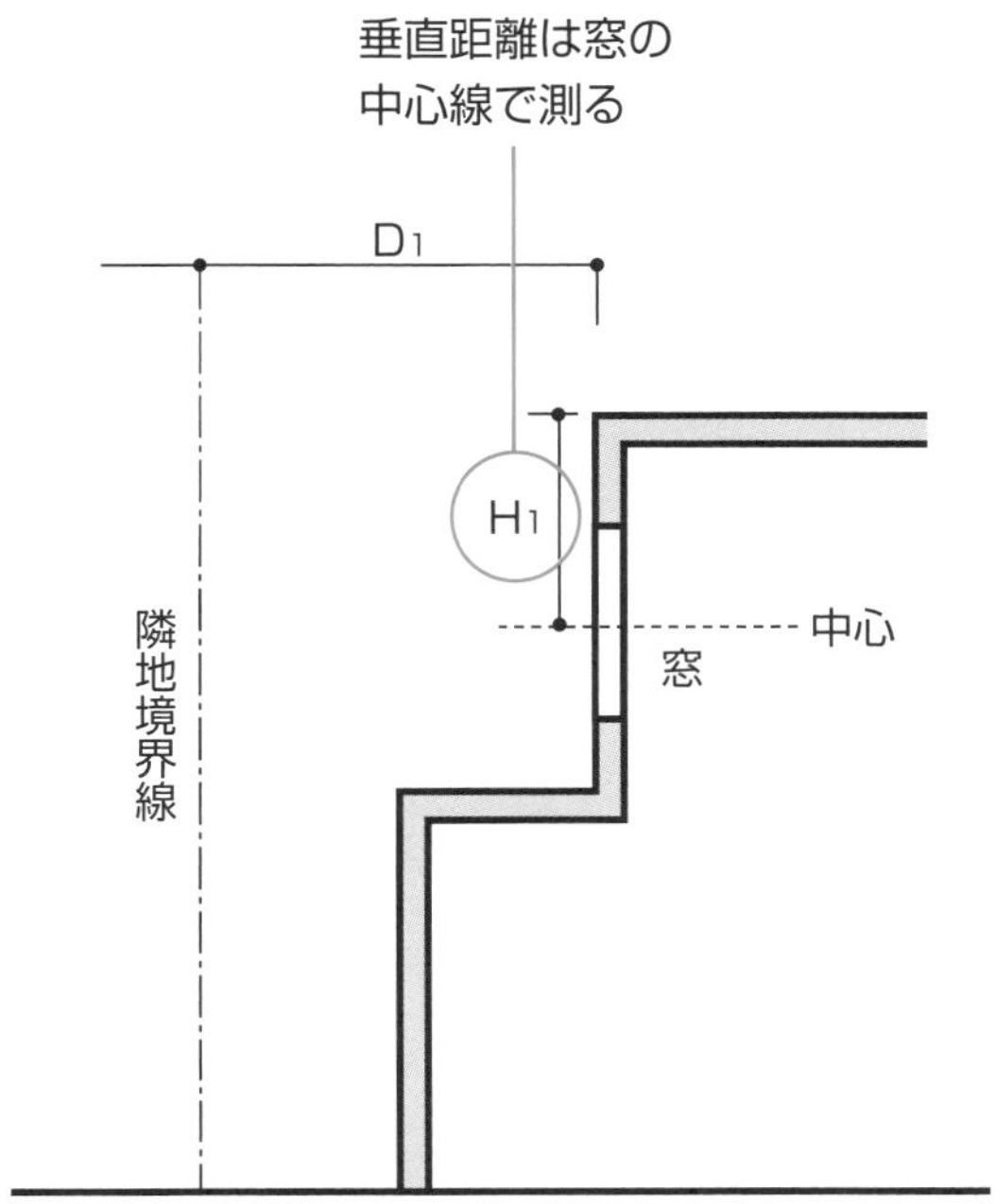

設定条件

- 用途地域：住居系
- α=6、β=1.4、D_1=4m、H_1=2m
- 窓の面積＝3㎡、居室面積10㎡

●窓の算定手順

(1)採光関係比率dを求める

$$d=\frac{D_1}{H_1}=\frac{4}{2}=2$$

(2)採光補正係数Aを求める（ただしA≦3）

$A = d \times \alpha - \beta$

$2\times6-1.4=10.6\rightarrow3$

(3)有効採光面積を求める（窓面積×A）

3㎡×3＝9㎡

(4)必要採光面積を求める

10㎡／7＝1.43㎡

(5)必要採光面積≦有効採光面積

1.43㎡≦9㎡　→OK

図2 有効換気面積

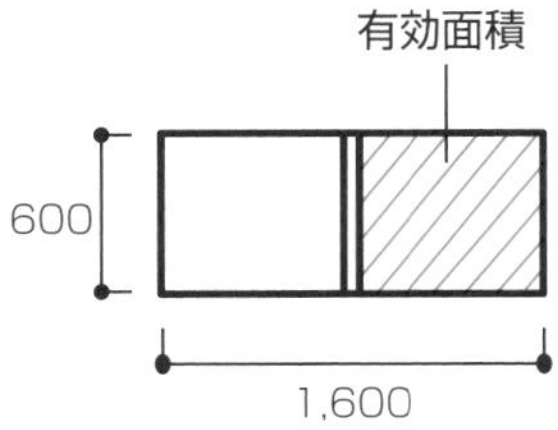

換気上有効な開口部（床面積の1/20以上）が必要。
引違い窓の場合、半分が有効開口面積となる

図3 排煙上有効な開口面積

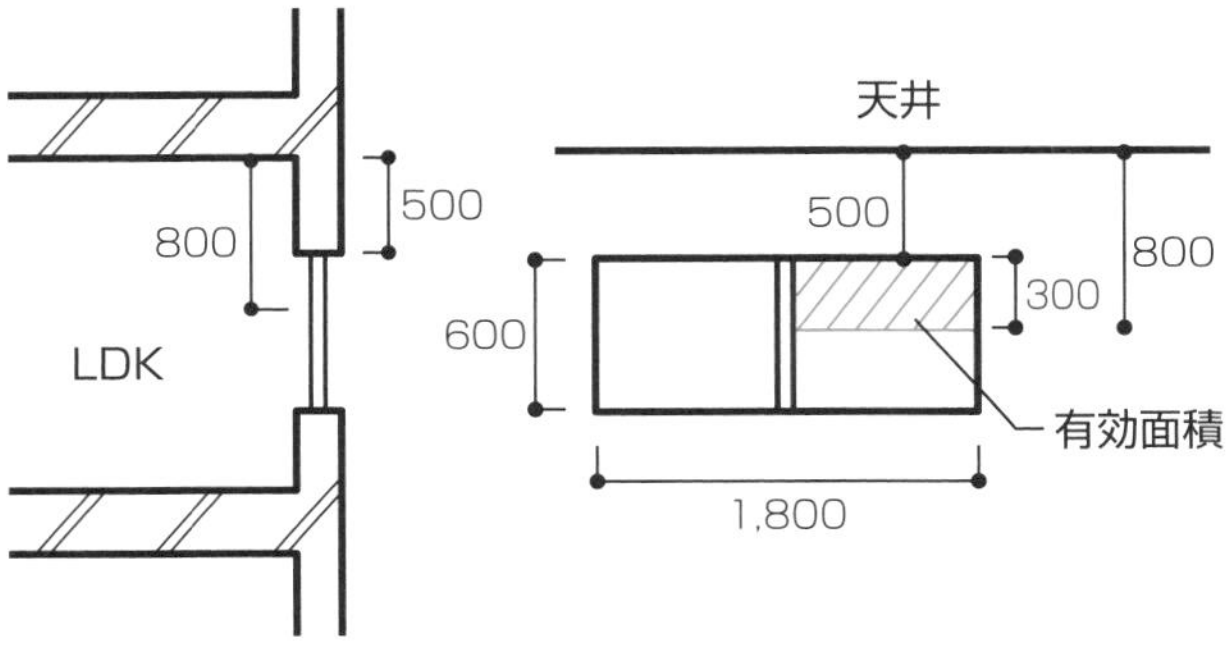

換気上有効な開口部（床面積の1/50以上）が必要。
引違い窓の場合、半分が有効開口面積となる

配置図・見取り図

Point
- 各図面は規則1条の3表1によって添付が求められる
- 必要とされる情報をもれなく記載する

各図面の記載内容について

●見取り図

・方位、道路および目標となる地物

以上が規則1条の3表1であり、住宅地図等の写しで代用可能である。

当該敷地にハッチ等で分かるように表記する。

また、記入要件にはないが、周辺状況が把握しやすいように隣地の用途や地名地番を記入する。

●配置図

・縮尺および方位

・敷地境界線、敷地内における建築物の位置および申請にかかわる建築物と他の建築物との別

・擁壁の設置、その他安全上適当な措置

・土地の高低、敷地と敷地の接する道の境界部分との高低差および申請にかかわる建築物の各部分の高さ

・敷地の接する道路の位置、幅員および種類

・下水管、下水溝または溜枡その他これらに類する施設の位置および排出経路または処理経路

以上が規則1条の3表1であり、該当条文より、延焼のおそれのある部分、斜線関係が分かるように、なかでも最も厳しいラインの表記を記載する。

主要な出入口が分かるようにマークし、敷地と道路の接道長さ、敷地内1.5mの通路の確保、門塀の有無、計画建物と敷地までの距離、敷地内の高低差が分かるように記載する。

また、方位は磁北ではなく、真北を記入し、平均地盤面からの最高の高さ、最高の軒の高さを記入する。

敷地に接する隣地の用途や道路情報もしっかり記入する必要がある。道路情報は、幅員による容積率や道路斜線の規定等、敷地はそれに接する道路により制限を受ける。

そのため、敷地境界線や測定点（鋲や杭等）、道路に関する情報はできるだけ記載するとよい。敷地の情報、周辺情報の確認で重要な役割を持つ図面となるので、表記内容はしっかり載せておくとよい。

図1 配置図

●戸建住宅

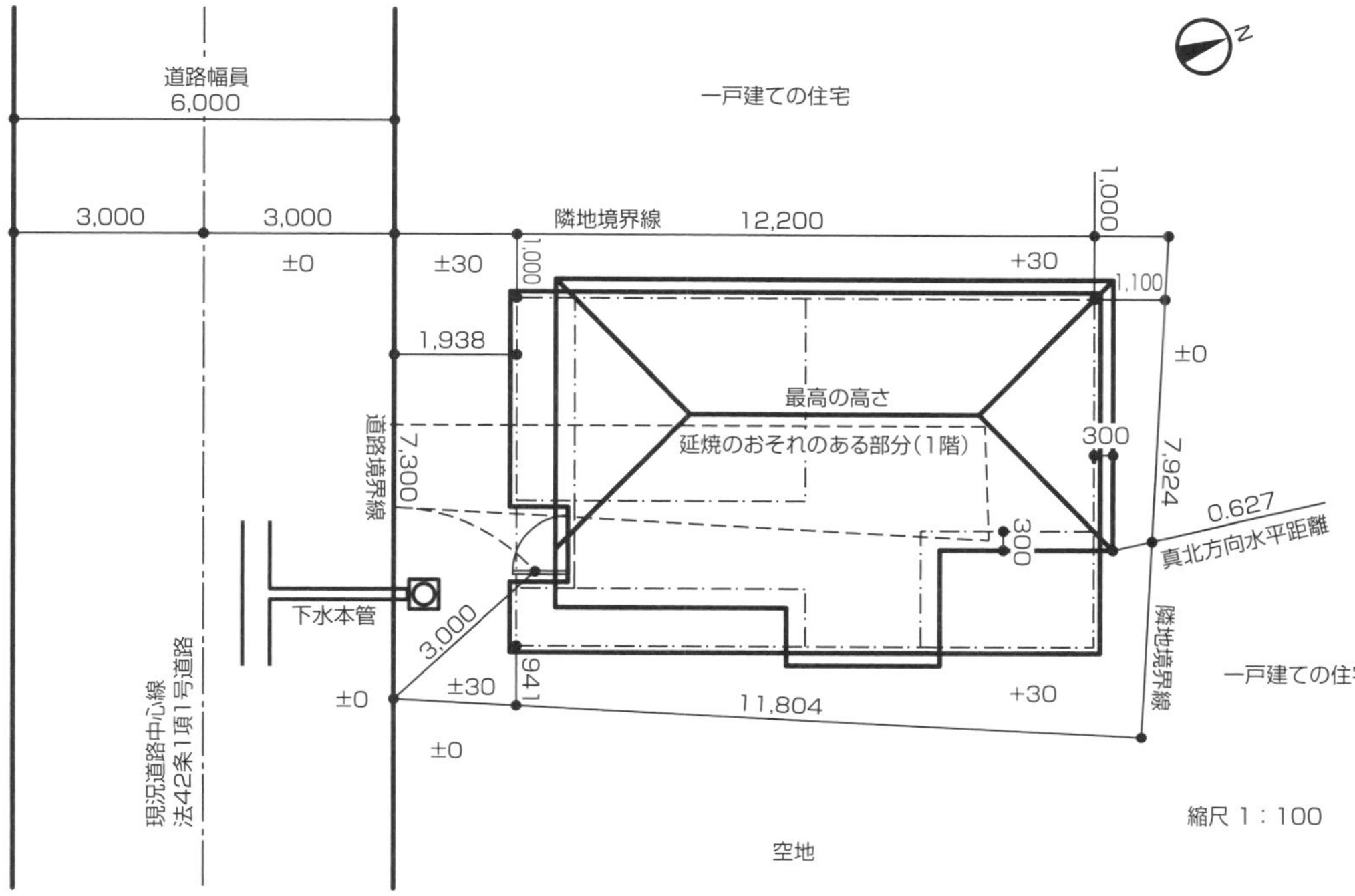
道路幅員
6,000
一戸建ての住宅
3,000
3,000
隣地境界線
12,200
1,000
±0
±30
+30
1,100
1,938
±0
最高の高さ
延焼のおそれのある部分（1階）
300
7,924
道路境界線
7,300
0.627
真北方向水平距離
300
下水本管
3,000
隣地境界線
一戸建ての住宅
±0
±30
941
11,804
+30
現況道路中心線
法42条1項1号道路
±0
縮尺 1：100
空地

図2 付近見取図

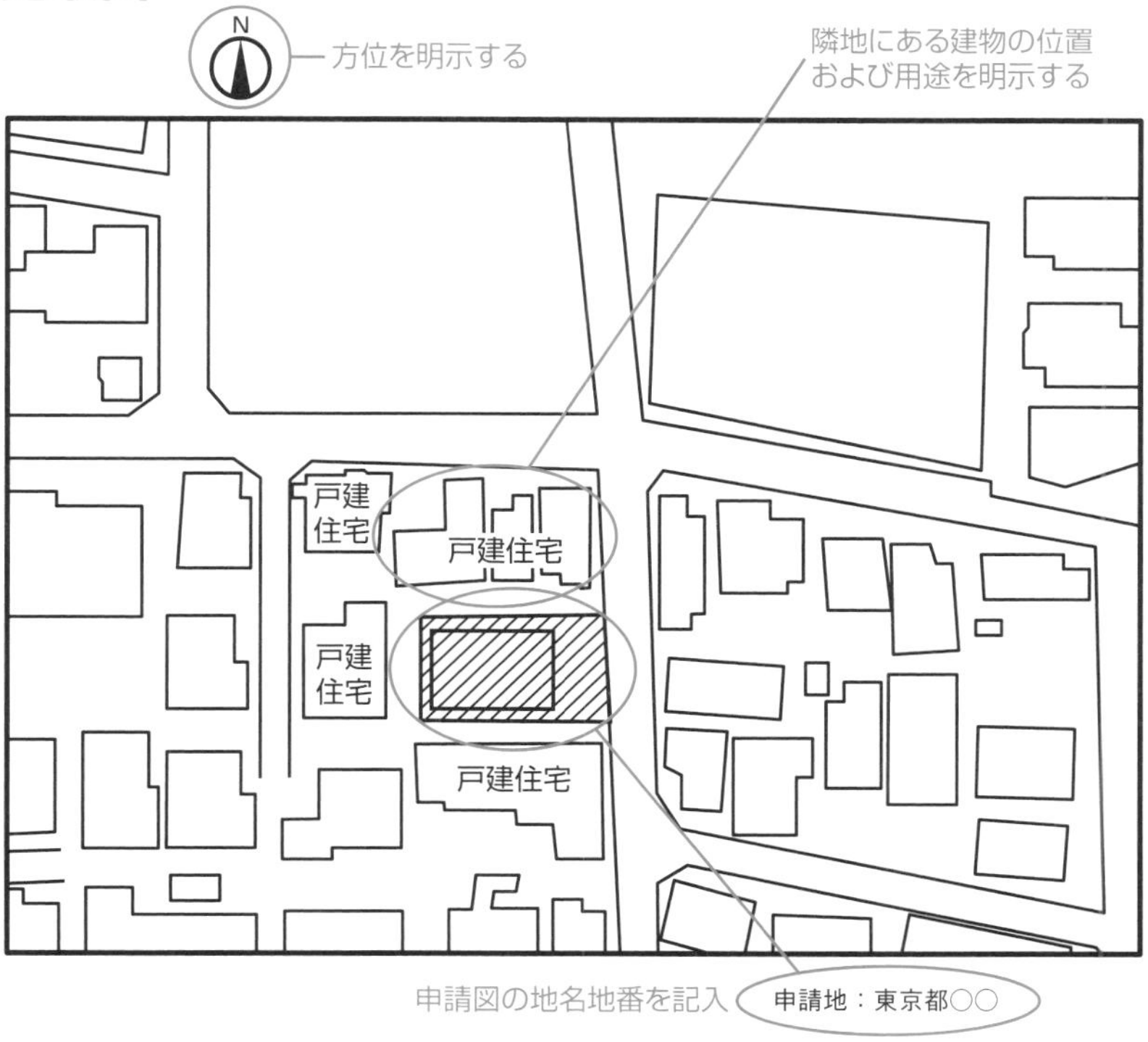
N
方位を明示する
隣地にある建物の位置
および用途を明示する
戸建住宅
戸建住宅
戸建住宅
戸建住宅
申請図の地名地番を記入
申請地：東京都○○

平面図・求積図

Point

- 各階平面図に、面積、構造、用途、配置などを明示する
- 求積図では、建ぺい率、容積率の十分な確認をする

各階平面図

- 縮尺および方位
- 間取り、各室の用途および床面積
- 壁および筋かいの位置および種類
- 通し柱および開口部の位置
- 延焼のおそれのある部分の外壁の位置および構造

以上が規則1条の3表1であり、該当条文より、延焼のおそれのある部分の外壁との位置関係は、延焼のおそれのある部分のライン、開口部の位置に、種類・構造が分かるように記入する。また、防火設備の場合はその仕様表記（認定番号）、根拠資料も併せて添付するとよい。トップライトは屋根扱いとされることが多く、材質、開閉などの取り扱いを特定行政庁等に事前に確認する。開放性の確認のため、境界線からの水平距離、居室に設ける換気窓その他開口部の位置および面積、給気機または給気口の位置、排気機もしくは排気口の位置を記入する。その際、24時間換気を確認できるようにする。

防災上必要な直通階段については、階段の位置と構造、幅員、蹴上げ・踏み面寸法、手摺の設置を明示する。また、消防法で求められる住宅用防災機器の設置位置および種類、火気使用室の換気設備の検討式、火気使用室の内部仕上げも記入する。縮尺数値は規定されていないが、規模に応じて見やすく、判読できる大きさで表示する。平面図の方位は北方向を紙面の上にすると分かりやすい。情報が多く表現が複雑になってしまう場合は、壁、筋かいの位置、開口部の位置などは構造図に記載し、無理に平面図に記載しなくてもよい。寸法表記は居室の面積算定に必要な寸法、通り芯を記載する。

床面積求積図

求積に必要な建築物の各部分の寸法、算定式を記入する。敷地面積、建築面積、各階床面積、小屋裏面積、車庫面積、延べ面積、地盤面算定表、建ぺい率、容積率、容積率で緩和を受ける床面積があれば区別して表記する。

図1 平面図

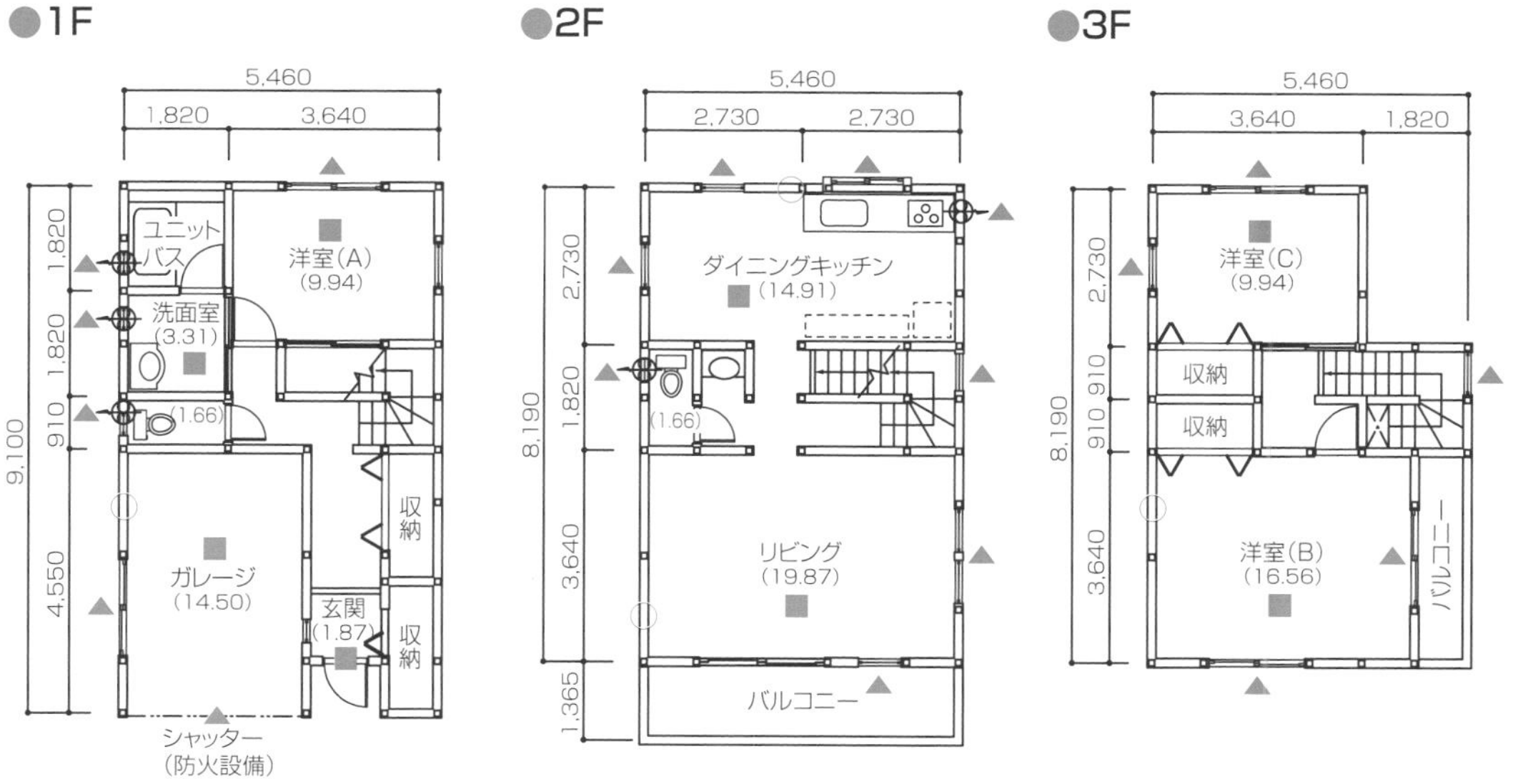

- 延焼のおそれのある部分の外壁の位置、構造を表示する（○の部分）
- 間取り、各室の用途･床面積を明記する（■の部分）
- 開口部、防火設備の位置を明示する。小屋裏物置があれば位置を明記する（▲の部分）

図2 求積図

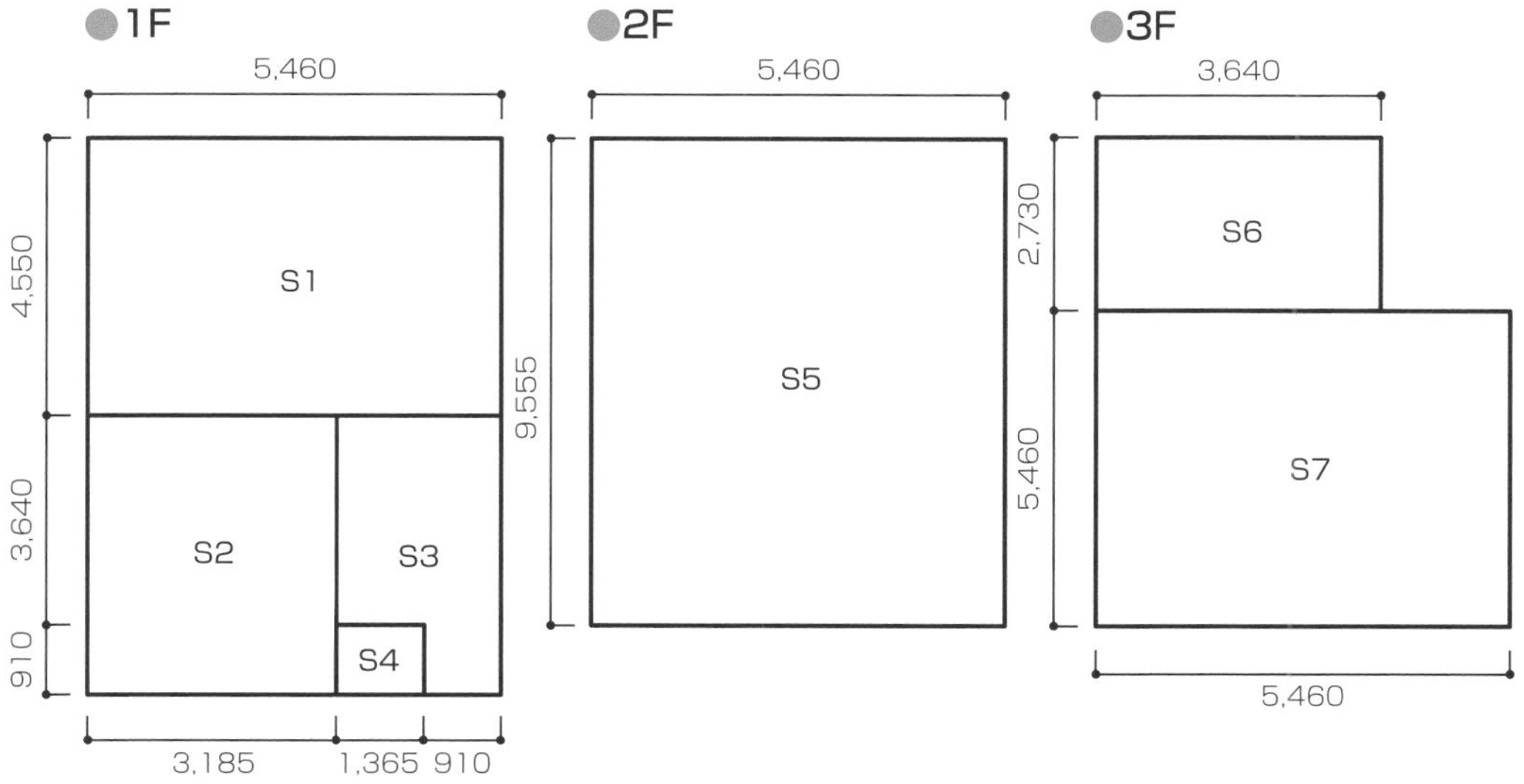

1F：S1+S2+S3
車庫：S2
建築面積：S1+S2+S3+S4

2F：S5

3F：S6+S7
延床面積：S1+S2+S3+S4+S5+S6+S7

・S1=4.55×5.46　・S2=4.55×3.185　・S3=3.64×2.275+0.91×2.275
・S4=0.91×1.365　・S5=9.555×5.46　・S6=2.73×3.64　・S7=5.46×5.46

立面図・断面図

Point
- 立面図は2面以上、開口部の位置、道路斜線との高さ関係を明記
- 断面図は2面以上、各階の床と天井高さ、軒や庇の突出部分などを明記

2面以上の立面図

- 縮尺
- 開口部の位置
- 延焼のおそれのある部分の外壁および軒裏の構造

以上が規則1条の3表1であり、該当条文より、立面の方位、高さ方向の寸法線、最高の高さ、最高の軒の高さ、各室の高さ、屋根勾配、平均地盤面、敷地境界線や道路境界線、採光検討時の垂直距離、道路斜線、隣地斜線、北側斜線等の検討ライン、道路中心線の位置、隣地や敷地内の地盤に高低差があれば、高さの関係・処理方法も記載するとよい。非常用進入口または代替進入口（令126条の6）の開口部の位置・構造・寸法を明示、開閉方向を記入するとよい。2面以上とされているが、各方向表記し、外壁や屋根仕様の仕上げが複数ある場合は記載があると分かりやすくなる。

2面以上の断面図

- 縮尺
- 地盤面
- 各階の床および天井の高さ、軒および庇の出、ならびに建築物の各部分の高さ

以上が規則1条の3表1であり、該当条文より、バルコニー手摺の高さ、バルコニー開放寸法、各室名、換気検討・排煙検討時の開口部有効寸法が分かる寸法表示、最下階の居室の床の高さおよび防湿方法、前面道路の道路中心線、擁壁の位置、土地の高低、後退距離、地盤面および前面道路の路面中心からの建築物の各部分の高さ、道路レベル、平均地盤面を記載する。小屋裏物置があればその位置を記入する。最高天井高さが140cmを超えると面積・階数に算入されるので、天井高さが確認できるような記入があるとよい。なお、平面図に断面位置を記入し、配置図明記寸法と不整合のないように注意したい。斜線検討の表記については、表記が煩雑にならないよう、立面図または断面図のどちらかとしたい。

図1 立面図

南立面図

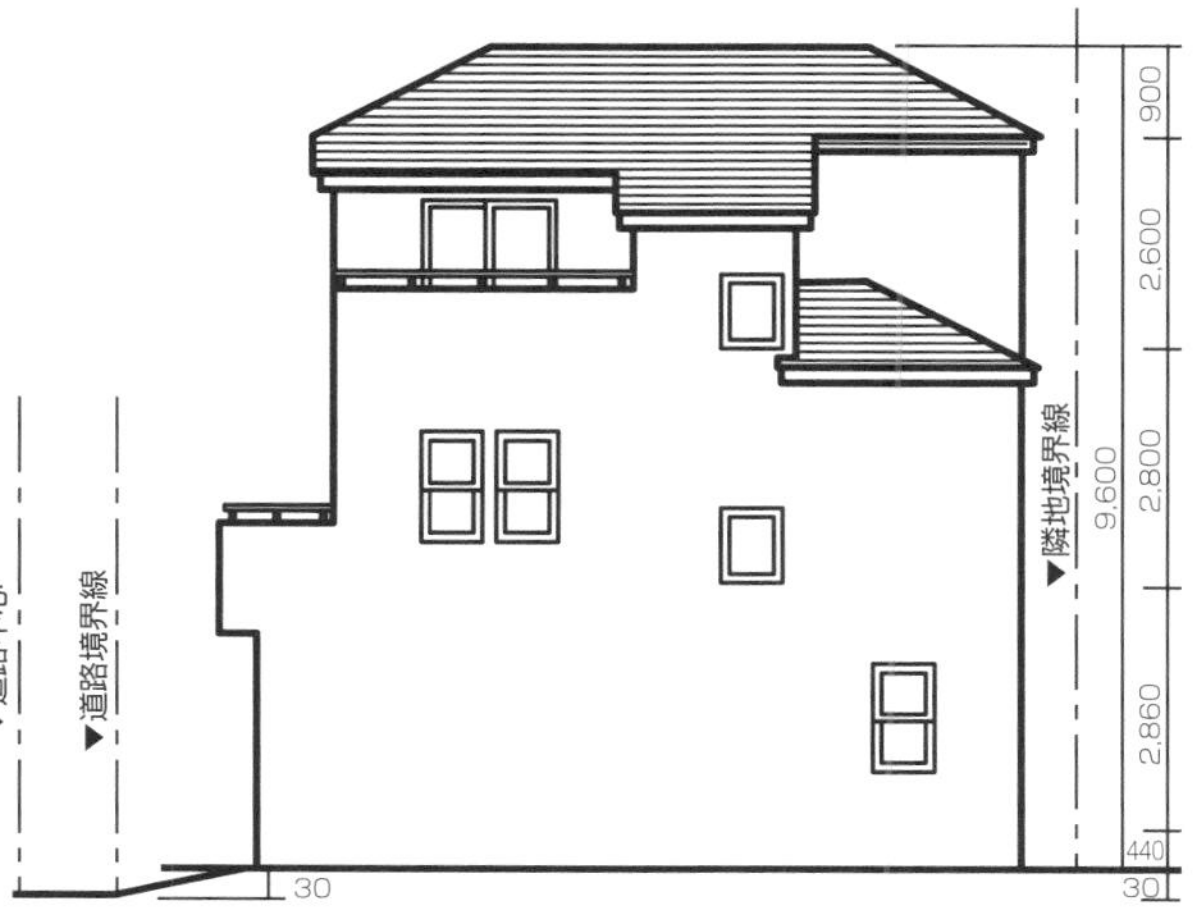

東立面図

図2 断面図

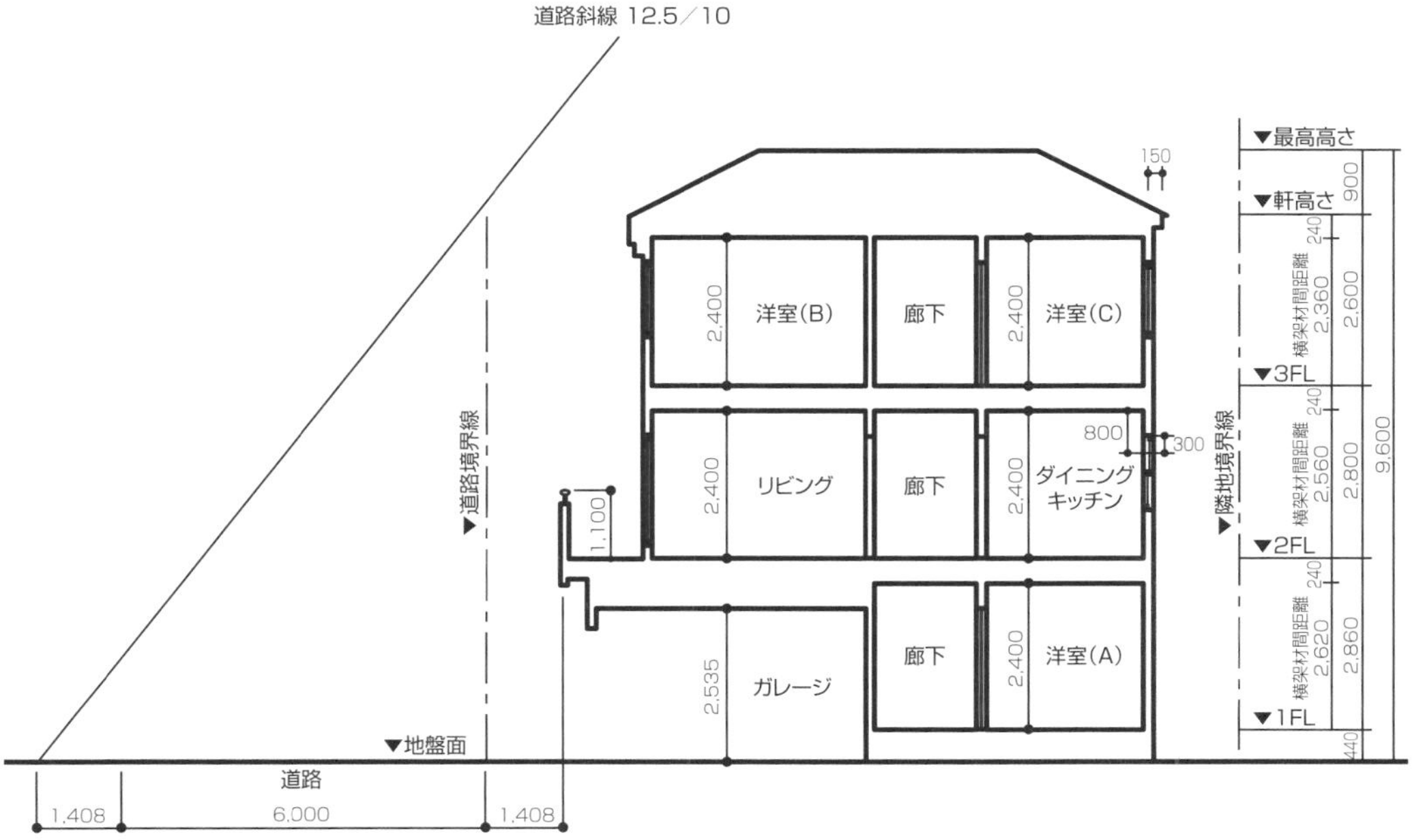

換気等に関する図書

Point

- シックハウス対策等のため、換気設備の設置位置、設備の詳細図を明示する
- 有効換気量を計算した図書が求められる

換気等に関する図面について

●シックハウス対策（法28条の2）

「シックハウス症候群」の対策として、建築基準法でクロルピリホスの使用禁止、ホルムアルデヒドに関する建材および換気設備の規制が規定されている。ホルムアルデヒドの規制には「内装仕上げの制限」「換気設備の義務付」「天井裏等の規制」があり、これを表で記載する。

●内装仕上げの制限　居室（ドアのアンダーカット等、常時開放された開口部を通じて居室と一体的に換気を行う廊下等を含む）の壁、床、天井、建具の室内に面する部分が対象となる［表1・2］。内装仕上げですべてF☆☆☆☆を使用する場合はその旨を記載することで、使用建築材料表の添付を省略できる。

●換気設備　内装仕上げ等にホルムアルデヒドを発散する建築材料を用いない場合でも、家具等から発散されることがあるため、それらを考慮し、換気設備が義務づけられている。住宅等の居室は0.5回／h以上の確保が必要となる。

●天井裏等の規制　機械換気設備等を設ける場合、天井裏、床下、壁内、収納スペースなどから居室へのホルムアルデヒドの流入を抑制するため、通気層、通気止めを設ける措置が必要となる［表3］。

●換気設備図　換気設備の設置位置が分かるものであればよいので、平面図に明示してもよい［図］。設置位置が延焼のおそれのある部分であれば、防火設備（ベントキャップや防火ダンパー等）の構造を明示する。裏づけ資料として構造、有効換気量が分かる資料を添付する。火気使用室の換気設備（令20条の3）、火気使用器具の位置・種別・発熱量と有効換気量を示す。

●添付書類　内装仕上げの制限、換気設備の設置、天井裏等の規制の3点が、確認申請書第4面【8建築設備の種類】の欄に関して添える別紙として規定されている。

図 換気設備図

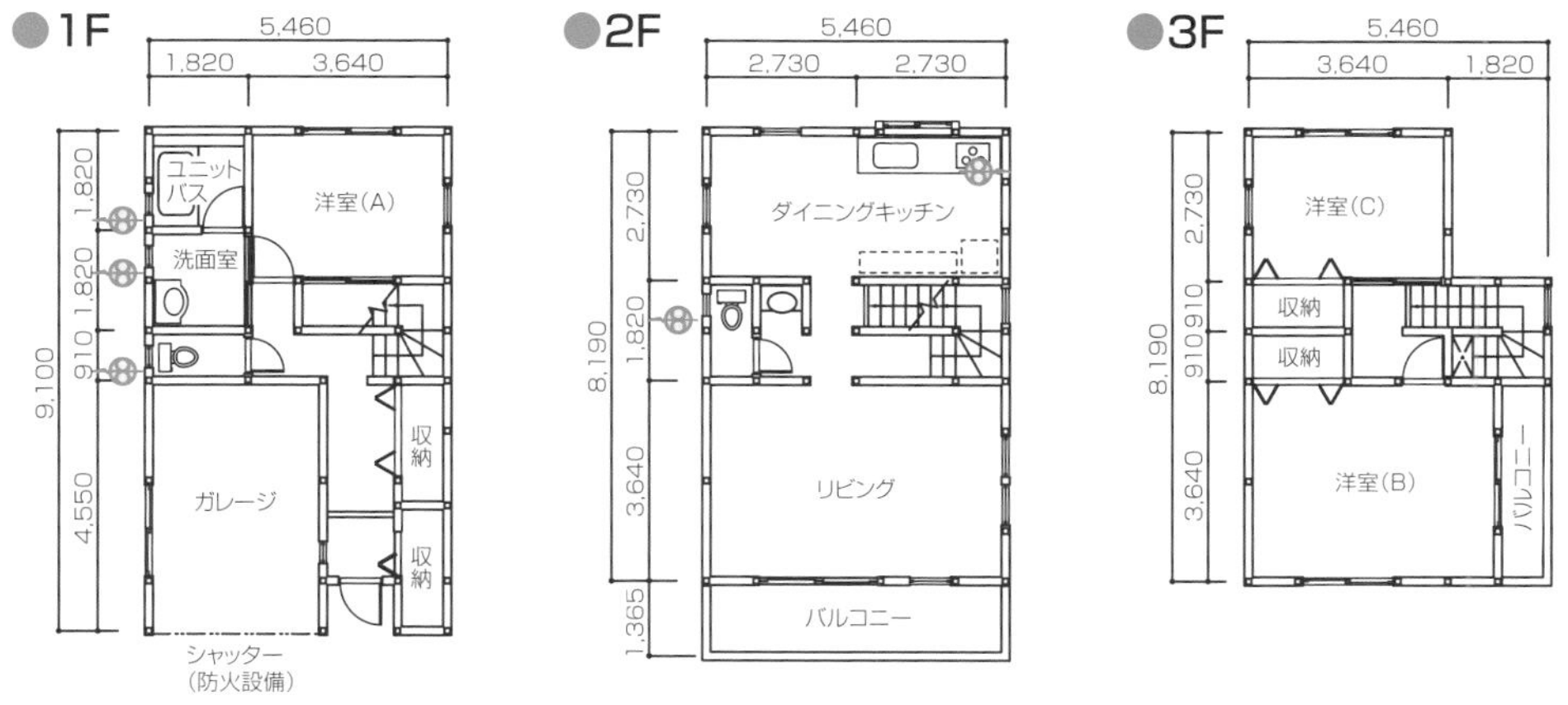

表1 使用建築材料表

階	部屋名（面積）	内部仕上げ部分	種別	面積	係数	使用面積	使用面積合計
1F	玄関	床	規制対象外	−	−	−	
		壁	規制対象外				
		天井	規制対象外				
		収納戸	規制対象外				
	洗面室	床	規制対象外	−	−	−	
		壁	規制対象外				
		天井	規制対象外				
		洗面化粧台	F☆☆☆☆				
	トイレ	床	規制対象外	−	−	−	
		壁	規制対象外				
		天井	規制対象外				
		開き戸	F☆☆☆☆				
計							

各階の全部屋を記入

各部屋の内部仕上げ部分を記入

各階、各部屋を表記

表2 居室ごとの機械換気設備

部屋名（面積）	床面積（㎡）	平均天井高（m）	気積（㎡）	換気種別	給気機による給気量（㎥）	排気機による給気量（㎥）	換気回数
1F 玄関	1.80	2.5	4.68	給気機および排気機			
1F 洗面室	3.32	2.4	7.97			37	
1F トイレ	1.66	2.4	3.99			37	
1F 廊下	6.00	2.4	14.40				
1F 洋室A	9.94	2.4	23.86		自然給気		
階段	2.49	2.8	6.98				
計							

各階、各部屋を表記

図面の記載と整合する

表3 天井裏等への措置

天井裏等＼室名	玄関	洗面室	トイレ	廊下	洋室A
3F小屋裏	気密層				
2F天井裏（3F床裏）	規制対象外の材料による措置				
1F天井裏（2F床裏）	気密層				
1F床裏	気密層				
外壁	気密層				
間仕切壁	通気止めの措置				
各室収納	規制対象外	規制対象外		規制対象外	規制対象外

各階、各部屋を表記

各階、各部屋を表記

建築材料による措置	天井裏等などに第一種、第二種のホルムアルデヒド発散建築材料を使用しないこと	
気密層、通気止めによる措置	気密層または通気止めを設け、天井裏等と居室とを区画すること	
機械換気設備による措置	第1種換気設備	居室の空気圧が天井裏等の空気圧以上となるもの
	第2種換気設備	措置は不要
	第3種換気設備	居室に加えて、または別の排気機による天井裏等の換気を行うもの

- 住宅部分
  3口コンロ能力　12kW
  V=40×0.93×12.0=447㎥／h

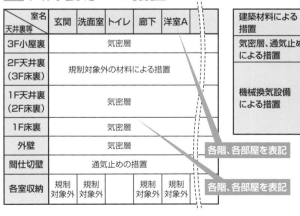

設備等に関する図書

Point

- 給水・排水・ガス・電気等の配管の構造詳細、系統、使用材料を示す
- 設備図は、安全、衛生、防災上を確認する図書である

給排水衛生設備図について

給水・排水・ガスなど配管の種別、その配置（配管経路）と給水管が他の配管に連結されていないかなど、系統図上で表現すべき構造、配管設備の使用材料を示した図である。

●配管設備の構造詳細　腐食するおそれのある部分にその材質に応じた有効な腐食防止措置、圧力タンク・給湯設備の安全装置の構造、凍結のおそれのある部分に講じた防凍のための措置、排水のための配管設備の容量、傾斜、排水トラップ・通気管等の位置を明示。

●配管設備の系統　配管設備の種類・配置・構造、末端の連結先として汚水と雨水排水の排出経路・放流先、給水管や配電管等の管が防火区画等を貫通する部分の位置、排水設備の末端が公共下水道・都市排水路または他の排水施設に連結することを示す。

●配管設備の使用材料　配管設備に用いる材料の種別を明示する。

これらの内容は、各所に記入するか、一覧表示することもできる。その他、令129条2の4の内容が確認できるように明示する。

ガス配管系統図など

給排水衛生設備図以外については、以下の通りである。

●ガス配管系統図　ガス配管の連結先が分かる配置図。表示内容は、閉止弁と燃焼機との間の配管構造、硬質管以外の管と硬質管とを接続するときの締め付け状況。また燃焼器の仕様として、種類、ガスの消費量、燃焼機器出口の排気ガスの温度を明示する。

●電気設備図　受電設備の電気配線の状況を示すため、引き込み位置や分電盤の位置を表示する。また常用の電源の位置、構造も必要である。

●その他　下水道処理区域外で浄化槽を設置する場合は、浄化槽の位置、放流先、浄化槽の仕様書および構造詳細図などを示す。

図は給水・排水を併せて表示している。

図 給排水衛生設備図の例

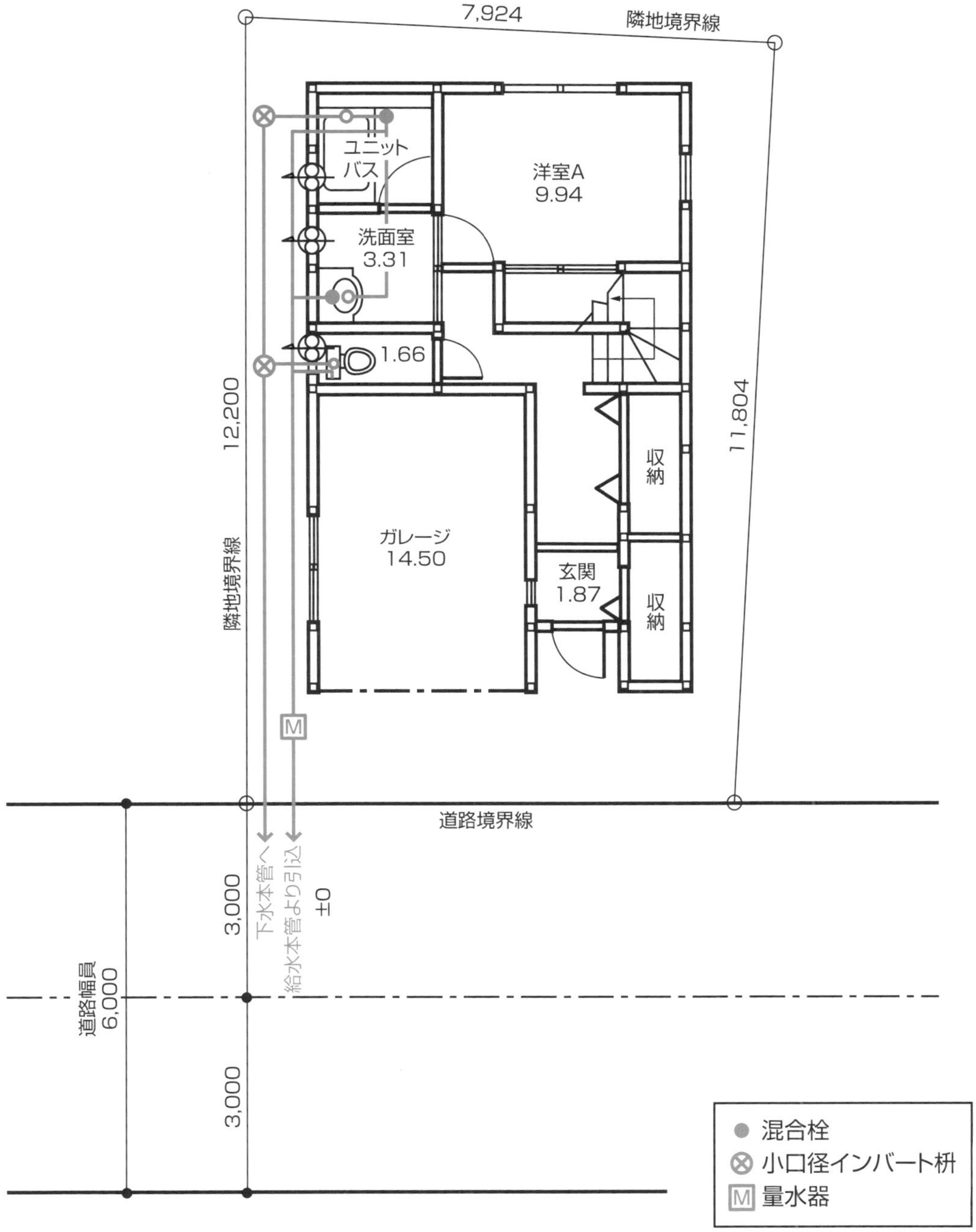

[給排水衛生設備図の表記で注意すること]

- 水道法16条に規定される給水装置は、同施行令6条と給水装置の構造および材質の基準に関する省令の規定に従う
- 下水道法10条1項に規定する排水設備は、同施行令8条とそれにもとづく条例の規定に従う
- 排水トラップの構造は、昭50建告1597号2第3号の規定に従う

構造図

Point
- 構造図は、基礎伏図、各階床伏図、小屋伏図、軸組図、構造詳細図等からなる
- 縮尺、主要構造部の部材の位置、種別などを明記する

構造図に求められるもの

構造図とは、基礎伏図、各階床伏図、小屋伏図、軸組図、構造詳細図、使用構造材料表等を総称し、規則1条の3表1、表2に規定されている。

●縮尺

●構造上主要な部分である部材（接合部を含む）の位置、寸法、構造方法および材料の種別、ならびに開口部の位置、形状および寸法

●**基礎伏図**　基礎全体の配置を表し、アンカーボルトの設置位置、1階の柱位置、基礎断面の種別、スラブ区画、スラブ種別、地盤改良を行う場合は改良体の位置等を記載する。基礎配筋、スラブ配筋、寸法、アンカーボルトの仕様、長期許容地耐力、コンクリートの基準強度、鉄筋の種類等はリストとして表記してもよい。特殊な仕様をする部位（人通口等）があれば、その旨を明示すると分かりやすい。

●**各階床伏図、小屋伏図、2面以上の軸組図**　伏図には耐力壁（面材、筋かい）、管柱、通し柱、梁、火打ち、下階柱の位置を明示する。また、梁せい、根太方向も記入する。さらに、バルコニー部分に構造用合板張り等、特記すべき仕様があれば、併せて明示する。軸組図には該当する通り名、梁寸法、耐力壁を記入する。通り心は意匠図と合わせるか、または読み替えが分かるように表記。ずれ寸法もあると、意匠図、構造計算書との整合性が取りやすくなる。

●**構造詳細図**　これに表示する内容は以下の通りである。屋根葺き材の種別、柱の有効細長比、構造耐力上主要な部分である軸組等の構造方法、構造耐力上主要な部分である継手または仕口の構造方法、外壁のうち軸組が腐りやすい構造である部分の下地、構造耐力上主要な部分である部材の地面から1m以内の部分の防腐または防蟻措置。

●**使用構造材料一覧表**　構造計算書の材料強度にも影響するため、構造耐力上主要な部分に使用する木材の樹種、規格、等級、断面寸法を記載する。

図1 基礎伏図

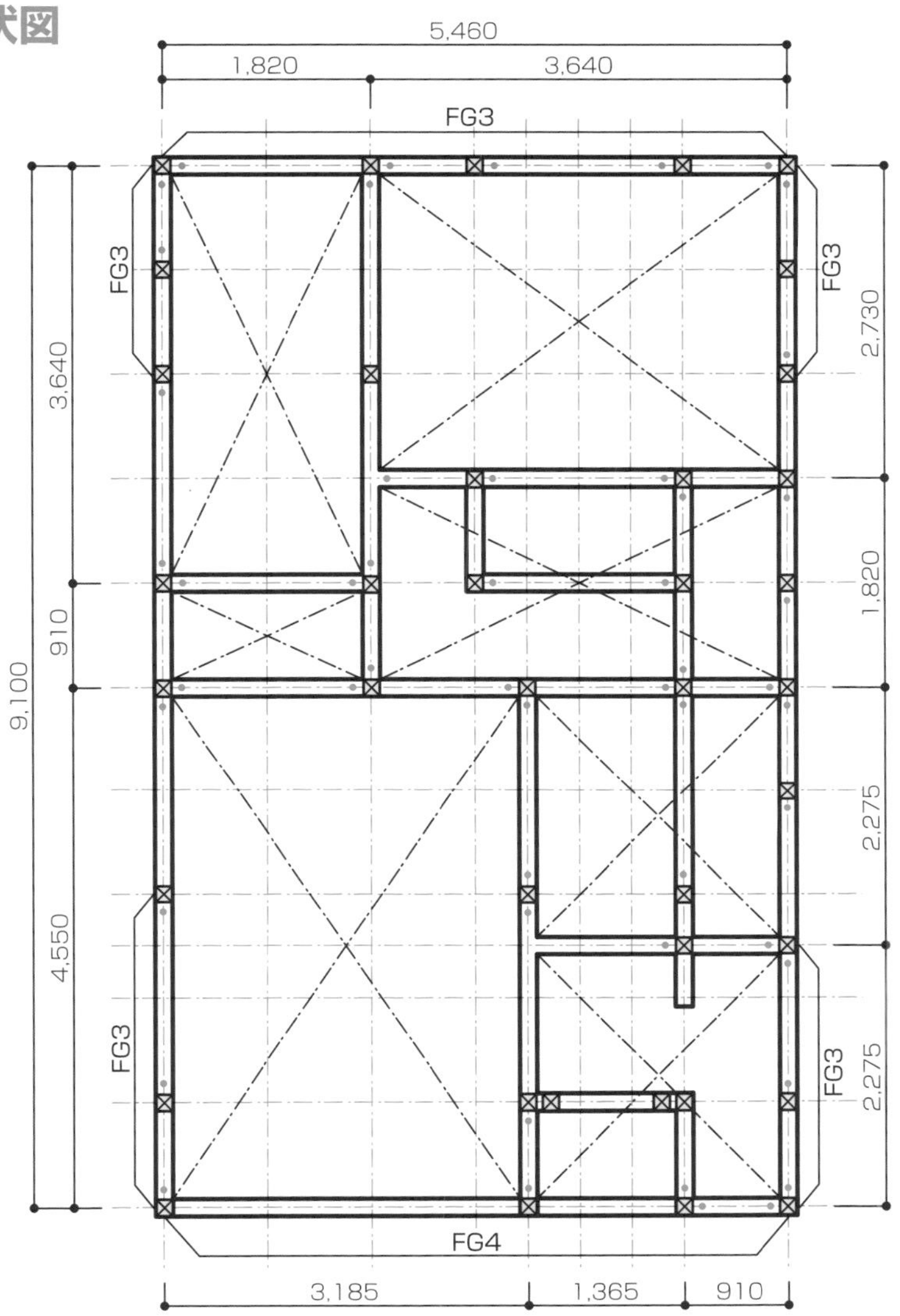

■特記なし外周をFG1とする
■特記なし内周をFG2とする

⊠1F柱
● アンカーボルト（M12、長さ35㎜）

■地耐力：50kN／㎡
■普通コンクリート Fc=21kN／㎡

図2 基礎断面図

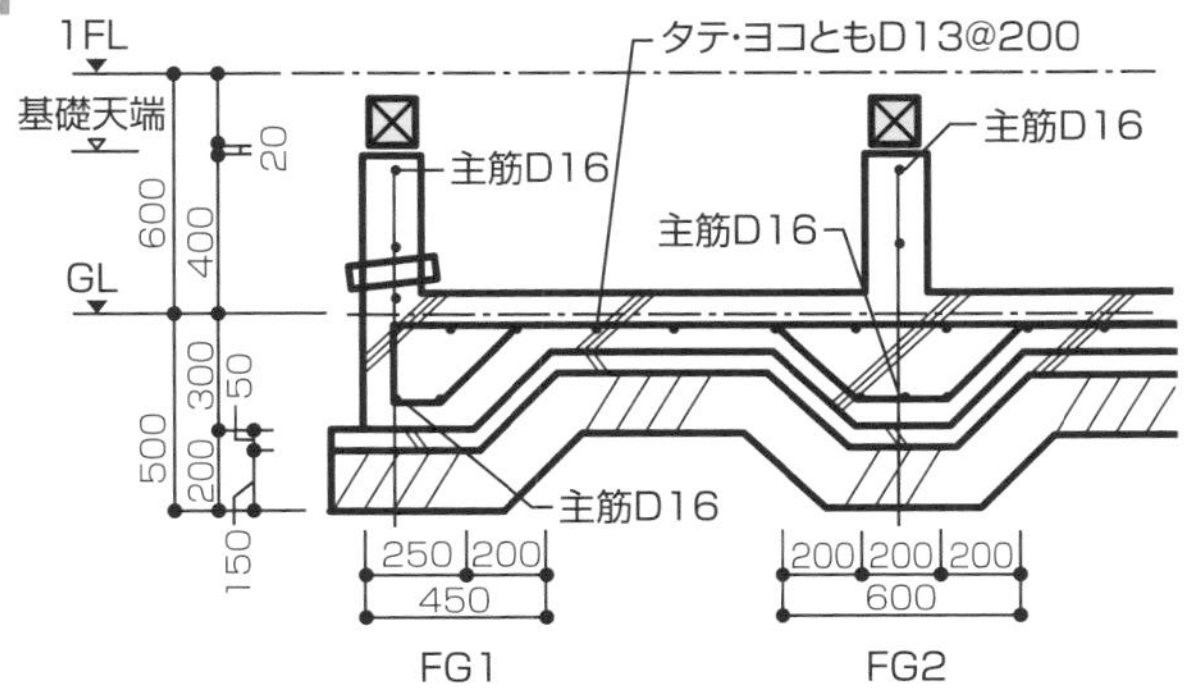

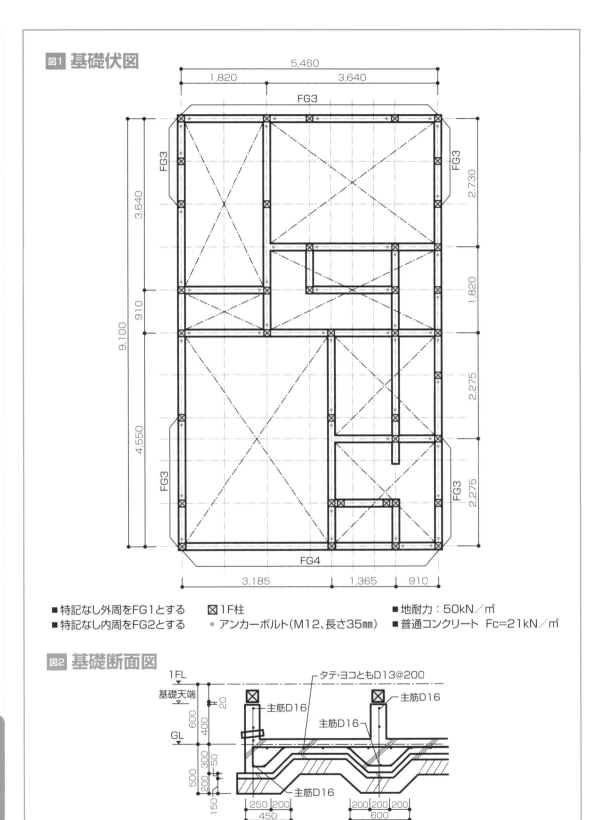

その他の制度

Point
- 任意制度で優遇がある
- 建築士から建築主に対する省エネ性能に関する説明が義務付けられている

その他の制度

●**住宅性能表示制度**　住宅性能表示制度とは2000年4月に施行された品確法（住宅の品質確保の促進等に関する法律）にもとづく制度である。この制度は、新築住宅の性能を住宅の工法・構造・施工者の別によらず、共通に定められた方法を用いて客観的に第3者が確認することで、安心して住宅を取得できるようにすることを目的とした任意制度である。

新築住宅の評価は、現行の建築基準法を満たしていることを前提に、設計段階の評価、建設段階の評価と2分化され、性能表示事項は10分野33項目に区分されるうち、必須項目は4分野となり、その他については選択項目である。建設評価は、階数3以下の場合は4工程の検査が行われる。2002年に既存住宅の評価が始まった。既存住宅の評価は現況と性能を評価し、新築住宅を対象とした性能表示事項のうち評価が可能な項目に限定し、加えて既存住宅のみを対象とした2項目が設定されている。

建設住宅性能評価書の交付を受けた住宅には、民間金融機関や公共団体の住宅ローンの優遇や地震への強さの程度に応じた地震保険料の割引などがある。

●**長期優良住宅**　日本の住宅の寿命が欧米に比べて極めて短いことや地球環境への配慮から、消費型からストック重視型へ住宅の長寿命化が求められている。それを受け、「長期優良住宅の普及の促進に関する法律」が施行された。9つの性能項目があり、性能表示と重複する項目もある。一定の基準を満たし、所管行政庁が認定すると、税制面での優遇などを受けられる任意の制度。

●**建築物省エネ法**　「建築物のエネルギー消費性能向上に関する法律」。省エネを推進することを目的とした法律である。建築士から建築主に対して省エネ性能に関する説明が義務付けられ（2021年4月）、その説明内容や説明方法が定められている。対象は300㎡未満の戸建住宅や小規模店舗等。

図1 住宅性能評価制度

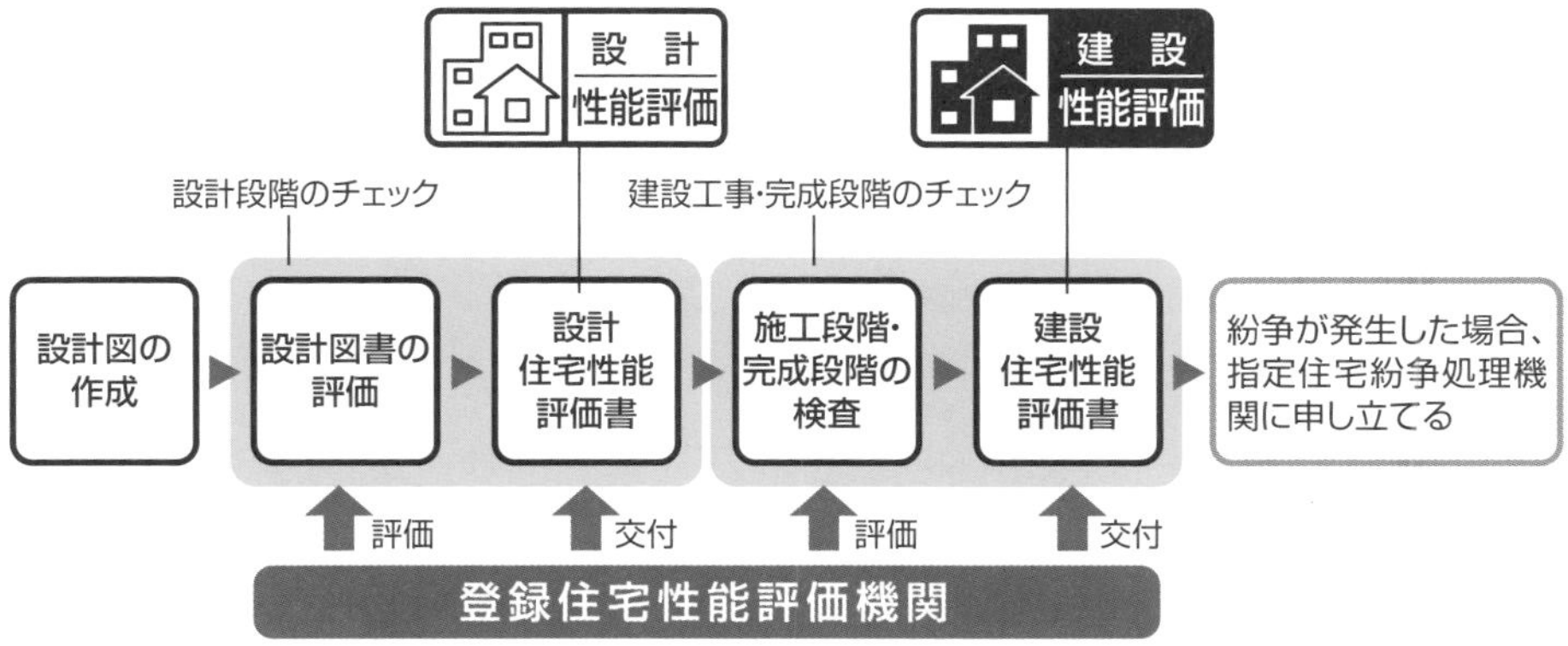

図2 住宅性能表示

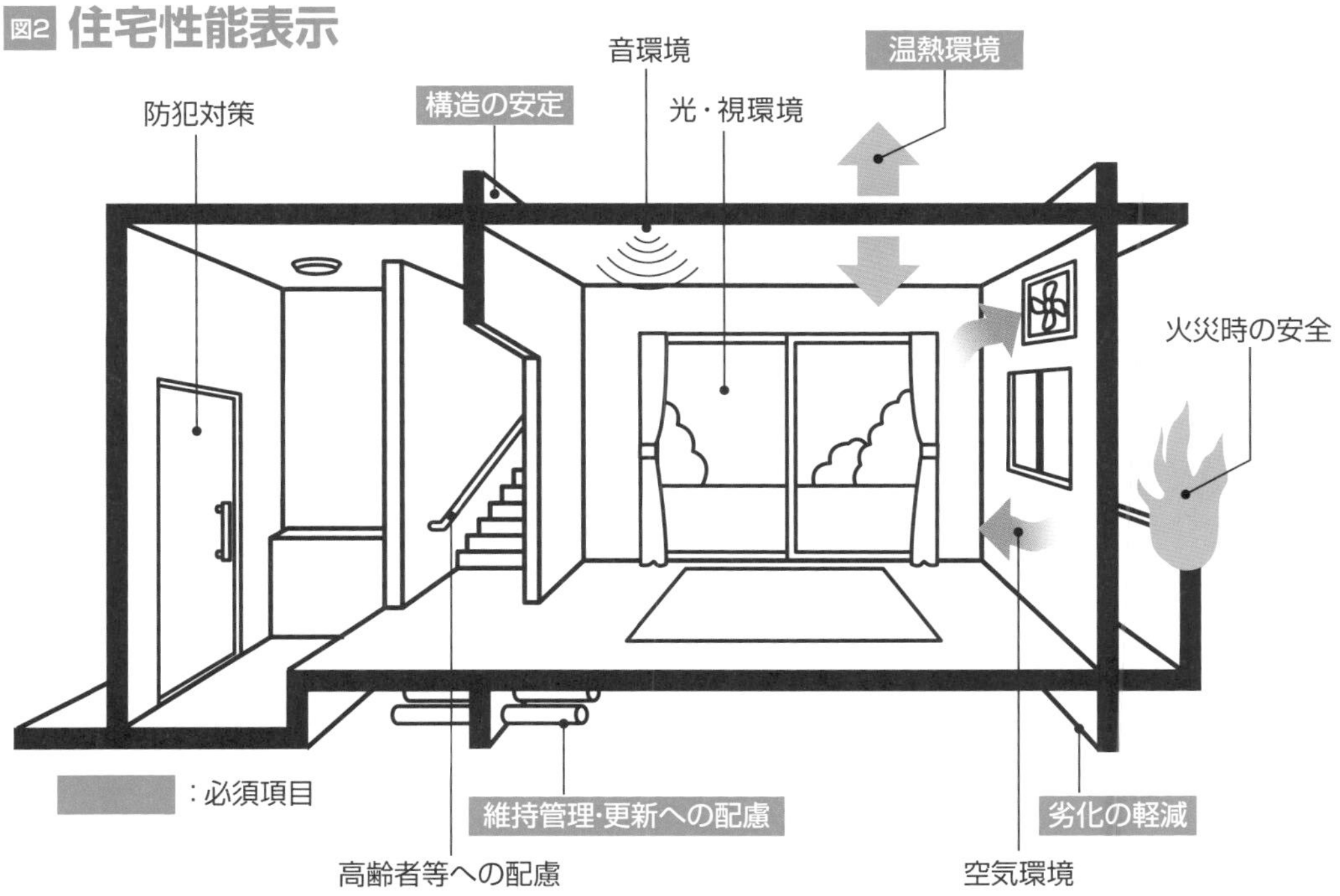

表 住宅性能表示制度の評価分野

	住宅性能表示制度の評価分野*	新築住宅	既存住宅	長期優良住宅
1	構造の安定に関すること	●	●	●
2	火災時の安全に関すること	○	●	—
3	劣化の軽減に関すること	●	●	●
4	維持管理・更新への配慮に関すること	●	●	●
5	温熱環境に関すること	●	●	●
6	空気環境に関すること	○	●	—
7	光・視環境に関すること	○	●	—
8	音環境に関すること	○	—	—
9	高齢者等への配慮に関すること	○	●	—
10	防犯に関すること	○	●	—
11	現況検査により認められる劣化の状況に関すること	—	●	—

＊ 参考分野（申請によって分野の各項目が異なる）

●：必須　○：選択　—：該当なし

索 引

執筆者プロフィール

齊藤年男（さいとうとしお）

1957年新潟県生まれ。1981年法政大学工学部建築学科卒業。同年株式会社細田工務店入社、現在に至る。理事・技術顧問。一級建築士、構造設計一級建築士。主な著書に『木造住宅設計者のための構造再入門』（日経BP社、大橋好光共著）、『ひとりで学べる木造の壁量計算演習帳』（（一財）日本建築センター、大橋好光共著）、『入門　木造の許容応力度計算ワークブック』（（公財）日本住宅・木材技術センター）

安井昇（やすいのぼる）

1968年京都府生まれ。東京理科大学大学院修士課程・早稲田大学大学院博士課程修了。博士（工学）、一級建築士。桜設計集団一級建築士事務所代表、早稲田大学理工総研招聘研究員、東京大学生産技術研究所リサーチフェロー、NPO法人team Timberize理事長。木造設計および防火に関する研究・技術開発を行う。2007年日本建築学会奨励賞（論文）受賞

望陀佐和子（もうださわこ）

1975年東京都生まれ
2001年工学院大学大学院修士課程修了
現在、建築構造センター木造課

世界で一番やさしい　木造3階建て
改訂版

2021年8月26日　初版第1刷発行

著　者　齊藤年男、安井昇、望陀佐和子
発行者　澤井聖一

発行所　株式会社エクスナレッジ
〒106-0032
東京都港区六本木7-2-26
https://www.xknowledge.co.jp/

本書に関する問合わせ先
●編集部　TEL：03-3403-1381（平日10：00～18：00　土日祝は電話受付なし）
FAX：03-3403-1345
E-mail：info@xknowledge.co.jp
●販売部　TEL：03-3403-1321
FAX：03-3403-1829
・本書記事内容の不明な点に関する質問に限り、メール・FAXにて問合せを受け付けております。

落丁・乱丁本は販売部にてお取り替えします。